高等学校工程管理类本科指导性专业规范配套教材

编审委员会名单

编委会主任： 任　宏　　　重庆大学

编委会副主任： 李启明　　　东南大学

　　　　　　　　　乐　云　　　同济大学

编委会成员： 陈起俊　　　山东建筑大学

　　　　　　　　丁晓欣　　　吉林建筑大学

　　　　　　　　李忠富　　　大连理工大学

　　　　　　　　郭汉丁　　　天津城建大学

　　　　　　　　刘亚臣　　　沈阳建筑大学

　　　　　　　　王立国　　　东北财经大学

　　　　　　　　王孟钧　　　中南大学

　　　　　　　　赵金先　　　青岛理工大学

　　　　　　　　周天华　　　长安大学

高等学校工程管理类本科指导性专业规范配套教材
高等学校土建类专业"十三五"规划教材

管理学原理

赵金先　张立新　姜吉坤　主　编

化学工业出版社
·北京·

本书是高等学校工程管理类本科指导性专业规范配套教材；高等学校土建类专业"十三五"规划教材。全书共分十五章内容，按照决策、计划、组织、领导、激励、沟通、控制、创新的结构体系进行组织。本书注意把管理理论与实务有机结合，理论通俗易懂，案例现实性强，书中图文并茂，有较强的理论性和实用性。

本书可以作为工程管理、工程造价及管理学科其他等相关专业的本科、高职高专教学用书，也可供相关人员参考使用。

图书在版编目（CIP）数据

管理学原理/赵金先，张立新，姜吉坤主编．—北京：化学工业出版社，2016.3（2020.1重印）

高等学校工程管理类本科指导性专业规范配套教材

高等学校土建类专业"十三五"规划教材

ISBN 978-7-122-26075-8

Ⅰ.①管… Ⅱ.①赵…②张…③姜… Ⅲ.管理学-高等学校-教材 Ⅳ.①C93

中国版本图书馆 CIP 数据核字（2016）第 011550 号

责任编辑：陶艳玲　　　　　　　　　　装帧设计：史利平
责任校对：宋　玮

出版发行：化学工业出版社（北京市东城区青年湖南街 13 号　邮政编码 100011）
印　　装：三河市延风印装有限公司
787mm×1092mm　1/16　印张 27　字数 585 千字　2020 年 1 月北京第 1 版第 3 次印刷

购书咨询：010-64518888　　　　　　　　售后服务：010-64518899
网　　址：http://www.cip.com.cn
凡购买本书，如有缺损质量问题，本社销售中心负责调换。

定　价：49.00 元　　　　　　　　　　　　　　　版权所有　违者必究

本书编写人员名单

主　　编： 赵金先　张立新　姜吉坤

副主编： 刘　艳　王连月　马　妍
　　　　　乔元路　孔庆新

参　编： 丁长庆　田　东　郑　皎
　　　　　刘　敏　孙境韩　范　轲

丛书序
Preface

我国建筑行业经历了自改革开放以来 20 多年的粗放型快速发展阶段，近期正面临较大调整，建筑业目前正处于大周期下滑、小周期筑底的嵌套重叠阶段，在"十三五"期间都将保持在盘整阶段，我国建筑企业处于转型改革的关键时期。

另一方面，建筑行业在"十三五"期间也面临更多的发展机遇。国家基础建设固定资产投资持续增加，"一带一路"战略提出以来，中西部的战略地位显著提升，对于中西部地区的投资上升；同时，"一带一路"国家战略打开国际市场，中国建筑业的海外竞争力再度提升；国家推动建筑产业现代化，"中国制造 2025"的实施及"互联网+"行动计划促进工业化和信息化深度融合，借助最新的科学技术，工业化、信息化、自动化、智能化成为建筑行业转型发展方式的主要方向，BIM 应用的台风口来临。面对复杂的新形式和诸多的新机遇，对高校工程管理人才的培养也提出了更高的要求。

为配合教育部关于推进国家教育标准体系建设的要求，规范全国高等学校工程管理和工程造价专业本科教学与人才培养工作，形成具有指导性的专业质量标准。教育部与住建部委托高等学校工程管理和工程造价学科专业指导委员会编制了《高等学校工程管理本科指导性专业规范》和《高等学校工程造价本科指导性专业规范》（简称"规范"）。规范是经委员会与全国数十所高校的共同努力，通过对国内高校的广泛调研、采纳新的国内外教改成果，在征求企业、行业协会、主管部门的意见的基础上，结合国内高校办学实际情况，编制完成。规范提出工程管理专业本科学生应学习的基本理论、应掌握的基本技能和方法、应具备的基本能力，以进一步对国内院校工程管理专业和工程造价专业的建设与发展提供指引。

规范的编制更是为了促使各高校跟踪学科和行业发展的前沿，不断将新的理论、新的技能、新的方法充实到教学内容中，确保教学内容的先进性和可持续性；并促使学生将所学知识运用于工程管理实际，使学生具有职业可持续发展能力和不断创新的能力。

由化学工业出版社组织编写和出版的"高等学校工程管理类本科指导性专业规范配套教材"，邀请了国内 30 多所知名高校，对教学规范进行了深入学习和研讨，教材编写工作对教学规范进行了较好地贯彻。该系列教材具有强调厚基础、重应用的特色，使学生掌握本专业必备的基础理论知识，具有本专业相关领域工作第一线的岗位能力和专业技能。

目的是培养综合素质高,具有国际化视野,实践动手能力强,善于把BIM、"互联网+"等新知识转化成新技术、新方法、新服务,具有创新及创业能力的高级技术应用型专门人才。

同时,为配合做好"十三五"期间教育信息化工作,加快全国教育信息化进程,系列教材还尝试配套数字资源的开发与服务,探索从服务课堂学习拓展为支撑网络化的泛在学习,为更多的学生提供更全面的教学服务。

相信本套教材的出版,能够为工程管理类高素质专业性人才的培养提供重要的教学支持。

高等学校工程管理和工程造价学科专业指导委员会 主任
任宏
2016年1月

前言

管理学是一门系统地研究管理活动基本规律的科学，其作为一门科学来研究始于近代，是一门实践性很强的基础性学科。随着人类社会的不断进步，科学技术的飞速发展，人们的管理活动内容日益丰富，管理学的研究对象也随之而不断演化，新的研究领域也会不断产生，因此，人们对管理学的研究永无止境，管理学科活力永存。

纵观人类社会的发展，人类的管理实践活动、管理思想及管理科学理论的发展总是与社会生产力和生产关系的发展水平相联系的。在当代，管理的环境发生了巨大变化，信息技术、网络技术快速发展，科学技术水平和知识更新的速度发展迅猛，世界的政治、经济环境复杂多变。在新形势下，管理者在学习和了解国外管理理论和管理方法同时，有必要从中国浩瀚的管理实践经验中总结、归纳出具有中国特色的管理思想。

基于此，在参考国内外最新出版的管理学相关著作和教材的基础上，结合自身多年的管理学教学经验和体会，我们编写了这本《管理学原理》教材。本书的特点体现在以下几方面：(1) 注意体现管理学科的特点，在各章的开篇和课后案例中尽可能选编中国企业案例和工程案例，便于学生在学习过程中将管理理论和管理实务结合，加深对理论知识的理解和体会；(2) 在内容编排上，注意把握管理学科基本框架，在管理基础部分增加了"管理与环境"、"管理伦理与社会责任"、"管理信息"三章；在第十四章增加了"危机管理"一节，以突出这些因素在管理学研究和理论学习上的重要影响作用；(3) 对中国古代的管理实践及管理思想进行了梳理，在"第二章 管理思想的发展"中较为系统地阐述了我国历史中璀璨的管理思想及其成功实践；(4) 明确了管理组织资源的六个方面：即人、财、物、时间、空间和信息，明确了计划工作的内容应该是5W2H。

本书理论阐述通俗易懂，案例现实性强，图文并茂，有较强的理论性和实用性。

本书由赵金先、张立新、姜吉坤任主编，刘艳、王连月、马妍、乔元路、孔庆新为副主编。编写分工如下：赵金先第一、三、十一章；张立新第二、八、十章；姜吉坤第六、九章；刘艳第四章；刘艳、王连月第五章；乔元路、丁长庆第七章；孔庆新第十二章；

王连月、郑皎第十三章；马妍、田东第十四章；马妍、刘艳第十五章；研究生孙境韩、范轲、刘敏参加了本书部分资料的整理工作。赵金先负责大纲的制定，赵金先、张立新、姜吉坤进行了教材的统稿。

在本书编写过程中，直接或间接地借鉴了国内外许多专家、学者的研究成果及相关的文献和资料，在此表示衷心感谢。鉴于作者水平所限，书中难免存在不当之处，敬请批评指正。

编　者
2016 年 1 月

目 录
Contents

▶ **第一章　管理与管理者** 1
　　第一节　管理的概念及特性 3
　　第二节　管理的职能和原则 8
　　第三节　管理者的角色与技能 11
　　第四节　管理学特点与研究对象、内容和方法 18
　　复习思考题 23
　　案例 24

▶ **第二章　管理思想的发展** 27
　　第一节　人类早期管理思想 28
　　第二节　我国古代管理思想 31
　　第三节　西方古典管理理论 38
　　第四节　行为科学管理理论 52
　　第五节　当代管理理论 60
　　第六节　管理理论研究的新发展 64
　　复习思考题 68
　　案例 69

▶ **第三章　管理与环境** 71
　　第一节　组织环境及其构成 72
　　第二节　环境的管理 84
　　第三节　全球环境中的管理 88
　　复习思考题 92
　　案例 92

▶ **第四章　管理伦理与社会责任** 94

第一节 管理伦理 ………………………………………………………… 95
第二节 改善组织道德行为的途径 ……………………………………… 103
第三节 企业社会责任 …………………………………………………… 106
复习思考题 ……………………………………………………………… 118
案例 ……………………………………………………………………… 118

第五章 管理信息 **122**

第一节 管理信息概述 …………………………………………………… 123
第二节 管理信息工作的内容 …………………………………………… 126
第三节 管理信息系统 …………………………………………………… 130
复习思考题 ……………………………………………………………… 138
案例 ……………………………………………………………………… 139

第六章 决策 **141**

第一节 决策概述 ………………………………………………………… 142
第二节 决策的理论 ……………………………………………………… 152
第三节 决策的过程 ……………………………………………………… 153
第四节 决策的方法 ……………………………………………………… 157
第五节 集体决策与个体决策 …………………………………………… 167
复习思考题 ……………………………………………………………… 171
案例 ……………………………………………………………………… 171

第七章 计划 **174**

第一节 计划与计划工作 ………………………………………………… 175
第二节 战略计划 ………………………………………………………… 185
第三节 计划的编制 ……………………………………………………… 190
第四节 目标管理 ………………………………………………………… 195
复习思考题 ……………………………………………………………… 201
案例 ……………………………………………………………………… 201

第八章 组织与组织设计 **206**

第一节 组织结构设计 …………………………………………………… 207
第二节 部门化及组织结构类型 ………………………………………… 214
第三节 组织力量的整合 ………………………………………………… 224
复习思考题 ……………………………………………………………… 232
案例 ……………………………………………………………………… 233

第九章　人力资源及人员配备　237

- 第一节　人力资源管理的概述 …………………… 238
- 第二节　人员配备的程序和原则 ………………… 244
- 第三节　管理人员的选聘 ………………………… 249
- 第四节　管理人员的考评 ………………………… 253
- 第五节　管理人员的培训 ………………………… 254
- 复习思考题 ………………………………………… 256
- 案例 ………………………………………………… 256

第十章　组织变革与组织文化　260

- 第一节　组织变革 ………………………………… 262
- 第二节　组织文化 ………………………………… 271
- 复习思考题 ………………………………………… 279
- 案例 ………………………………………………… 279

第十一章　领导　283

- 第一节　领导概述 ………………………………… 284
- 第二节　领导方式及领导理论 …………………… 289
- 第三节　领导艺术 ………………………………… 302
- 复习思考题 ………………………………………… 306
- 案例 ………………………………………………… 306

第十二章　激励理论　310

- 第一节　激励概述 ………………………………… 311
- 第二节　激励的理论 ……………………………… 314
- 第三节　激励的方法 ……………………………… 327
- 复习思考题 ………………………………………… 334
- 案例 ………………………………………………… 334

第十三章　沟通管理　337

- 第一节　沟通概述 ………………………………… 338
- 第二节　组织沟通策略 …………………………… 347
- 第三节　沟通的障碍 ……………………………… 355
- 第四节　改善沟通的途径 ………………………… 357
- 第五节　组织冲突 ………………………………… 359

复习思考题 …………………………………………………………… 364
　　　案例 ………………………………………………………………… 364

▶ **第十四章　控制**　　　　　　　　　　　　　　　　　　　　　**367**

　　　第一节　控制及控制过程 ……………………………………… 368
　　　第二节　控制的类型 …………………………………………… 375
　　　第三节　危机管理 ……………………………………………… 384
　　　复习思考题 …………………………………………………………… 391
　　　案例 ………………………………………………………………… 391

▶ **第十五章　创新**　　　　　　　　　　　　　　　　　　　　　**393**

　　　第一节　创新概述 ……………………………………………… 394
　　　第二节　创新的过程 …………………………………………… 398
　　　第三节　管理创新的策略和方法 ……………………………… 401
　　　第四节　创新管理 ……………………………………………… 408
　　　复习思考题 …………………………………………………………… 411
　　　案例 ………………………………………………………………… 411

▶ **参考文献**　　　　　　　　　　　　　　　　　　　　　　　　**416**

第一章
管理与管理者

在人类历史上，还很少有什么事比管理的出现和发展更为迅猛，对人类具有更为重大和更为激烈的影响。——（美）管理学家 彼得·德鲁克

管理工作是一切有组织的协作所不可缺少的。——（美）管理学家 哈罗德·孔茨

案例导入

万里长城与管理

长城是春秋战国时期（公元前770—前221年），各国为了防御，在地势险要的地方修筑的巨大工程。秦始皇（公元前221—前210年）灭六国统一天下后，为了巩固北方的边防，于公元前214年，命大将蒙恬率兵30万，把原来燕、赵、秦三国在北方修筑的长城连接起来，重新修缮，并向东西两方扩展，形成万里长城。明朝（公元1368前—1644年）时期对长城进行了18次修筑，明长城西起嘉峪关，东至山海关，总长6700千米，气势磅礴，是世界历史上最伟大的工程之一。

长城在历代的修筑过程中，都贯穿着管理工作，主要体现在以下几个方面。

1. 修筑材料方面。建造长城用的土方是将经过筛选的土，经烈日暴晒或烤干，使其中的草籽不再发芽，然后夯筑为墙。在居庸关，八达岭长城的砌墙石料有的长达3m，重约1000多公斤。秦修建长城时使用的大量木料是从四川等地运来的，大木料需在下面加铺铁轮，千百人才能将其移动。建造长城用的砖是由全国各地官窑烧制，砖面印有州府地名、日期和烧砖监制人的姓名，在质量上严格把关。城墙筑好后，会对其进行严格验收，规定在一定距离内用箭射墙，箭头不能入墙才算合格，否则，需要返工、重筑。

2. 施工管理方面。因工程庞大、地形复杂，从秦朝到明朝时期，修筑长城都采用防务与施工相结合的办法，采用分地区、分片分段负责制。例如，明朝时期，将长城周

围地区划分成 9 个镇,由镇长负责管辖地区长城的修筑。在八达岭长城上发现一块记载万历十年(公元 1582 年)修筑的长城石碑,该碑文上记载了所修长城只有 70 多丈长,包括约 200m 城墙和一个石卷门,总共用了几千名军士及服劳役的民工分段进行修筑,八达岭这段长城工程,是经百年之久而建成的,管理制度较为完善,工程质量也较高。

3. 工程计划方面。建筑长城的工程计算在《春秋》中有记载,工程的计划非常周密,不仅测量计算了城墙的长、宽、高以及土石方总量,而且对人工、材料、人工口粮、各地区任务等都分配得很明确。

由此可见,庞大的工程,需要严密的组织体系来架构,需要大量的管理工作。

(资料来源:谢勇,邹江. 管理学. 武汉:华中科技大学出版社,2008)

人类诞生之初,面对来自大自然的各种威胁和自身生存与发展的各种困难,人们需通过劳动和群体力量获得基本的需要,群体内部的合作实现了单个个体无法实现的机会及目标,这样,人类活动中最早的组织形式就自发地形成了。自从人群组织产生,就有了管理活动。

最早的管理现象出现于人类社会的早期——原始社会,是协作劳动和公共生活的产物。在原始社会中人的群体经历了原始人群、血缘家族、氏族公社三个阶段,人们要依靠群体的力量战胜自然灾害和抵御野兽的袭击,就要进行简单的分工和协作劳动,产生了简单的管理现象,出现了简单的管理活动和类似于今天比较简单的管理形式,需要有协调人们思想和行动并为大家所公认的首领和简单的机构,于是逐渐形成了氏族议事会和氏族大会,产生了氏族首领,氏族首领要能管理氏族成员,必须是有能力、有威望的人。由此可见,人类社会需要管理者,是人类社会自身的要求。在原始社会,被推举为管理者的,是具有先天优势的人才。氏族首领对氏族事务的管理便成为氏族不可缺少的活动了。随着氏族人口的增长,一个氏族分为几个胞族,相近的胞族,结成部落。部落有酋长,管理部落的内部事务。原始社会末期,由于私有财产的产生和阶级分化的加剧,刺激了氏族显贵家族首领的贪欲。为了掠夺邻人的财富和供其役使的奴隶,氏族之间经常发生战争,所以这一段时期又称为军事民主制时期。为了发动战争和防御的需要,几个地域相近或有一定利害关系的部落组成了部落联盟。部落联盟是军事民主制时期社会组织的最高形式。部落联盟有联盟大会,联盟的首领通常出自联盟中势力最强大的部落。部落联盟的决策机构是联盟议事会,其成员是各加盟的部落酋长或氏族显贵。为了适应军事的需要,部落联盟又有专门指挥作战的军事酋长。随着部落联盟军事性的加强,军事酋长的地位日益重要,最后终于取代了部落联盟酋长,国家得以产生。

国家产生后,有了君主,还有了军队、行政司法机构和强制民众服从的法律,官僚机构、官职应运而生,管理变得日益复杂和重要。不过,这时的管理由人们生存的需要变成对社会成员的强制。历史上四大文明古国不仅建立了管理国家的机构,而且创造了诸多管理的奇迹，上述案例中我国的万里长城就是人类奇迹之一。但是，古代社会的管理基本上属于自发的、经验的管理，管理者以维护私权为出发点的管理思想处于十分模糊的状态，管理的技巧也较缺乏。

人类社会进入中世纪后，随着生产力的发展，资本主义萌芽的产生，对管理的需要日益迫切，客观上推动了管理思想和技术的发展，也推动了社会对管理的研究与探索。特别是人类步入资本主义社会后，建立在机器大工业和分工协作基础上的工厂、公司等新型经济组织大量涌现，为追求高额利润，必须重视对工厂、公司等经济组织的管理，这就促使管理由自发的、经验的管理走向自觉的、科学的管理。

随着社会的进步和科学技术的飞速发展，各种经济与社会组织数量越来越多，规模也越来越大，与网络技术、信息技术发展相关的新的产业形态不断涌现，组织活动日趋复杂化，管理也变得比以往更加重要。有人把管理、技术和人才的关系看成一部车的"两个轮子和一个轴"。这说明管理已成为影响组织生死存亡和国家经济与社会发展的关键因素。因此，学习管理的理论和技巧，提高管理水平，已经成为当今社会从事管理工作的人们的共识。

第一节　管理的概念及特性

纵观人类社会的发展史，在不同的历史时期，都存在着人们对自然资源和社会资源的各种需求以及为这种需求而采取的各种行动，但是，不同的人群或组织所面对的自然资源和社会资源是有限的，人类需求的无限性和资源有限性之间的矛盾是永远存在的，也正是这种矛盾的存在，需要通过管理活动对现有的资源和需求进行协调，以满足人们的某些需求，这些管理活动不断地化解旧矛盾，而随之又会产生新的矛盾，这种管理活动和矛盾运动的相互作用，不断推动着人类社会向前发展。

管理是一种组织活动。组织为满足组织成员的各项需求，提供了主要的支持，从人们的衣食住行到解决冲突。组织活动对组织资源进行有效整合，为实现组织目标开展一系列的创造性活动，是人类组织社会活动的一个最基本的手段，人类无论进行何种社会活动，都离不开管理。通过管理，把人们组织起来，为了达到某种目标而行动。不管人们从事何种职业，人人都在参与管理或被管理。"管理是由心智所驱使的唯一无处不在的人类活动"（戴维·B·赫尔茨）。

管理作为人类最普遍的一项活动，有其自身的发展规律，人们在长期的社会实践活动中通过探索、积累和总结，形成了一些零散的、朴素的管理思想，随着人类社会的发展，生产力水平不断提高，这些管理思想在社会实践中不断地得到丰富和发展。尽管管理学的产生与数学、天文学、哲学、物理学、化学等学科理论相比历史较短，但对人类活动的巨大推动作用是有目共睹的。"在人类历史上，还很少有什么事比管理的出现和发展更为迅猛，对人类具有更为重大和更为激烈的影响"（彼得·德鲁克）。可以说，人类社会的任何伟大的进步都包含着管理学所做出的重要贡献。随着人类社会的发展，组织规模越来越大，组织越来越复杂，组织形态千变万化，管理的重要性愈加显现。管理无时不在、无处不在。虽然管理很普遍、很重要，但什么是管理呢？

一、管理的概念

自19世纪末20世纪初管理学形成至今，关于管理的概念问题，学术界提出了各种各样的见解。什么是"管理"，从不同的角度出发，可以有不同的理解。从字面上看，管理有"管辖"、"处理"、"管人"、"理事"等，即对一定范围的人员及事务进行安排和处理。但这种解释是不可能严格地表达出管理本身所具有的完整含义的。关于管理的定义，至今仍未得到人们的公认和统一。长期以来，许多中外学者从不同的研究角度出发，对管理做出了不同的解释。在美国、日本以及欧洲各国的一些管理学著作或管理教科书中，对管理有如下定义。

科学管理之父泰勒给管理下的定义：管理就是"确切地知道你要别人去干什么，并使他用最好的方法去干"。在泰勒看来，管理就是要事先安排工作，指挥他人用最好的工作方法去工作。即通过别人采用恰当的方法工作，去实现自己为组织制定的计划和目标。

亨利·法约尔是对管理概念有重大影响的人。他在其《工业管理与一般管理》中认为："管理就是实行计划、组织、指挥、协调和控制。"这一观点强调，当一个人在从事计划、组织、指挥、协调和控制工作时，他便是在做管理工作。

诺贝尔经济学奖获得者赫伯特·西蒙认为："管理就是决策"。西蒙强调，决策贯穿于管理的全过程和所有方面，任何工作都必须经过一系列的决策才能完成，管理工作是围绕着决策的制定和组织实施展开的一系列活动，归根结底是在做各种各样的决策。

斯蒂芬·罗宾斯的观点为："管理是指同别人一起，或通过别人使活动完成得更有效的过程。"罗宾斯强调管理者离不开被管理者，管理者要发挥被管理者的作用，强调要使活动完成得更有效，强调管理是一个过程。

理查德·L·达夫特认为："管理就是通过对组织资源的计划、组织、领导和控制，以有效果和高效率的方式实现组织目标的过程。"在这一定义中，存在两个思想：一是计划、组织、领导和控制这四个职能；二是以有效果和高效率的方式实现组织目标。

国内的学者们也有各自的观点。

徐国华等认为："管理是通过计划、组织、控制、激励和领导等环节来协调人力、物力和财力资源，以期更好地达成组织目标的过程。"

芮明杰认为："管理是对组织的资源进行有效整合，以达成组织既定目标与责任的动态创造性活动。"

周三多等对管理的定义是："管理是管理者为了有效地实现组织的目标、个人发展和社会责任，运用管理职能进行协调的过程。"

由以上学者们的论述可以看出，对管理的表述可以说是仁者见仁、智者见智。

我们认为，管理就是组织在特定的内外部环境约束下，为了更有效地实现组织目标，由专门的管理人员利用专门知识、技术和方法，对组织活动所涉及的人、财、物、时间、空间、信息等资源进行的决策、计划、组织、领导、控制、创新等一系列活动的过程。具体来说，管理包含以下六层含义。

(1) 管理具有目的性。管理的目的是为了有效地实现预期的组织目标。所有的管理活动都是紧密围绕如何实现组织目标而进行的，并且追求实现组织目标的有效性。

(2) 管理的主体是管理者。管理的主体是具有专业技术、知识，利用专门方法和手段进行管理活动的管理者。管理劳动是从生产活动中分离出来的一种专门活动，是一种职业。一个组织的运行效率和效果，往往取决于管理者的理念、能力以及其正确的决策和有效的具体管理。

(3) 管理的客体是组织资源。资源对于任何组织都是稀缺的，如何用最少的资源创造最大的价值，这是管理者要解决的问题。通过管理来优化配置人、财、物、时间、空间、信息等资源，来实现这些资源的有效利用。

(4) 管理的核心是协调人际关系。人是一种特殊的资源，又是各种资源的开发者、利用者和掌控者，只有通过人的劳动才能实现和提高资源的价值。而人的劳动又是集体的活动，集体活动就有冲突和矛盾，就需要协调。只有协调了人际关系，才能发挥人的主动性，从而更好地利用资源创造价值。

(5) 管理的过程是各种职能应用的过程。管理是一个多阶段、多项工作的综合过程。决策与计划在管理活动中具有很重要的地位，但是，决策与计划确定后，计划的组织与实施、激发组织成员的工作热情、检查和控制计划的执行情况、创造性地开展各项工作活动，更是非常重要的。因此，管理职能是在管理过程中对反复出现并带有共性的管理功能的抽象。最基本的管理职能是计划、组织、领导、控制和创新，管理活动只有依靠这些基本职能的综合应用才能开展。

(6) 管理又有特定环境要求。管理是在特定的环境下进行的，仅从管理存在的意义这个角度去分析，就可以得知管理需要"组织"或"企业"这样一个特殊的环境才能存在。如果没有组织或企业环境存在，管理也就不存在了。所以管理对环境是有特定的要求的。

管理学是建立在一个基本的前提假设——所有的资源都是稀缺的——之上。由于资源的稀缺性，才存在着如何配置资源，方能实现用最少的花费取得最大收益的问题，也才存在着对一定组织资源进行有效整合以实现组织目标的问题。

二、管理的特性

管理涉及的领域十分广泛，不同社会组织都会有各种不同的特殊问题，需要运用不同的管理原理和管理方法予以解决，因而不同领域的管理工作千差万别。但是透过各种不同的差别，我们仍然可以看到管理工作的共同基础，看到他们相互之间存在的共同点，即是管理工作的共性。管理具有以下五个方面的特性。

1. 动态性

管理的动态性主要表现在管理活动是在不断变动的环境与组织本身中进行的，管理就是要适应环境，消除或减少资源配置过程中的各种不确定性。因此，管理不是静止的、停留在书面上的说辞，而是在实践活动中的操作。由于各个组织所处的客观环境和具体的工作环境不同，组织的目标不同，导致了不同组织中的资源配置的不同，这种不同就是组织管理动态性的派生。因此，不存在一个标准的、处处成功的管理模式。

管理的动态性也可以通过管理的自然属性和社会属性得以体现，其自然属性是指管理与生产力、社会化大生产相联系的性质。人类社会生产力水平是不断向前发展的，管理就是要适应这种发展，合理组织生产力、监督和指挥生产；而其社会属性体现在管理与生产关系、社会制度相联系的性质。生产关系是与生产力相适应的，也是不断向前发展的，它体现所有者的意志，维护社会统治秩序。

2. 科学性

管理的动态性，并不意味着管理没有科学规律可循。管理活动有两类，即程序性活动和非程序性活动。前者是指有章可循，照章运作即可取得预想效果的管理活动；后者是指无章可循，需要在实施过程中进行分析并提出解决方案的管理活动。两类活动虽然不同，但可以相互转化，实际上现实的程序性活动就是从以往非程序性活动转化而来的，这种转化的过程就是人们对这类活动与管理对象规律性的科学总结，管理的科学性在这里得到了很好的体现。管理学科经过一百多年的探索、研究和总结，已经形成了比较系统的理论体系。管理思想的形成和管理理论的发展，反映了管理工作中的客观规律，掌握和应用管理理论，就可能针对管理实践中存在的问题，找到可行的解决办法，提高管理决策的有效性。

3. 艺术性

管理的主体是人，管理要素中最活跃的因素也是人，管理又是一项实践性的活动，需要一系列的符合客观实际的经验、诀窍和准则。管理的对象处于不同环境、不同行业、不同的产出要求和不同的资源配置条件，因此，对每一个具体管理对象的管理没有一个唯一的、完全有章可循的模式，具体的管理活动的成效与管理者自身管理技巧的运用水平关系很大，所有这些都是管理者从长期的实践活动经验中凝练总结而获得。这体现了管理活动实施的艺术性。艺术性更多地取决于人的天赋与直觉，是一种非理性的东西，管理有时就是一种非理性的活动，否则就不会有许多人认为"管理没有理论"。管理是科学性与艺术性的有机统一体。

4. 创造性

既然管理是一种动态活动，对每一个具体的管理对象没有一种唯一的、完全有章可循的模式可以参照,要达到既定的组织目标,管理者应该审时度势,与时俱进,依据组织所处的环境、时间和条件等,结合其管理经验灵活决策,以实现组织的目标。正因为如此,管理活动是一类创造性活动,更因为其创造性,才会有成功与失败。试想,如果按照程序便可以管好的话,如果有一种统一的模式可以参照的话,岂非人人都可以成为有效的管理者?管理的创造性根植于动态性之中,与科学性和艺术性相关,正是由于这一特性的存在,使得管理创新成为必需。

5. 经济性

对组织资源进行有效配置和整合需要耗费一定的成本,实现组织的目标要追求一定的效益,因此管理具有经济性。首先,管理的经济性反映在资源配置的机会成本上。管理者选择一种资源配置方式,是以放弃另一种资源配置方式的代价取得的,这里有个机会成本的问题。其次,管理的经济性反映在管理方式方法选择的成本比较上,因为在众多的可帮助资源配置的方式方法中,其所耗费的成本不同,因此,如何选择还是个经济性问题。再次,管理是对资源的有效整合过程,选择不同的资源供给和配比,有成本大小的问题,这是经济性的另一种表现。同时,组织有效配置资源的目的,是为了追求一定的经济效益,这也是经济性的一种表现。

管理的上述五个特性是相互关联的,是管理性质五个不同方面的反映,其相互关系可用图 1-1 表示。

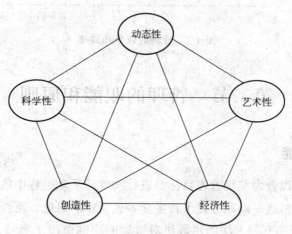

图 1-1 管理特性相互关系图

三、管理的效率与效果

管理本身不是目的,而是通过管理,协调、调动组织的资源,有效地实现组织目标。所谓"有效":一是要注重效率;二是要讲求效果。

管理效率通常是指组织的投入与产出之比,或指组织在实现其目标的过程中,发挥作用的资源占组织所拥有全部资源的比例。投入少,产出多,则效率高,发挥作用的资源占拥有资源的比例高，资源的浪费就少，管理的效率就高。在特定的投入下，要得到更多的产出，就必须注意提高效率；同样，如果要从较少的投入中取得同样的产出，也必须注意提高效率。

管理效果是指组织的产出与组织目标的一致性，或指组织资源利用与目标实现之间的一致性。产出与目标一致，管理的效果好，有效性高；资源利用对目标实现的贡献大，资源发挥作用的效果好，管理的有效性就高。反之，产出与组织目标相背，或资源产生的作用与组织目标相反，则管理活动的结果一定是不能令人满意的。讲求管理效果就是要保证以较少的资源消耗来实现组织的目标。只有达成了组织目标，管理才是有效的。

良好的管理应该是既有好的效果又有高的效率，即既能达到组织的目标，又能使资源得到充分利用。从投入和产出的角度来看，就是以最小的投入取得既定的产出，或以一定的投入取得最大的产出。图 1-2 展示了管理的效果与效率的关系。

图 1-2　管理的效果和效率

第二节　管理的职能和原则

一、管理的职能

管理的职能是管理者为实现管理目标而进行的管理活动过程中所发挥的作用。管理活动具有哪些基本职能？这一问题经过了许多学者近百年的研究，至今还是众说纷纭。

20 世纪初，法国的亨利·法约尔最早对管理的职能做出了概括，提出所有的管理者都行使五种职能：计划、组织、指挥、协调和控制。20 世纪 30 年代，古利克提出了七种职能的观点：计划、组织、指导、控制、协调、人事和沟通。到 20 世纪 50 年代中期，美国的两位教授哈罗德·孔茨和西里尔·奥唐内尔在其管理学教科书中，把管理的职能分为以下五种：计划、组织、人员配备、指导和控制，全书的结构安排基于这种职能的划分，此书成为当时最畅销的教科书并延续了 20 年。20 世纪 70 年代以后，学术界最常见的提法是计划、组织、领导和控制，如表 1-1 所示。我们认为根据管理理论的发展，对管理职能的认识也应有所改变。

表 1-1　管理职能表

管理职能	古典的提法	常见的提法	本书的提法
计划(planning)	*	*	* 计划
决策(decision making)			* 组织
组织(organizing)	*	*	
用人(staffing)			
指导(directing)			
指挥(commanding)	*		
领导(leading)	*	*	* 领导
协调(coordinating)	*		
沟通(communication)			
激励(motivating)			
代表(representing)			
监督(supervising)			* 控制
检查(checking)			
控制(controlling)	*	*	
创新(innovating)			* 创新

注：*表示存在此提法。

"创新"是否应该列为管理职能，学者们有不同看法。孙明燮认为，创新不是管理职能，而是管理功能。周三多等学者则把创新列为管理职能，并认为创新是管理工作的原动力。几乎所有国外管理理论教材都没有把创新列入管理职能。

我们认为，创新应列为管理职能，因为在被称为"唯一不变的就是变化"的当今世界，要想使组织处于不败之地，管理者必须具有创新精神，敢于应对各种挑战。许多新的管理理论和管理实践活动已经一再证明：计划、组织、领导、控制和创新这五种职能是一切管理活动最基本的职能。

（一）计划

计划职能，是指管理者经过一系列的活动确定组织目标和为实现组织目标而进行筹划的活动。计划职能一般包括：调查与预测、制定目标、选择活动方式等。任何管理都有计划职能，高层管理者负责制定总体目标和战略，所有层次的管理者都必须为其工作部门制订工作计划。计划职能是管理活动的首要职能。

（二）组织

组织职能，是指管理者为实现组织目标而建立与协调组织结构的工作过程。组织职能一般包括：设计与建立组织结构，合理分配职权与职责，选拔与配置人员，推进组织的协调与变革等。合理的组织结构是实施管理、实现目标的组织保证。因此，不同层次、不同类型的管理者总要或多或少地承担不同性质的组织职能。

(三) 领导

领导职能，是指管理者指挥、激励下属，以有效地实现组织目标的行为。领导职能一般是指选择正确的领导方式，如运用权威、下达命令，激励下属，调动其积极性，进行有效沟通等。不同层次、不同类型的管理者领导职能的内容及侧重点各不相同。管理的领导职能是一门艺术，贯穿在整个管理活动中。

(四) 控制

控制职能，是指管理者为保证实际工作与目标一致而进行检查、监督、纠偏的行为。控制职能一般包括：制订标准、衡量工作、纠正出现的偏差等。人们在执行计划过程中，由于受各种因素的干扰，实践活动常常会偏离原来计划，为保证目标及为此而制订的计划得以实现，就需要有控制职能。不同层次、不同类型的管理者控制的重点和方式各不相同。

(五) 创新

创新职能，是指管理者为适应环境的变化，以更有效的方式整合组织内、外的资源以达到组织目标的活动。所谓创新，就是改变现状。许多管理者获得事业成功的关键就在于在工作中不断的创新。

二、管理职能之间的关系

各项管理职能都有自己独有的表现形式。如计划职能通过目标的制定和行动的确定表现出来。组织职能通过组织机构的设计和人员的配备表现出来，领导职能通过领导者和被领导者的关系表现出来。控制职能通过偏差的识别和纠正表现出来。创新职能与上述各种职能的表现形式不同，它本身没有某种特有的表现形式，总是在与其他管理职能的结合中表现自身的存在与价值。

管理的计划、组织、领导、控制、创新职能是相互关联、不可分割的一个整体。每一项管理工作一般都是从计划开始，经过组织、领导到控制结束。各职能间同时相互交叉渗透，控制的结果可能又导致新的计划，开始新的管理循环。如此循环不息，把管理工作不断推向前进。计划工作会直接影响组织的特点和结构，组织在很大程度上决定着计划的成败，一个适当、合理的组织是计划得以实现的重要保证，领导必须适应组织和计划的要求，与组织目标保持一致，控制则对计划、组织、领导全面检查，纠正和预防偏差，以保证组织目标的实现。管理是随着人类文明的进步和发展而发展起来的，因此，管理的生命力在于通过管理职能的实践，实现管理理论不断创新。从管理的动态角度来看，创新职能在管理循环之中处在轴心的地位，是推动管理活动的原动力，如图 1-3 所示。

图 1-3　管理职能循环图

三、管理的原则

管理的原则是指管理者在管理实践中应该遵循规则。主要有：追求效益的规则——效益原则；以人为中心的规则——人本原则；追求适度管理的原则——适度原则。

（一）效益原则

追求效益是管理学的经济特性的具体体现，是人类的一切活动所应该遵循的基本原则。资源的有限性和人类需求的无限性之间的矛盾，是管理学与经济学研究的永恒课题，为了缓和这对矛盾，在管理活动中，特别是在经济活动中，应该遵循效益原则。

（二）人本原则

组织是人的集合体，组织活动是由人来进行的。管理既是对人的管理，又是通过人进行的管理。人是组织的中心，也是管理的中心，人本原则应当是组织的首要原则。人是管理活动中最活跃的资源，人本原则要求组织的管理活动既是"依靠人的管理"，又是"为了人的管理"。前者是指必须实行民主管理，即组织的被管理者参与组织的目标的选择、计划的制定、实施和控制，这样可以充分发挥人的主观能动性；后者是指管理的根本目的是为人服务的。管理的为人服务不仅体现在通过管理提高组织的活动效率以更好的满足服务对象的要求，还包括通过管理，实现组织成员的社会价值，促进组织成员的个人发展。

（三）适度原则

适度原则要求管理者在从事管理活动时，要把握适情管理和适时管理。适情管理是指管理者应该根据组织内外的环境和能力特点进行选择管理活动方案；适时管理则要求管理者根据组织内外的环境和能力的变化对这种选择进行调整。管理工作更多的不是取决于管理者对管理理论知识和方法的掌握，而是取决于他们对管理理论知识和方法的应用能力。因此，许多管理学者认为"管理是一门科学，更是一种艺术"。

第三节　管理者的角色与技能

管理者合格与否，在很大程度上取决于前述五种管理职能的履行情况。不同的管理者有不同的性格特征，但管理者要从事管理活动，提高工作效率，必须在实施管理职能的过程中履行各种角色。管理者的角色是指管理者在组织活动中要完成某些特定的工作、完成组织的特定要求和履行特定的责任。通过管理者的角色，影响组织内外个人和群体的行为。为了有效地履行各种职能。管理者应该明确：自己在管理中扮演哪些角色？在扮演这些角色过程中，需要具备哪些技能？

一、管理者的角色

角色是处于组织中某一位置的人所需要做的一系列特定的任务。自从20世纪70年代初加拿大管理学家亨利·明茨伯格（Henry Mintzberg）对实际工作中的管理者的日常活动进行了系统的观察分析，被观察的人既有美国总统这样的高级管理者，也有企业中的中级管理者，如生产管理人员、医院的行政人员，甚至还包括街头团伙的头目，明茨伯格经过总结，提出所有的管理者都要扮演十种不同的角色。他将管理者在计划、组织、领导、控制组织资源过程中需要履行的这十种角色划分为三大类：人际角色、信息角色和决策角色。明茨伯格的角色理论可用图1-4表示。

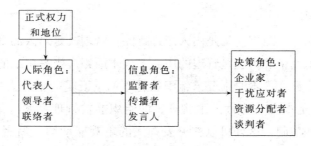

图1-4 管理者的角色

1. 人际角色

人际角色直接产生于管理者的正式权力基础，管理者在与组织其他成员协作互动，并为员工和组织整体提供导向和监督时，他就在扮演人际角色。管理者所扮演的人际角色是代表人角色、领导者角色和联络者角色，具有礼仪性和象征性。

管理者的代表人角色，即所在组织或部门的象征。作为象征性首脑，必须履行许多法律性或社会性的例行义务。如迎接来访者，签署法律文件，参加社区集会、社会活动等。

管理者的领导者角色对所在单位工作成败负责，负责激励下属、人员配备、培训等。这就意味着他需要决定组织的使命与目标，并将它传达给员工和其他的有关群体。需要鼓励下属发挥出高水平的绩效，还需要有计划地去培训、指导下属以促使他们发挥全部潜能。管理者的权力来源于两个方面：他在组织等级中所处的位置的正式授权以及他的个人品质，包括声誉、技能、个性等。领导者的个人行为影响着员工的态度和行为。下属是否想要发挥出高的绩效水平，甚至是否想准时上下班，是否想请假，在很大程度上取决于他们是否对在组织里的工作感到满意。

管理者的联络人角色意味着他要对组织内外个人和群体的行为进行联系与协调。在组织内部，管理者要协调各不同部门的活动以提高其合作水平；在组织外部，管理者需要与供应商、消费者以及当地社区建立起联系，以获得稀缺的资源。管理者必须对重要的组织问题有敏锐的洞察力，在组织内、外建立关系和网络。

2. 信息角色

管理者负责信息的接收、收集和整理，确保和其一起工作的人具有足够的信息，以实现组织的目标。管理者的信息角色体现在信息的监督者、信息的传播者和发言人。

信息角色与需要获取、传递信息的任务密切相关。作为监督者，管理者需要分析组织内外部的各种信息，以透彻的理解组织与环境。识别组织的潜在机会和威胁。有了这些信息，管理者才能够有效地决策、组织、控制人力资源和其他资源。

作为传播者，从组织外部和内部获取的有利于组织目标任务完成的信息，传递给组织的其他成员，并影响他们的态度和行为。

作为发言人，向外界发布组织的计划、政策、行动、结果等。管理者运用信息提升组织，以使组织内部和外部的人都对组织有积极的反应。

3. 决策角色

管理者负责处理信息并做出结论，分配资源以保证决策方案的实施。决策角色与管理者所从事的战略规划、资源应用等工作密切相关。管理者的决策角色体现在企业家、干扰应对者、资源分配者和谈判者。

作为企业家，管理者必须密切关注组织内外环境的变化，寻求组织和环境中的机会，制定改进方案以发起变革。决定将从事何种项目或计划，决定怎样利用资源以提高组织绩效。

作为干扰应对者，当组织面临重大的、意外的冲突或问题时，管理者需要处理可能影响组织运营的突发事件或危机。善于采取措施，处理问题解决冲突等。在这种情况下，管理者必须扮演首脑和领导者的角色，以保证获得解决问题或危机所需要的资源。

管理者必须扮演资源分配者这一重要角色，负责分配组织的各种资源（人、财、物、时间、信息等），制定和批准所有有关的组织决策，以决定怎样才能够最佳地运用人力和其他资源来提高组织绩效。

在扮演资源分配者这一角色的同时，管理者还必须扮演谈判者的角色，以与其他管理者、组织内外部群体如投资者、消费者等在资源的分配权方面达成共识。

管理者的角色具有高度的相关性，少了任何一种角色，管理者的工作就不再完整。例如，没有联络者角色，管理者就不能获得外部信息。这样的话，他既不能传播员工所需要的信息，也不能做出充分反映组织外部实际状况的决策。明茨伯格界定的三类管理者角色及其特征活动见表1-2。

表 1-2 明茨伯格界定的管理者角色

角色	描述	特征活动
人际角色	取决于管理者的正式权力。管理者在处理组织成员与其他利益相关者的关系时扮演的角色。礼仪性和象征性的职责	
代表人	象征性首脑；必须履行许多法律性或社会性的例行义务	迎接来访者，签署法律文件，社区集会、社会活动等
领导者	对所在单位工作成败负责；负责激励下属；负责人员配备、培训以及有关职责	从事所有的有下级参与的活动，实现组织的目标

续表

角色	描述	特征活动
联络者	维护组织内、外部关系和消息来源,从中得到帮助和信息	对重要的组织问题有敏锐的洞察力,在组织内、外建立关系和网络
信息角色	管理者负责信息的接受、收集和整理,确保和其一起工作的人具有足够的信息,以实现组织的目标	
监督者	寻求和获取各种内部和外部信息,以透彻的理解组织与环境。识别组织的潜在机会和威胁	通过各种媒体、网络、与各种人员保持接触,以获取需要的信息
传播者	从组织外部和内部获取的有利于组织目标任务完成的信息,传递给组织的其他成员	举行信息交流会;以适当的方式传达信息,保证组织成员具有必要的信息等
发言人	向外界发布组织的计划、政策、行动、结果等	向董事会说明组织的财务状况及发展战略;向组织内外发布信息等
决策角色	管理者负责处理信息并做出结论,分配资源以保证决策方案的实施	
企业家	密切关注组织内外环境变化,寻求组织和环境中的机会,制定改进方案以发起变革	组织战略制定和投资方向选择,开发新产品、提供新服务、发明新工艺等
干扰应对者	当组织面临重大的、意外的冲突或问题时,善于采取措施,处理问题解决冲突等	组织应对混乱和危机、制定预案、处理冲突或解决问题,日常检查
资源分配者	负责分配组织的各种资源(人、财、物、时间、信息等);制定和批准所有有关的组织决策	调度、授权、开发、预算活动,安排下级的工作
谈判者	在主要的谈判中作为组织的代表	与员工、供应商、客户和其他组织的谈判活动

管理者所面对的问题常常是庞杂的、多样化的。在实际工作中,管理者有可能同时扮演几种不同的角色。管理者经常需要立即处理出现的大量问题;经常需要迅速做出决策;经常需要依靠多年职业生涯的经验以发挥其最大的能力。所以,为什么许多管理者声称如果他们有一半的把握就可以把工作做得很好;同样也不难理解,为什么许多经验丰富的管理者把下属犯错误看作是一个正常的学习过程。管理者及其下属都可以从成功中总结宝贵的经验,从失败中吸取深刻的教训。

二、管理者的分类

(一) 按照管理者在组织中的层次

管理者是管理活动的筹划者、执行者。在一切组织中,管理者往往不是一个人,而是由多个人多个职能角色构成的群体。要使组织运作既有效率又有效果,一般需要三个层次的管理者——高层管理者、中层管理者和基层管理者,他们各自的职责如表1-3所示。

表1-3 不同层次管理者的职责

层次类别	实例	主要职责	关注点
高层管理者	学校的校长,医院的院长,行政首脑,公司总经理等	对组织负有全面责任。主要侧重于决定组织的大政方针和沟通组织与外界的交往联系,为组织创造良好的内外部环境	组织的成败往往取决于高层管理者的判断、决策或安排,因此高层管理者很少从事具体事务性工作,而把主要精力和时间放在组织全局性或战略性问题的考虑上。他们最关心的应是重大问题决策的正确性和良好的组织环境的塑造

续表

层次类别	实例	主要职责	关注点
中层管理者	工厂里的车间主任,学校里的系主任,机关里的处长等	正确理解高层的指示精神,创造性地结合本部门的实际情况,贯彻落实高层所确定的大政方针,指挥基层管理者开展工作。他们的主要管理对象是基层管理者	根据上级的指示,把任务具体分配给各个基层单位,并了解基层管理者的要求,帮助其解决困难,检查并监督他们的工作,通过基层管理者的努力去带动第一线的操作者完成各项任务。他们注重的是日常管理事务
基层管理者	工厂里的班组长,运动队里的教练,学校里的教研室主任,机关里的科长等	直接指挥和监督现场作业人员,保证完成上级下达的各项计划和指示	他们几乎每天都要和下属打交道,明确下属的任务,组织下属开展工作,协调下属的行动,解决下属的困难,反映下属的要求。基层管理者是组织中最下层的管理者,他们主要关心的是具体任务的完成

1. 高层管理者

高层管理者处于组织的最高层,是指对整个组织负有全面责任的管理人员。他们负责制定组织的总目标、总战略,掌握大政方针,评价组织绩效、沟通组织与外界的交往,有权分配组织中的一切资源。他们对环境的正确判断、目标和资源运用的正确决策,对组织的生存和发展具有特别重要的作用。高层管理者对外代表组织,负责协调与外部的关系,并对组织所造成的社会影响负责。总之,高层管理者主要从事战略性的工作。这类人员的特点是:

(1) 负责决定组织的目标和战略;

(2) 对组织的资源有分配权,尤其是对人力资源的调配;

(3) 对职工有指挥权。

2. 中层管理者

中层管理者是位于高层管理者和基层管理者之间的承上启下的一个或若干个层次的管理人员。负责制定具体的计划,是对某一部门或某一方面负有责任的管理人员。他们在高层与基层之间起着桥梁和纽带作用,贯彻执行高层管理者所制定的重大决策并传达到基层,同时将基层的意见和要求反映到高层。他们更注重"上传下达",起到桥梁作用和日常的管理作用,还负责监督和协调基层管理人员的工作。

3. 基层管理者

基层管理者又称一线管理者,是组织中最低层次的管理人员,遍布在组织的各个部门。是管辖作业人员的管理者。他们的主要职责是传达上级指示和计划,给下属作业人员分派具体工作任务,指导、监督和协调下属的活动,控制工作进度。基层管理者工作的好坏,直接关系到任务的完成和目标的实现。基层管理者所关心的主要是具体的战术性的工作。

（二）按照管理者所从事管理工作的领域及专业不同（划分为综合管理人员和专业管理人员）

1. 综合管理人员

综合管理人员是指负责管理整个组织或组织中某个事业部全部活动的管理者。综合管理人员应当是管理的全才，是全能管理者。如：一个公司的总经理、事业部经理应当具有生产管理、营销管理、财务管理、人力资源管理、技术管理等多方面的才能。

2. 专业管理人员

专业管理人员仅仅负责管理组织中某一类活动（或职能），如：人力资源管理人员、营销管理人员、财务管理人员、设备管理人员等。专业管理人员应当是某一方面的专家，具有某一方面的专长。

三、管理者的技能

管理者的技能是指管理者根据组织所处环境、组织本身的实际情况，为了实现组织管理的目标而使用的各种管理方法、工具及技巧。管理者有了管理知识还不够，其必须拥有在管理实践中解决问题的技能，做到"知行合一"。管理者的技能要求是非常宽广的，并且随着企业的发展、环境的变化而变化。

（一）管理者的三种技能

根据罗伯特·卡茨的研究，管理者在行使五种管理职能和扮演三种角色时，必须具备三类技能：技术技能、人际技能和概念技能。

1. 技术技能

技术技能是指管理者所管理的专业领域中的过程、惯例、技术和工具的能力，即使用某一专业领域内有关的工作程序、技术和知识完成组织任务的能力。如工程师对工程技术的监督，会计师对会计活动的监督，医院院长对医疗过程的监督，学校校长对教学工作的监督，工厂的生产经理对生产工艺的监督等，都需要掌握相应专业领域的技术技能。许多管理者因具有较强的技术技能，而从技术岗位被选拔到管理者的岗位从事管理工作。这样他才能卓有成效地指导员工、组织任务、进行管理，更好地完成组织目标。

2. 人际技能

人际技能，又称为人际关系技能、人际交往技能。是指成功地与别人打交道并与别人沟通的能力，即理解、改变、领导、控制其他人员和群体行为的能力。包括对下属的领导能力和处理不同部门或群体之间关系的能力。有效管理者的突出特征之一就是其具有良好的沟通、协调能力，能够激励人们使其融合为一个团结一致的团队。

人际技能在组织中不同层次的管理活动中都是存在的，对于组织中高、中、基层管理者来说都是非常重要的。因为各个层次的管理者都必须通过与上下左右的人员进行有效沟通，才能相互合作，共同完成组织的目标。

人际技能既可以从经验中获得，也可以通过教育培训来获得。在实施自我管理团队过程中，组织越来越注重运用现代领导技能、团队领导技能等培训计划。为了有效管理好人际间的互动性活动，组织中的每一个人都需要学习如何和他人形成默契，如何理解别人的观点及他们所面临的问题。管理者了解自身长处和不足的方法之一就是看上级、同仁和下级所提供的，在明茨伯格所界定的管理角色中所表现出的绩效反馈。全面直接的反馈对于管理者提高其人际交往技能至关重要。

3. 概念技能

概念技能是指管理者进行抽象思考的技能。是产生新想法并加以处理，以及将其抽象化的思维能力。是一种洞察既定环境复杂程度的能力和减少这种复杂性的能力。作为管理者，需要从混乱复杂的环境中敏捷的辨清各种因素间的相互关系，抓住问题的实质，并根据形势和问题果断地做出决策。

在分析诊断某一情况、识别因果关系过程中所表现出的技能。在扮演上述管理角色的过程中，计划和组织工作需要较高水平的概念技能。高层管理者具有最佳的概念技能，因为他们最主要的职责就在于计划工作和组织工作。

概念技能是把企业及其所处环境视为一个整体，从全局出发，认清为什么要这样做的能力。理查德·L·达夫特在其著作《管理学》中对此问题作了清楚的表述："是把组织作为一个整体进行考察和考虑各个构成部分之间关系的认知能力，它包括管理者的思维、信息处理和计划能力，包括对某个部门如何适合整个组织和组织如何适合所在产业、社区与广泛的经营和社会环境和认知能力，体现了用广泛而长远的眼光进行战略思维的能力"。

要想成为有效的管理者，就必须具备上述三种技能——技术技能、人际技能和概念技能，缺乏其中任何一种均可能导致管理工作的失败。具有技术技能的创业者往往不清楚如何才能够成功地应对风险。科学家和工程师在从研究工作转向管理工作过程中，所面临的最大问题就是其缺乏有效的人际交往技能。

（二）不同层次管理者的技能结构

管理者需要掌握的这三种技能水平取决于他在管理层级中所处的位置，如图1-5所示。

管理技能、角色、职能是紧密联系的，明智的或有进取心的管理者会不断地通过最新的教育培训以提高其概念技能、人际交往技能和技术技能，以适应当今不断变化且日益激烈的竞争环境。

图1-5表示了不同层次管理者所需具备的管理技能关系示意图。《财富》杂志曾对管理者的管理层次与技能进行了数量分析，其分析结果见表1-4。

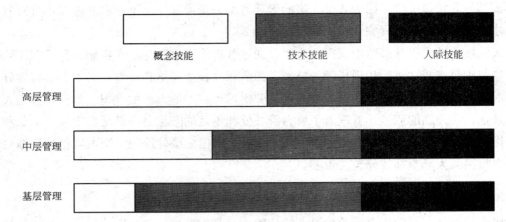

图 1-5　不同层次管理者所需要的管理技能要求

表 1-4　管理者的管理层次与技能分析

管理层次 \ 技能	概念技能	技术技能	人际技能
高层管理者	39.40%	17.90%	42.70%
中层管理者	22.80%	42.40%	34.80%
基层管理者	12.00%	37.70%	50.30%

第四节　管理学特点与研究对象、内容和方法

管理学是一门系统地研究管理活动的基本规律和一般方法的科学。管理作为一门科学来研究始于近代。随着社会的不断进步，科学技术的飞速发展，以及管理活动内容的日益丰富，管理在人们的实际生活中和在生产过程中的作用越来越受到广泛关注和重视。这就为全面地、系统地研究管理活动过程中的客观规律和一般方法提供了必要的条件和基础，从而使管理学的研究不断得到充实和发展。

一、管理学的特点

一般说来，管理学具有如下特点。

（一）一般性

管理学是研究所有管理活动中的共性原理的基础理论学科，无论是宏观管理，还是微观管理，都需要管理学的原理作为基础来加以学习和研究。

（二）综合性

管理学的综合性表现如下。

在内容上，它需要从社会生活的各个领域、各个方面以及各种不同类型组织的管理活动中，概括和抽象出对各门具体管理学科都具有普遍指导意义的管理思想、原理和方法。

在方法上，它需要综合运用现代社会科学、自然科学和技术科学的成果，来研究管理活动过程中普遍存在的基本规律和一般方法。

管理活动是很复杂的活动，影响这一活动的因素是多种多样的。除生产力、生产关系的基本因素外，还有一些自然因素，以及政治、法律、社会、心理等等社会性因素。因此，要搞好管理工作，必须考虑到组织内部和组织外部的多种错综复杂的因素，利用经济学、数学、哲学、工程技术科学、心理学、社会学、生理学、仿真学、行为科学等的研究成果和运筹学、系统工程、信息论、控制论、计算机信息技术等学科最新成就，对管理进行定性的描述和定量的预测，从中研究出行之有效的管理理论，并用以指导管理的实际工作。所以从管理学与许多学科的相互关系来看，管理学是一门交叉学科或边缘学科。但从它又要综合利用上述多种学科的成果，才能发挥自己的作用来看，它又是一门综合性的学科。

（三）历史性

任何一种理论都是实践和历史的产物，离不开对其发展历史的传承，管理学尤其如此。管理学是对前人管理实践、经验和管理思想、理论的总结、扬弃和发展。割断历史，不了解管理历史发展和前人对管理经验的理论总结，不进行历史考察，就很难理解和建立管理学的理论依据。

（四）实践性

管理的实践性表现为它具有可行性，而它的可行性标准是通过经济效益和社会效益来加以衡量的。因此，管理学只有把管理理论同管理实践相结合，才能真正发挥这门学科的作用。

二、管理学研究的对象

管理学是研究管理原理、管理理论、管理方法以及指导人们如何做好管理工作的一门科学。是管理实践活动在理论上的概括和反映，是管理工作经验的科学总结。它来自丰富的管理实践，接受管理实践的检验，反过来又可以指导管理的实践。

具体而言，无论是在公司、工厂、商店、银行等企业单位，或者在学校、研究所、医院、报社、电视台等事业单位，还是在政府、军队、公安等国家机关，尽管各单位工作性质千差万别，尽管各人担任的职务迥然不同，但都有人担任管理工作。当然，一位省长所作的决策与一位大学校长所作的决策完全不同，一位公司经理所管辖的人员和资源比一位班组长所管辖的人员和资源要多得多。透过这些差别，我们仍然可以看到他们所从事的管理工作的共同基础。他们都是为了实现本单位的既定目标，通过计划、组织、领导、控制、创新等职能进行着任务、资源、职责、权力和利益的分配，协调着人们之间的相互关系。这就是各行各业各种管理工作的共同点。

管理工作的共性是建立在各种不同的管理工作的特殊性之上的。就管理的特殊性而言，工厂不同于商店，银行不同于学校，学校也不同于医院，政府不同于军队，军队更不同于学术团体……有多少种不同的社会组织就会有多少种特殊的问题，也就会有解决这些特殊问题的管理原理和管理方法，由此也就形成各种不同门类的管理学。例如，企业管理学，行政管理学，学校管理学，军队管理学等等。这些专门管理学根据具体的研究对象还可进一步细分。例如，企业管理学进一步分为工业企业管理学，商业企业管理学，银行管理学，旅游酒店管理学等等。但是，这些专门管理学中又都包含着共同的普遍的管理原理和管理方法。这就形成了本课程——管理学的研究对象。所以，管理学是以各种管理工作中普遍适用的原理和方法作为研究对象的。各种管理学的关系如图1-6所示。

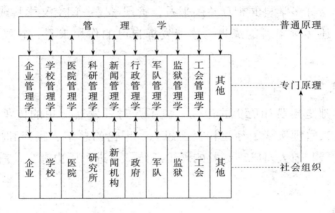

图1-6　管理学关系图

三、管理学的研究内容

根据管理学的性质和管理学的研究对象，管理学的研究内容有两个侧重点。

（一）着重从生产力、生产关系和上层建筑三方面研究管理学

管理学研究就其内容而言，可概括为生产力、生产关系和上层建筑三个方面，这三方面又是密切结合、不可割裂或偏废的。

(1) 在生产力方面，主要研究生产力诸要素之间的关系，即合理组织生产力的问题；研究如何根据组织目标的要求和社会的需要，合理地获取、配置和使用人力、物力、财力以及信息等组织资源，使各要素充分发挥作用的问题；研究如何根据组织目标的要求和社会的需要，合理地使用各种资源，以求得最佳的经济效益和社会效益的问题。

(2) 在生产关系方面，主要研究如何正确处理组织中人与人之间的相互关系问题；研究如何建立和完善组织机构和分工协作关系等；研究如何激励组织内部成员，从而最大限度地调动各方面的积极性和创造性，为实现组织目标而服务。

(3) 在上层建筑方面，主要研究组织的管理体制、规章制度的建立和完善问题，如何使组织内部环境与其外部环境相适应的问题；研究组织文化的塑造和落实问题，研究组织

的社会责任和伦理道德问题，以维持正常的生产关系，适应和促进生产力的发展。

（二）从管理者的活动出发，着重研究管理的五大基本职能和管理的过程

（1）管理活动中有哪些职能，其基本职能的内容。

（2）执行这些基本职能涉及组织中的哪些要素。

（3）在执行职能中应遵循哪些原理，采用哪些方法、程序和技术。

（4）执行职能中会遇到哪些障碍、阻力，如何克服这些障碍、阻力。

本书从管理者的活动出发，以管理的基本职能为主线，重点叙述管理活动的基本规律和方法，强调理论与实际的结合，全面、系统地阐述一个组织应如何适应环境变化，合理组织和有效利用人力及其他资源，以实现组织的目标，取得良好的绩效。

四、管理学的研究方法

马克思主义唯物辩证法是本学科的方法论基础，系统方法与具体矛盾具体分析法是本门课程的最基本方法。系统方法是研究组织与管理问题的主要的思维方法。按系统方法，把组织视作有统一目标的相互联系各部分的组合，以期在环境中获得生存和发展。系统论认为组织中一个部分不能脱离组织中其他部分而孤立地生存。因此，管理者在解决问题时必须把组织当作一个动态的整体。

"具体矛盾具体分析"的矛盾分析法是研究管理问题和解决管理问题的重要方法。按照某些管理学派的观点，特别是古典学派中持统一论观点的学者，认为管理中主要是找出用于四海而皆准的原理、原则，就可以解决管理中的一切问题。这种学术观点实质是形而上学的方法论，是管理学中的教条主义。

具体来说，管理学和其他社会科学一样，研究方法很多，本书介绍常用的四种：归纳法、试验法、演绎法和定量研究方法。

（一）归纳法

归纳法就是通过对客观存在的一系列典型事物（或经验）进行观察，从掌握典型事物的典型特点、典型关系、规律入手，进而分析研究事物之间的因果关系，从中找出事物变化发展的一般规律，这种从典型到一般的研究方法也成为实证研究。由于管理过程十分复杂，影响管理活动的相关因素极多，并且相互交叉，人们所能观察到的往往只是综合结果，很难把各个因素的影响程度分解出来，所以大量的管理问题都只能用归纳法进行实证研究。

1. 归纳法的局限性

在管理学研究中，归纳法应用最广，但其局限性也十分明显。

（1）一次典型调查（或）经验只是近似于无穷大的总体中的一个样本。所以实证研究必须对足够多的对象进行研究才有价值。如果选择的研究对象没有代表性，归纳出的结论

也就难以反映出事物的本质。

（2）研究事物的状态不能人为地重复，管理状态也不可能完全一样，所以研究得出的结论只是近似的。

（3）研究的结论不能通过实验加以证明，只能用过去发生的事实来证明，但将来未必就是过去的再现。

2. 归纳法注意事项

在运用归纳法进行管理问题的实证研究时，应当注意以下几点。

（1）要弄清与研究事物相关的因素，包括各种外部环境和内部条件，以及系统的偶然的干扰因素，并尽可能剔除各种不相关的因素。

（2）选择好典型，并分成若干类，分类标准应能反映事物的本质特征。

（3）调查对象应有足够数量，即按抽样调查的原理，使样本容量能保证调查结果的必要精度。

（4）调查提纲或问卷的设计要力求包括较多的信息数量，并便于作出简单明确的答案。

（5）对调查资料的分析整理，应采取历史唯物主义和辩证唯物主义的方法，去寻找事物之间的因果关系，切忌采取先有观点再搜集材料加以论证的形而上学方法。

（二）试验法

管理中的许多问题，特别在微观组织内部，关于生产管理、设备布置、工作程序、操作方法、现场管理、质量管理、营销方法以及工资奖励制度、劳动组织、劳动心理、组织行为、商务谈判等许多问题都可以采用试验法进行研究。即人为地为某一试验创造一定条件，观察其实际试验结果，再与未给予这些条件的对比试验的实际结果进行比较分析，寻找外加条件与试验结果之间的因果关系。如果做过多次试验，而且总是得到相同结果，那就可以得出结论，这里存在某种普遍适用的规律性。著名的霍桑研究就是采用试验法研究管理中人际关系的成功例子。

试验法可以得到接近真理的结论。但是，管理中也有许多问题，特别是高层的、宏观的管理问题，由于问题的性质特别复杂，影响因素很多，不少因素又是协同作用的，所以很难逐个因素孤立地进行试验。并且此类管理问题的外部环境和内部条件特别复杂，要想进行人为的重复也是不可能的。例如投资决策、生产计划、财务计划、人事管理、资源分配等许多问题几乎是不可能进行重复试验的。

（三）演绎法

对于复杂的管理问题，管理学家可以从某种概念出发，或从某种统计规律出发，也可以在实证研究的基础上，用归纳法找到一般的规律性，并加以简化，形成某种出发点，建立起能反映某种逻辑关系的经济模型，这种模型与被观察的事物并不完全一致，但它具有突出本质特点，忽略次要因素，使纷繁复杂的事物便于把握的特点。模型是对原型的一种抽象，是完全合乎逻辑的推理。这种运用模型来研究管理现象及其规律的方法称为演绎法。演绎法的使用十分广泛，不仅适用于管理学领域，而且应用于各种预测和公共政策研究等领域。

一般地，从理论概念出发建立的模型称为解释性模型，例如投入产出模型，企业系统动力学模型等，都是建立在一定理论概念基础之上的。从统计规律出发建立的模型称为经济计量模型，例如柯普—道格拉斯生产函数模型，以及建立在回归分析和时间序列分析基础上的各种预测模型和决策模型。建立在经济归纳法基础上的模型称为描述性模型，例如现金流量模型、库存储蓄量模型、生产过程中在制品变动量模型等等。

现代科学技术的发展迅速的推动着管理学研究方法的现代化。特别由于计算机技术的迅速发展，管理中的各种模型，甚至具有几百个变量的线性规划模型都可以在计算机上进行迅速的运算，或者进行动态模拟，例如投资决策模拟等。计算机技术和软件科学的发展大大促进了演绎法在管理领域的应用和发展。

（四）定量研究方法

管理的定量方法是对管理现象中可以量化的部分进行测量和分析，以寻求最优决策方案的方法。管理的定量方法是从第二次世界大战中对军事问题的优化解决的基础上发展起来的。1937年，十几个英国科学家被请去帮助军队用新发明的雷达确定敌机的位置，1939年，这些科学家被集中到英国皇家空军战斗机指挥总部。这个小组被看成第一个运筹学组织，1940年9月，成立不久的这个小组又和防空司令部组合并在一起研究防空目标问题，以便使用有限的空军力量有效地抗击德国庞大的空军力量的进攻。由于最初的研究与雷达的运行有关，英国人便把这种活动称为运筹学。第二次世界大战后，美国人也把运筹学引入到陆、海、空军的各个部门。战后，运筹学被英、美等广泛应用于工业和经济管理领域，对经济的发展起到积极的推动作用。运筹学是最早出现的定量研究方法。

管理的定量方法有一套完备的操作技术和方法，包括抽样方法、线性规划方法、统计方法、最优化模型、信息模型和计算机模拟等。定量研究方法最突出的贡献是在管理决策方面，特别是在计划和控制决策方面有着明显的优势。如线性规划方法可以使管理者优化资源分配的方案，计划评审技术可以使工作进度计划更有效，经济订货批量模型可以辅助企业决定应维持的最佳库存水平等。

由于管理过程涉及的因素许多无法用定量方法来计算，因此定量方法不可避免地存在局限性，在管理研究中还使用其他的方法。

复习思考题

1. 什么是管理？管理的含义是什么？
2. 管理的特性是什么？
3. 管理有哪些基本职能？它们之间的关系是什么？
4. 管理应该遵循哪些原则？

5. 一个有效的管理者需要扮演哪些角色？需要具备哪些技能？
6. 分析管理学的研究对象及其方法。

案例 1-1　　　　　　　　　　　　**合作为何会出现裂痕？**

孙加明和周云龙是高中的同学，也是好友。孙加明相对比较内向，不爱多说话，但动手能力强，喜欢钻研问题，学习成绩非常好；周云龙则性格开朗，兴趣广泛，喜好结交朋友。考大学时他们双双考上了本省的重点大学。尽管孙加明在生化学院学化学，周云龙在管理学院学企业管理，但两人平时还经常在一起，讨论问题、交流思想。

大学毕业时，孙加明进入了当地一家大型的国有药厂的研发部门搞产品研发，周云龙则在当地一家私营企业的人力资源部工作。在最初的几年中，两人都取得了很好的工作业绩，先后在各自的企业中当上了产品研发部经理和总经理助理。

在这期间，虽然两人之间也有一些联系和来往，但总体上都忙于自己的工作，相互交流不多。在五年后的一次大学同学聚会时，两人间有了一次深谈，正是这一次深谈，使两人下决心从各自的企业辞职，筹集资金各投资50%创办了一家合成化工厂，初始注册资金50万元，租用他人的场地和设备，由周云龙负责企业的经营管理，孙加明负责技术和产品研发，走上了共同创业之路。

由于孙加明拥有技术和产品知识，周云龙善于经营管理，公司在第一年就实现销售收入50万元、利税10多万元的佳绩，并在随后五年间，产值从50万元增到5000多万元，税利从10多万元增到3000多万元，完成了企业的原始积累，进入了二次创业时期。

在最初的几年，两人专心致力于企业的发展，尽管双方在企业某些经营决策上也产生过一些分歧和争执，但两人之间维持着很好的合作关系，以至于外人常常以为他们是两兄弟办的厂。随着企业的进一步发展，两人之间表面上仍维持着以前那种良好的合作关系，但从两人各自在对自己的家人、朋友的交谈中，以及双方私下的交流中可以发现，双方心底里已经产生了一些隔阂。

孙加明认为：企业之所以能取得这么好的效益，主要是因为自己开发的产品好，尽管周云龙在经营管理上也起到了一定的作用，但也不能把所有的荣誉都归功于他自己，而且周云龙在管理上也没有做好。现在企业中员工的待遇比以前提高了，在行业中也处于中上水平，但员工的积极性还不如以前；公司创业时那种艰苦奋斗、团结协作和奉献的精神不见了，取而代之的是铺张浪费、相互攀比、部门主义和相互推诿；尽管制定了各部门的职责，但相互推诿的现象并没有减少，只不过以前说得最多的是不知道该谁做，现在说得更多的是因为其他部门不配合；实行的全员全面考评，到最后也流于形式，并没有能够真正起到奖优罚劣和提高员工工作业绩的作用；尽管通过了质保体系认证，但质量问题照样经常出现，客户投诉也没有减少；每月的培训花了不少钱，却并没有取得什么效果，反而因为员工经常请假、逃课以及请不到老师而难以为继。特别是在企业中，讨论制订了很多的制度，既然在制订的时候大家都没有异议，按道理平时就应该一律照章办事，违反了规章制度就应该照章处理，但在实际工作中，周云龙常常以属于特殊情况为由，不按规章制度处理，导致下面的人一违反规章制度就找周云龙说情，到最后规章制度也成了嘴上讲讲、纸上写写的东西。

周云龙则认为：孙加明老是认为企业的发展主要是靠他的技术和产品，事实上，没有他带着营销部门的人到处跑，哪能取得这么快的发展；自己身为总经理，社会上的交际是难免的，尽管得到了一些荣誉，那也是代表企业的，孙加明为此而斤斤计较，也太过于小气；在管理上，他也没少花心思：为了加强管理，组建了专门的职能管理部门，并聘请了相应的管理咨询公司，进行了组织结构的重新调整，并组织制定了各部门职能说明书和各岗位职责说明书；为了调动员工的积极性，根据新的岗位分工，又进一步增加了员工的平均薪资；为了加强对员工的控制，参照国外公司的做法，对员工实行了定期的全面考评；通过了ISO 2000质量论证体系的论证，明确了各项业务流程和各类工作表单，并每年进行管理评审；建立了每月一次的员工培训制度，聘请相应的老师来讲课，以扩大员工视野、提高员工素质。应该说，自己对管理非常重视，花费了不少的精力，一般公司加强管理的措施，本公司基本上都做了。至于为什么没有能够取得预期的效果，他也不清楚是什么，可能管理本来就需要持续完善。对于孙加明意见比较大的不照章办事的问题，周云龙认为，这实际上是两人在到底应该如何对待规章制度上有不同的想法，孙加明认为应照章处理，周云龙则认为规章制度是一种管理手段而已，有特殊情况就可以而且应该酌情处理，所以在工作中出现特殊情况时，自己确实就会不按规章制度做，这也是很正常的。因此，孙加明表面上是对自己的工作有意见，实质上可能是不愿意自己当总经理，想他自己一个人干。

（资料来源：邢以群. 管理学. 北京：高等教育出版社，2007）

案例讨论：

1. 孙加明和周云龙之间，当初为什么会一起创办企业，并在最初几年取得了良好的业绩？到后来两人之间为什么又会产生矛盾？如果你是孙加明，你会如何改变这一局面？如果你是周云龙，又会怎么做？为什么？

2. 按案例中的描述，周云龙在企业管理方面，履行了管理五大职能中的哪些职能？

3. 为什么周云龙在企业管理方面采取了很多措施，却没有能够取得理想的效果？

案例1-2　　　　　　　　张总和唐总不同的管理风格

某市建筑工程公司是个大型施工企业，下设一个工程设计研究所，三个建筑施工队。研究所由50名高中级职称的专业人员组成。施工队有400名正式职工，除少数领导骨干外，多数职工文化程度不高，没受过专业训练。在施工旺季还要从各地招收400名左右农民工补充劳动力的不足。

张总经理把研究所的工作交给唐副总经理直接领导、全权负责。唐副总经理是位高级工程师，知识渊博，作风民主，在工作中总是认真听取不同意见，从不自作主张，硬性规定。公司下达的施工设计任务和研究所的科研课题，都是在全所人员共同讨论、出谋献策取得共识的基础上，做出具体安排的。他注意发挥每个人的专长，尊重个人兴趣、爱好，鼓励大家取长补短，相互协作，克服困难。在他领导下，科技人员积极性很高，聪明才智得到了充分发挥，年年超额完成创收计划，科研方面也取得显著成绩。

公司的施工任务，由张总经理亲自负责。张总是工程兵出身的复员转业军人，作风强硬，对工作要求严格认真，工作计划严密，有部署，有检查，要求下级必须绝对服从，不允许自作主张、走样变型。不符合工程质量要求的，要坚决返工、罚款；不按期完成任务的扣发奖金；在工作中相互打闹、损坏工具、浪费工料、出工不出力、偷懒耍滑等破坏劳动纪律的都要受到严厉的批评、处罚。一些人对张总的这种不讲情面、近似独裁的领导方式很不满意，背地骂他"张军阀"。张总深深地懂得，若不迅速改变职工素质低、自由散漫的习气，企业将难以长期发展下去，于是他亲自抓职工文化水平和专业技能的提高。在张总的严格管教下，这支自由散漫的施工队逐步走上了正轨，劳动效率和工程质量迅速提高，第三年还创造了全市优质样板工程，受到市政府的嘉奖。

张总经理和唐副总经理这两种完全不同的管理方式在公司中引起了人们的议论。

（资料来源：徐艳梅．管理学原理．北京：北京工业大学出版社，2000）

案例讨论：
1. 你认为这两种管理方式谁优谁劣？
2. 为什么他们都能在工作中取得好成绩？

第二章
管理思想的发展

管理的第一目标是使较高的工资与较低的劳动成本结合起来。

——弗雷德里克·W·泰勒

管理职能包括明确地说明目标及获得实现所定目标必需的资源和努力。

——切斯特·I·巴纳德

改变世界的创新

1913年，亨利·福特和他的团队在美国Highland Park整车厂推出了全球第一条流水生产线，这是福特对于全球制造业最伟大的贡献。流水生产线的问世简化了福特T型车的组装流程，将原来涉及3000个组装部件的工序简化为84道工序。

新的生产工序为汽车的批量生产带来了革命性的进步，将每辆车的生产时间从原来的12小时缩短为仅仅90分钟。福特应用创新理念和反向思维逻辑提出在汽车组装中，汽车底盘在传送带上以一定速度从一端向另一端前行。前行中，逐步装上发动机、操控系统、车厢、方向盘、仪表、车灯、车窗玻璃、车轮，一辆完整的车组装成了。第一条流水线使每辆T型汽车的组装时间由原来的12小时28分钟缩短至10秒钟，生产效率提高了4488倍！

流水线是把一个重复的过程分为若干个子过程，每个子过程可以和其他子过程并行运作。福特的流水线不仅把汽车放在流水线上组装，也花费大量精力研究提高劳动生产率。福特把装配汽车的零件装在敞口箱里，放在输送带上，送到技工面前，工人只需站在输送带两边，节省了来往取零件的时间。而且装配底盘时，让工人拖着底盘通过预先排列好的一堆零件，负责装配的工人只需安装，这样装配速度自然加快了。由于采用了高效的流水生产作业，汽车生产所需的时间、成本和人力资源大幅下降，而随之而来的好处是将福特T型车的售价从850美元降低到300美元以下，从而让高品质的汽车成为广大消费者能负担得起的交通工具。随着工艺的不断改进，福特工产每24秒钟就能生产一辆T型车。到1927年，福特在全球售出超过1500万辆汽车，占当时全球汽车销售总量的50%。

在1914年，福特实行了"5美元日薪制度"。对亨利·福特来说，订立这一在当时具有里程碑意义的薪酬方案，主要目的是让自己的员工有能力购买自己公司生产的产品。此举不仅增加了员工的士气与忠诚度，也为美国中产阶级消费阶层的形成做出了重大贡献。

"福特的新工艺立刻传播开来。不仅是在其他的汽车制造商之间，也影响了诸如照相设备、吸尘器、冰箱等其他制造领域，"前亨利·福特博物馆运输馆馆长、《T型车：百年风云》一书作者Bob Casey表示，"生产线成为了美式制造业的象征。"

流水线使产品的生产工序被分割成一个个的环节，工人间的分工更为细致，产品的质量和产量大幅度提高，极大促进了生产工艺过程和产品的标准化。制成品被大量生产出来，尤其是多样的日用品在流水线上变成了标准化商品。汽车生产流水线以标准化、大批量生产来降低生产成本，提高生产效率的方式适应了美国当时的国情，汽车工业迅速成为美国的一大支柱产业。

人类发展的重要特征之一是人的社会性和集体劳动，在人类发展的历史长河中，贯穿着管理实践、管理思想和管理理论的不断创新。本章将介绍中外管理思想的起源，并说明管理思想、管理理论是如何反映组织和社会的变化要求而不断地在社会实践中演进，还将介绍当前管理的趋势和问题。

第一节 人类早期管理思想

从历史上看，管理与人类社会几乎同时产生。自从有了人类社会，人们的社会生活就离不开管理，所以管理的实践早就出现了，而在有了实践之后，才有人对这些实践活动，包括政治的、军事的、经济的、文化的或宗教的活动加以研究和探索。人们在长期的生产管理实践中，不断积累和总结经验，对管理实践的规律有了初步的认识和见解，从而开始形成管理思想。管理的观念和实践已经存在了数千年，但管理作为一门学科产生其自身的理论，是从19世纪末开始的。

一、早期管理活动或实践阶段

早期管理活动或实践阶段是从从人类社会产生，人们便结成了一定的社会关系，有了集体劳动的分工、协作开始，到18世纪这一历史阶段。这一阶段，人类仅仅为了谋求生存而进行各种活动，自觉不自觉地进行着管理活动和管理的实践，其范围是极其广泛的。

但是人们从未对管理活动本身的重要性和必要性加以认识，人们凭经验去管理，尚未对经验进行科学总结和抽象概括。

中国的万里长城和埃及的金字塔都是规模浩大、需要由成千上万人参加的巨大工程，这些工程不仅需要技术方面的知识，更重要的是对工程的规划和设计，对人员的组织和合理分工以及对不同活动的监督和协调。这些浩大工程的完成，表明几千年前人类的管理实践活动就已经达到了很高的水平。随着人类文明的进步，世界上一些文明古国的管理思想逐渐丰富，为人类的进步做出了重大贡献。

中国作为四大文明古国之一，其各个历史阶段都蕴涵着丰富的管理思想。早在2000多年前的春秋战国时期，杰出的军事家孙武所著的《孙子兵法》一书中充满了辩证法的智慧，许多策略思想不仅在军事方面发挥了巨大的作用，在管理上也具有极强的借鉴意义。另一部著作《周礼》对封建国家管理体制进行了理想化的设计，内容包括政治、经济、财政、教育、军事、司法和工程各个方面，其中对封建国家的经济管理方面的论述和设计都达到了相当高的水平。秦朝李悝的《法经》，以法律的形式保护和稳固封建法权，从规定到实践都体现了古代管理思想中一种改革和创新的精神。秦始皇依据它确立的中央集权体制，建立的一整套行政管理机构，统一的文字、货币、车、道宽以及度量衡制度，不仅在当时有巨大的生命力，而且对中国延续两千年的封建制度也有着重大的影响。

中国古代关于领导艺术、经济管理方面的思想在《论语》、《老子》、《墨子》、《资治通鉴》、《齐民要术》、《天工开物》等著作中都可以找到。

在西方，管理实践和管理思想也有着悠久的历史。古巴比伦在汉谟拉比的统治下，建立起了强大的中央集权国家。为了治理国家，从中央到地方设立了一系列法庭，设置官吏管辖行政、税收、水利灌溉，国王总揽国家的全部司法、行政和军事权力。在汉谟拉比统治时期，颁布了《汉谟拉比法典》。该法典共280多条，其中对人的活动作了许多规定，如个人财产怎样保护、百姓应遵守哪些规范、货物贸易如何进行、臣民之间的隶属关系、最低工资标准、家庭纠纷及犯罪处理等问题，涉及了许多重要的管理思想。

在古希腊，许多思想家对管理也有精辟见解。苏格拉底曾提出管理的普遍性，认为管理技能在公共事务和私人事务之间是相通的。另一位哲学家色诺芬以做鞋为例，对劳动分工进行了论述。他认为：一个人缝鞋底，一个人进行裁剪，一个人制作鞋帮，再由另一个人把鞋的各部分组装起来，这样一个人只做一种最简单的工作一定会把工作做得更好。

罗马的文明也为人类留下了管理方面的宝贵经验。古罗马帝国之所以兴盛，在很大的程度上应归功于其卓越的组织，他们采取了较为分权的组织管理形式，从一个小城市发展成为一个世界帝国，在公元2世纪取得了统治欧洲和北非的成功，并延续了几个世纪的统治。公元284年，古罗马就建立了层次分明的中央集权帝国，在国家内部，军队和政府划分为不同的权力层次，进行职能分工，对每一层都严格规定了严明的纪律，以保证组织职能的发挥。罗马天主教会早在第一次工业革命之前，就成功地解决了大规模活动的组织问题。它采用了按地理区域划分基层组织，并在此基础上又采用有很高效率的职能分工，在各级组织中配备参谋人员，从而使专业人员和下级参与制定决策的过程，但又不破坏指挥的统一。罗马天主教会之所以能够有效地控制世界各地 5 亿以上教徒的宗教活动，在很大程度上同它所采用的这一套组织形式有密切关系。

欧洲文艺复兴时期产生了一些新的管理思想。例如在 15 世纪，意大利著名思想家马基雅维利在其著作《君主论》中阐述了领导原则。他认为领导者必须得到群众的拥护，必须有维护组织内部的内聚力，必须具备坚强的生存意志，必须具有崇高的品德和非凡的才能。马基雅维利的领导原则是对当时领导者活动的概括和总结，在管理思想的发展中有着重要的影响。

二、早期管理思想的完善阶段

（一）早期管理思想的萌芽

这是从 18 世纪到 19 世纪末这一历史阶段。这一时期人们逐渐地观察各种管理的实践活动，对管理活动在社会中所起的作用产生了一定的认识。在军事、经济、政治、行政等某些领域或环节，提出了某些见解。但这一切都停留在一个较低水平上，还没有能够进一步系统地、全面地加以研究，因而人们对它的认识和见解仅仅散见于一些历史学、哲学、社会学、经济学、军事学等著作之中，只是一些对管理的零碎的研究。

（二）早期管理的思想家

18 世纪中期的工业革命和新的"工厂制度"对管理理论的发展有着重要作用。工业革命产生了工厂和企业，在长期的企业管理实践基础上，以研究企业管理为主，对其他各种类型组织也进行了一些研究。

英国的工业革命开创了机器生产的先河。家庭作坊式的手工作业时代结束了，一些先进机器的发明者和富商纷纷在城镇和交通便利的地方开办工厂，招募工人，组织生产经营活动，一种新的生产方式——工厂制诞生了。工厂的产生，需要加强管理，需要建立一套科学的管理制度，并采取新的生产技术和方法。这种需要带来了早期管理实践的繁荣。

早期的管理实践发源于欧洲，主要集中在英国。其代表人物如下。

英国重商主义经济学家詹姆斯·斯图亚特（1712—1780 年）。他在《政治经济学原理研究》一书中指出：工人从事重复操作，能更灵巧地进行工作，这样做可以提高生产率。他比美国的泰勒早 100 年就提出了工作方法研究和鼓励性工资以及管理人员与工人之间的分工等问题。

英国古典经济学家亚当·斯密（1723—1790 年），他在 1776 年发表的代表作《国民财富的性质和原因的研究》——《国富论》中，向世人描绘了一幅生动活泼的社会经济运行原理图，系统地论述了劳动价值论及劳动分工理论。《国富论》围绕财富的生产与分配，系统地阐述了分工理论、货币理论、商品价值与价格理论、工资与利润理论、资本积累理论以及国家理论，这些理论构成了一个较为完整的市场经济理论体系，后来的西方主流经济学研究只是把该理论体系不断完善和细化，并没有实质性的超越。他提出了"经济人"

的观点,并讲到管理控制和计算投资回收期的必要性等。《国富论》对劳动分工的问题,提出了深刻而明确的管理思想,指出劳动分工可以提高劳动生产率,他认为劳动分工的好处主要有:①工人重复完成单项操作,有利于提高每个专业工人的劳动熟练程度;②减少工作变换,有利于节省工作转换所损失的时间;③工人的注意力集中在一种特定的劳动对象上,有利于创造新工具和改进机器设备。《国富论》为随即兴起的英国工业革命提供了一种新的经济秩序和社会生产组织技术,英国人用它来推行自由贸易,建立全球市场,最终成就了大国之梦,被许多社会名流奉为经济学"圣经"。

英国数学家和机械学家查尔斯·巴贝奇(1792—1871年),他进一步发展了亚当·斯密关于劳动分工的管理思想。巴贝奇曾用了几年时间到英、法等国的工厂了解和研究管理问题,于1832年出版了《论机器和制造业的经济》,着重论述专业分工与机器、工具使用的关系。他认为,劳动分工应按照工人的技巧水平进行专业分工,指出专业分工能提高生产率的原因是:缩短学习各种作业的时间,节省工序转换和更换工具所耗费的时间;由于重复同一操作,技术熟练,可加快工作速度,并有利于制造专用工具和设备,以缩短加工过程。巴贝奇强调劳资协作,认为工人同工厂主之间存在利益共同点,工人应该认识到工厂制度对他们的有利方面;还提出固定工资加利润分享的分配制度,即工人的收入除按照工作性质获得固定工资外,还应按照生产效率及其所做的贡献分得工厂利润的一部分;提出以"边际熟练"原则,即对技艺水平、劳动强度定出界限,作为付酬的依据。他主张实行有益的建议制度,鼓励工人提出改进生产的建议,并对有益的建议应按提高生产效率的不同给予奖励,使建议制度具有激励作用。他认为工人工资应包括三部分:按照工作性质确定的固定工资;按照生产效率及所作的贡献分得的利润;为提高劳动效率而提出建议所应该给予的奖励。

英国工业家和改革家罗伯特·欧文(1771—1858年)。他最早注意到企业内部人力资源的重要性。欧文提出要重视工厂管理工作中人的因素,工厂企业应该致力于对人力资源的开发和投资。他在自己的工厂里进行一系列的改革试验,如改进工人的劳动条件、缩短工人的工作时间、提高童工的就业年龄、提供免费的饭餐、改善工人住宅等。通过改革实践,他认为重视人的因素和尊重人的地位可以使工厂获取更多的利润,花在改善工人待遇和劳动条件上的投资,它会给你加倍的补偿。由于欧文率先在人事管理方面做了许多试验和探索,被称为"现代人事管理之父"。

上述这些早期的管理思想,虽然主要反映在经济学家和企业家等的个别论述之中,但对促进生产、加强早期企业管理和以后管理理论及其学派的形成,都起着积极的影响和作用。

第二节 我国古代管理思想

我国是一个历史悠久的文明古国,早在5000年前,就有了人类社会最古老的组织——部落和王国。从公元前 1600 年至 1949 年的 3549 年中，中国大致经历了 16 个朝代。每个朝代的平均寿命为 221.8 年。盛唐 284 年；汉朝 426 年（其中西汉 231 年，东汉 195 年）；清朝 267 年；最长的朝代周朝（约前 11 世纪—前 256 年），共 800 余年（西周 300 余年，东周 515 年）；最短的朝代秦朝，公元前 221 年—公元前 206 年，15 年；隋朝从公元 581 年—公元 618 年计 37 年。古老而伟大的中华民族在其部落领袖和帝王的率领下，从事着有组织的生产劳动和政治斗争，并发展和积累自己的社会文化，同时也就开始有了一定形式的管理。

到了公元前 200 年，秦朝已形成了与现代中国国土相近的统一国家。在以后 2000 多年漫长的历史中，中国曾经发生过无数次战争和多次外敌入侵，经历了数百次改朝换代，虽然曾经有过短暂的分裂，但历代统治者都能对如此辽阔的疆土和众多的人口进行着有效地控制和管理。

随着社会生产力和民族文化的发展，社会化劳动日益增强，社会文化日趋丰富，管理活动愈加复杂，为了适应治理国家、发展经济和带兵作战的需要，尤其是为了解决当时现实经济中的问题，出现了一些古代杰出的思想家，从孔子、孟子、庄子、墨子、管子等诸子百家开始，提出了许多早期的管理思想。如孔子的"德"、"礼"为治的管理思想，孟子的"仁"、"义"为伦理标准的管理思想，管子的顺"道"的管理思想，道家代表人物老子的"道"为核心的"无为而治"的管理思想，韩非的法制管理思想，孙武的军事管理思想，桑弘羊的重商经营思想，墨翟的经济管理思想，范蠡的商业经营思想，荀况的经济管理思想，沈括的工程管理思想，等。

我国古代管理思想形成于代表性人物的著作与实践之中，其主要的著作有：孔子的《论语》、孟轲的《孟子》、管仲的《管子》（后经西汉刘向整理编定）、墨翟的《墨子》、荀况的《荀子》、周公的《周礼》、孙武的《孙子兵法》、韩非的《韩非子》、司马迁的《史记·货殖列传》、吕不韦的《吕氏春秋》等。在这些浩瀚的史卷中，蕴含着我国古代代表性人物极为丰富的管理思想。中国历史上的春秋战国时期，可以说是中国古代文明的鼎盛时期，各种管理思想出现了百家争鸣的局面，自秦汉以后，尽管也出现了许多杰出的管理思想家，但大都是在前人思想观点基础上的补充和发展。

我国古代管理思想主要包括两个方面：宏观性的治国管理思想和微观性的治生管理思想。治国管理思想主要论述财政赋税管理、人口田制管理、市场管理、货币管理、价格管理、漕运驿递管理、国家行政管理等方面的思想。治生管理思想主要论述农副业、手工业、运输、建筑工程、市场经营等方面有关发展生产经营活动的思想。尽管我国古代的管理思想浩如烟海，灿烂夺目，但由于受生产力和科学技术发展的限制，这些管理思想比较零星分散，其要点概括起来大致有七点。

一、组织方面的管理思想

孔子是春秋末期的思想家、政治家、教育家，是儒家的创始者和代表人物。他曾针对当时社会的混乱局面，提出首先要整顿组织结构，明确严明的等级制度。主张以"礼治"来规定等级秩序，用"德治"作为等级秩序服务的道德规范，实行"恭、宽、信、敏、惠"，指出"恭则不侮，宽则得众，信则人任焉，敏则有功，惠则足以使人"。以缓和社会矛盾，维护社会的正常秩序。

孟子是战国时期思想家、政治家、教育家，是孔子之后最大的儒学大师。《孟子·滕文公上》关于劳动分工的论述："或劳心，或劳力；劳心者治人，劳力者治于人；治于人者食人，治人者食于人，天下之通义也。"

孙武是春秋时代的军事家。他在其杰作《孙子兵法》中提到军、旅、卒、伍的军队建制，明晰组织结构的层次关系。在该书中又说："凡治众如治寡，分数是也，斗众如斗寡，形名是也"。他认为管理人数多与少，道理都一样，只要抓住编制员额有异这个特点就行了，即类似现代管理学中的"按一定管理层次和幅度建立组织机构"。

荀子是战国时期思想家、教育家。他认为：群体要形成力量，必须合理分工。所谓合理，是指组织群体的结构和层次的划分、职能的确定和权力的授予，都要有"分际"，都要恰当合理。组织群体结构和层次的划分标准，是以"义"而定。荀子所设计的经过划分以后的社会组织模式，按社会关系划分为君臣、父子、兄弟；从职业划分为士、农、工、商；按礼义标准划分为贵、贱、长、幼、知、贤、愚、能、不能等。

周公是西周初年政治家。他汇编的《周礼》一书，将周代官员分为天、地、春、夏、秋、冬六官，以天官职位最高；六官分360职，各有职掌，并规定设置官员的级别和员额，职责分明。

秦始皇在统一国家后，全国实行了郡县制：分天下为36郡，郡下设县，县以下设乡、亭。中央政府则设有分管军政、刑法、财政、税收等专职官员。上至朝廷，下至乡、亭，构成一个庞大的组织机构，这是组织方面的管理思想在国家行政机构上的重大实践。

在劳动组织方面，中国古代有许多伟大工程，如：隋炀帝征用百万民工修浚运河；秦代蒙恬征募30万人，修筑长城；秦代李冰父子兴建都江堰等。这些浩大工程的建成，是古代管理思想在组织劳动上的实践范例。春秋时代的孟子和墨子在他们的著作中，都论述过劳动分工问题。孟子认为"一人之身而百工之所备。如必自为而后用之，是率天下而路也"。一个人什么事都自己去做，只有弄得人们都疲惫不堪，如果通过"通工易事"，以自己之有余以换不足，就会大家获益。墨子说"譬如筑墙然，能筑者筑，能实壤者实壤，能欣者欣，然后墙成"，他认为劳动分工可以"各从事其所能"，从而提高劳动生产率，发展生产。元代董搏霄提出"一日百里运粮术"的具体做法，即"每人行十步……，三千六百人可行百里，每人负米四升，以夹布裹盛之，用印封识，人不息肩，米不着地，排列成行，日行五百回，计路二十八里。轻行一十四里，重行一十四里，日可运米一百石，每运给米一升，可供二万人"。这种办法符合现代流水作业的原理。

二、经营方面的管理思想

孔子在经营管理问题上，主张财富分配要适当，即公平分配。他认为"闻有国有家者，不患寡而患不均，不患贫而患不安，盖均无贫，和无寡，安无倾"。这样就可以消除由于分配不公而引起社会不安定，促进社会经济的发展。

孟子在经营管理方面，他对商品的价格与市场进行了论述，认为商品价格取决于商品的品质，品质不同，价格也应不同。提出要把仁心"推己及人"，保持人与人之间的和谐关系，以达到群体的安定协调。

管子编撰的《管子》一书，后经西汉刘向整理编定而传世，它是我国最早的成就最高的一部经济著作。在《管子》一书中他对经营管理思想提出了许多非常卓越的见解，尤其是自利观念、侈靡论、轻重理论、货币数量说、价格概念、市场概念、人才观念、财政收入等。《管子》中所载的经营管理思想主要有：①经营管理要顺应事物自身的客观规律，违背它必遭失败。认为一切社会活动，诸如农业生产、人事、财用、货币、治理农村和城市，都有"轨"可循，"不通于轨数而欲为国，不可"，"万物之于人也，无私近也，无私远也"，你若逆它，必"怀其凶"，"不可复振也"。②处理好人际关系是事业成功的关键，强调和气生财，认为"上下不和，虽安必危"，要"上下和同"、"和协辑睦"。③办一切事业都要守信誉。主张"不欺其民也"、"言而不可复者，君不言也；行而不可再者，君不行也。凡言而不可复，行而不可再者、有国者之大禁也"。④办事要从实际出发，凡事应量力而行。认为"动必量力，举必量技"，"不为不可成，不求不可得"，切不可不顾主观条件的"妄行"、"强进"，"妄行则群率困，强进则锐士挫"。⑤在一切活动中，必须统筹谋划，正确研究对策，以智取胜。主张"以备待时"，"事无备则废"，唯有道者能备患于无形也。

司马迁撰写的《史记》是我国最早的一部通史，《货殖列传》是《史记》中的列传之一。在《货殖列传》中记述了一些从事经营的历史著名人物或家族，如范蠡、子贡、白圭、猗顿、卓氏等，同时阐述了他的经济观点，记述了汉初经济社会状况，并涉及到某些经营之道。《货殖列传》中最值得注意的是记述了历史上著名人物的经营管理思想，主要如下。

范蠡计然之策。范蠡原是越王勾践的谋臣，帮助越王复国后弃官经商而成巨富。范蠡计然之策，包括待乏原则和积著之理两个方面。待乏原则提到"水则资车、旱则资舟、夏则资裘、冬则资絺"，是指市场经营的货物，要根据年岁季度预测需求行情，方能有利可图。"积著之理"指的是获取利润的方式。范蠡认为"务完物，无息币。以物相贸易，腐败而食之货勿留，无敢居贵。论其有余不足，则知贵贱。贵上极则贱，贱下极则反贵。贵出如粪土，贱取如珠玉。财币欲其行如流水"。这是指所经营的物品，必须质量完好，货币不能停滞不用。在采购物品时，对易腐烂的东西，切勿长期存储，贪图高价。要通过商品数量的多寡，预测其价格的贵贱。某商品价太贵必转而下跌，太贱则又会回涨。指出要使货物和货币，像流水一样经常流动和运行，才能得到经济效益。

白圭的经营原则。白圭是战国时期周国人，他根据农业生产周期的说法进行经营，成为当时的巨富。他采用稻谷成熟时收进粮食，出售丝、漆；茧出产时收进帛、絮，出售粮食的经营方式，使财货的积累每年约增加一倍。白圭提出的经营原则有：①根据生产季节，抛出手头现货，换取行情疲软而又预期看涨的货物；②采取"人弃我取，人取我与"的经营策略；③减少耗费，降低经营成本；④与手下人同甘苦，团结得力人才。他认为经商必须掌握时机，运用智谋，为此提出经营者应具备权变、决断等素质。司马迁在《货殖列传》中，还列举了其他著名人物的一些生产经营原则，如重视货币资本、利润率不可过高、勤俭办事、用人要善于挑选、经营人民喜爱和需要的商品等。范蠡和白圭，还提出农业经济循环学说，把天道循环所引起的年岁丰欠，与社会经济情况及市场购销行情结合起来研究，得出6年一大丰，6年一小丰，12年一荒的农业生产周期。

孙武的《孙子兵法》虽是一本兵书，由于"商场如战场"，书中许多战略思想、作战原则、竞争策略、军事人才观等，对经营管理很有指导意义和参考价值，备受中外管理学家的推崇。第二次世界大战后，日、美、联邦德国、韩国等国大批军人弃武从商，用兵法经营，不少人取得了成功。"知己知彼，百战不殆"、"未战而庙算胜者，得算多也"等，符合现代经营管理的要旨。

在《孙子兵法》中，适用于经营的思想观点主要有：①经营要有共同的奋斗目标，才能发挥全体职工"同舟共济"的精神，为搞好经营而努力。《孙子兵法》提出"道者，令民与上同意，可与之死，可与之生，而不畏危也"。②经营要考虑天时、地利的因素，以求得事业成功。孙武认为应考虑的是"天者：阴阳、寒暑、时制也。地者：远近、险易、广狭、死生也"。③经营者的素养是企业迈向成功之路，这些素养包括眼光长远、讲求信用、服务顾客、勇于创新和重视品质。即"将者：智、信、仁、勇、严也"。④参与市场竞争必须从各方面对比分析双方的优劣，才能取得胜利。孙武写道"故较之以计，而索其情。曰：主孰有道，将孰有能，天地孰得，法令孰行，兵众孰强，士卒孰练，赏罚孰明，吾以此知胜负矣"。⑤在市场竞争中，如果实力优于竞争对手，则宜采取攻势战略；如果双方势均力敌，则宜采取守势战略；如果实力劣于竞争对手，则宜采取撤退战略。孙武指出"故用兵之法，十则围之，五则攻之，倍则分之；敌则能战之，少则能守之，不若则能避之"。⑥精明的经营者所关注的是把握竞争态势，而不苛责下属，他能恰当选择人才去驾驭竞争态势。孙武认为"故善战者，求之于势，不责于人，故能择人任势"。⑦竞争要重视运用策略技巧，方能出奇制胜。《孙子兵法》中提出"所措必胜"的谋略要术有"攻其无备，出其不意"、"奇正之变"、"避实击虚"、"迂直之计"、"败中求胜"、"围地则谋"等。

三、用人方面的管理思想

《尧典》是一部记述尧和舜管理国家事迹的上古文献。在《尧典》中，记述了尧、舜的禅让事迹及其"禅让制度"，即推举能人的制度。尧主张，凡担任职务有功绩，可作为能担当重任的条件，而品德恶劣、不能采纳善言、违抗命令、残害好人的人，都不能重用。它还记述人员任用中试用和考绩的制度，对于已经任用的，有"三载考绩"的规定，经过三次考核，昏庸的降职，明智的升级。反映出"选贤任能"、"任人唯贤"的用人观点。

《管子》提出用人应注意因材施用，扬其所长、避其所短，不可求全责备，"毋与不可，毋强不能"。书中还指出，只有当权者严于律己，公正无私，才能团结大多数，如"无私者容众"，不可"以爵禄私有爱"，要严禁"党而成群者"。《管子》还认为，"德以合人"、"人以德使"是聚拢优秀人才的先决条件，只有众心所归，方能群才荟萃。

我国古代的用人之道，还表现在重视人才方面。孙子认为，良将是获胜的"道、天、地、将、法"五个基本条件之一，而良将应具备"智、信、仁、勇、严"五种素养。墨子主张"用人尚贤"，提出"不辨贫富、贵贱、远近、亲疏、贤者举而尚之，不肖者抑而废之"。《吕氏春秋》中有"得贤人，国无不安；失贤人，国无不危"的论述，应用到管理上就是能否得到德才兼备的人，关系到事业的成败。诸葛亮在《前出师表》中总结汉朝的历史经验说："亲贤臣，远小人，此先汉之所以兴隆也；亲小人，远贤臣，此后汉之所以倾颓也"。以上种种论述，均反映出中国古代"求贤若渴"的传统管理用人思想。

四、理财方面的管理思想

我国古代对理财问题，提倡"开源节流，崇俭拙奢"。节俭思想源于孔子和墨子，孔子主张"崇俭"，在他的《论语》中指出"节用而爱人，使民以时"。墨子说："俭节则昌，淫佚则亡"，"其财用节，其自养俭，民富国治"。荀况说："臣下职，莫游食，务本节用财无极"，"强本（生产）而节用，则天不能贫，……本荒而用侈，则天不能使之富"。他主张富国要与富民并举，提倡"上下俱富"，为此必须"节其流，开其源，使天下必有余，而上不忧不足"。陆贽提出"不节则虽盈乃竭，能节则虽虚必盈"的思想观点。

在理财的手段方面，我国古代曾实行一些核算制度。①会计。南宋郑伯谦在《太平经国之书》中，提出会计原则："出纳移用之权"和"纠察钩考之权"要分别由不同"官司"掌握，即主张出纳和会计分离，还主张将司会和司书（掌握簿书图籍）分开，便于实行会计监督。②成本核算。早在王莽时代（公元9—23年）就有核算酒类成本的记载；宋代编修成书的《营造法式》对宫殿式建筑物的功限（劳动定额）、料例（材料消耗）等做出规范化的规定。③资金流转和利润。司马迁在《货殖列传》中指出，一定数量的经营资金可获得一定数额的合理利润，年利润率可达20%，若低于此数，认为没有得到合理利润。宋代沈括提出用加速货币周转的办法来解决钱币不足的问题。④统计。明代邱濬（公元1420—1495年）曾将元朝从至元二十年（公元1283年）到天历二年（公元1329年）共47年的海运、漕运记录，按逐年起运实收和损失数量作了详细的统计，并从统计分析中得出海运损耗远较河运为小的结论。这可算是中国历史上运用统计分析最早的典型。

五、管物方面的管理思想

"利器说"是我国古代对生产工具和兵器等物的管理思想。孔子在《论语》中说："工欲善其事，必先利其器"。孙子在《孙子兵法》中说："军无辎重则亡，无粮食则亡，无委积则亡"。《吕氏春秋》指出，使用利器可达到"其用日半，其功可使倍"的效果。中国古代的四大发明及其推广，极大地推动了社会经济、文化和世界文明的发展，并使"利器说"成为我国古代管理思想的重要内容。利器思想成为古代管物方面的一个指导思想。

宋代李诫编修的《营造法式》一书，是汇集北宋以前的技术精华，吸收了历史工匠相传的经验，由官府颁发施行的建筑规范。在《营造法式》中，规定了建筑物木结构各部分构件（物件）以及整个建筑的尺度，并以模数为基础确定其比例关系；规定了琉璃瓦的配方和制作规程；制订了劳动定额和材料消耗规范；提出了定额的计算依据，如运输定额按远近距离、水运顺流或逆流、材料体积和重量来测定，锯木工种按木质软硬、雕刻工种按加工难易来规定定额等。在此书中较系统地提出了定额管理和规范操作的思想。

我国古代对财物的保管和收纳支出早有制度，并有专门官员分类管理。周代设有内府、大府、王府、外府，管理府库财物。汉代设少府管钱，司农管物。宋代规定，凡通判官到任，必须亲阅帐籍所列财物，属吏不得作弊。对库藏收进的财物，由监临官监督，私藏者斩首，监临官也要重罪处罚。出入库手续都比较严格，请领物资，规定有预报制度。对于粮食仓储，历代王朝都有比较严密的制度。汉武帝时，贾寿昌曾建议设立常平仓，谷贱时收购，谷贵时卖出。南宋朱熹提倡设立社仓，并制订有一套较为完备的管理制度。

六、法制方面的管理思想

在我国古代的法制管理思想，主要以战国末期韩非为代表的法制管理思想。他吸取了道、儒、墨各家的思想，提出了法、术、势三者结合的法治理论。韩非反对"人治主义"或贤能政治，主张"为治者，不务德而务法"、"尝厚而信，刑重而必"。他认为，人虽有善于驾驭臣下的"南面之术"，而术必须以法的有效性为依据才能保证法的效力；如果法虽立，术亦备，但缺乏"势"，即使有法也会无效而不可依，有术也难保让群臣会服从其管理，故在三者中，法是中心，术与势是行使法的必要条件。他主张，法的制订应该"编著之图籍，设之于官府，而布之于百姓"，实行"明法"，使全国皆知；法的施行应该"刑过不避大臣，尝善不遗匹夫"，实行"一法"，使人人都得守法，在法律面前人人平等。他还主张，实行法治要刚强有为，因为趋利避害乃是人之常情，也是严厉执法的依据。韩非的法制思想，尽管主要是对"国治"而言的，但对于组织的管理有着重要的指导意义。

七、系统的管理实践

北宋沈括的系统运筹的管理思想。他在《梦溪笔谈》中通过介绍具体工程项目事例，阐述了系统运筹思想，又在他的《补笔谈》中列举了一个典型性的例子，进一步分析统筹管理思想的具体运用及其效果。

宋真宗祥符年间（公元 1008—1016 年）京都失火，由宰相丁渭奉命修复焚毁的宫室，因嫌取土制砖太远，丁渭便下令把宫室周围的大街挖成渠道，从中取土制成砖瓦；同时引汴水入渠，用竹排木筏及船运进其他建筑材料；待宫室修复后，又将建造中弃置的瓦砾等垃圾填渠恢复街道。他认为，这样一项正确的系统运筹使取土、运料和处理废物巧妙地结合起来，实现了"一举而三役济"，从而取得了"计省贯以亿万计"的巨大经济效益。沈括从具体的工程事例中总结出系统运筹思想，虽然是属于朴素的系统工程思想，但要比西方提出的系统工程学要早 900 年左右。

在我国的古代管理思想宝库中，还有孟子、荀子的人性理论。人性和人的行为是管理学研究的重要内容之一。孟子认为"人之性善"，每个人生来就具有"恻隐之心"、"羞恶之心"、"恭敬之心"和"是非之心"；人之所以会干坏事，并非出于他的本性，而是受环境的影响，因此要重视教育，使之纳入"仁、义、礼、智"的道德规范。荀况针对孟子的"人之性善"，提出"人之性恶"的观点。他以欲望论为基础，认为欲望是人的生理机能，故人生来就是"饥而欲饱，寒而欲暖，劳而欲休，此人之情性也"；还从人的日常生活中，证明人的本性是恶的，他说："夫薄愿厚，恶愿美，狭愿广，贫愿富，贱愿贵，苟无之中者，必求于外；故富而不愿财，贵而不愿执，苟有之中者，必不及于外。用此观之，人之欲为善者，为性恶也"。由于人生来就有欲望和需要，管理要研究人的欲望，以"从人之性，顺人之情"满足人的需要，但对人的需要应进行适当的"节欲"或"道（导）欲"（即调节和利导），否则"欲而不得则不能无求，求而无度量分界，则不能不争，争则乱，乱则穷"。孟子和荀况提出"性善论"与"性恶论"，同西方行为科学中所提出的"X 理论"与"Y 理论"相类似，但要比西方早 2000 多年。

总之，我国古代的管理思想极为丰富，有不少至今仍然闪耀着灿烂夺目的光彩。现代的管理学中的一些观点、理论和方法等，都可以从我国古代思想中直接地或间接地得到借鉴。

第三节　西方古典管理理论

古典管理理论形成于 19 世纪末 20 世纪初的欧美，是随着工厂制度和工厂管理的实践发展而逐步形成的。当时一个突出的矛盾就是管理水平落后于技术水平，致使许多生产潜力得不到发挥。这种情况引起了企业中一些具有科技知识和管理经验的技术人员和管理人员的注意。他们围绕如何提高企业劳动生产率的问题进行了大量的试验和研究，提出了一系列科学的管理制度和管理方法，完成了从经验管理向科学管理的转变。

古典管理理论，又称科学管理理论。该理论的主要标志是美国泰勒（1856—1915 年）出版的《科学管理原理》、法国法约尔（1841—1925 年）出版的《工业管理和一般管理》、德国韦伯出版的《一般经济史》、《社会与经济组织理论》（1864—1920 年）等。

一、泰勒及其科学管理理论

科学管理是 20 世纪初在西方工业国家影响最大、普遍推广的一种管理思想理论。该理论由泰勒提出并极力推广的，因此，也被称为泰勒制（Taylorism），是关于生产组织合理化和生产作业标准化的科学方法及理论依据。

（一）泰勒——科学管理之父

弗雷德里克·W·泰勒（Frederick Winslow Taylor，1856—1915年），出生于美国费城一个富有的律师家庭，中学毕业后考入哈佛大学法律系，但因眼疾而被迫辍学，而后于1875年进入费城的恩特普里斯水力机械厂当学徒。1878年泰勒转到费城米德维尔钢铁厂当机械工人。由于他的出色工作，泰勒在米德维尔升迁很快。在6年时间里，他由一名普通工人先后被提升为工长、机修车间主任、总机械师，1884年升任总工程师。1881年，泰勒开始在米德维尔钢铁厂进行劳动时间和工作方法的研究。同年，在米德维尔开始进行著名的"金属切削试验"，经过两年初步试验之后，给工人制定了一套工作量标准。这些试验给他的工厂管理制度奠定了基础。1883年，获得新泽西州史蒂文斯技术学院机械工程学位。在逐步升迁的过程中，泰勒不得不面对工厂管理中的问题，主要包括工人的工作、报酬以及劳动生产率等。

1890年，离开米德维尔，到费城一家造纸业投资公司任总经理。1893年，辞去投资公司职务，独立从事工厂管理咨询工作。1898年，在伯利恒钢铁公司大股东沃顿的鼓动下，以顾问身份进入伯利恒钢铁公司，此后在伯利恒进行了著名的"搬运生铁块试验"、"铁锹试验"和"金属切削试验"。1901年，离开伯利恒钢铁公司，专门从事管理咨询工作，把大部分时间用于写作和演讲，宣传推广自己的管理理论——科学管理，即"泰勒制"。

他在管理方面的著作主要有《计件工资制》（1895年）、《工场管理》（1903年）、《科学管理原理》（1911年）等。泰勒经过毕生的努力，奠定了科学管理的基础，其突出贡献在管理史上取得了十分重要的地位，被誉称为"科学管理之父"。

（二）科学管理理论产生的历史背景

泰勒制即科学管理理论的产生，既是资本主义生产力发展的必然，也是维护资本主义生产关系、实现资本对劳动的完全控制的需要。

随着生产力的发展，企业规模的扩大、企业数量的增加，企业管理逐渐要求从传统的经验管理走向科学管理。19世纪末20世纪初，机器及机器体系在工业生产中的越来越广泛应用，生产规模迅速扩大，生产的复杂程度越来越高。工厂主或资本家对工厂传统的经验管理越来越不适应生产的要求。资本家对掌握了机器使用技术的工人的控制程度越来越差，资本家无法辨别工人的技术性"磨洋工"现象，也不能对工人的作业时间、作业方法进行完全控制。

为了适应生产力的发展的要求，剥夺由工人决定作业时间及作业方法的权利，资本家迫切需要改进管理方法。

（三）泰勒创立的管理理论的主要观点

(1) 科学管理的根本目的是谋求最高的工作效率。泰勒认为，最高的工作效率是雇主和雇员共同达到富裕的基础。最高的效率能使较高的工资和较低的劳工费用统一起来，从而使雇主取得更多的利润，使雇员得到更高的收入。没有雇员的富裕，雇主的富裕是不可能长久的。泰勒认为，提高劳动生产率的潜力是很大的，要通过提高工作效率来提高劳动生产率，并以提高劳动生产率为中心来从事管理。所以，提高劳动生产率是泰勒创立科学管理理论的基本出发点，他对劳动定额和工艺进行了开创性的研究，并首次提出了差别计件工资制。

（2）提高工作效率的重要手段是用科学的管理方法代替旧的经验管理。泰勒认为，管理是一门科学，因此，他强调要按科学规律办事。泰勒竭力主张，建立各种明确的规定、条例、标准，使一切管理问题都应当而且可能用科学的方法去加以研究和解决，使个人的经验上升为理论，不要单凭经验办事。使一切制度化、科学化，是提高管理效能的关键。

（3）实施科学管理的核心问题是要求管理人员和工人双方在精神上和思想上来一个彻底的变革。泰勒认为，科学管理不轻视任何可以提高效率的措施，但它本身不是人们所想到的各种措施，这只是科学管理的有用附件而已。1912年，他在美国众议院特别委员会所作的证词中强调指出：科学管理是一场重大的精神变革。他要求工厂的工人树立对工作、对同伴、对雇主负责任的观念；同时，也要求管理人员——领工、监工、企业主、董事会改变对同事、对工人以及对一切日常问题的态度，增强责任观念。通过这种重大的精神变革，可使管理人员和工人双方都把注意力从盈利的分配转到增加盈利数量上来。当他们用友好合作和互相帮助代替对抗和斗争时，他们就能够生产出比过去更加多的盈利。这样，双方之间便没有必要再为盈利的分配而争吵了。没有工人与管理人员双方在思想上的一次完全的革命，科学管理就不会存在。

（四）泰勒科学管理制度的基本内容

（1）工作定额研究。科学管理的核心问题是提高劳动生产率。"科学管理如同节约劳动的机器一样，其目的在于提高每一单位劳动力的产量"。面对工人的普遍的"磨洋工"现象，泰勒认为，问题的关键在于要为每一项任务制定出完善而又公正的日标准，以便客观地确定工资率。于是泰勒用科学的方法来确定工人们用他们现有的设备和原料应能完成的任务。这便是科学管理探索的真正开始，即用科学调查的方法，根据实际而不是经验决定所能完成的任务和工作。

工时研究是泰勒制的基础。泰勒认为，当时提高劳动生产率的潜力非常大，工人们之所以"磨洋工"，是由于雇主和工人对工人一天究竟能做多少工作心中无数，而且工人工资太低，多劳也不多得。为了发掘工人劳动生产率的潜力，就要制订出有科学依据的工作定额。定额可以通过调查研究的方法科学地加以确定。为此，他提出了时间和动作研究的方法。所谓时间研究，就是研究人们在工作期间各种活动的时间构成，它包括工作日写实与测时。工作日写实，是对工人在工作日内的工时消耗情况，按照时间顺序，进行实地观察、记录和分析。通过工作日写实，可以比较准确地知道工时利用情况，找出浪费的原因，提出改进的技术组织措施。测时，是以工序为对象，按操作步骤进行实地测量并研究工时消耗的方法。测时可以研究总结先进工人的操作经验，推广先进的操作方法，确定合理的工作结构，为制定工作定额提供参考。所谓动作研究，就是研究工人干活时其身体各部位的动作，经过比较、分析之后，去掉多余的动作，去除不必要的动作，从而减少工人的疲劳，提高劳动生产率。他还进行了著名的搬运铁块实验，通过动作研究，他把搬运工的工作效率提高了将近3倍。

(2) 实施标准化管理。标准化就是要使工人掌握标准化的操作方法，使用标准化的工具、机器和材料，并使作业环境标准化，制定科学的工艺规程，并用文件的形式固定下来以便推广。泰勒进行的"金属切削试验"，研究出每个金属切削工人工作日的合理工作量，经过两年的初步试验，给工人制定了一套工作量标准。金属切削试验延续了26年，进行的各项试验超过了3万次，80万磅的钢铁被试验用的工具削成切屑，总共耗费约15万美元。试验结果发现了能大大提高金属切削机工产量的高速工具钢，并取得了各种机床适当的转速和进刀量以及切削用量标准等资料。

泰勒在伯利恒钢铁公司做过有名的铁锹试验。当时公司的铲运工人拿着自家的铁锹上班，这些铁锹各式各样、大小不一，堆料场中的物料有铁矿石、煤粉、焦炭等，每个工人的日工作量为16吨。泰勒经过观察发现，由于物料的比重不一样，一铁锹的负载大不一样。如果是铁矿石，一铁锹有38磅；如果是煤粉，一铁锹只有3.5磅。一铁锹到底负载多大才合适呢？经过试验，最后确定一铁锹21磅对于工人是最合适的。根据试验的结果，泰勒针对不同的物料设计不同形状和规格的铁锹。以后工人上班时都不自带铁锹，而是根据物料情况从公司领取特制的标准铁锹，工作效率大大提高。堆料场的工人从400～600名降为140名，平均每人每天的操作量提高到59吨，工人的日工资从1.15美元提高到1.88美元。这是工具标准化的典型事例。

(3) 对工人进行科学地选择、培训和提高。泰勒认为，为了提高劳动生产率，必须为各项工作挑选第一流工人。选择第一流的工人也就是能力与工作相适应。第一流工人包括两个方面，一方面是该工人的能力最适合做这种工作；另一方面该工人必须愿意做这种工作。因为人的天赋与才能不同，他们所适于做的工作也就不同。例如身强力壮的干体力活可能是第一流的，心灵手巧的人干精细活可能是第一流的。为此，企业管理当局要根据人的能力和天赋把他们分配到最适合的工作岗位上去，而且要对他们进行培训，激励他们尽最大的努力来工作。泰勒这种第一流工人的思想，也就是因人制宜、人尽其才的思想。而这正是现代管理中人力资源管理的重要内容。从"第一流工人"概念出发，泰勒提出了一个人事管理的基本原则：使工人的能力同工作相配合。泰勒认为，选拔和培养"第一流工人"是管理部门的责任。人事管理的任务就是给工人找到最适合的工作，并设法激励他们发挥其最大的力量，使他们成为"第一流工人"。

(4) 实施刺激性的差别计件工资制度。这种付酬制度是在科学地制订作业标准和劳动定额的前提下，根据工人完成工作定额的不同，采取不同的工资率，实行"差别计件工资制度"。如果工作没有完成定额，就按低工资率付酬。如果工作超过了定额，则按高工资率付酬，而且不仅超额部分按高工资率付给，全部生产成果都按高工资率计算，以此来鼓励工人超额完成定额。可见这种付酬制度刺激性较强。这种工资制度对工人和雇主都是有利的。差别计件制能在较大程度上拉开工资差距。泰勒认为，采取这种制度的目的在于促使工人尽可能地完成工作定额，以便获得较高的报酬；而要顺利完成或超额完成定额就需要采用正确的方法和标准。

(5) 使管理与劳动相分离。把管理工作称为计划职能（即管理职能），工人的劳动称为执行职能（即工人的实际操作）。泰勒主张，计划部门负责进行调查研究，并根据调查结果确定定额和标准化操作方法、工具，负责拟订计划并发布命令和指示。工头和工人只负责执行，即按照计划部门制定的操作方法和指示，使用规定的标准化工具从事实际操作，不得自行改变。

他还指出，任何简明的定义都难以全面地说清管理的艺术，但是"劳资之间的关系无疑是这种艺术中最重要的组成部分"。首先，处理好劳资关系，要区分管理部门和工人两个方面的责任。在旧式管理中，工人要对总的工作程序承担全部责任；在新制度下，则将整个工作分成两部分，任务完成的好坏，不仅是工人方面的责任，管理部门也要承担相应的责任。其次，要明确管理部门所承担的任务。泰勒意识到了管理中的计划和组织职能。泰勒的工作制度取决于事先精心地订出计划。任务管理制由两部分组成，工时研究是其首要部分，第二部分是挑选在差别计件制的推动下能够达到标准的工人。

科学管理理论在历史上第一次使管理从经验上升为科学，泰勒在研究过程中表现出来的讲求效率的优化思想、重视实践的实干精神、调查研究的科学方法也是难能可贵的。但他把人看成是单纯追求金钱的"经济人"，仅重视技术因素，而不重视人的社会因素，没有看到工人的主观能动性及心理因素在生产中的作用，把工人看成会说话的机器，只能按照管理人员的决定、指示、命令进行劳动，在体力和技能上受到最大限度的压榨，这使得科学管理理论又有很大的局限性。另外，泰勒把管理职能与执行职能分离，工人仅仅是接受监督和从事作业的被动的生产工具，像机器一样，被当作时间和动作研究的对象。

二、法约尔及其经营管理理论

（一）法约尔——现代经营管理之父，管理过程理论之父

亨利·法约尔（Henri Fayol，1841—1925 年）出生于法国的一个资产阶级家庭。1856—1858 年间，他就读于里昂公立中等学校；1858—1860 年间，他就读于圣艾蒂安国立矿业学院。他一生的工作，可以分为四个阶段：第一阶段是 1860—1872 年，他作为等级较低的管理人员和技术人员，从事采矿工程方面的工作，特别是防止火灾事故。1866年，25 岁的法约尔被任命为康门塔里矿井矿长。第二阶段是 1872—1888 年，他被提升为科芝·特里富尚博矿井的经理。这样，他不仅要从技术方面考虑，更要从管理和计划方面考虑，促使他对管理进行研究。第三阶段是 1888—1918 年，1888 年，当公司濒于破产时，他被任命为总经理，从而有机会按照自己关于管理的思想和理论对公司进行改革和整顿，到他 77 岁退休时，该公司已在财务和经营上立于不败之地。法约尔认为，他的成功，

与其说是他个人能力的体现，不如说归功于他的管理思想。第四阶段是 1918—1925 年，1918 年退休后的法约尔致力于宣传他的管理理论，并对法国的邮政机构、烟草公卖机构等的管理状况进行调查研究。法约尔是以技术人员身份进入企业的，他的卓越才能主要表现在管理方面。

1916 年，他发表了他的代表作《工业管理与一般管理》，首次系统地论述了管理的基本要素；把工业管理的经验推广为一般管理理论。这本书被认为是古典管理理论的经典著作。法约尔在管理方面的著作和论文还有《公共精神的觉醒》（1927 年），《管理职能在事业经营中的重要性》（1918 年），《国家管理理论》（1923 年）等。与泰勒的科学管理理论一样，法约尔的一般管理理论是管理思想发展的一个里程碑，他提出的一般管理理论对西方管理理论的发展具有重大的影响，成为管理过程学派的理论基础，也是后来各种管理理论和管理实践的重要依据之一，特别是关于管理组织和管理过程的职能划分理论，对后来的管理理论研究具有深远的影响，被称为"管理过程理论之父"。此外，他还是一位概括和阐述一般管理理论的先驱者，是伟大的管理教育家，后人称他为"现代经营管理之父"。

（二）法约尔的管理思想

1. 经营与管理

法约尔首先区分了经营和管理两个基本概念。他认为，"经营"的意思是指导或引导一个组织趋向一个目标。他从工业企业出发归纳了经营所包含的六项活动：

① 技术活动，指设计、生产、制造；
② 商业活动，指发生于技术活动前后的采购、销售等交换活动；
③ 财务活动，指资金的筹集和运用活动；
④ 安全活动，指保证人员的劳动安全及设备使用安全；
⑤ 会计活动，指编制财产目录，制作资产负债表，进行成本考核、统计等；
⑥ 管理活动，指计划、组织、指挥、协调和控制。

法约尔认为，这六项活动是任何一个工业企业实现它的目标中不可缺少的，而管理则是经营活动中的一种最为重要的活动，它由计划、组织、指挥、协调和控制五种要素构成。见图 2-1。

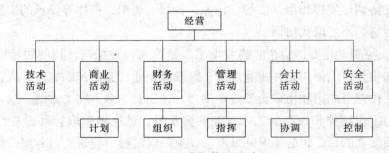

图 2-1　经营与管理活动

法约尔认为，组织中的成员按照分工的原则在不同岗位上从事不同的经营活动。这些活动要求他们具有相应的能力，如技术能力、商业能力、财务能力、安全能力、会计能力、管理能力等。不过由于人员在组织中的地位不同以及组织的规模大小有别，各项经营活动能力的相对重要性也有差异。法约尔非常强调管理教育的必要性和可能性，他认为人的管理能力可以通过教育来获得。他说"实际上管理能力可以也应该像技术能力一样，首先在学校里，然后在车间里得到"。他发现当时社会上缺乏管理教育的原因是缺少管理理论，于是他自己承担了创立管理理论的重任。

2. 管理的五大职能

法约尔认为，作为经营活动之一的管理包含五大职能。

① 计划。计划主要是指预测和在预测的基础上制定行动计划。他指出："管理应当预测将来"。预见性即使不是管理的全部，至少也是其中一个基本的部分。预测，既表示对未来的估计，也表示为未来做准备。因此，预测本身已经是开始行动了。计划工作的主要表现，明显标志和最有效的工具就是"行动计划"。行动计划既规定了所要达到的结果（即目标），又指出了所遵循的行动路线、通过的阶段和所使用的手段。一项良好的计划应具备统一性、连续性、灵活性和精确性的特点。

② 组织。组织包括组织结构、组织活动和相互关系的规章制度，以及职工的招募、评价和训练。组织管理当局的责任是，寻求组织目标与组织活动所需各种资源之间的统一。为保证组织目标的实现，组织结构必须贯彻统一指挥的原则。

③ 指挥。组织建立之后，接下来就是使它动作起来——这就是指挥的任务。为了使组织更好的发挥作用就需要指挥。指挥的目的是根据企业的利益，使本单位中所有的职工能做出最大的贡献。

④ 协调。法约尔指出："协调就是让事情和行动都有合适的比例，就是方法适应于目的"。为保证企业经营的顺利进行并取得成功，企业中的一切工作都应该和谐地配合，包括人员与设备之间保持适当的比例；技术工作、商业工作；财务工作和其他工作都注意各自对企业所有职能应承担的责任及对它们所带来的后果；开支与收入相称；工厂及配套工具的规模与生产要求相称；材料供应与材料消耗相称；销售与生产相称；企业规模要适当；道路适合于车辆行驶；安全措施适应于安全要求以及在工作中分清轻重缓急等等。各职能要素也应协调地发挥作用，法约尔认为，计划、组织、指挥等要求的实施都有利于协调的实现，但它们不能取代协调。

⑤ 控制。控制就是要证实企业的各项工作是否和计划相符。控制的目的在于指出工作中的缺点和错误，以便纠正并避免重犯，以确保企业社会组织的完整，人员一览表得到应用，指挥工作符合原则和协调会议定期举行。控制有许多不同的方法，这一要素在执行时需要持久的工作精神和较高的艺术。控制要及时、迅速地采取行动，并伴以恰当的奖惩。如果需要批准的话，也必须及时批准，以免贻误时机。要避免对各部门的领导和工作进行干预，以免造成双重领导和越权控制。检查人员必须对检查对象具有独立性，并且具备必要的条件，如工作能力、责任感、判断力和机敏等。

3. 管理的 14 条原则

管理原则是指导管理者行动的准则，法约尔根据自己的管理经验，得出了 14 条管理的原则。

① 劳动分工。法约尔认为，劳动分工不仅限于技术工作，而且也适用于管理工作，适用于职能的专业化和权限的划分。他指出："劳动分工的目的是用同样的努力生产更多更好的产品。工人总是做同一部件，管理者经常处理同一些事务，对自己的工作就可以熟练，有自信心，从而提高效率"。在管理领域应用这一原则，"其结果是职能专业化和权力的分散"。

② 权力与责任。法约尔认为，权力是指指挥和要求别人服从的权利和力量。法约尔把权力区分为"正式权力"和"个人权力"，认为，前者产生于管理人员在组织中的职务或正式地位。任何人拥有组织中的某个职务，他就拥有这个职务的权力，职务越高，权力也就越大。后者来源于管理人员的个人素质或条件：如智慧、经验、道德品质、劳动能力、以往的功绩等。它不取决于管理职务的高低，但可以对正式权力起到补充的作用。一个称职的管理人员应该在这两种权力之间取得平衡。责任是"执行权力时的奖惩——奖励与惩罚。它是权力的孪生物，是权力的当然结果和必要补充。凡是有权力行使的地方，就有责任"。他特别强调权利与责任的统一。有责任必须有权力，有权力就必然产生责任。

③ 纪律。纪律实质是以企业同员工之间的协议为依据的服从、勤勉、积极、规矩和尊重的表示。法约尔在描述这一原则时，强调了纪律的必要性和责任以及良好纪律产生的基础。他指出：为使企业顺利发展，纪律是绝对必要的。没有纪律，任何一个企业都不能兴旺发达。关于企业中良好纪律的来源，他指出，纪律是以尊重而不是以恐惧为基础的。纪律松弛必然是领导不善的结果，而严明的纪律则产生于良好的领导、管理当局与工人间关于规则的明确协议以及对赏罚手段的审慎应用。纪律状况取决于劳动者的道德状况。

④ 统一命令。即"一个下属人员只应接受一个领导者的命令"。法约尔指出："这是一条普遍的、永久必要的原则。如果这条原则受到破坏，权力将受到损害，纪律将受到危害，秩序将受到扰乱，稳定将受到威胁。如果两个领导者同时对一个人或一件事行使权力，就会出现混乱。在整个人类社会中，工业、商业、军队、家庭、国家机构中的双重指挥经常是冲突的根源。"这些冲突有时很严重，应该特别引起各级领导者的注意。

⑤ 统一领导。是指对于目标相同的一组活动，只能有一个领导和一项计划。一个组织是一个整体，它的各项活动都应指向统一的目标，因此，应该统一领导。法约尔指出，"统一领导是统一行动、协调力量和集中努力的必要条件。人类社会和动物界一样，一个人有两个脑袋，就是个怪物，是难以生存的"。统一领导取决于健全的组织，统一指挥取决于人员如何发挥作用。

⑥ 员工个人要服从整体。个人或部门的利益不能置于企业利益之上，国家利益应高于一个公民或某些集团的利益。为此，就要克服愚昧、野心、自私、懒惰、软弱和一切企图把个人或小集团利益置于组织整体之上而导致冲突的个人感情。

⑦ 人员的报酬。法约尔指出："人员报酬是其服务的价格，应该合理，并尽量使企业中的人员（包括雇主和雇员）都满意"。他在讨论了日工资、计件工资、奖金和利润分成等问题后断定，支付方式取决于许多因素，其目的是使人员具有更大的价值，同时激起他们的工作热情；但他并没有提出一项明确的报酬方式，也未提出明确的激励概念。这一原则在很大程度上体现了法约尔的"经济人"思想。

⑧ 集权。集权就是降低下级的作用。法约尔在这一原则中体现了自己对组织的出色见解。他指出，集权不是说明管理本身好坏的一个制度，它不同程度地存在于各种组织之中。集权与分权之间是一个连续统一体。在一个组织中，"任何增加下级作用重要性的行动都是分权，任何减少这种作用的行动则是集权"。所以，集权或分权的问题只是一个简单的比例问题，是一个如何为一个公司找到最适宜的程度的问题。集权的程度必须随着情况的不同而改变，应视管理人员的个性、道德品质、下级人员的可靠性及企业规模大小而定。其目的在于最适当地利用人员的所有能力。

⑨ 等级链。它是指"从权力的最高一级到最低一级的部门负责人的等级"。它表明权力等级的顺序和传递消息的途径。为了解决统一领导原则可能引起的信息传递方面的延误问题，法约尔提出了允许横跨权力线进行交往联系的"跳板"原则，也叫"法约尔桥"。但是这种联系只有当所有各方都同意而且上级人员随时都了解情况的时候才能进行。因此，如果工长 F 想同工长 P 联系，他可以直接进行联系，而不用向上级报告（F 通过 E 到 A）以及按顺序从 A 向下传递给 P。"跳板"原则使得横向联系可以迅速有效地进行，便于及时沟通消息，迅速解决问题。见图 2-2。

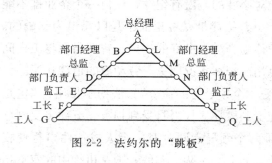

图 2-2 法约尔的"跳板"

⑩ 秩序。这意味着，每件东西和每个人都有一个位置，而且都在恰当的位置上。人在其位、物在其所，这就是秩序。法约尔指出，确定企业顺利发展所必需的职位并为这些职位选拔任职的人，使每个人都在能够发挥自己最大潜能的岗位上任职，这就是"最理想的"社会秩序。

⑪ 公平。公平是由善意和公道产生的用以处理企业与雇员之间的关系的一个原则。公道是指实现已订立的协定。但这些协定不能预测到所有的事物，因而需要经常加以阐明和补充。管理者应以善意来对待雇员，以获得他们的全心全意和无限忠诚。法约尔指出，"公平并不排斥刚毅，也不排斥严格。做事公平要求有理智、有经验、并有善良的性格。在对待下属时，应该特别注意他们希望公平、平等的愿望。为了最大限度地满足这些愿望，同时又不违背任何原则，不忽视集体利益，企业领导应经常发挥自己的最大能力使公平感深入各级人员。"

⑫ 人员稳定。这是指有秩序地安排人员并补充人力资源。法约尔指出："一个人适应一个新职位需要一定的时间，如果他在启蒙阶段刚结束或尚未结束便调离岗位，他就没有时间提供很好的服务。所以，在企业中，一个中等能力但长期稳定在一个单位工作的人比

那些能力虽强但停留时间不长的人更受欢迎,尤其是领导岗位上的人员,稳定性更加重要。当然,由于自然、疾病、社会及其他原因,人员变动是不可避免的——某些人不能再承担他们的职务,另一些人则担负起更大的责任。"因此,像其他原则一样,人员稳定也是一个相对的概念。

⑬ 主动性。想出一个主意并使它实现是聪明人的最大欢乐之一,也是人类活动最有力的刺激物之一。这种发明与执行的可能性就是人们所说的首创精神。除了领导者的首创精神外,还需要全体成员的首创精神。这种全体人员的主动性对企业是一股巨大的力量,尤其在困难的时刻。所以,应当尽可能地鼓励和发展这种能力。当然,主动性与尊重权力和纪律的要求是有矛盾的。这就需要把握好分寸,同时要具有信心和勇气。

⑭ 集体精神。即要努力在企业内部建立起和谐与团结的气氛。法约尔指出,"团结就是力量。使敌人分裂以削弱其力量是聪明的,但使自己的队伍分裂则是对企业的严重犯罪。这种错误可能是由于能力不足,对事物的了解不全面,或者是由于自私自利,为个人利益而牺牲整个利益。但不论是由于什么原因所致,这个错误始终应受到谴责,因为它对企业非常有害。"

法约尔的一般管理理论起初没有像泰勒的科学管理理论那样走运,在 20 世纪 40 年代以前,不仅在国际上没有得到广泛传播,甚至在他的祖国也未受到重视。但是,"是金子总会闪光",这种理论在内容上的系统性、逻辑上的严密性以及管理工作普遍性的认识使它在稍后的时间里得到了普遍的承认。孔茨甚至认为法约尔是"现代管理理论的真正创始人",法约尔提出的许多概念、术语以及原理在现代管理学中被普遍地继承和运用。

三、韦伯及其组织管理理论

(一) 马克斯·韦伯——组织理论之父

马克斯·韦伯(Max Weber,1864—1920 年),与泰勒和法约尔是同一个时代的人。他对管理思想的最大贡献是提出了"理想的行政组织体系"理论,是古典组织理论学派的杰出代表,被后人尊为"组织理论之父",是一位与泰勒和法约尔齐名的管理思想家。

韦伯对社会学、宗教、经济学和政治学都有着广泛的兴趣,而且取得了丰富的研究成果。他一生阅历丰富,担任过教授、政府部门顾问、编辑、著作家等,主要代表作有:《新教伦理和资本主义精神》(1905 年)、《经济与社会》(1910 年)、《一般经济史》、《社会与经济组织理论》、《社会学论文集》等。他的博学使他能够从多个侧面观察和分析问题,提出许多新的观点和独特的思想。

(二) 行政组织理论的基本内容

韦伯的行政组织理论涉及组织的制度、权力基础、组织结构、管理原则等不同方面。

1. 理想的行政组织的权力基础

韦伯认为,存在着三类合法权力(即被社会所接受的权力)。第一是合理—合法的权力，这种权力是由社会公认的法律规定的或者掌有职权的那些人下命令的权力；第二是传统的世袭权力，这是由历史沿袭下来的惯例、习俗而规定的权力，它是以对古老传统的不可侵犯性和按传统执行权力的人的地位的正统性为基础的；第三是神授的超凡权力，它是以对某人的特殊和超凡的神圣、英雄主义或模范品质的崇拜为基础的。

韦伯认为，在这三类权力中，传统权力的效率较差，神授的超凡权力则过于带感情色彩并且是非理性的，所以这两种权力都不宜作为行政组织体系的基础，每一种权力的存在都是以它们各自的合法性为依据的。韦伯坚信只有合理—合法的权威才是现代社会中最有效的和合理的组织形式的基础。

2. 理想行政组织结构的特征

① 劳动分工。工作应当分解为简单的、例行的和明确定义的任务。对组织内的每个职位的权力与责任都有明确规定。

② 职权等级。职位应当按等级来组织。每个下级应当接受上级的控制和监督。明确规定每个成员的职权范围和协作形式，以便各个职员行使职权，减少摩擦。

③ 正式的选拔。所有的组织成员都是依据经过培训、教育，或正式考试取得的技术资格选拔的。

④ 正式的规则和制度。为了确保一贯性和全体雇员的活动，管理者必须依靠正式的组织规则和管理制度规范组织成员的行为。

⑤ 非人格化。规则和控制的实施具有一致性，组织的规章制度是组织中每一个成员都必须遵守的，避免搀杂个性和雇员的个人偏好，它不受个人情感和个人背景的影响。

⑥ 职业定向。管理者是职业化的在职人员而不是他所管理的单位的所有者，他们领取固定的工资并在组织中追求他们职业生涯的成就，谋取发展。

韦伯认为，这种高结构化的、正式的、非人格化的理想行政组织体系是强制控制的合理手段，是达到目标、提高效率的最有效形式。这种组织形式在精确性、稳定性、纪律性和可靠性等方面都优于其他形式，适用于当时日益增多的各种大型组织，如教会、国家机构、军队、政党、经济组织和社会团体。

韦伯是第一位对正式组织进行系统分析的学者，他所描述的行政组织体系，成为20世纪大规模生产的工业组织建设的蓝本，他的理论和观点则成为现代组织理论发展的基础，为资本主义的发展提供了一种稳定、严密、高效、合理的管理组织体系理论。

四、其他古典管理理论

在泰勒、法约尔、韦伯等人从不同方面创立了古典管理理论之后，西方许多学者对古典管理理论进行了深入地研究和广泛传播。

（一）甘特及其贡献

亨利·劳伦斯·甘特（Henry Laurence Gantt，1861—1919年），1861年出生在美国

马里兰州。1887年,即在他26岁时进入米德维尔钢铁公司,从事管理工作。曾是泰勒在米德维尔钢铁公司和伯利恒钢铁公司的亲密合作者,深受泰勒科学管理思想的影响,对泰勒非常钦佩。甘特的代表作是《工业的领导》(1916年)和《工作组织》(1919年)。主要贡献如下。

(1) 在科学管理中重视人的因素,尤其重视对工人的教育的重要性。甘特认为:"过去的政策总是驱使,但是压力的时代必须让位给知识的时代,今后的政策将是教育和引导"。也就是说,管理当局对工人应该采取指导而不是驱使的政策,当局有责任教育和训练工人,使他们养成一种勤劳和合作的新的工业习惯,提高操作技术水平。

(2) 发明甘特图。这是一种用线条表示的计划图表,如图2-3所示,其中横轴表示活动内容,纵轴表示工作活动的计划及目前的进度,用生产日期和产量图示来控制计划和生产的进行,也称生产计划进度图或线条图,这种图现在常被用来编制进度计划。是当时最有效的计划和控制生产的工具,对今天的计划评审技术产生了影响。现在经过改进后的甘特图基本形式如图2-4所示。

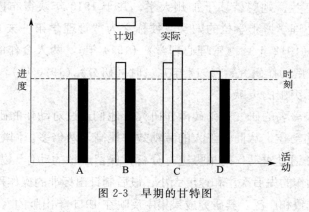

图2-3 早期的甘特图

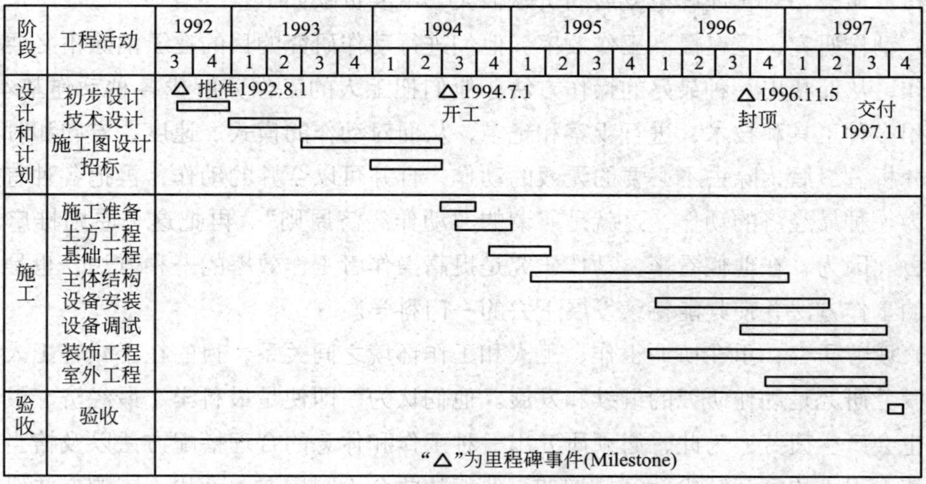

图2-4 改进后的工程管理甘特图

(3) 主张实行"计件奖励工资制"的工资制度。甘特在 1901 年提交给美国机械工程师协会的论文中,提出这一工资制度。比泰勒的"差别计件工资制"早一些在该公司实行,并取得了一定成功。

具体来说,"计件奖励工资制",即除了支付日固定工资外,超额完成定额的,超额部分以计件方式发给奖金,完不成定额的,只能拿到日固定工资部分。这种制度使工人有收入保障,从而激发了其工作积极性。

(二) 杰布雷斯夫妇及其贡献

弗兰克·杰布雷斯(Frank B. Gilbreth, 1868—1924 年)出生于美国缅因州,1885 年通过了麻省理工学院的入学考试,但因家庭困难未能入学,后进入建筑行业,成为建筑工程师。曾是泰勒的合作者之一,在动作研究方面有很高的造诣,被公认为"动作研究之父"。他的著作主要有:《科学管理入门》(1912 年)、《动作研究》(1919 年)、《做工作的最佳方法的管理科学》(1932 年)。利莲·杰布雷斯(Lillian Gilbreth, 1878—1972 年)生于美国加州的奥克兰,她曾就读于加州大学,并于 1915 年获得布朗大学的博士学位,是美国第一个获得心理学博士学位的妇女,被称之为"管理学第一夫人"。她的著作主要有:《工作心理学》(1912 年)、《管理心理学》(1914 年)。两人合作的著作有:《疲劳研究》(1916 年)、《应用动作研究》(1917 年)、《时间研究》(1920 年)。他们在工作研究和工作简化方面做出了突出的贡献。

杰布雷斯夫妇最著名的研究是砌砖动作研究,他们通过对动作的研究来消除砌砖时不必要的手部与身体的动作,从而使工人的劳动效率提高了两倍多。同时他们还把动作研究推广到其它行业,并通过对动作的拍摄进行分析,保留应该的动作,剔除多余的动作,并重新制订出一系列动作的先后次序和速度大小,最后制订出标准的操作程序。他们的动作研究比泰勒的研究更细致和广泛。其研究成果集中反映在 1911 年出版的《动作研究》一书中。

杰布雷斯夫妇对管理理论发展的贡献很大,主要贡献如下。

(1) 动作研究,重在提高工作效率。他们进行动作研究的目的在于消除不必要的、无效的动作,从而找出一种最好的操作方法。他们把工人的工作分解成各种动作基本元素,然后应用多种工具和技术,进行观察和记录,从而对动作的模式、速度、方向和时间做出精确地分析。最后,除去不必要的无效的动作,合并可以合并的动作,再把各种有效的动作归纳为一种最经济的动作,这就是所谓的"动作经济原则"。再把这一原则推广到工人工作中去。因为,在他们看来,动作研究是提高操作者工作效率的一种方法,也是确定唯一最佳的工作方法并使其能持续发展下去的一门科学。

(2) 疲劳研究,重在协调工作、工人和工作环境之间关系,目的在于减轻工人工作的疲劳。疲劳研究是动作研究的继续和发展。他们认为,即使是最科学、最经济、最有效的动作,也会产生疲劳。为此,必须研究出一种工作和休息的合理搭配方法以及恰当的环境布置,使得工人的疲劳减少而产量增加。他们从两个不同层次,运用不同的方法研究并解决这一问题。一是基础的、常识性的方法。主要包括:缩短工作时间,充分利用休息时间，改进福利设施，改善工作条件，保证工作的安全性，合理安排工作的地点和工具的摆放等。二是科学实验方法。实验分两段进行：第一阶段是通过动作研究，找出最佳的操作方法并使之标准化，目的在于消除一切不必要的动作，以减轻工人的疲劳程度；第二阶段是进行时间测定，找出一种最佳的工作与休息的时间组合。最佳时间组合的理想标准是：工人的健康状况有所好转，工人的技术水平和劳动效率有所提高，工人的工作态度有所改善。

（3）强调制度化管理研究，重在寻求好的管理方法。夫妇俩认为，做任何工作都应该有一种最好的方法，把这些最好的方法系统化为一系列制度，人人都应遵照执行。如果制度中有不合理的地方，可以向上反映并要求修改，但在没有修改之前，不得自行其是。他们在建筑业中创立的现场管理制度，包含了承包合同的一般格式和拟订、保证质量并加快工作进度、管理的一般规则、有关建议和报告的规定及对建议者的奖励、白卡制度、考核评价、工人的教育培训等。

（4）重视企业中人的因素。夫妇俩非常重视企业中人的因素，把西方社会科学的各种学科如经济学、管理学、心理学、生理学、教育学、社会学等引入管理之中、用来改进和扩大工人的工作能力，以便为提高生产效率服务。英国管理学家林德尔·厄威克是这样评价夫妇的成就和贡献的：把管理学发展成为一门以人为中心的社会科学。的确，这些学科的引入，使管理学的研究方法更加多样化，研究的内容更加丰富化，不仅在当时推动了管理学的发展，而且对以后的行为科学的发展也产生重要影响。

（5）重视管理人员的培训和发展。1916年，夫妇俩人发表《提升管理人员的三点计划》一文，提出，"如果一个组织只关心整个组织的利益而不关心组织成员的利益，就不能保有其成员"的观点，并进一步强调了三种必要性，即吸引愿意参加本组织的人的必要性，保持恰当安排和提升本组织已有员工的必要性，以上两种必要性的相互依存性。而且还拟订了"个人提升图表"、"提升机会表"和定期讨论会，以具体的计划来实现员工的培训和提升。这些思想在20世纪50年代发展成为管理人员培训提升的系统化措施。

（三）厄威克及其八项原则

英国管理学者林德尔·厄威克（Lyndall Urwick）在对法约尔、泰勒等的古典管理理论进行综合和系统化方面做出了重要贡献。其综合的管理理论概念结构如图2-5所示。

厄威克认为，管理过程由计划、组织和控制三个主要职能构成。他强调科学调查和分析是指导一切管理职能的基本原则，并以此为基础确定了与主要职能相适应的三项指导原则——预测、协调和指挥。

厄威克在其著作中还提出了"适用于一切组织的"八项原则：①目标原则，即所有的组织都应表现出一个目标；②相符原则，即权力和责任必须相称；③职责原则，即上级对下级工作的职责是绝对的；④组织阶层原则；⑤控制幅度原则，每一个上级所管辖的相互间有工作联系的下级人员不应超过五人到六人；⑥专业化原则，即每个人的工作应限制为一项单一的职能；⑦协调原则，即必须对各种职能上的活动予以协调；⑧明确性原则，即对每项职务都要有明确的规定。

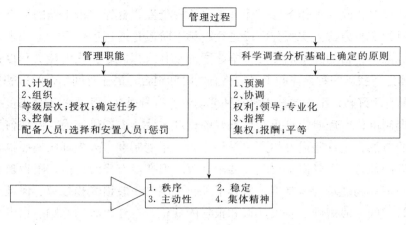

图 2-5　管理理论综合概念结构图

古典管理理论从泰勒、法约尔、韦伯等人开始从事管理的实际试验和理论研究算起，距今已一个多世纪。他们的理论不但在当时起了重要的作用，对以后管理理论的发展和管理学派的形成，也有着深远的影响，其中许多原理、原则和方法至今仍被人们所重视和沿用。

第四节　行为科学管理理论

到了 20 世纪 20 年代，随着科学技术和资本主义经济的发展，社会生产规模进一步扩大，科学技术的运用愈加广泛，经营管理更加复杂，劳资矛盾日趋尖锐，管理学家们感到不考虑管理中的人的因素和处理好人际关系就难以实行有效的管理。在这种历史条件下，行为科学管理理论就应运而生，并逐步得到发展。行为科学理论的产生是西方管理思想和理论进入第二个发展阶段的标志。它将人类学、社会学和心理学、经济学等知识综合起来，着重研究人们在工作中的行为以及这些行为产生的原因，以协调组织内部人际关系，达到提高工作效率的目的。它推翻了古典科学管理理论"经济人"假说的研究前提，将管理的重点转向管理中最积极、最活跃的因素——人。行为科学出现于 20 世纪 30 年代，早期被称为人际关系学说，1949 年芝加哥大学召开了一次有哲学家、精神病学家、心理学家、社会学家参加的跨学科的会议，讨论了应用现代科学知识研究人类行为的一般理论，会议给这门综合性学科定名为"行为科学"，在 20 世纪 60 年代，又发展成为组织行为学。

一、人际关系学说

（一）霍桑实验

乔治·E·梅奥（George E. Mayo，1880—1949 年）是原籍澳大利亚的美国行为科学家，逻辑和哲学硕士，1919 年在澳大利亚的昆士兰大学任逻辑学、伦理学和哲学讲师，他是澳大利亚的心理疗法的创始人。1922年移居美国,1923—1926年作为宾夕法尼亚的研究人员为洛克菲勒基金会进行工业研究,1926年任哈佛大学工商管理研究院的副教授,以后一直在哈佛大学工作到退休。人际关系学说的产生是霍桑实验的直接结果。

霍桑实验是一项以科学管理的逻辑为基础的实验,在美国芝加哥西部电气公司霍桑工厂进行,从1924年开始到1932年结束,在近8年的时间里,前后共进行过两个回合,第一个回合是从1924年11月到1927年5月,在美国国家科学委员会赞助下进行的。第二个回合是从1927—1932年,是在美国哈佛大学教授梅奥的主持下进行的,是人际关系学说的主要奠基人。霍桑实验分为四个阶段。

1. 第一阶段:照明实验

照明实验(1924—1927年)的目的是为了弄清照明强度对生产效率所产生的影响。实验是在被挑选的两组绕线工人中间进行的。一组是试验组,一组是参照组。在实验过程中,试验组不断增加照明强度,例如将试验组的照明从24、46、76烛光逐渐增加,而参照组的照明度始终保持不变。

研究者企图通过这一实验,来发现照明的变化对生产效率的影响,但是实验结果显示,两组都在不断地提高产量。后来他们又采取了相反的措施,逐渐降低"试验组"的照明强度,合理把两名试验组的女工安排在单独的房间里劳动,使照明一直降低,从10烛光、3烛光一直降到0.06烛光,几乎和月光亮度差不多,直到这个时候产量才开始下降。

据研究人员在这次实验结果的报告中说,这次实验的结果是两组的产量均大大增加了;而且增加量几乎都相等,两组的效率也几乎没有多大差别。因此无法确定改善照明对工作的效率有什么积极的影响。

对这次实验结果的分析是:

(1) 工作场所的灯光照明只是影响生产的一种因素,是一种不太重要的因素;

(2) 由于涉及的因素太多,一时难以控制,任何一种因素的变化都可以影响试验的结果,所以照明对产量的影响是无法测定出来的。

通过上面的分析可以发现,这项实验的结果是找不到原因的,而且结果使人感到有些迷惑不解,因此有许多人都退出了实验。一次偶然的机会中,梅奥了解到这个情况,他对实验很感兴趣,很快参与到实验中并领导了以后的实验。他敏锐地指出,解释霍桑实验秘密的关键因素是"小组精神状态的一种巨大变化"。他认为,在实验室中的工人是社会单位,被实验者对于受到愈来愈多的关心而感到高兴,这样就使得被实验者有一种参与实验的感觉,这是一个重要的原因。

2. 第二阶段:福利实验

福利实验(1927—1928年),为了能够找到更有效的影响员工积极性的因素,梅奥选出了6名女工,在单独的房间中从事装配继电器的工作,在实验过程中,不断地增加福利措施,例如缩短工作日,延长休息时间,免费提供茶点等。研究者原来设想这些福利的措施能刺激工人生产的积极性，结果却并非如此。后来他们撤销了这些福利措施，按预想产量应该是下降的，但实际情况表明产量不仅没有下降反而继续上升了。经过深入的了解发现，产量上升源于员工积极性的提高，这仍然是由于员工与研究者之间有一种融洽的人际关系所致。这说明，在调动员工的积极性方面，人际关系比福利措施更为重要。

他们对于以上实验进行归纳，提出一些假设作为分析的起点：

① 在试验中改进了物质条件和工作方法导致产量的增加；
② 休息间隙和缩短的工作日使得疲劳减轻；
③ 工间休息减轻了工作的单调性；
④ 个人计件制促使产量增加；
⑤ 改变监督方式改善了人际关系，从而能改进工人的工作态度，促进产量的提高。

这些假设被逐一加以检验，前 3 个假设很快就被否定了，为了证明第 4、5 个假设，他们设计安排了继电器组和云母片组试验。试验把继电器组原来的集体计件工资制改为个人计件制，结果产量是上升到原产量的 112.6%，并稳定下来；当恢复为原来的工资制，实验到 7 周后，产量直落到实验前水平的 96.2%。云母片组保留原用的个人计件制，对间歇、工作日等条件进行了调整，产量在 14 个月内持续上升。在解释这次试验结果时，研究者并不把工资制作为产量增加的主要原因。他们认为，继电器组产量增加是由于他们不甘落后于照明试验中的那个继电器组；而云母片组产量的增加也是工资以外的因素在起作用。总之，试验者要说明的是，导致两个小组产量增加的因素是监督方式的改变以及由此带来的工人士气和人际关系的改善，即第 5 个假设。这一解释本身虽然有些牵强，但正是研究者的这一发现把管理思想研究引向了一个新领域。

3. 第三阶段：访谈研究

访谈研究（1928—1931 年），研究者组织了与工人之间的广泛深入的交谈，目的是了解工人对工作环境的态度。在访谈中发现，大多数工人的不满来源于个人复杂的感情和情绪。涉及什么样的工作对他是恰当的，何种工作条件是良好的，什么工资是公平的以及监督人员的什么行为是明智的，等。在访谈技巧趋于成熟的情况下，会很快联系一个人过去的生活经验及目前工作的社会地位和在家庭、社会群体中的广泛交往，找出这些感觉的来源。由此可见，单纯控制环境不能克制不满意感，对每个人要作具体分析，要了解他个人追求些什么。

在这种适用于探索个人态度和情绪的访谈方法的过程中，研究人员发现，要使个人得到实质性的帮助，必须理解他的环境、矛盾，并耐心听取他的全部诉述。后来把这种方法称作"启发式访谈"。

4. 第四阶段：观察研究

观察研究（1931—1932 年），是在研究工作的最后阶段，人们想搞清楚社会因素对激发工人的重要性。这项研究又称绕线室研究或群体行为研究，是在由 14 名工人组成的绕线室进行的,这些工人中的 9 名绕线工和 3 名焊接工结合为三个工作组,另外 2 名是检验工,负责三个小组的质检工作。在试验中实行集体计件工资制,并强调互相协作,工作场地、工具设备、操作程序等都是按照科学管理的要求设计的。试验者观察到以下现象和问题。

集体限制产量。公司规定每人日产 7312 个接头,但工人只完成 6000～6600 个就不干了。他们还坦白地告诉观察员,其实他们能够完成定额。关于限产的理由,工人们的回答是:假如他们达到定额,公司会将定额水平进一步提高;如果他们过分努力,可能有人会失业;可以避免工作速度慢的同伴遭到监工的斥责。应当注意的是,管理当局似乎认可这个非正式的限产标准,因为只有那些达不到这一限制标准的工人才会受到管理方面的压力。

对上司的态度。工人对待他们的不同上司持不同的态度。他们把小组长当成"自己人";股长待遇较高,略有点权威;而领班就更不一样了,领班在场,每个人都丝毫不敢越轨;工人对其上司的尊重和顾忌是随上司的地位提高而增加的。

观察员注意到,工人们相互帮助、聊天、嘻戏、吹牛、开玩笑等行为,是分伙进行的,表现出明显的"派别"。通过研究发现:①"派别"的组成与工种无关,而多少受点工作位置的影响;②正常的人都属于某个派别;③每个派别都自认为优于其他派别,存在着派别之间的竞争。

非正式组织的规范。每个派别都有自己的一套不成文的规范,如,不能干得太多或太少;不能打同事的小报告;不能对同伴一本正经、打官腔;不能自吹自擂、一心想领导大家等。这些规范形成了对派别内成员的压力,谁不想脱离群体,谁就必须遵守这些规范。人们常运用诸如挖苦、嘲笑以及排斥于集体活动之外等社会制裁手段维护派别的规范。

研究人员的结论认为,构成这些行为的原因是复杂的,因为工作群体是一个复杂的社会系统其中工人和同伴之间的关系是影响行为的重要因素。在研究情境中所指的"关系"就是工人如何感觉他们的群体在工厂社会结构中的地位。所谓这种"地位"就是指员工们的行为总要保护自己在公司结构中由上级或其他部门给予的真正的或想象中的地位。这项研究提醒管理者重视转变群体的思想感情,使工人能感到自由些,或者说创造一个能满足人际交往的社会环境。

(二) 梅奥的人际关系学说

梅奥对其领导的霍桑实验进行了总结,写成了《工业文明的人类问题》(1933 年),阐述了人际关系学说,以后又出版了《工业文明的社会问题》(1945 年)等。

人际关系学说的主要内容如下。

(1) 工人是"社会人",而不是"经济人"。梅奥等认为,古典理论把人看作只受金钱引诱的"理性-经济人",而霍桑实验表明,人是"社会人",必须从社会关系的角度对待之。所谓"社会人",是一种以人类的社会需要的满足为动机而行动的人性假设。梅奥认为:第一,对社会和个人来讲,重要的是人与人之间的合作,而不是在无组织的人群中相互竞争；第二，所有个人的行为动机主要是为了保护自己在群体中的地位，而不是单纯追求自我利益；第三，人的思想和行动更多的是由感情逻辑而不是由理性逻辑来引导的。

（2）企业中存在着非正式组织。梅奥等认为，非正式组织与正式组织有重大的区别。正式组织是以效率的逻辑行事的，而非正式组织则遵从感情的逻辑。企业中的人往往既处于正式组织的结构中，同时又属于某个非正式组织。但管理人员和技术人员较重视效率的逻辑，而工人较重视感情的逻辑，所以，效率的逻辑可以认为是"管理人员的逻辑"，而感情的逻辑则是"工人的逻辑"。管理人员如果只强调自己的逻辑，不顾工人的逻辑，必然会发生冲突，影响企业目标的实现。所以，梅奥提醒管理者，要承认和重视非正式组织存在的意义，注意在两种逻辑之间保持平衡，以便实现管理者与工人之间、工人相互之间的协作，提高企业的效率。

（3）提高工人士气，满足工人欲望是提高生产率的关键。依据"社会人"和"非正式组织"的观点，梅奥等人认为，提高生产率的关键在于提高工人的满足度。工人的满足度越高，士气就越高；士气越高，生产率就越高。这里，工人的满足度主要是就其安全感和归属感这些社会需要的满足而言的。它取决于两个因素：第一，工人的个人情况，即由个人经历、家庭情况和社会生活所形成的个人态度和情绪；第二是工作场所的情况，即工人与上司以及工人相互之间的人际关系。

（4）管理者应采用新型的领导方式和管理方法以提高工人士气。管理人员的新的领导能力在于，要同时具备技术经济的技能和人际关系技能，即能够区分清楚事实和感情，在效率的逻辑和感情的逻辑之间取得平衡。这种新的能力，可以弥补古典管理模式的不足，解决劳资之间乃至工业社会的矛盾和冲突。

二、行为科学管理理论的建立

人际关系学说揭开了对人进行正式研究的序幕。到 20 世纪 40 年代，美国许多大学纷纷设立了人际关系研究中心。1949 年在芝加哥大学召开的"行为科学"大会，提倡运用各有关学科的知识，从管理的角度对人的行为进行综合分析研究。此后，行为科学成为管理学中的一个重要学派。

行为科学是利用多学科的知识来研究人类行为的产生、发展、变化的规律，以预测、控制和引导人的行为，达到充分发挥、调动人的积极性的目的。人的行为都是发生在一定的组织和群体中，在一定主管人员的领导和控制下表现出来的，因此，它不仅与个体的行为基础有关，还与群体环境和管理人员的领导方式有关。

在西方，对于人的行为的研究也形成了各种各样的观点和流派。主要有马斯洛的需要层次理论、赫茨伯格的双因素理论、麦格雷戈的 X-Y 理论等。

1. 需要层次理论

美国心理学家亚伯拉罕·马斯洛（Abraham H. Maslow，1908—1971 年）首先提出了需要层次理论。需要层次理论的基本观点是，人的行为是由动机引起的，而动机又是由人的需要引起的。因此，首先要把需要变成目标，从需要出发激励人们行为的动机，以引导其行为。

他在1943年发表了《人类动机的理论》一书，认为，人类总有某些需要有待满足，一种需要一旦满足，便不再起激励作用，于是又出现另一种需要，仍有待满足。马斯洛认为人类的需要以层次的形式出现，较低层的基本需要满足之后，人们才能上升到对高一层次的需要的追求，自我实现需要是人类最高层次的需求。

马斯洛认为人的需要可以划分为五个层次，如图2-6所示。

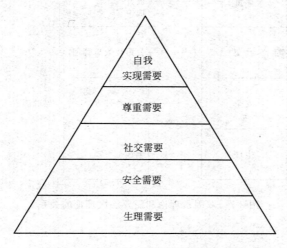

图 2-6　需要层次图

马斯洛认为，人的需要具有多样性、层次性、主导性和潜在性。由于人们所处的社会和经济地位的差异，不同的人有不同的主导需求，由此产生不同的行为动机。他认为应尽可能在客观条件许可的情况下，针对不同人对不同层次需要的追求，给予相对的满足，这样，才能成为推动人们继续努力的内在动力，不断提高生产率。

2. 双因素理论

美国心理学家弗雷德里克·赫茨伯格（Frederick Herzberg）是美国犹他大学教授、心理学家，在1966年出版的《工作与人性》一书中，首创地提出了"激励-保健因素理论"，即"双因素理论"，它是研究需要对行为积极影响的一种理论。这种理论把企业中的有关因素分为满意因素和不满意因素，凡能使人带来满足（或满意）的因素为"激励因素"，凡能防止人产生不满的、消极的（或不满意）因素为"保健因素"。赫茨伯格认为，改善保健因素，可以消除不满情绪，维持原有的工作效率，但不能激励个人提高生产率；激励因素若得到满足，可以激励个人或集体不断提高工作能力和生产率，作为一个管理者更应注意"激励因素"对人的作用。

为了能激励员工的工作热情，赫茨伯格主张做好以下工作：①注意工作的丰富化；②在工作中给人以适当的自主权；③设法让员工了解工作成果；④对员工所完成的工作要及时肯定和表扬；⑤使员工感到工作是学习和提高的机会；⑥围绕组织的目标安排自己的工作。

双因素理论是对马斯洛需要层次理论的进一步补充。如图 2-7 所示。

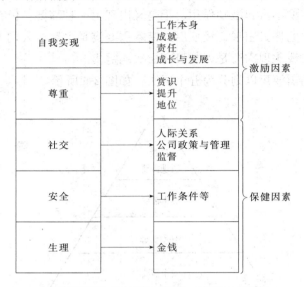

图 2-7　双因素理论和需要层次理论的关系

3. X-Y 理论

道格拉斯·麦格雷戈（Douglas M·Mc Gregor，1906—1964 年）是美国麻省理工学院教授、社会心理学家，他于 1957 年首次提出 X-Y 理论，并在 1960 年正式出版了《企业的人性方面》一书，对这两种不同的理论进行了创见性的分析比较。麦格雷戈认为，在管理中由于对人性的假设不同，便存在着两种截然不同的管理观点，即 X 理论和 Y 理论。

（1）X 理论对人性的假设（X 理论是把人性建立在消极和悲观假设上的管理观点）

① 人生而好逸恶劳，所以常常逃避工作；

② 人生而不求上进，不愿负责，宁愿听命于人；

③ 人生而以我为中心，漠视组织需要；

④ 人习惯于保守，反对改革，把个人安全看得高于一切；

⑤ 只有少数人才具有解决组织问题所需要的想象力和创造力；

⑥ 缺乏理性，易于受骗，随时被煽动者当作挑拨是非的对象，做出一些不适宜的举动。

基于以上假设，它将劳动效率或工作效率不高，归结于人的本性不诚实、懒惰、愚蠢、不负责任等造成的。管理者常采取"胡萝卜加大棒"的管理方法。即认为要实现组织的最终目标，就必须采取以强制性为主的措施，处罚多于奖励，才能迫使他们付出足够的努力去实现组织的目标。把人看成是赚钱的机器，认为人是"经济人"。因此，基于此假设下的管理根本无激励可言。

（2）Y 理论对人性的假设（Y 理论是把人性建立在积极和乐观假设上的管理观点，与 X 理论相反）

① 人并非是生性懒惰的，要求工作是人的本能；

② 一般人在适当的鼓励下，不但能接受而且追求承担责任，逃避责任并非是人的天性，而是经验的结果；

③ 人都愿意发挥自己的才能和创造性；

④ 恰当的激励手段能发挥人的工作潜力和工作积极性。

基于以上假设，管理者采取的管理方式应以激励为主，奖励多于惩罚，鼓励下属参与组织的决策，并有意识地创造条件，以使员工的个人潜能得到充分的发挥。

对比 X 理论及 Y 理论可以发现，它们的差别在于对工人的需要看法不同，因此采用的管理方法也不相同。按 X 理论来看待工人的需要，进行管理就要严格的控制、强制方式；如果按 Y 理论看待工人的需要，管理者就要创造一个能多方面满足工人需要的环境，使人们的智慧、能力得以充分的发挥，以更好地实现组织和个人的目标。

4. 超 Y 理论

在麦格雷戈提出 X 理论和 Y 理论之后，美国的乔伊·罗尔施（Joy Lorsch）和约翰·莫尔斯（John Morse）提出了超 Y 理论。他们选了两个工厂和两个研究所作为试验对象，其中一个工厂和一个研究所按照 X 理论实施严密的组织和督促管理；另一个工厂和另一个研究所则按照 Y 理论实施松弛的组织和参与管理，并以诱导和鼓励为主。实验结果如表 2-1 所示。

表 2-1　X 理论和 Y 理论试验结果表

管理思想	试验对象的性质	任务易测定的工厂	任务不易测定的研究所
X 理论		效率高（亚克龙工厂）	效率低（卡梅研究所）
Y 理论		效率低（哈特福工厂）	效率高（史托克顿研究所）

试验结果发现采用 X 理论的单位和采用 Y 理论的单位都有效率高和效率低的情况，可见 Y 理论不一定在任何情况下都比 X 理论好。由此，他们提出了超 Y 理论。

超 Y 理论主要观点是：对不同的人应该采取不同的管理方式，对不同的环境也应该采取不同的管理方式。此外，工作的性质、员工的素质也影响到管理理论的选择，不同的情况应采取不同的管理方式。

5. Z 理论

美国加州大学洛杉矶分校日裔管理学家威廉·大内（William Ouchi）在研究分析了日本的企业管理成功经验之后，结合美国企业管理的实例，提出了 Z 理论。

经过调查发现，在相同的条件下，按照日本的经营方式管理的企业比按照美国方式经营管理的企业效率高得多。例如，亚特兰大的某个电子机械工厂，有一个 35 名女工的装配半导体配电盘车间，在日本有一个属于同一企业的相同装配车间，人数相等，装配线相同，使用同样的技术，按同一标准装配相同的产品。结果，东京厂日本工人完成的产量比美国工人完成的产量高15%左右。之后，威廉·大内又对美日两国其他企业进行了深入的调查分析，他认为，日本经营管理的基本思想属于Y理论，而美国经营管理的基本思想属于X理论。他将典型的美国管理模式称为A型组织，典型的日本管理模式称为J型组织。威廉·大内通过对A型组织和J型组织的管理模式进行深入地比较分析，总结出兼容两种模式优点的新型管理模式。这种模式所基于的人性假设既不同于X理论，也不同于Y理论。他认为，X理论和Y理论都是建立在把管理者和工人对立起来的前提之下的，而新型的Z理论是以管理者和工人的利益相一致为基本前提的。

Z理论要点如下。

① 采取长期雇佣制度。虽无正式规定，但基本上是终身雇用（约占企业职工的35%），或至少是长期的。即使营业不景气时，一般也不解雇职工，而是通过减少职工工作时间、削减奖金津贴等来渡过难关，从而职工职业有保障，更关心企业利益，职工流动率也低。

② 缓慢地评价和提升。不仓促地对职工的工作表现及业务能力做出评价，而是经过长时间的考察，对职工做出全面的评价，再予以提升。

③ 适度的专业化职业发展途径。培养职工"一专多能"，既掌握必要的专业知识和技能，又注意多方面的能力培养。

④ 含蓄的控制机制。利用集体的压力等非正式控制，但检测手段明确而又正规。

⑤ 集体参与决策。在作重大决策前，鼓励一线职工提出建议和不同意见。经过反复协商、统一思想后，才由上级做出决定。

⑥ 分工负责制。每人都有明确的职责分工。

⑦ 对职工全面关心，上下级间建立融洽的关系，强调通过职工参与管理来提高生产率及改善工作、生活品质。

Z理论的产生，受到了各国管理学界的重视，成为对西方各国影响较大的管理理论。

综上所述，行为科学管理理论是从人的行为的本质中激发出动力，不断提高生产率的理论，也就是从人际关系和人的行为方面激发动力的管理理论。尽管有各种理论和学派，但它们的基础都是建立在梅奥的人际关系学说之上的。

第五节　当代管理理论

20世纪40年代以来，特别是第二次世界大战以后，随着现代科学技术的飞跃发展，社会生产力的迅速提高，生产的社会化程度日益加强。西方发达国家的经济组织规模不断扩大，涌现出大批的跨国公司和新兴工业，经济组织中的竞争，尤其是国际市场竞争更加剧烈与复杂，原来的经营管理理论和方法已不能适应新的形势需要，因而出现了许多新的管理学派，共同构成了当代西方的管理理论。在当代管理理论中，由于管理学家和实业家们所研究的侧重点不同，因而呈现出管理学派林立的局面，故哈罗德·孔茨称之谓"管理理论的丛林"。

这些学派主要有：管理过程学派、社会系统学派、决策管理学派、权变理论学派、管理科学学派、经验主义学派、系统管理学派、新组织理论学派等。

一、管理过程学派

管理过程学派又叫管理职能学派或经营管理学派。这个学派在西方是继古典管理理论和行为科学之后影响最大、历史最久的一个学派。古典管理理论的代表人物之一法约尔就是这个学派的开山鼻祖，这个学派后来经美国的管理学家哈罗德·孔茨（Harold Koontz，1908—1984 年）等人的发扬光大，成为现代管理理论丛林中的一个主流学派。

管理过程学派是以管理的职能及其发挥作用的过程为研究对象，认为管理就是通过别人或同别人一起完成工作的过程。管理过程与管理职能是分不开的，管理的过程也就是管理的各个职能发挥作用的过程。以这一认识为出发点，管理过程学派试图通过对管理过程或管理职能的研究，把管理的概念、原则、理论和方法加以理性概括，从而形成一种"一般性"的管理理论。在研究方法上，这一学派一般是首先把管理人员的工作划分为各种职能，然后对这些职能进行分析研究，并结合管理实践探索管理的基本规律和原则。管理过程学派认为，运用这种研究方法，可把管理工作的一切主要方面加以理论的概括，从而建立起可指导管理实践的管理理论。

二、社会系统学派

社会系统学派的创始人切斯特·I·巴纳德（Chester I Barnard，1886—1961 年）是美国高级经理人员和管理学家、社会系统学派的主要代表人物。社会系统学派从社会学的观点来研究管理，认为社会的各级组织都是一个协作系统。该学派认为，组织是一个复杂的社会系统，因而主张用系统理论和社会学的观点来分析、研究组织管理的问题。它以正式组织为研究对象，把组织中人们的相互关系看成是一种协作系统，并分析了非正式组织的积极作用。而且，巴纳德还探讨了权威接受理论、组织平衡理论以及经理人员的职能等，所有这些对后来管理理论的研究和发展如系统管理理论、决策理论等都产生了重大的影响。

巴纳德一生著作很多，《经理人员的职能》被管理学界称为美国管理文献中的经典著作。其他代表作还有：《组织实践中的业务原则》（1922 年）、《社会进步中企业利益》（1929 年）、《为企业服务的大学教育》（1930 年）、《经理人员的能力培养》（1925 年）、《雇主和职业指导》（1936 年）、《关于经济行为中的非理性》（1938 年）、《关于能力理论》（1937 年）、《工业关系中的高层经理人员的职责》（1939 年）、《集体协作》（1940 年）、《经理人员的教育》（1945 年）、《伦理和现代组织》（1945 年）、《工业研究组织的若干方面》(1947年)、《科学和组织》(1951年)、《企业道德的基本条件》(1955年)等。

三、决策管理学派

决策管理学派是管理学科的一个重要学派。这一学派是从社会系统学派中发展而来的，第二次世界大战后它吸收了系统理论、行为科学、运筹学和计算机科学等学科的研究成果，在20世纪70年代成为一个独立的管理学派。其代表人物是美国卡内基-梅隆大学的教授赫伯特·A·西蒙（H. A. Simon），是美国著名经济学家和管理学家，也是著名的计算机科学和心理学教授，是决策管理学派的奠基人，1978年获得诺贝尔经济学奖。他在管理学、组织行为学、经济学、心理学、政治学、社会学、计算机科学方面都有较高造诣。其代表作主要有《经济学和行为科学中的决策理论》(1959年)、《管理决策的新科学》(1960年)等。

该学派十分强调决策在组织中的重要作用，认为决策贯穿于管理的全过程，认为管理就是决策，决策决定着管理行为的方向、轨迹和效率；阐明了决策的前提和准则，认为组织是由作为决策者的个人所组成的系统，而现实中的人或组织都只是具有有限度的理性，不可能做出最优决策，因此，决策必须以"令人满意"为准则；阐明了决策的过程，包括确认问题、提出多种可供选择的方案、选择解决问题的最佳替代方案实施反馈等环节。由于该学派对管理组织的决策过程进行了开创性研究，因而在现代管理理论中具有重要的地位。

四、权变理论学派

权变理论学派是20世纪60年代末、70年代初在美国经验主义学派基础上进一步发展起来的管理理论。权变理论认为，在组织管理中要根据组织所处的环境和内部条件的发展变化随机应变，没有什么一成不变、普遍适用、"最好的"管理理论和方法。权变管理就是依托环境因素和管理思想及管理技术因素之间的变数关系来确定的一种最有效的管理方式。

进入20世纪70年代以来，权变理论在美国兴起，受到广泛的重视。权变理论的兴起有其深刻的历史背景，70年代的美国，社会不安，经济动荡，政治骚动，达到空前的程度，石油危机对西方社会产生了深远的影响，企业所处的环境很不确定。但以往的管理理论，如科学管理理论、行为科学理论等，主要侧重于研究加强企业内部组织的管理，而且以往的管理理论大多都在追求普遍适用的、最合理的模式与原则，而这些管理理论在解决企业面临瞬息万变的外部环境时又显得无能为力。正是在这种情况下，人们不再相信管理会有一种最好的行事方式，而是必须随机制宜地处理管理问题，于是形成一种管理取决于所处环境状况的理论，即权变理论，"权变"的意思就是权宜应变。

权变理论学派代表人物有美国的劳伦斯（P. R. Lawrence）和洛希（Jay W. Lorsch），1967年他们合写了《组织和环境》一书及许多文章，深入地研究了组织与环境的问题，为权变理论的建立提供了依据和指导。其后，卢桑斯（Fred Luthans）于 1973 年发表了《权变管理理论，走出丛林的道路》等，这标志着权变理论学派正式产生。权变理论学派认为，任何管理实践都是在一定环境中进行的，每一种管理环境都是一个独特的系统。管理要依据所处的内外环境随机应变，没有什么一成不变的、普遍适用的最好的管理理论和方法。因此，这一学派试图为处于不同环境下的管理设计相应的管理方式和方法。

五、管理科学学派

管理科学学派又称数量学派或计量学派，也称数量管理科学学派，是现代管理理论中的一个主要学派。这一学派将数学引入管理领域，运用科学的计量方法来研究和解决管理问题，使管理问题的研究由定性分析发展为定量分析。这一学派认为，管理就是运用数学模型和程序求出实现目标的最优方案并使之实施的过程。

管理科学学派的科学管理方法最初应用于军事。第二次世界大战结束后，由于战后恢复和经济建设需要，英美对管理科学（运筹学）的研究逐步从军事转入民用企业的应用。这期间，出现了一种所谓的"管理科学家"，并组成自己的学术团体。至今，管理科学的应用更加广泛，不仅运用于工商企业中，还应用于研究城市交通管理、能源的合理分配和利用、国民经济计划的编制以及世界范围的经济发展模型等一些范围更大和更复杂的经济管理。特别是计算机科学的出现与发展，使管理科学拥有了强有力的工具，获得了巨大发展。

管理科学学派的代表人物和著作主要有：美国莫尔斯（P. M. Morse）和金布尔（G. E. Kimball）合写的《运筹学方法》，拉塞尔·阿考夫（Russell Ackoff）和莫里斯·萨西尼（Maurice W. Sasieni）合著的《运筹学入门》，乔治·丹齐茨（George B. Dantzig）的《线性规划及扩展》，萨缪尔·里奇蒙（Samuel B. Richmond）的《用于管理决策的运筹学》，埃尔伍德·伯法（Elwood S. Buffa）的《生产管理基础》、《现代生产管理》及《管理学与运筹学》（与詹姆斯·戴尔合写）等。

六、经验主义学派

经验主义学派又称案例学派，其代表人物是美国管理学家彼得·德鲁克（Peter F. Drucker，1909—2005 年）和欧内斯特·戴尔（Ernest Dale，1917—1996 年）。德鲁克（也译为杜拉克）原籍奥地利，移居美国后，先后担任美国通用汽车公司、克莱斯勒公司、国际商用机器公司等大企业的顾问，1945 年创办了德鲁克管理咨询公司，自任董事长。20 世纪 50 年代以来，出版了大量著作，主要的代表作有《管理实践》、《管理：任务、责任和实践》、《有效的管理者》等。戴尔的代表作有《伟大的组织者》和《企业管理的理论与实践》。他们认为，古典管理理论和行为科学都不能完全适应企业发展的实际需要。有关企业管理的科学应该从企业管理的实际出发，以大企业的管理经验为主要研究对象，加以概括和理论化，向企业管理人员提供实际的建议。他们主张通过案例研究经验，不必去确定一些原则，只要通过案例研究分析一些经理人员的成功经验和他们解决特殊问题的方法，便可以在相仿情况下进行有效的管理。

七、系统管理学派

系统管理学派同社会系统学派也有密切的关系，但在管理理论研究方面各有不同的侧重点。其代表人物是美国管理学家弗里蒙特·卡斯特（Fremont E. Kast）、詹姆斯·E·罗森茨韦克（James E. Rosenzweig）等，出版有《系统理论和管理》、《组织与管理：系统与权变的方法》等著作，形成了系统管理理论。这种管理理论侧重于对企业的组织结构和模式的分析，并从系统概念考察计划、组织、控制等管理职能。系统管理学派认为，从系统的观点来考察和管理企业，有助于提高企业的效率，使各个系统和有关部门的相互联系网络更加清楚，更好地实现企业的总体目标。其理论观点是：①企业是一个人造的开放系统，它同外部环境之间存在着动态的相互作用，并具有内部和外部的信息反馈网络，能够不断地自行调节，以适应环境和本身的需要；②企业的组织结构是一个完整的系统，同时也是一个管理信息系统。系统管理理论在20世纪60年代最为盛行，其中的许多内容有助于自动化、控制论、管理信息系统、权变理论的发展。

八、新组织理论学派

明茨伯格（Henry Mintberg），是加拿大麦吉尔大学的管理学教授，在美国麻省理工学院斯隆管理学院获得管理学博士学位。他在1979年出版的《组织的结构》、1983年出版的《五种组织结构：有效组织的设计》以及1989年出版的《明茨伯格谈管理：探索组织世界的奥秘》中，明茨伯格讨论了组织的协调机制、组织的基本构成部分以及组织结构的基本形态。

新组织理论认为，组织管理的基本问题是分工和协调，通过分工，组织把目标活动分派给组织的不同成员，以便于执行；通过协调，使不同时空工作的组织成员的活动构成一个整体，从而保证组织任务的完成。因此，组织结构的实质是人们在组织内进行劳动分工和协调方式的总和。

协调是对在一定组织架构中的人的分工活动进行协调。成员在组织活动中的活动分工必须具有一定的稳定性。相对稳定的分工要求构造一个相对稳定的组织框架。任何组织都是由工作核心层、战略高层、直线中层、技术官僚、支援幕僚和意识形态或文化六个部分组成。上述六个基本部分的不同组合，形成了组织结构的七种基本形态：创业型组织（简单结构）、机械型组织、多角化组织（分部式结构）、专业型组织、创新型组织（特别小组）、使命型组织以及政治组织。

第六节 管理理论研究的新发展

20世纪80年代末90年代初，随着世界经济和科学技术的迅猛发展，人类社会经历着由工业社会向信息社会过渡的大变革时代,作为国民经济细胞的企业,其所面临的时代背景和经营环境发生了巨大变化。为适应企业经营环境的变化和信息社会的到来,国外不少专家、学者密切注视当前世界管理出现的新动向,积极探索企业管理发展的一些前沿问题,并取得了一定的具有创建性的研究成果,从而汇合成当代管理理论的新思潮。在这一新思潮中,聚集了比较管理、企业再造、学习型组织、业务流程再造、核心能力、团队精神、管理激励、管理伦理、管理博弈、知识管理、全球化管理等等,其中最有影响的是比较管理理论与跨企业文化理论的发展、学习型组织、业务流程再造、核心能力理论和知识管理理论。

一、比较管理和跨文化管理问题研究

比较管理(Comparative Management)和跨文化管理(Cross-cultural Management)问题。当一个组织的经营业务延伸到另一个国家时,一个必然面对的问题就是在本国使用的管理方法是否可以运用于其他国家。而日益增多的跨国公司应如何进行管理,是比较管理和跨文化管理研究的问题。这方面的研究主要集中在各种管理制度的特色和异同、文化所担当的角色以及管理方法可以如何改变来适应另一种社会文化的要求等。因此,所探讨的可能包括组织理论、组织文化、组织行为、人力资源管理以及战略管理的课题。同时,跨文化管理的研究方法本身也是一个备受人们重视的问题。

但事实上,一个组织内的管理问题并不仅限于这些研究课题,其他的如管理教育和发展、管理史、科技与创新管理、公共管理、组织与自然环境之间的关系等,也是比较重要的研究课题。这些课题本身,既反映了管理学研究的深度、广度和难度,同时也反映出管理学是一个着重理论与实务的跨学科的边缘科学和应用科学。

二、企业家精神和创业现象的研究

小型企业的管理(Small Business Management)的研究往往集中在企业家如何创业,这就是企业家精神的研究(Entrepreneurship Studies)。管理学者都认为企业家与大机构的管理人员是有区别的,他们有独特的思想和决策方法,创业时所面对的管理问题也有所不同,由此,应单独进行研究。今天,无论是实业界还是学术界,对于企业家精神和创业现象都表现出越来越强烈的兴趣与关注。虽然有众多的作者写了大量的文章来宣传企业家精神和创业现象,介绍企业家精神、创业活动,分析创业过程,然而,专门对于企业家精神和创业理论的系统性研究还很少。从国外的文献来看,对于企业家精神和创业现象的分析开始于18世纪中期,经过两个世纪之后,在20世纪80年代得到迅速发展,直到今天呈现出越来越热烈的局面。

但是,今天的企业家精神和创业却是非常宽泛的名词,对企业家精神和创业理论进行研究的学者来自各个领域,如经济学、管理学、金融学、社会学、心理学、教育学、法学、商业伦理学、公共政策学等。目前国内外学者对于企业家精神和创业的现象和

行为的研究之兴趣越来越浓,对于企业家精神和创业理论的研究方兴未艾。例如,微软(Microsoft)、英特尔(Inter)等著名公司从小企业发展成为全球500强中成功的大企业只用了不到20年的时间,如此的迅速和如此的成功,是历史的必然还是偶然?如何加快中小企业的发展?如何发现和培养更多的创业家?如何提高企业家创业的积极性?创业家的行为特征是什么?等等。这些就是企业家精神和创业现象的研究的主要内容。

三、学习型组织理论

所谓学习型组织,是指通过培养弥漫于整个组织的学习气氛而建立起来的一种符合人性的、扁平化的组织;是指具有持续不断学习、适应和变革能力的组织。它的特征是:组织成员拥有一个共同的愿景;组织由多个创造型团队构成;"地方为主"的扁平式结构;组织的边界将被重新界定;员工家庭与事业的平衡等。

彼得·圣吉(Peter M. Senge)在《第五项修炼:学习型组织的艺术与实务》一书中指出了建立学习型组织的技能,即五项修炼:自我超越、改善心智模式、建立共同愿景、团体学习和系统思考。圣吉还指出,在学习型组织中,领导者是设计师、仆人和教师,他们负责建立一种组织,能够让其他人不断了解复杂性、愿景和改善共同心智模式的能力,也就是领导者要对组织的学习负责。这一研究领域也会得到更快的发展。

四、业务流程再造

业务流程再造(Business Process Reengineering),又称企业再造(Corporation Reengineering),其创始人是美国当代著名管理学家迈克尔·哈默(Michael Hammer, 1948—)和詹姆斯·钱皮(James Champy, 1942—),他们的思想使现代经营管理领域发生了革命性的变化。哈默1990年在《哈佛商业评论》第7/8期上发表了"再造:不是自动化,而是重新开始"的文章,率先提出了企业再造思想,是用"Reengineering"一词命名企业再造思想和实践的第一人。钱皮的主要著作有:《企业再造》(与迈克尔·哈默合著,1993)、《再造管理》(1995)等。企业再造理论首要的内容就是提出了对流程再造的不同理解。哈默和钱皮将流程再造定义为:"根本重新思考,彻底翻新作业流程,以便在衡量绩效的重要指标上,如成本、质量、服务和速度等方面,取得戏剧性的改善"。并强调要打破原有分工理论的束缚,重新树立"以流程为导向"的思想。企业再造直接针对的就是被割裂得支离破碎的业务流程,其目的就是要重建完整和高效率的新流程。

五、核心能力理论

对企业核心能力研究最有影响和标志性的著作是普拉哈拉德(C. K. Prahalad)与加里·哈默尔(Gary Hamel)1990年在《哈佛商业评论》上发表的《公司核心能力》一文。普拉哈拉德和哈默尔的主要战略思想在于积极建立并发挥企业的核心能力。他们认为，企业在战略上的成功来源于它们在发展过程中的核心能力。所谓核心能力，就是"组织中的累积性学识，特别是关于怎样协调不同生产技能和整合各种技术的学识"。它具有三个明显特征：①能够给客户带来独特的价值，即核心能力具备最终消费者可感知的价值；②能够支撑多种核心产品，即核心能力提供了企业进入种类繁多市场的潜在途径，从而显示出系统的竞争能力，使一家公司能够参与相当分散的业务；③竞争者难以复制或模仿，即核心能力是企业遵照某种特定的"路径依赖"逐步积累起来的，其竞争者难以模仿或难以在短期内赶上。

他们将多元化的公司看成是一棵大树，树干是核心产品，树枝是业务单元，叶、花、果是最终产品。而提供营养、保持稳定的根系是企业的核心能力。其中，核心产品是核心能力与最终产品之间的纽带，也是一种或几种核心能力的实物体现。核心产品是决定最终产品价值的部件或组件。树的生命源在树根，企业只有在核心能力领域中保持领先地位，才能有牢固的基础，维持其最终产品在市场竞争中的优势。由于核心能力是企业技术和技能的综合体现，体现了企业的整体竞争力，可实现高于竞争对手的价值，具有进入多种市场的潜力，其他企业难以复制模仿，因而具有持久性，是企业长期竞争优势的源泉。

六、知识管理理论与知识型企业

（一）知识管理理论

1996年以发达国家为主要成员国的经济合作与发展组织（OECD），在《科学技术和产业发展》的报告中正式使用"知识经济"（Knowledge-based Economy，以知识为基础的经济）这一概念。它被定义为："建立在知识和信息的生产、分配和使用之上的经济"。知识经济是与农业经济、工业经济相对应的一个范畴。它实际上是一种以知识为基础的经济增长方式。在知识经济时代，知识是企业最重要的资源，企业最有价值的资产已不再是物质资本，而是知识资本。因此，知识管理或知识经济管理理论主要是说明如何对知识资本进行管理。

1. 知识资本的构成关系

知识资本是由人力资本、结构性资本和顾客资本这三者构成的。人力资本是指企业员工所拥有的各种技能与知识，它们是企业知识资本的重要基础。这种知识资本是以潜在形式存在的，往往容易被忽略。结构性资本是指企业的组织结构、制度规范、组织文化等。而顾客资本则是指市场营销渠道、顾客忠诚、企业信誉等经营性资产。在知识资本的理论中，企业的目标是要通过知识资本的积累与营运，即人力资本、结构性资本、顾客资本这三者的相互作用，来推动企业知识资本的增值与实现的。如微软公司、英特尔公司的价值就在于其员工所拥有的知识和其员工及企业所拥有的开发新产品并在市场上进行推广的能力。

对知识资本的管理，就是要有效地实现知识的创造、传递、利用和保护，这已成为知识企业获得并保持自己竞争力的战略手段。

在对企业知识资本的管理过程中，要以人力资源或人力资本为前提和出发点，以结构性资本为保障和支持，促进个人知识的创造并鼓励将个人的编码知识转化为企业的编码知识，即知识资产。企业要对其中重要的知识资产实行法律保护，即将其作为知识产权来保证企业能获取开发这类知识的收益。

结构性资本与人力资本的相互作用表现在：人力资本是知识资本的最关键部分，是知识企业价值实现与价值增值的重要基础，而结构性资本的作用是为激励人力资源创造知识、发挥知识的增值作用提供环境支持。结构性资本应被设计成能保证资产产出最大化，即保证人力资源的最优化和人力资源转化为知识资产的最大化以及知识资产市场价值的最大化。

2. 知识资本的管理

依据知识资本的理论，企业应在下列四个方面加强对知识资本的管理。

① 促进企业人力资本的创新活动。这种创新转化为知识资产后，即成为企业的财产，而在得到法律保护后则成为知识产权。

② 结构性的经营资本与创新活动结合，促成创新成果的商品化，使其迅速走向市场。

③ 提高企业利用与增值其各种知识产权的能力。

④ 努力在员工、顾客忠诚和包含在企业文化、制度和流程中的集体知识方面发现和培育知识资本。

（二）知识型企业

1998年，美国著名经济学家达尔·尼夫（Dale Neef）主编并出版了《知识经济》一书。该书对知识经济及知识经济管理进行了比较全面的阐述。其中一个重要观点，就是提出："下一波经济增长将来自知识型企业。"作者提出，所谓知识型企业一般具备以下六个特征：①你越使用知识型产品和服务，它们越具有智能。②你越使用知识型产品和服务，你就越聪明。③知识型产品和服务可随环境变化而做出调整。④知识型企业可按顾客要求提供产品和服务。⑤知识型产品和服务具有相对较短的生命周期。⑥知识型企业能使顾客适时采取行动。

作者还指出：灵活性、适应性、反应能力和快速革新能力，它们正日益被看作是知识经济中最佳的组织结构的要素。

总之，企业对知识资本的管理应在人力资本、结构性资本和顾客资本这三个环节上体现出来，应注重创造性思维的培养与利用。在信息时代应重视企业的沟通网络、组织网络的建设，营造适当的环境来保证企业具有创造性。另外，人力资源的价值实现必须有结构性资本和顾客资本的支持与匹配。

复习思考题

1. 泰勒的科学管理理论产生的历史背景及其基本内容是什么？

2. 法约尔的一般管理理论的主要内容是什么？
3. 韦伯的"理想的行政组织理论"具有哪些基本内容？
4. 霍桑实验的主要内容有哪些？人际关系学说的基本内容有哪些？
5. 行为科学主要有哪些理论？其内容分别是什么？
6. 当代管理理论的主要流派有哪些？其主要观点分别是什么？

案例 2-1　　　　　　　　　　如何进行管理

在一次企业管理经验交流会上，有两个厂的厂长分别他们各自对如何进行有效管理的看法。

A厂长认为，企业中最重要的是员工，只要员工们都把工厂当成自己的家，把个人的命运和企业的命运紧密联系在一起，才能充分发挥他们的智慧和力量为工厂服务。因此，管理者有什么问题都应该与员工协商解决；平时要十分注意对员工的需求进行分析，有针对性的给员工提供学习、娱乐的机会和条件；每月的黑板上应公布当月过生日的员工的姓名，并祝他们生日快乐；如果哪位员工生儿育女的了，厂里派车接送，厂长亲自送上贺礼。在A厂里，员工们都普遍地把工厂当成自己的家，全心全意地为工厂服务，工厂才会日益发达。

B厂长则认为，只有实行严格的管理才能保证实现企业目标所必需开展的各项活动的顺利进行。因此，企业要制定严格的规章制度和岗位责任制，建立严密的控制体系；注意上岗培训；实行计件工资制等。在B厂长眼里，员工们只有非常注意遵守规章制度，努力完成工作任务，工厂才能迅速发展。

（资料来源：管理学．陈汉文主编．北京：电子工业出版社，2012年版）

案例讨论：

根据所学习的管理理论，针对以上两个厂长的观点进行讨论。

案例 2-2　　　　　　　　　　李某的困惑

李某是一位事业心很强又很有主见的人。在大学读书期间，他就发现，随着改革开放步伐的不断加快，民营企业政策环境越来越宽松，发展的空间越来越大，只要合法经营，善于抓住机会，就一定大有作为。于是，暗下决心，大学毕业后要走自主创业之路。20世纪90年代初，刚刚走出大学校门的李某就筹资创办了一家私人公司，专营服装批发业务。他本人任经理，进货、寻找销售渠道等工作都由他负责。此外，他还亲自安排当时五名雇员的具体工作内容，决定其待遇。经过十年的艰苦创业，公司已经发展到了一定规模，取得了喜人的业绩，在同行业中不但站住了脚，而且小有名气，公司雇员也由原来的五人增加到二十余人。

众所周知，随着收入水平的不断提高和生活条件的改善，人们对服装的需求变化很大,求新求异的心理日益增强,服装更新速度越来越快,他们越来越要求服装的款式新颖、时尚和质地优良。有鉴于此,2004年李某决定改革公司的经营思路,实行生产、销售一体化经营战略。为此,他四处筹资,建立了服装生产企业,并高薪聘请了一批专业服装设计人员,同时在公司内部也调整了分配制度,使每一位员工的平均收入水平都有所提高。公司扩大了,业务拓展了,李某也更忙了,他每天总是第一个到公司上班,亲自过问和解决每一件事情。他本来以为,凭着自己的实干精神和不断改善的工资待遇,可以带动和激发员工的工作热情,齐心协力,使公司获得更快的发展。然而,事实证明他想得太简单了。公司不但没有像预想的那样蒸蒸日上,相反却出现了一些不利于公司发展的现象和问题。首先,由于他事无巨细都要亲自过问并拍板定案,没有更多的时间和精力去思考公司的发展战略问题,结果有很多商机没有抓住,抑制了公司的发展;其次,当他忙于一些事物时必定无暇顾及其他事物,难免出现管理上的漏洞而且得不到及时解决,公司甚至因此而丢掉了一些重要的老顾客;再次,员工们虽然收入增加了,但士气低落,尤其是那些专业设计人员感到什么事情都要请示汇报,不能参与决策,与老板缺少心理沟通,没有成就感,有人因此而产生了"跳槽"念头。如此等等,令李某茫然。

事实上,李某已经意识到,公司发展到今天,自己确实应当改变一下传统的管理方式,否则将难以为继。因此,他开始学习MBA的一些课程,试图在管理中引进一些先进的管理思想和方法,以提高管理效率,满足员工需求。但这仅仅是开始,尚未付诸实践。

(资料来源:赵丽芬.管理学教程.上海:立信会计出版社,2006)

案例讨论:

请根据本章管理理论,你认为李某应当怎样改变他的管理方式?提出一些好的建议。

第三章
管理与环境

> 高瞻远瞩的公司领导用一系列做法，围绕着核心理念，营造出一种几乎像教派一样的环境。
>
> ——詹姆斯·C·柯林斯

 案例导入

美国汽车城底特律走向破产

虽然美国历史上有不少城镇因财政困难而被州政府接管，但拥有71万人口的美国汽车城底特律却是最大的一个。2013年3月25日，紧急财政管理人奥尔走马上任，接管底特律市。奥尔曾让克莱斯勒起死回生，但不少人对这位破产专家能否让底特律复活还是半信半疑。

此前，密歇根州政府宣布，鉴于底特律市的财政紧急状况，为避免其破产，州政府将派华盛顿律师奥尔作为紧急财政管理人接管底特律市。奥尔是企业重组专家，擅长处理破产问题。虽然奥尔被赋予权力在作经济决策时不受政治因素干扰，如拍板市预算、合并政府机关、对当选官员减扣薪水、解雇工人等，但他面临的实在是个烂摊子：该市大量地方环境恶劣到无人居住，学校糟糕到家长不敢送孩子去，基础设施老化，四处散发有毒气味，烂尾楼太多且拆毁需要一大笔钱，失业率超过20%，太多人靠吃救济金生活。

底特律是美国汽车工业的发源地和大本营，曾牢牢主宰美国汽车市场，福特、通用及克莱斯勒三大汽车巨头均发家于此。20世纪50年代及60年代早期，底特律是美国最繁荣和富有的城市之一，也是美国第5大城市，拥有近200万人口，民众以居住于汽车城而自豪。

然而，20世纪70年代以来，随着日、韩和欧洲汽车业的兴起，美国汽车产业江河日下，汽车城底特律逐步走向衰退，失业率不断攀升，贪污腐败严重，财政税收持续下

滑。荒废的摩天大楼、工厂和住宅随处可见，社会治安急剧恶化，盗窃、偷车、抢劫、枪杀等案件频发。在市区里，医疗救护、警察巡逻、消防等基本的公共服务和安全都得不到保障，甚至连路灯都不能全部亮起来，人们纷纷逃离这个"鬼城"。今天底特律仅剩71万人，在美国城市排位中已快跌出前20名。美国媒体将今天的底特律称为罪恶之城、美国最悲惨的城市，底特律甚至成了腐烂大城市的代名词。

昔日的全球汽车制造中心何以沦落到这种境地？首先，底特律产业单一，过度依赖汽车产业，财政收入的80%依靠汽车产业。但近年来美国汽车市场不断被外国企业瓜分，留给底特律的份额越来越少。同时，自动化的普及和亚洲劳动力成本低廉，都迫使美国汽车企业不停裁员，造成底特律人口流失和税收萎缩。2008年爆发的全球金融危机更是重创底特律汽车工业，人口大量流失令该市房地产业走向崩溃。到2013年6月30日，底特律的长期负债总额将超过140亿美元。其次，按照纽约曼哈顿智库资深经济和政策分析师吉莱纳斯的观点，随着税收的下降，底特律无法控制犯罪率，这是让底特律衰败的一个重要原因。公司和个人因此逃离底特律，结果造成税收更少，这就形成了恶性循环。原本居住在城市中的中产阶层选择到城市郊区居住，于是出现了住宅郊区化和城市空心化。此外，贪污腐败及管理不力也加速了底特律走向破产。如2013年3月11日，底特律前市长基尔帕特里克被判犯有20项腐败和受贿罪，负责管理员工退休基金的两名官员也因贪污被捕。

地方政府破产在美国并不少见，美国法律规定，城镇申请破产是债务重组，而不是债务清算。受该法的保护，陷入债务危机的城镇可协商调整债务计划。自1937年以来，美国申请破产的地方城镇已达600多个，加州仅2012年就有3个城市相继向破产法院申请破产。如果底特律破产，其将成为美国历史上最大的一桩地方破产案。密歇根州州长斯奈德称，启用紧急财政管理人奥尔接管底特律是汽车城避免破产的唯一选择，也是最后的一根生命线。

（资料来源：光明日报，http：//int.gmw.cn/2013-03/28/content_7139924.htm）

任何组织都不是独立存在的，组织存在于环境之中，都必定要和周围的环境相互发生影响。管理者总是试图对组织面对的环境进行深入理解，已作出正确的决策。要做好管理工作，提高管理效率、改善管理效果，就必须分析管理与环境之间的关系。管理者对组织内外部环境的了解、认识和掌握的程度，能否正确、及时和迅速地对环境变化做出反应，往往影响到管理工作的成效。因此，管理者必须对管理的环境问题予以足够的重视。

第一节　组织环境及其构成

管理的目的之一就是要使组织适应环境，与环境的变化及发展保持协调。作为管理者，了解环境的变化规律是保证管理有效的前提之一。

组织是一个开放的系统，组织管理总是在一定的环境中进行的，环境是组织生存的土壤，它既为组织活动提供条件，同时也必然对组织的活动起制约作用。作为组织的管理者，应当善于处理组织与环境，或者说管理与环境的关系，首先必须认识了解环境，把握环境；第二带领组织适应环境，在既定的环境中生存与发展；第三是在可能的条件下影响环境，改造环境。

一、组织环境的内涵

环境，对于一个组织而言，包括组织的外部环境和组织的内部环境。组织的外部环境，即对组织绩效起着潜在影响的外部系统或力量。也有人将外部环境描述为"从整个宇宙中减去代表组织的那一部分后余下的其余部分"。之所以提出组织生存的外部环境的概念，是由于组织的生存、活动和发展，一方面要不断地从外部获得资源、获得合作和支持，同时要不断克服和避免来自外部环境的干扰和破坏。按照系统论的观点，组织是社会大系统中的一个子系统，与系统中的其他子系统相互联系，相互影响，相互制约，其他子系统的集合，就构成了组织的外部环境。组织的内部环境，相对于外部环境而言，是指组织内部可以利用的资源，主要包括组织所有者、董事会（或管理者）、员工及其工作的物质环境。

对于一个公司来讲，公司存在于一个外部竞争环境之中，这个竞争环境由公司本身、管制者、竞争对手、供应商、金融机构、客户、新加入者和替代者等组成。但公司的存在，面对的宏观环境是客观存在的，它包括经济环境、政治法律环境、社会文化环境、技术环境、自然资源环境等。如图3-1所示。

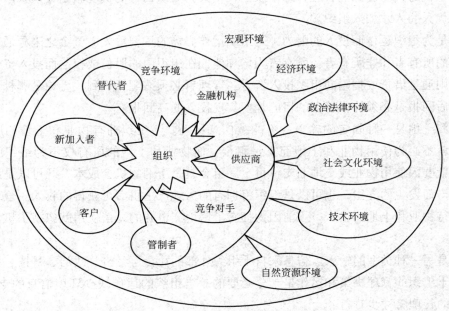

图 3-1　组织的环境

组织环境的这些影响因素，不断变化，为组织带来了机会和威胁。组织的管理者识别、理解和把握各种环境因素的水平，以及他们对环境因素的变化做出反应的能力，是影响组织绩效的关键所在。

二、环境与组织相互作用

任何组织都是在一定的环境中生存、活动和发展的，都是这个社会的一个组成单位。在组织外部，有无数自然的、社会的和其他组织的因素存在。这些因素构成了存在相互联系和相互影响关系的整体。这个整体就是组织生存、活动和发展的外部环境。从系统的思想来看，组织是一个开放系统，环境向组织输入，组织又向环境输出。用系统的语言来描述：一个开放系统是由输入、转换过程和输出三个部分组成。输入由环境进入组织，而输出（产品和服务、新信息等）又由组织进入环境。显然，组织与环境之间是密切联系和相互作用的。

要认识环境，就必须研究外部环境，分析外部环境。这种研究不仅可以帮助我们了解今天外部环境的特点，而且可以使我们认识外部环境是如何从昨天演变到今天的，从而揭示外部环境变化的一般规律，并据此预测它在未来的发展和变化趋势。

1. 输入

作为一个开放系统，组织从环境中获得各种输入，通常是人力资源、资金、物业、土地和信息等。

人力资源是实现组织目标、实施管理决策的重要输入，为了提高这一输入的质量，管理者必须重视对人力资源的管理并给予激励，使其为组织目标的实现做出更大贡献，同时也吸引更优秀的人才加入组织。

资金是为组织运作而投入的财力，是组织运作必需的重要输入。资金之来源通常有两种：组织的所有者和非所有者。所有者为增加他们在组织中的股份或权益而投入资金，而非所有者则通过借贷或捐赠向组织投入资金。管理者必须清醒认识到，无论是哪种资金来源，投入后回报是必须的，管理的目的是要实现投入的高回报。

物业和土地是一种固定的输入，不能被任意移动。当组织拥有物业和土地的所有权时，组织就不必为使用物业和土地而支付租金。而物业和土地的所有权不为组织所拥有时，组织就要因使用物业或土地而支付租金。租金就是所谓的机会成本，既可以是组织为使用房地产而发生的支出，也可以是组织将拥有的房地产出租后可获得的收入。管理者必须认真看待物业和土地的输入，不能因为拥有了房地产资源的无偿使用就忽视了机会成本的存在。

信息是另一种类型的输入。信息来自于组织外部的社会、经济、政治、科技、军事等环境，对于组织的管理决策和运作是十分必要的。当组织的运作缺少环境信息的支持时，追求有效的管理将寸步难行。

环境对于组织的输入不仅限于上述几种，还有更多。管理者在进行管理决策前必须对环境的输入进行分析，这些输入对于组织的生存和发展是至关重要的，尤其对环境发生的变化，管理者更要敏感一些。

2. 转换过程

转换过程是将输入转化为输出的活动。由于组织的性质不同，其过程会有很大差别。就企业而言，不仅行业之间如服务业与制造业的过程是截然不同的，即使企业内部的各职能的过程也有天壤之别。比如政府，各部门业务过程都是不同的，除了强调公共性之外，在过程内容上差异性很大。由于过程决定了输出，为了提高组织实现目标的绩效，人们对过程的关注和研究也越来越多，在过程改进和再造方面已经有了许多新的理论成果和实践成效。总之，过程的思想已越来越引起人们的关注。

3. 输出

输出是组织向环境提供的产品（包括服务），这是组织对社会的贡献，也是组织存在的意义和责任。但是，组织的输出是否能够达到既定的目的、实现良好的愿望，还必须由接受组织输出的顾客（环境）决定。组织目标应该适应环境的要求，否则组织难以存在和发展。组织的输出与组织目标的一致性程度反映了组织管理绩效的水平。

三、组织的宏观环境

组织的宏观环境包括经济环境、政治法律环境、社会文化环境、技术环境、自然资源环境等。

1. 经济环境

经济环境是指影响组织生存与发展的社会经济状况以及国家经济政策，包括社会经济水平、经济周期、产业结构、居民的购买力水平、价格水平、劳动力供求状况、市场运作是否规范、消费结构、价格、财政税收制度、利率与通货膨胀水平以及国家的经济管理体制等要素，是环境中对组织的经营管理活动影响最为直接的因素。

影响组织的经济环境主要包括宏观经济环境和微观经济环境。宏观经济环境是指直接影响组织生存和发展的国家经济发展状况及趋势、经济体制与其运行状况、国家的经济政策及措施等因素。一国经济繁荣能为组织带来更多的发展机会，而经济衰退则可能给组织生存造成威胁。不同的经济体制对组织活动有不同的影响。微观经济环境是指企业所在地区或所需服务地区的消费者的收入水平、消费偏好、储蓄情况、就业程度等因素。

对于一个组织，无论是公共组织还是企业组织，经济环境都会给它带来很大影响。从组织本身来讲，不仅组织的输入和输出都受到经济环境的影响，组织的转换过程也受到经济环境的影响。

随着经济全球化的发展，世界范围内组织的经济活动越来越广、越来越频繁，经济环境是由不同国家经济间复杂的相互关系组成的。经济环境深刻影响着公司有效运作的能力和战略选择，汇率、利率和通货膨胀影响着资本成本和资本的可获得性。公司扩大的生产能力、产品的价格、生产成本和消费者的需求，影响着公司的生存和发展。

经济环境影响的因素很多，但影响的关键因素可以归纳为人、财、物三个方面。

(1) 资金环境

几乎所有的组织都需要资金，这是组织获得人力资源和物质资源的基础。资金的满足程度取决于组织对资金的需要量、组织自身的实力、环境的经济形势和资金的供给能力、组织的信誉及其与外界的关系等。一般来讲，组织对资金的需要量是视资金供给条件而变化的。条件优惠，对资金的需要量可能会增大；条件苛刻，风险增大，对资金的需要量就会相应减少。组织的实力反映其偿还能力（或回报能力）的大小。通常，回报率高的组织，其资金的需求容易得到满足；反之，则比较困难。因此，管理者必须对组织所处的资金环境有充分的认识和理解。

(2) 人力资源环境

人力资源对于组织是一个极为重要的影响因素。组织所需要的人力资源，不仅是数量上的满足，更重要的是质量上的满足。对于人力资源有三个重要约束因素：员工能力、适应性和薪酬水平，这三个因素往往渗透在一起发挥作用。如果员工能力不能满足组织的需求，即使工资很低，组织也难以录用。人力资源的能力取决于人力资源的总体素质水平；就适应性而言，是指要求员工的能力与组织发展的要求相一致；薪酬水平的高低，与组织所处地域环境关系密切，地域环境的薪酬水平低，组织能以较低的成本较多地录用人员和挑选优秀人才；反之，地域环境的薪酬水平高，则组织就难以满足优秀人才的工资要求和具备成本优势。因此，一些发达的工业国家纷纷转向国外投资，兴办企业，其目的之一就是借助发展中国家的廉价劳力，降低其人力成本，从而保持和提升其竞争力。

(3) 物质环境

人、财、物是一个组织不可缺少的三大资源，物质资源的短缺，威胁者组织生存和发展。物资的短缺问题有两层含义：一是数量上的短缺，比如资源稀少、储量少、开采难度高或成本高、距产地较远且运输成本高或进口成本高等，导致供应不足；二是物资被限制或限量使用，使用这类资源会受到来自政府或其他方面的严格控制。无论是数量上的短缺，还是被限制或限量使用，这些问题是组织进行决策时必须考虑的。

此外，组织对物质资源必须有深刻的认识，充分把握物质资源的稀缺性，以促进组织在物质资源的开发与利用等方面的创新，为组织的进一步发展创造新的机会。

2. 政治法律环境

政治法律环境是指一个组织所在国的政治总体稳定性、政府对组织发展及其作用所持的态度以及由此而制定的相关法律文件。一般包括一个国家的政治制度、政治形势、政府政策、法制体系建设情况、国际关系等。

(1) 政治环境

政治环境是指对组织活动具有实际与潜在影响的政治力量和对组织活动加以限制和要

求的法律法规等因素,是一个国家的国体、政体、政党制度等结构性要素,具有较强的稳定性,一般不会有大的调整和变化。政治环境中的许多因素都是以法律、法规、制度等形式体现的,并通过有关部门的严格执行来起作用,以便制约和影响组织活动。政治环境既有相对稳定的成分,又有动态变化的要素。政府颁布的各种政策由于要受国内与国际各种因素的影响,通常处于动态的变化中,往往会对企业产生意想不到的影响。这种动态变化的政治环境要素是政治环境中最重要的部分,企业必须给予足够的重视。不同国家有着不同的社会制度,不同的社会制度对组织活动有着不同的限制和要求。即使一个国家的社会制度不变,在不同时期,政府的方针政策有着不同的特点,对组织的影响也是不断变化的。

(2) 法律环境

法律环境是指一系列法律规范、法律规范的制定和实施机构以及相应的社会法律意识。其中法律规范是最基本、最重要的要素。由于法律、法规的制定与政治环境中的政治体制、政党、政府等要素密切相关,所以法律环境和政治环境本质上是一体的。法律的强制性决定法律环境对组织的影响具有硬性约束和刚性约束的特征,它规定了哪些事能做,哪些事不能做,从而确定了组织的行为边界,对组织的行为具有导向和规范的作用。法律的威力在于它的严肃性和不可变通性,从而使得它对个人或组织的行为产生巨大的约束力。因此,组织的管理者必须全面了解与本组织活动有关的各种法律政策,依法管理,并运用法律维护自己的合法权益,以减少不必要的损失。比如,汽车召回制度的实施,使得汽车生产厂商都尽可能地在汽车出厂之前解决好所有的质量问题。需要强调的是,不同国家的法律是不同的,这是一个企业在跨国经营中必须要特别注意的问题。

在不同时期,国家的政治法律环境是完全不同的,政府政策导向以及对组织活动的态度和影响也是不断变化的。因此,管理者必须对组织所处的政治环境有足够的认识,要有一定的预见性和快速应变能力。

3. 社会文化环境

社会文化环境是指组织所处地区在社会与文化方面所具备的基本条件,它包括民族特征、文化传统、价值观、宗教信仰、教育水平、社会结构、风俗习惯等因素。社会文化因素对组织影响是间接的、潜在的和持久的。这些因素不是直接的经济力量,而是一种潜移默化和提高凝聚力的社会力量。

(1) 觉悟环境

人的觉悟包含着其价值观、信念、心理、文化传统及受教育程度等方面,其中,价值观是人们对社会存在的反映,是社会成员用来评价行为、事物以及从各种可能的目标中选择自己合意目标的准则。价值观通过人们的行为取向及对事物的评价、态度反映出来,是世界观的核心,是驱使人们行为的内部动力。它支配和调节一切社会行为,涉及社会生活的各个领域;文化传统是一个国家或民族在长期的发展过程中积累和沉淀下来的最具有代表性的特质,对社会环境的影响至关重要。

组织处于社会环境之中,就会受到来自方方面面的人们的觉悟的影响。随着社会经济的发展，人们的觉悟也在发生着变化，这种变化与人们的受教育程度关系密切。因此，管理者要从现实社会人们的觉悟出发来推动组织实现目标。另外，为维护社会稳定和人们正常工作生活而建立的社会秩序，反映了人们的觉悟水平。个人或组织都必须顺应这种环境条件，其行为必须考虑到社会秩序及其社会影响。

(2) 人口特征

人口特征是指人口的地理分布、人口密度、年龄、性别、职业、收入、家庭规模及教育水平，今天的人口概貌是明天的劳动力和顾客的基础。

组织在设计人力资源战略时，必须考虑人口基本情况。人口增长影响着劳动力的规模和组成。经济全球化使劳动力多元化趋势增强，人口统计有利于把握劳动力多元化、多样化的背景。

(3) 伦理环境

伦理环境包括普遍为人们所接受并付诸行动的各种行为准则。这些准则大多并没有形成法律条文，但对于约束个人或组织行为有巨大作用和威力。伦理的准则是建立在一定社会范围内被人们公认的基础上的，因此其概念是模糊的，在不同的国家、民族、社会中会有不同的解释。比如，在一些国家或地区被认为是不道德的事物，在另一些国家或地区却是完全符合道德标准的，组织必须有足够的认识。

(4) 宗教信仰和风俗习惯

宗教信仰和风俗习惯会影响人们的价值观念，使人们会自觉的禁止或抵制某些行为，因此，组织管理须顺应其所在地区的宗教信仰及风俗习惯，组织提供的产品或服务及其内部政策应作相应的调整。例如，伊斯兰教对饮食的禁忌是每个穆斯林必遵的教规。年深日久，代代相遵，教规的内容逐渐变成信仰该教的各民族成员的饮食习惯。对全民信仰伊斯兰教的民族来说，这又成为该民族的传统生活方式的组成部分。在这种环境中，组织的各种决策和行为，要尊重这些宗教信仰和风俗习惯。

4. 技术环境

技术环境是指组织所在国家或地区的技术水平、技术政策、新产品的开发能力以及技术发展的动向等。技术的发展对组织的管理有着强烈的影响。现代社会的科技进步成果，不仅大大减轻了人们的劳动强度、提高了劳动生产率，还为组织管理带来了观念和方法的转变、更新。

近年来，环境中变化最迅速的就是技术。例如，人类的基因密码已经被破解；利用通讯技术，整个世界变成了一个地球村；微处理器等信息载体变得更加小巧，而功能与速度却更强、更快。在这些突飞猛进的技术中，对组织与管理影响最大的是信息技术。

(1) 生产技术环境

生产技术的进步主要体现在自动化程度、工艺能力和生产效率的提高，以及生产操作简化、劳动强度降低等方面。对技术环境的深刻认识和把握，使技术进步的成果得到充分应用，并推动组织结构的改进和管理方式的更新，最终使组织得以发展。

(2) 辅助技术环境

辅助技术虽没有直接生产产品，但却对生产效率的提高和工作环境的改善有着重大影响。如同生产技术进步一样，辅助技术的进步同样也会对工作质量以及工作结果——产品质量产生重大作用。比如空调技术（包括温度调节、湿度调节、空气净化等）和消音技术（降低噪声）的进步，创造了良好的工作环境，有助于管理效果的改善。

(3) 管理技术环境

科学技术的发展，一方面为管理理论的发展提供了强有力的支持，另一方面又为管理活动提供了新的工具。信息技术、网络计划技术、运筹学、决策技术等数量技术及其程序软件都是管理技术。

例如，信息技术改变了组织内部人与人之间的交流方式，大大减少了组织的管理层次，使组织结构越来越朝扁平化的方向发展。ERP 信息技术的演化对企业的流程不断地进行改造，大大提高了组织的运行效率，如表 3-1 所示。基于互联网的信息技术也改变了组织之间的关系。IBM 完全可以把它的数千人的全球售后服务中心搬到印度，在利用了当地廉价劳动力的同时并不会增加运营成本。此外，基于互联网、物联网的电子商务正在开创崭新的经营模式，必将对世界的未来产生巨大的影响。

表 3-1　计算机技术、ERP 演化与管理技术

时间	计算机技术	ERP 演化	管理技术
20 世纪 50 年代	第二代计算机（晶体管）	MRP 思想形成 物料需求计划（MRP）系统	网络技术（关键路线法） 计划评审技术 看板管理 全面质量管理
20 世纪 70 年代	第三、第四代计算机 （集成电路、大规模集成电路）	闭环 MRP 系统	计算机辅助设计 计算机辅助制造 柔性制造系统 自动仓库储存系统
20 世纪 80 年代	智能计算机	制造资源计划 现代 MRP—Ⅱ系统	制造自动化系统 管理信息系统 计算机集成制造系统 精细生产
20 世纪 90 年代	互联网	企业资源计划（ERP）	企业业务流程再造 企业重组 供应链管理 虚拟制造 敏捷制造 价值链管理等

5. 自然资源环境

自然资源环境通常包含地理位置、资源和气候状况等。自然资源环境是否有利，与组织建立时的选择有很大关系。自然资源环境强调的是外在物质要素的条件、状况对人类活动的制约和影响。对于组织而言，它往往是指作为生产资料和劳动条件的各种自然禀赋，常常表现为组织经营地域内的能源供应情况，自然资源的种类、品位、储量、分布和可利

用的程度，铁路、公路、水运、客运的条件等。

(1) 地理位置

地理位置是制约组织活动，特别是企业经营的一个重要因素，当国家在经济发展的某个时期对某些地区采取倾斜政策尤其如此。比如目前我国沿海地区的开发政策吸引了大批外资，促进了投资环境的完善，给原已处在这些地域的各类组织提供了充分的发展机会。此外，企业是否靠近原料产地或产品销售市场，也会影响到资源获取的难易和交通运输成本等。

(2) 资源状况

资源状况包括组织所需的原材料、水、电等，也包括需要组织提供产品和服务的顾客源。

资源状况是企业发展中的重要制约条件之一，原材料的供应，直接决定了企业生产的连续性，而顾客源的多少，能直接影响到企业的经营业绩。

(3) 气候状况

气候状况不仅影响人们的生活习惯，还能够影响到组织的正常工作。过于炎热或寒冷的气候，不适合某些经营活动的展开，飓风、大雾、沙尘暴和暴风雨雪等灾难性气候是组织经营活动外部风险的重要因素。

随着社会的发展，自然资源受到越来越多的关注，组织不仅要选择有利于自身发展的资源环境，以有效地利用、开发自然资源，而且在组织的发展过程中，应尽量避免对自然资源环境产生的危害。

四、组织的竞争环境

任何组织都存在于一个竞争环境之中，这个竞争环境由竞争对手、供应商、客户、新进入者和替代者以及管制者、金融机构等组成。

1. 波特五力模型

哈佛商学院迈克尔·波特（Michael E Porter）是举世公认的最伟大和最具影响力的商业理论思想家之一，是当今全球第一战略权威，被誉为"竞争战略之父"。1980年出版的《竞争战略》一书中，波特通过对行业和竞争对手的分析方法工具，发展和完善了五力模型，他认为：在任何产业中，都存在五种力量，左右着产业的竞争规则，五种力量共同决定了产业的吸引力和盈利性，它包括潜在入侵者的威胁、选择替代产品的威胁、买方讨价还价能力的威胁、供应商讨价还价能力的威胁、现有企业间竞争者的威胁等，如图3-2所示。

(1) 供方的讨价还价能力

供应商影响一个行业竞争者的主要方式是提高价格（以此榨取买方的盈利），降低所提供产品或服务的质量，下面一些因素决定它的影响力：供应商所在行业的集中化程度；供应商产品的标准化程度；供应商所提供的产品构在企业整体产品成本中的比例；供应商提供的产品对企业生产流程的重要性；供应商提供产品的成本与企业自己生产的成本之间的比较；供应商提供的产品对企业产品质量的影响；企业原材料采购的转换成本；供应商前向一体化的战略意图。

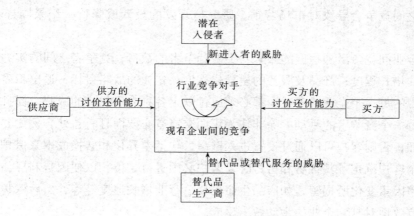

图 3-2 波特五力模型

(2) 买方的讨价还价能力

与供应商一样，购买者也能够成为行业盈利性造成威胁。购买者能够强行压低价格，或要求更高的质量或更多的服务。为达到这一点，他们可能使生产者互相竞争，或者不从任何单个生产者那里购买商品。购买者一般可以归为工业客户或个人客户，购买者的购买行为与这种分类方法是一般是不相关的。有一点例外是，工业客户是零售商，他可以影响消费者的购买决策，这样，零售商的讨价还价能力就显著增强了。

以下因素影响购买者集团的议价能力：集体购买；产品的标准化程度；购买者对产品质量的敏感性；替代品的替代程度；大批量购买的普遍性；产品在购买者成本中占的比例；购买者后向一体化的战略意图。

(3) 新进入者的威胁

一个行业的进入者通常带来大量的资源和额外的生产能力，并且要求获得市场份额。除了完全竞争的市场以外，行业的新进入者可能使整个市场发生动摇。尤其是当有步骤、有目的地进入某一行业时，情况更是如此。

新进入者威胁的严峻性取决于一家新的企业进入该行业的可能性、进入壁垒以及预期的报复。其中第一点主要取决于该行业的前景如何，行业增长率高表明未来的赢利性强，而眼前的高利润也颇具诱惑力。

对于上两种威胁，客户需要研究进入壁垒的难易的条件因素，如钢铁业、造船业、汽车工业、规模经济是进入壁垒的重要条件，此外还有产品的差异条件，如化妆品及保健品业产品的差异条件是进入壁垒的主要条件之一。

(4) 替代品的威胁

替代品是指那些与客户产品具有相同功能的或类似功能的产品。如糖精从功能上可以替代糖，飞机远距离运输可能被火车替代等，那么生产替代品的企业本身就给客户甚至行业带来威胁，替代竞争的压力越大，对客户的威胁越大，决定替代品压力大小的因素主要有：替代品的盈利能力；替代品生产企业的经营策略；购买者的转换成本。

(5) 现有企业之间的竞争

企业之间竞争会导致对市场营销、研究与开发的投入或降价，结果同样会减少你的利润。

决定企业间竞争激烈程度的因素：主要竞争者的数目；竞争者之间的实力对比；行业销售水平的增长程度；产品及服务的差异化程度；企业的战略目标；退出障碍。

行业中的每一个企业或多或少都必须应付以上各种力量构成的威胁，而且客户必面对行业中的每一个竞争者的举动。除非认为正面交锋有必要而且有益处，例如要求得到很大的市场份额，否则客户可以通过设置进入壁垒，包括差异化和转换成本来保护自己。

当一个客户确定了其优势和劣势时，客户必须进行定位，以便因势利导，而不是被预料到的环境因素变化所损害，如产品生命周期、行业增长速度等等，然后保护自己并做好准备，以有效地对其它企业的举动做出反应。

2. 管制者

管制者主要体现为两种形式：一是管制机构，即由政府设立，旨在保护公众或组织免受某些特定企业行为的侵害，如证券交易监督委员会、食品与药物管理部门、环境保护部门等。这类部门与机构在保护个人和组织权益方面发挥了重大作用。二是利益集团，即指试图影响组织成员的集团，包括社会组织、行业协会，如工会、消费者协会、产业协会等。这类组织不同于政府管制机构，没有法律承认的官方权力，但具有广泛的社会影响，能够发挥一定的监管作用。

在市场经济体制下，政府虽然不能直接干预企业的运作和管理，但可以通过法律、法规等途径制约着企业的行为。比如，美国1890年通过的《谢尔曼反托拉斯法》，力求阻止企业的垄断行为；美国1964年通过的《公民权利法》将雇主解雇雇员、拒绝雇佣或在雇佣中因种族、肤色、宗教、性别、国籍而歧视雇员的行为视为非法；中国2008年颁布实施的《劳动合同法》对于规范用人单位的用工行为，保护劳动者合法权益，构建和发展和谐稳定的劳动关系，具有十分重要的意义。

3. 金融机构

金融资本对企业的发展是至关重要的。随着经济全球化的发展，企业面临的金融风险也越来越严峻，这是国际化运作中不可避免的问题。管理的作用是充分利用金融机构来保证企业发展中所需要的持续的资金供给，同时又能很好地避免或降低风险，为企业创造出更好的绩效，更好地实现企业的发展目标。

4. 战略合作伙伴（战略联盟伙伴）

战略合作伙伴是指两家或更多的公司以合资、合作或以其他形式结成的联盟关系。战略伙伴关系帮助企业从其他组织中获得相关资源和专长，有助于合作企业间分散风险和开拓新的市场，同时，借助与联盟内企业的合作，相互传递技术，加快研究与开发的进程，获取本企业缺乏的信息和知识，并带来不同组织间的协同效应。例如，日本东芝公司拥有强大的制造能力，因此它建立的战略联盟伙伴大多数是研发（R&D）项目上的合作，与摩托罗拉在大规模记忆芯片的合作，与 IBM 在笔记本电脑的合作，目的就是在较宽的产品线中构造强大而匹配的价值系统。这种联盟收到了很好的成效，合作的每一方都收获巨大。

五、组织的内部环境

内部环境是相对于外部环境而言，是指一个组织内部可以利用的资源，主要包括组织所有者、董事会、管理者、员工和工作物质环境及组织文化，其中对管理影响较大的内部环境是组织文化。

① 所有者。企业所有者是对企业拥有法律上的财产权利的人。所有者可能是一个人；也可能是合伙人；也可能是购买了企业股票的个人投资者；还可能是其他组织，甚至国家。所有者与经营者应该是分离的。在比较规范的公司治理结构中，主要是以股东大会、董事会、监事会和经理班子体现的。

② 董事会。公司董事会是由股东选举出来的具有监督管理者、保证企业按符合股东利益最大化要求经营的治理实体。董事会执行规定的监督职责，但很少介入运营管理，企业的实际运营由董事会聘任的经理班子负责。但近年来的发展趋势表明，越来越多的董事会加强监管力度，对公司的经营管理施加更大的影响，由此引发了业内外对公司治理结构——谁应当对企业负有治理责任的大讨论。

③ 管理者扮演职业经理人角色，按照董事会和股东大会的意愿，负责企业的日常运营与管理。

④ 员工。组织中的员工也是内部环境的主要因素，主要包括组织的作业工人和管理人员。随着社会发展，组织内部结构的变化，对组织员工的知识和专业水平要求越来越高，组织的员工也在向知识型员工转化，组织之间的竞争越来越表现为员工素质和能力的竞争。同时，组织不仅要招聘和培育高素质的员工，还要注重其忠诚度的培养。

⑤ 工作物质环境。组织员工的工作物质环境和他们所从事的工作是组织内部要素不可缺少的部分。工作环境对于知识员工的影响已上升到前所未有的高度，而工作挑战性和丰富性也是这类员工最为看重的。企业如何能通过这方面的改进吸引高素质的员工，这已是各类组织极为关注的问题。例如，同为高技术企业，GOOGLE 公司能够将微软公司的高级管理人才吸引过来，并不是靠更高的薪酬或更好的福利，而是靠更加灵活的办公方式，为员工提供张扬个性的办公场所和环境。

⑥ 组织文化。组织是按照一定的目的和形式而建构起来的社会集团，为了满足自身动作的要求，必须要有共同的目标、共同的理想、共同的追求、共同的行为准则以及相适应的机构和制度，否则组织就会是一盘散沙。而组织文化的任务就是努力创造这些共同的价值观念体系，共同的行为准则。

第二节 环境的管理

组织是一个开放的系统，同环境发生着相互作用。组织的资源配置过程是在一定的环境中进行的。环境的变化对组织内有限资源配置的效果有很大的影响。可以说管理的基本问题就是要在应付变动的环境中进行有效的资源配置。

在环境对管理实践的绩效影响问题上，关于管理者的作用方面存在有两种对立的观点：管理的万能论和管理的象征论。

管理万能论认为：管理者对组织的成败负有直接的主要责任。这是众多管理理论中占主导地位的观念。而管理象征论认为：组织成败在很大程度上归因于管理者无法控制的外部力量。按照象征论的观点，在许多的组织成功和失败的实践中可以看出，管理者所起的实际作用是很小的。在实际工作中管理者既不是万能的，也不是无能的，而是上述两种观点的综合。

组织所面临的环境的种种变化，可能给组织带来两种截然不同的影响：其一是为组织的生存与发展提供新的机遇，如新市场的开发，新材料的采用，新产品的问世等都会给企业提供新的发展机遇；其二是给组织的生存与发展提出了挑战，要求组织适应环境的变化进行调整。如由于科学技术进步的作用，产业结构在不断地变化，老的、劳动生产率低的产业被淘汰，新的、劳动生产率高的产业兴起，就迫使被淘汰的产业中的企业要积极地进行产品、技术、生产等的调整，以适应变化了的环境。

当然，组织本身的行为既是适应环境变化的结果，反过来又是影响环境的因素。组织的规模越大，对环境的这种影响力也就越大。但是，从总体上来讲，环境仍然处于决定性的地位。

一般而言，除了某些实力雄厚的特大型组织，能够对改变其环境施加一定影响外，大多数组织对于改变其外部环境是无能为力的，因而常常是环境主宰着组织而不是相反。但这并不是说管理者对外部环境的影响就无能为力了，管理环境是困难的，但又是可能的。说它困难是因为环境的组成因素是多变的、复杂的，环境的变化有时是不以主观意志为转移的，对组织的影响与作用有时是不可抗拒的；说它可能是因为不论环境是自然的还是社会的，都不是一成不变的，都有一定的规律可循；组织与环境都是自然的产物，它们相辅相成、相互影响。管理者可以而且应该学会如何管理环境。

一、组织外部环境变动特性

组织外部环境有两个变动特性，一是不确定性，二是复杂性。不确定性是指环境变动难以预先确知。复杂性是指组织的外部环境是包括政治、经济、社会、技术、文化等方面的一个综合体，各种变量互相交织，难以迅速辨明。

① 组织所面临的外部环境变化的不确定性主要是经济、社会环境的不确定性。外部

环境的不确定性首先对组织的决策变量如计划、控制等产生影响，最后就影响到资源配置方式的选择。但是，外部环境长期、持续和重大的变化将迫使组织尤其是在计划、控制、组织、激励和人群行为的活动方式等方面，还是在组织的适应系统上都必须着手变革。

② 组织所面临的外部环境复杂性通常在影响决策的因素中表现出来，这些因素如生产的产品、提供的服务数量、消费者类型、组织所在的区位以及组织所要处理的各种联盟都影响到管理人员需要处理的复杂性程度。

管理大师罗宾斯提出了"环境不确定性矩阵"，利用环境复杂程度和变化程度两个指标对不同组织的外部环境的特性进行评估，如图3-3所示。

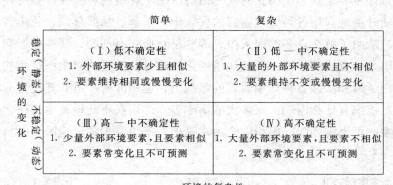

图 3-3 环境不确定性矩阵

1) 低不确定性，稳定和简单的环境。组织环境中的构成要素较少，而且这些要素不发生变化或仅发生缓慢变化。在这种外部环境中的组织会处于相对稳定的状态。在这种状态下，管理者对内部可采用强有力的组织结构形式，通过计划、纪律、规章制度及标准化生产等来管理。

2) 低—中不确定性，稳定但复杂的环境。组织面临环境要素增加，存在大量不同质的要素，但各构成要素能基本保持不变。一般来说，处于这种环境中的组织为了适应复杂的环境都采用分权的形式，强调根据不同的资源条件来组织各自的活动。不管怎样，它们都必须面对众多的竞争对手、资源供应者、政府部门和特殊利益团体代表组织，并作出管理上的相应改变。

3) 高—中不确定性，动荡而简单的环境。组织所面临的环境复杂性并不高，但环境中某些要素发生动荡或难以预料的变化。处于这种环境中的组织一般都处于相对缓和的不稳定状态中。面临这种环境的组织一般都采用调整内部组织管理的方法来适应变化中的环境。纪律和规章制度仍占主要地位，但也可能在其他方面，如市场销售方面采取强有力的措施，以对付快速变化的市场形势。

4) 高不确定性，动荡而复杂的环境。组织面临许多不同质的环境要素，而且某些要素经常发生重大变化，且这种变化很难预料。一般环境和任务环境因素的相互作用有时会形成动荡而复杂的环境。面对这种环境，管理者就必须更强调组织内部各方面及时有效的相互联络，并采用权利分散下放和各自相对独立决策的经营方式。

由图 3-3 可见，相对于环境的复杂程度而言，环境的变化对环境不确定性的影响程度更大。因为当环境不稳定的时候，环境的复杂程度无论高低，环境的不确定性都处于较高的水平。而当环境稳定但环境比较复杂的时候，环境的不确定性也仅是"低一中不确定性"。这表明组织在对付环境复杂性方面的能力要比对付环境变化的能力更强。

二、组织环境管理的一般步骤

首先，管理者要了解环境因素的变化情况。由于环境的客观性、多变性、复杂性，管理者首先要随时随地利用各种渠道与方法去认识、了解、掌握环境，收集各种信息，掌握第一手资料，从中了解在众多的因素中，哪些是对组织有利的，哪些会影响组织目标的实现。认真地研究其变化的规律，预测环境变化的趋势及其可能对组织产生的影响。

其次，在了解和掌握各种环境因素的基础上，运用分析工具对其进行分析研究，确定各环境因素对组织有什么影响，有多大的影响等。环境在不断地发生变化，研究工作也需要保持连续性。正因为如此，组织中会由常设部门来负责相关环境因素的日常了解和分析工作。如图 3-4 所示。

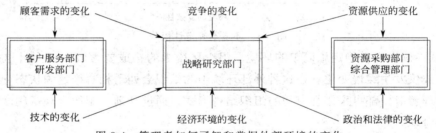

图 3-4　管理者如何了解和掌握外部环境的变化

管理者在对环境因素进行了一定的分析之后，最后要对各种环境因素的影响做出相应的反应。充分利用环境对组织有利的方面，并努力使其继续朝着这个方向发展；对于环境中不利于组织发展的因素，组织一方面可通过组织内部的改革使组织与环境相适应，另一方面可努力通过组织的行为去影响环境，使其朝着有利于组织的方向转化。如图 3-5 所示。

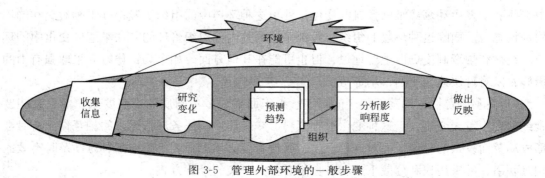

图 3-5　管理外部环境的一般步骤

三、应对外部环境的常用方法

根据外部环境因素对组织的影响,管理者在管理上也应采取不同的方法。宏观环境不是管理者可以影响的,更不是管理者所能够改变的,在管理问题上主要是如何主动适应它。

在微观环境上管理者是可以主动地改变自己,变被动为主动的。表3-2列出了一些管理者用以减少环境压力的常用措施。

表 3-2 管理者用以减少环境压力常用的措施

广告	广告可建立名牌忠诚,减少易变的服务对象的影响,以及竞争对手推出的新产品或新服务的影响。当一批顾客相信某公司的产品比其他公司的产品好时,该公司就拥有了一批稳定的顾客,并增加了该公司对其产品价格、经销商的决策选择余地,也增强了其与其他公司的竞争能力
联合	所谓联合,是指一个组织与其他组织为某一共同的目的而团结起来,包括合资、建立战略联盟等。管理人员常用联合的方法控制其主要供应商以确保资源的稳定供应,或联合起来对付强大的竞争对手
舆论	当组织受到其他组织威胁或危害时,管理人员常采用舆论的力量来对抗这些威胁。例如,当有关部门对企业乱摊派,主管部门随意撤换企业领导、强行改变企业性质时,管理者就常借助于舆论的力量来改变其不利的地位
制定战略	在稳定的环境中,组织可根据事先对环境变化趋势的分析和预测,提前作好应变准备;在动态环境中,管理者主要是通过保持策略的灵活性来对付复杂多变的环境。例如采用多样化经营策略以减少市场风险,采用提留风险基金的方式来应付资金的一时短缺等
改变结构	刚性的组织结构,适应于环境相对比较稳定的组织;而弹性结构,则有助于增强组织对于复杂多变的环境的响应速度。而在组织结构中设置专门的部门或岗位,则有助于组织提高对环境变化的洞察能力

四、管理者面临的新挑战

进入21世纪以后,管理环境发生了很大的变化。

①竞争格局。政策的放开、经营的全球化和资本经营方式的变革,彻底改变我们原有的竞争格局,原来那种只有有限的竞争对手、能够清楚认定竞争对手并通过对竞争对手动向的分析来制定互动竞争战略的时代一去不复返,我们面对的是一个连"谁是我们真正的竞争对手?"都难以明确回答的竞争环境。任何一个有志于我们所在的行业并拥有雄厚的资本实力的人都有可能成为我们的竞争对手。

②服务对象。随着经济的发展和人民生活水平的提高,服务对象的需求发生着不断的变化;而贫富差距的扩大,又彻底改变了"大一统"的市场需求,造就了不同的"个性化"的细分市场。在21世纪,对于任何一个组织而言,"谁是我们真正的服务对象?"是一个首先需要予以回答的问题。只有当我们能够根据本组织的实际情况,搞清楚自己真正的服务对象,才能有效开展组织活动,拥有组织生存与发展所必需的服务对象。进一步分析,服务对象的需求又在不断地发生变化,并越来越趋于个性化,从而要求各个组织也不断地进行服务对象的重新定位、不断地开发个性化的新产品和提供新服务。

③科学技术。随着人类对自然界认识的加深,科学技术的迅猛发展。计算机技术、网络技术、生物技术、信息技术等的迅速发展,彻底改变了各类活动的开展方式。今天不可

能做到的事情，明天就可能成为现实。

正是由于以上三方面力量的综合作用，使得21世纪的组织环境与20世纪的组织环境相比，发生了质的变化：20世纪那种稳定的、可预测的环境为21世纪变化莫测的环境所取代。在20世纪，稳定是常态，管理者需要关注的稳定不变的因素；在21世纪，变化是常态，管理者更需要关注的是变化的因素。由于环境的变化，我们不能再用20世纪的方法来有效管理21世纪中发生的事情。正因为如此，"如何在不断变化的环境之中进行有效管理"以及"如何适应变化莫测的环境"将成为21世纪管理者和管理研究者所需要面对的主要议题。

第三节　全球环境中的管理

全球化趋势带给管理者的是全新的问题，这些问题往往会令人感到困惑。管理者必须熟练地处理涉及政治、经济、法律、社会文化及技术等广泛范围的问题，这些都将影响到管理者的计划、组织、激励和控制的过程。

21世纪的管理者应有一个开放的视野，尊重世界各民族不同的风俗习惯并对相互之间的实际差异要具有敏感性。现代经济运行的一个突出特点是企业活动越来越多的突破了国家的界限，货物、服务、人员、技术及生产等都呈现出了全球流动的趋势，很多组织通过国际运营和竞争寻求机会。然而，国际化为组织在扩大发展机会的同时，也增加了环境的确定性，加快了变化的节奏，带来特殊的管理问题。从事国际化经营与管理，需认真分析这种环境的变化及环境构成的复杂性，有步骤地开展。全球化带来了管理的多元化，必然要求管理国际化。由于各民族的文化传统千差万别，在实施管理国际化的过程中，管理人员必须懂得管理多元化。

一、全球化的特点

全球化，是指人类不断跨越空间障碍和制度、文化等社会障碍，在全球范围内实现充分沟通（物质的和信息的）和达成更多共识与共同行动的过程。最早定义全球化的学者是哈佛大学莱维特（Theodore Levitt）教授，他在1983年《哈佛商业评论》中将全球化定义为商品、服务、资本和技术在世界范围内的生产、消费和投资。其主要推动因素可归结为贸易和投资壁垒的解除及沟通和运输成本的显著下降。信息产业的发展、科技进步步伐的加快以及世界市场的不断扩大，极大地推进了全球化进程，全球化在与知识经济的融合中呈现一种日益增强的发展趋势。

理论研究和实践经验证明，全球化具有以下特点。

① 全球化是一个多维度过程，它不仅是在多领域、多层面上发生，而且其参与者也是多元的，有国家、民族和国际组织，也有企业、各种共同体以及个人。

② 全球化是统一与多样化并存的过程。它在推动统一性增强的同时，也为更多的参与主体提供了发言的机会和展示自己特点的条件，使他们有可能根据其他参与者的情况来确定自己的身份。此外，统一性也会强化参与主体的自我认同意识。

③ 全球化过程是一个不断出现冲突的过程。其主要原因在于新旧事物和意识的矛盾以及多种参与主体之间的矛盾。这些矛盾体现为全球化与本土化的冲突，民族国家与全球市场以及国内共同体之间的冲突，不同民族之间的冲突，不同文化或文明之间的冲突，个人与共同体之间的冲突等。

全球化主要的具体表现如下。

① 市场的全球化。市场的全球化引导着资源打破国界在全球范围内进行分配。包括原材料、产品和服务市场的全球化。许多企业不仅在本国市场激烈竞争，同时还在竞争的对方市场和全球市场上展开竞争。如华为和中兴在中国电信市场上培养起独特的竞争力，它们将这种竞争力转移到全球市场上，击败了众多传统的电信设备供应商，在竞争的环境中，这两家企业也获得了快速的成长。此外如联想和戴尔、大众汽车和丰田汽车、可口可乐和百事可乐、宝洁和联合利华等，它们之间的竞争早已超越国界，其成功取决于它们对全球市场的争夺。

② 生产的全球化。贸易壁垒消除，沟通和运输成本下降，在全球范围内组织生产变得更加现实。生产全球化的动力首先是寻求成本最低、效率最高的生产地点组织制造活动，其次则是通过本地制造满足当地或贴近当地客户的需求。此外还有政治和贸易争端上的原因。因此，我们既可以看到发达国家在包括像中国这样的新兴工业国中设厂制造，也可以看到日本汽车企业在美国大量兴建汽车制造厂。

③ 技术的全球化。对于拥有专有技术的企业，全球化的过程意味着将技术从原产国向新组建的海外合资或独资企业转移。这种转移过程曾经是单向的，由母国向海外企业转移。然而，随着研发成本的剧烈上升和技术周期的缩短，今天的跨国企业需要更快速的、灵活的开发模式。许多国家政府要求海外企业在本地投资研发以提高本地的技术能力，提供更多本地需要和拥有本地内容的产品。如美国通用电气公司将新兴市场中研发的产品和技术输出到发达国家市场，像低价、便携式心电图仪、B超等都是由中国团队研发而在全球获得成功的。这些产品并未侵蚀原有的高端产品市场，而是开发出新的市场。今天，母国不再被认为是技术创新的唯一来源，越来越多的跨国企业通过加强海外研发来提升全球创新能力。

④ 规则的全球化。全球化规则包括国际商法、国际贸易惯例、国际外汇市场和证券市场规则、国际质量认证体系、国际会计和审计规则、国际企业社会责任规则以及公司治理规则等。多数情况下，中国企业是国际规则的接受者。接受规则有助于企业进入全球市场，主动接受国际规则可以帮助国内市场和企业成熟。

二、全球化对管理者的影响

随着全球化进程的不断推进，各国之间的关系越来越密切，相互依存度越来越高，国界变得越来越模糊，因此，组织面对的是越来越广阔的全球市场，消费者、竞争者、合作者越来越多元化，积极开展国际化经营已经成为组织发展的必由之路。然而，在全球化浪潮中，不同的管理者对如何开展全球性业务还是持有不同的看法，美国管理学家罗宾斯将之概括为三种比较典型的观念：民族中心论、多国中心论和全球中心论。

民族中心论是一种狭隘的观念，认为母国（公司总部所在国）的工作方式和惯例是最好的。持该种观点的管理者认为，外国国民不会像本国国民那样具备制定最优经营决策的技能、专业技术知识或经验，因此不放心让外国雇员掌握关键的决策权和技术。因此，关键的商务决策和技术都得由母国的管理者做出。

多国中心论认为，东道国（组织在母国之外经营业务的国家）的管理人员知道经营业务的最佳工作方式和惯例。持这种观点的管理者认为，国外的每一个营运单位都是不同的，也是难以了解的，所以，他们可能给予这些国外机构独立经营的权力，并由外国雇员掌握决策权。

全球中心论的核心是在世界范围内选用最佳工作方式和最优秀的人才，持这种观点的管理者认为，在母国的组织总部和各地的工作机构都具有全球观念非常重要，应突破国界限制来寻找最佳方式和人选，以实现用全球观分析重大问题和决策。

三种全球观念的主要内容，如表 3-3 所示。

表 3-3 三种全球观念的主要内容

观念	民族中心论	多国中心论	全球中心论
取向	母国取向	东道国取向	全球取向
优点	·结构比较简单 ·控制比较严密	·广泛了解外部市场 ·东道国政府更多的支持 ·鼓舞当地管理者的士气	·熟悉全球事物的动力 ·当地目标和全球目标的平衡
缺点	·管理比较无效 ·缺乏灵活性 ·社会和政治力量的强烈反对	·重复性工作 ·低效率 ·因过于关注当地传统而难以实现全球目标	·很难实现 ·管理者必须具备当地知识和全球知识

成功的全球管理要求管理人员对各国的习俗和做法上的差异具有敏感性。在纽约行得通的管理办法，在上海就不一定适用。

在管理上要有一个全球中心的态度，管理者必须抛弃各种狭隘的观念，并谨慎地增进自身对各国不同文化的理解。有迹象表明，经营理念正在朝着一个统一的、全球化的管理理论迈进。

三、全球化背景下的管理

全球化过程中，企业必须对一系列重要问题做出决策。从一个组织（例如一家企业）的角度讲，全球化就意味着企业将产品的销售甚至生产业务都拓展到国外市场，即开展国际化经营。为此，企业可能要通过扩大出口、特许经营、国外直接投资以及组建合资公司和战略联盟等方式实现其国际化经营目标。

（一）全球化背景下企业面临的新环境，主要包括以下几方面

1. 政治法律环境

管理者在开展国际化经营过程中，不仅要关注相关国家和地区的政治局势是否稳定、政府更迭是否频繁、是否存在遭受恐怖袭击的危险，还要广泛了解其法律法规体系以及有关的国际法和国际协定。

2. 经济环境

管理者在开展国际化经营过程中，不仅要认识到不同国家和地区之间在经济体制方面的差异，还要了解其经济发展水平、经济增长速度、财政货币政策、收入水平以及收入分配政策、产业政策和汇率、通货膨胀的变化。

3. 文化环境

管理者要在其他国家有效地开展管理活动，需要对所在国的社会文化环境进行深入研究并深刻了解，准确把握民族文化对雇员与工作相关的价值观、价值取向的影响，并在自己的管理方式中体现出对当地特有文化的认可与宽容。

不同的国家或民族有不同的思维模式、价值取向，一个国际企业，如果忽视不同国家间文化上的差异，就无法取得成功。例如美国联合航空公司，在每次飞机起飞前，都要向顾客发放白色的康乃馨，但在很多的亚洲国家，白色象征着死亡和厄运。正因为如此，美国联合航空公司在进入香港以后，就不得不放弃或改变这种做法。同样地，一个国际性企业，当雇佣不同国家的人员一起从事某个项目、或兼并收购另一个国家的企业时，同样会发现文化上的差异会妨碍合作的效率。因此在全球化环境中，管理者应特别重视的是组织所必须面对的文化的多元化。

（二）全球企业的管理挑战

① 全球标准化与本地定制。全球标准化是指企业将全球视为统一市场，提供相同的基础产品的经营原则。他的好处就是全球消费者都可以享受到相同的高品质的产品和服务，同时由于规模经济和区位经济的作用，标准化产品和服务的成本更低，从而惠及消费者。但是，在实际生产经营中，全球标准化经营受到本地定制的压力。本地定制是指跨国企业在产品和营销上考虑国别和地区差异的经营原则。过家间文化的差异往往导致不同的消费者行为，东道国政府和法律制度也对跨国企业的标准化努力构成约束，企业不得不做出反应。平衡全球标准化与本地定制的方法之一是将本地定制的产品市场扩大到更多的相邻或相关的市场上。

② 进入海外市场的模式。开展国际化经营的企业在进入海外市场时拥有多种可以选择的方式，包括出口、许可、直接投资和战略联盟。

出口是指在一个国家制造而销售到另外一个国家。许可是一种协议，是指一家企业允许另外一家企业使用其品牌名称、商标、技术、专利、版权或其他资产。反过来，被许可

方则支付一定的费率。战略联盟是两家更多企业共同经营以获得共同收益。合资公司是战略联盟的一种特殊形式,合作伙伴对一家新的企业共同拥有所有权。其优点是可以帮助企业借助合作伙伴的力量快速的进入某一市场,还可以帮助企业分摊新成立企业的风险和成本,其主要缺陷之一是对合资企业拥有共同所有权,尽管它降低了风险,但也限制了控制权和所获得的回报,还可能带来法律上的纠纷。直接投资是指总部设在某个国家的公司在外国建立购买运营设施或分支机构。许多企业选择直接投资是为了利用低成本的劳动力。

③ 跨国企业的人员管理。跨国企业的成功有赖于建立和管理国际化的员工队伍。如果母公司和子公司之间在文化上不能和谐相处,或者不同文化背景员工之间存在冲突,那么跨国公司在信息、技术和创新共享信息方面的可能优势将化为乌有。许多跨国企业从母国外派员工担任高级管理或重要的技术职位而聘用东道国员工担任中层以下职位,这样做,既可以保持公司文化统一、与母国沟通顺畅,同时又能培养更了解当地文化和商业机会的员工,降低成本。此外,聘用东道国员工,可赢得当地政府和社区的支持,改善企业环境。

复习思考题

1. 管理为什么与环境密切相关?
2. 组织环境是如何构成的?
3. 简述波特五力模型。
4. 简述罗宾斯的环境不确定性矩阵。
5. 怎样认识和评价全球化的管理环境及其对管理的影响?
6. 进入海外市场主要有哪四种选择?

案 例

案例 3-1　　　　　日本本田摩托车(印度)工厂罢工事件

2005 年 7 月 26 日,在距离印度首都新德里 30 公里的哈里亚纳邦的古尔冈市,日本本田摩托车(印度)工厂上千名员工举行示威游行,并与警察发生激烈冲突。2005 年 5 月,本田集团总部一位高级管理人员在视察印度工厂时发现,有相当一部分员工存在上班迟到现象。经过多次考虑,厂方终于在 6 月 26 日"大开杀戒",开除了 4 名员工并要求另外 50 人"停工反省"。此举随即引来全厂 1800 多名工人的集体反对。

7 月 25 日,员工工会要求召回被开除工人,遭到拒绝。他们随即发动近 1700 人走出厂区进行示威游行。人群越聚越多,警察赶来维持秩序,双方很快形成对峙局面,且发生暴力冲突。事件很快惊动了印度中央政府高层。在野的印度人民党首先发难,称警方对待工人的残忍行为"令人发指",要求解散国大党执政的哈里亚纳邦政府。随后,作为国大党重要支持者的印度左翼政党也表示不满。7 月 26 日,印度共产党总书记卡拉特在前往医院看望伤者时表示，该事件"充分体现了当地警察已经成为跨国公司的代言人"，"工人的权益正在受到剥夺和压制"，并宣称将在8月1日举行全国范围的抗议活动。在当天与印度总理辛格会面时，卡拉特要求哈里亚纳邦首席部长引咎辞职。辛格表示，他对发生暴力事件深感"愤怒和关切"，将成立调查小组，惩处有关责任人。

对于"滥用警力及职权"的指控，当地警方大呼冤枉。一位高级警官表示，当时示威的民众有相当一部分并非本田工厂的员工，他们也并非在进行和平示威活动，许多人手持石块、棍棒甚至燃烧瓶，他们在游行前就通知了媒体，显然有更深层的目的。

本田裁员闹得如此"惊天动地"，其重要原因在于触动了印度关于劳工法案改革的敏感神经。国大党2005年5月上台后，迫切希望改变吸引外资严重不足的局面，辛格本人甚至亲自呼吁各国来印度投资。然而，印度劳工法案对于企业自主裁员权利的严格限制却让许多跨国集团对印度望而却步。在执政期间，辛格政府曾积极酝酿劳工法案改革，改善外资生存环境，但遭到全国工会尤其是左翼政党的强烈反对。尽管辛格政府多次努力，劳工法案改革的设想至今仍无法实施。

该报道称，此次事件给印度本田工厂造成近2700万美元的损失。日本驻印度大使发出警告说，骚乱事件如无法得到妥善处理，印度"作为投资目的国的前景将会受到严重影响"。

（资料来源：赵丽芬．管理学教程．上海：立信会计出版社，2006）

案例讨论：

结合案例分析全球化给企业带来的影响？企业应当如何有效地开展国际化经营？

第四章
管理伦理与社会责任

社会犹如一条船，每个人都要有掌舵的准备。　　——挪威　剧作家　易卜生

追求卓越就是追求伦理。　　——美国　管理学家　爱德华·弗里曼

跨国公司在中国的"血汗工厂"

跨国公司存在"血汗工厂"现象的问题在中国由来已久，不少大型跨国公司都沾染上这一恶名。2011年7月，美国劳工组织发布报告称，苹果、惠普和戴尔等全球知名科技公司在中国建立起"血汗工厂"网络，他们应为这些工厂员工所遭遇的不公正待遇负责。该组织调查了中国10家工厂，采访了400多名工人。其中有9家强迫工人超时工作，每周最多超时40个小时。2011年8月，深圳一间向迪士尼供货的港资玩具厂，被香港媒体揭发雇用童工、工人严重超时工作及工作环境恶劣，其中工人平均每月加班120个小时，超过法定上限3倍。据报道，工厂在招聘工人时，会让新入职员工签署一份"自愿加班协议"，以逃避劳动部门监管，协议显示，工人同意每月加班超过法定上限36个小时，但工人揭发说，他们平均每月加班其实高达120个小时。

在我们的法制观念越来越强，国家的法律条文越来越细，整个社会的人文素养越来越高的今天，在处处有法可依的社会环境中，人们的一举一动受到法律条文的制约，管理坚持着以制度为中心的原则。

然而，尽管如此，当我们置身社会，与人相处、与业务交流、与组织共生时，我们和我们的组织仍然会有许多时候面临决策的困境：超越法律的伦理道德困境——我们面对的是来自自我价值观、社会公德和公共舆论与现实利益的矛盾冲突，管理仅仅凭借制度并不能使利益各方和谐共处。管理还需要以伦理道德的软性力量来规范和协调人际关系、组织关系、人与组织的关系、组织与社会的关系以及人与社会的关系。企业作为营利性的社会组织，在追逐利润的过程中，如果没有与社会相处的伦理道德意识，丢弃了其作为社会组织为社会服务才得以存在的原始使命意识，企业的利益追求将失去根基，因此，以伦理道德观承担社会责任，是企业社会存在的大命题。

第一节 管 理 伦 理

工业文明为社会带来了巨额财富的增加，但其产生的问题和困扰也越来越清晰，如环境污染、能源枯竭、土壤沙化、生态危机等自然环境问题，以及商业贿赂、窃取商业机密、非法股票交易、弄虚作假、非法政治捐款、商品质量有瑕疵等等商业问题。这些问题的产生，促使人们对近代以来单纯追求经济利润的价值取向产生了怀疑，进而重新把公平、责任等作为密切关注的对象。随着社会的发展，作为经济运行的微观主体，企业对社会的影响日益扩大，企业主导社会发展的趋势及其与社会的互动关系也更为明显。于是，企业伦理学开始形成，并日益受到企业、政府和学术界的高度重视。1974年11月，第一届企业伦理学讨论会在美国堪萨斯大学召开，这一事件标志着企业伦理学正式产生。而企业伦理学成为一门热门学科则是因为一系列的"经济丑闻"和"寻租行为"。美国佐治亚大学教授阿奇·B·卡罗（Archie B. carroll）1993年指出："回顾过去30年来人们对企业伦理的兴趣，可以得出两个结论：一是对企业伦理的兴趣不断加深，二是对企业伦理的兴趣看来是由重大丑闻曝光引发的。"

人类做出某种行为的依据是什么？总体上说，人类行为按照其依据的标准可分为三个区域，如图4-1所示。第一个区域我们称之为"法律区域"，即所有的价值观和行为准则都可以在法律条文中找到相应的规定，对行为结果的判断依据法律条文由法官做出。在这个区域里，立法者依法对个体或组织进行管理。如个人要采用合法手段来获取财物，企业要按规定标准生产产品并向国家纳税等等。第二个区域为自由选择区域。在这个区域里，个体或组织依据个人或组织决策者的价值准则进行决策，享有充分的自由，法律不进行干涉。如个人的业余爱好、宗教信仰、选择购买何种商品和购买多少，学校或企业选择哪种教科书或生产多少产品等等事情，别人或法律都无权干涉。第三个区域是伦理区域，处于法律和自由选择这两个区域之间。在个区域这里，没有具体的法律规定，但人们的行为也不是完全自由的，要受到道德准则的约束，这些道德准则是一种无形的或不成文的"法"。因而有些事不能任由人们自由选择，而是要受制于这种准则，人们的行为要合情合理，首先需合法，其次还要符合社会道义，这就是伦理决策行为。

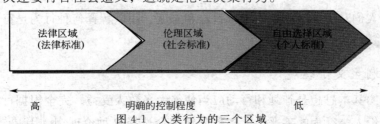

图4-1 人类行为的三个区域

但伦理准则由于没有具体的法律形式的条文明文规定，因此，在对行为的判断上，往往没有唯一的判断标准，依据不同的价值观和不同的逻辑可以有不同的评价或选择。

一、管理伦理概述

（一）伦理与道德

我们首先需要了解伦理和道德的含义。"伦"是指人的关系，即人伦，"理"是指道德律令和原则，所以伦理是指人与人相处应遵守的道德和行为准则。而西方主要是指风俗、风尚和性格等。道德的基本元素在实际运作中和伦理并没有什么区别，只是在学术上才有一些研究专家根据自己的需要而作区分。一般来说，伦理是指一个人或组织在判断是非时所依据的道德和价值观标准。人或组织的行为、决策的导向取决于伦理标准，而这种伦理标准则更多地来源于社会公共舆论和道德。道德作为一定文化界域内占实际支配地位的现存规范制约着伦理的方向和标准。因此，可以说，伦理是对现存道德规范的严密方法性思考，是高于道德的哲学，而道德是伦理在实际中的规范。

但是，无论在中国还是在西方，"道德"与"伦理"这两个概念都常常可以替换使用，二者也通常都表达同一个意思，道德现象亦可称为伦理现象。我国的《辞海》把伦理作为道德的同义词来使用。因此，本书在对这两个词的使用上不加区分。

（二）伦理的特性

① 非强制性——伦理不同于法律，它不具有强制性，而是有赖于社会舆论、传统习惯、信念等准则对人的无形约束作用；

② 非官方性——一个人的行为是否符合伦理并非由官方依据成文的规范加以判定，而是由个人或群体按约定俗成的准则进行评判，尽管评判结果会因文化的差异而有所不同；

③ 普适性——无论是在文明的社会，还是在远古的社会，只要成为人类，就需要遵守一定社会的伦理道德，任何人（个别行为意识受限的除外）都要受伦理的指导、调节和约束，都生活在无形的伦理中；

④ 扬善性——伦理的形成和发展都是为了扬善抑恶，其手段就是长期形成的价值观以及固化下来的伦理准则。

二、关于伦理的几种观点

伦理观是人们对于伦理问题的根本看法和态度，用以解释何种行为是符合伦理的、是善的。

（一）功利主义伦理观

功利主义的基本思想是计划和行动应当使绝大多数人受益，完全根据行为结果即所获得的功利来评价人类行为的善恶。大多数公司都会选择这种伦理观，因其与公司的效率、生产率等目标不相冲突,并且会带来较高的利润。这一观点使用定量方法对决策所带来的成本和效益进行分析,比较适合那些关心大多数人获益情况的公司。依据此种观点,管理层有理由裁掉 20% 的员工,因为这一举措会提高公司的盈利水平,增加剩余 80% 员工的工作保障,并且符合股东的最大利益。这种观点有其合理的方面,因为人的行为基本上都是基于动机的,动机就是期望行为能够带来一些有利的结果,如果该行为的结果能够为大多数人带来利益,就可认为该行为是善的,就会得到大多数人的支持。但是,这种观点存在两方面的问题:其一,为了实现组织的最大利益,可能采取不公平、甚至是损害他人利益或社会利益的手段,这是不道德的;其二,该观点支持使大多数人获利,但并没有规定所获得的利益如何在相关人员中进行分配,很可能在组织内部产生利益分配不公,如小部分人可能利用手中的权利或资本获取了绝大部分利益,而大部分人只得到了一小部分利益,从而形成了贫富两极分化的现象,这同样可以认为是不道德的。

福特汽车公司就曾经采用过这种伦理观就 Pinto 的设计进行决策。Pinto 是福特公司推向市场的一款小型车,当时十分受欢迎,但它的油箱设计却有缺陷:油箱被设计在车的背后,一旦被后面的车撞到,发生追尾事故,Pinto 很容易爆炸。后来,确实有不少人因驾驶 Pinto 而在追尾事故中被炸死,还有一些人严重受伤。于是福特公司被告上法庭。结果却发现,福特公司早就知道 Pinto 在油箱设计上有问题,但并没有马上进行改进,而是专门做过一项成本收益分析,以决定是否要为 Pinto 车的油箱设置一个特殊的挡板,从而防止油箱爆炸。根据这份成本收益分析,福特公司最终决定,不为 Pinto 车的油箱安装保护装置。

(二)权利主义伦理观

权利主义伦理观主张所有的人都享有基本权利,诸如思想自由、言论自由、法律范围内的正当行为自由等等,这些权利和自由不能由于个体或组织的决策或评价而受到干涉。

按照这种观点,学校的学术规范不能干涉学生的思想自由,企业的决策需要尊重员工的意愿并不得干涉员工的个人隐私和信仰自由等,企业联合对外宣传的诸如抵制洋货、倡导消费国货的行为因其干涉了人们选择商品的自由应是有违伦理的,企业解雇为员工利益而揭发管理层违规行为的员工也是不道德的。

按照这种观点决策,管理者需要考虑的是与之相关的各方及其人员的权利和自由,在企业与员工的关系问题上,管理者对组织的完全主导可能被代之以员工参与的成分越来越多,这对促进人本管理和民主管理有着较为深刻的思想指导价值。

(三)公平的伦理观

公平的伦理观认为:应当以公平、公正、不偏不倚作为伦理决策的指导。按照这种原则,企业对员工的选择应以能力和对工作的胜任程度为依据,而不能强调性别、身高、长相等,除非是工作所需;对员工报酬的设计也应采用公正、不偏不倚的原则,考虑职位对能力要求的差异、职位责任的大小、劳动强度、工作环境等等;在产品生产上,企业不应当只生产为富人消费的高利润产品，也应当考虑穷人，如中国目前城市中的房地产开发商仅仅将眼光盯住富人，甚至在楼盘的销售广告中公然宣示："尊崇豪宅，只给少数人享受"、"非董事谢绝参观"等，就是与伦理决策相悖的。在对待顾客方面，也应平等对待，而不应因其消费能力而有所差别。

很显然，这种原则由于考虑了对利益相关者的相对公正，决策要考虑的因素更加复杂，在决策不可能完全考虑周全所有的影响因素和相关者时，就难免有失公正，因而有违伦理。所以，以这种原则作为决策的指导原则，对决策者的伦理道德标准要求更高。当决策者没有较高的道德准则时，很难应用或很难适当应用此原则。若以此原则去评判决策者的决策行为，则很难过关。

（四）综合社会契约观

这种伦理观要考虑现行的行业和社区的道德标准以判定行为的善恶，其建立在两个契约的基础之上：第一个契约是通用的社会契约，用以定义可以接受的基础准则；第二个契约更为具体，定义社区成员之间广为接受的行为。按照这种伦理观，只要按照企业所在的地区内政府和员工都能接受的社会契约进行管理，则其管理行为就是善的。例如，美国公司在中国的雇员，与美国本国的同等技能、同等绩效或同等职责的员工相比，工资待遇差别可能有 5~10 倍，其他的诸如失业保险、医疗保障等方面会更少。但是，这种行为，在中国国内被视为正常，至少是可以理解和接受的。根据这种观点进行决策时，要求管理者考察各行业、各公司中的现有伦理守则，以确定什么是对的、什么是错的。

这种观点有其深刻的局限性。因为契约具有很强的情境特征，在很多场合是利益博弈的结果，与合理性无关。而且，契约的对象必须严格限制，哲学家已经多次指出，许多东西，比如人格、道德、婚姻家庭等是绝对不可以契约的。契约主义的泛滥，会导致严重的经济与社会后果。

面临时时处处可能出现的伦理困境，这几种观点可以作为对处于伦理区域的行为进行决策或评判的参考。但无论哪一种观点，对于组织或个人来讲，当面临伦理与自我利益的冲突时，要实际采用这样的观点做出伦理决策都将是困难的。如多个大名鼎鼎的国际企业肯德基、雀巢、亨氏、宝洁等在产品质量上存在伦理问题，家乐福在国内超市中的价格方面也曾欺诈过消费者，苹果公司在对待中西方消费者的态度与方法上也存在着不公平的现象等。

三、影响管理道德的因素

管理者在面临道德困境时其行为是否道德受到个人因素、环境因素和问题强度的影响，见图 4-2。个人因素包括管理者的道德观、其所处的道德发展阶段和个人特征，环境因素包括结构变量和组织文化，问题强度决定了道德问题对个人来说到底有多重要。这些问题相互交织，作用形式复杂。如具有强烈道德感的管理者，可能受到非道德的环境因素的腐蚀；相反，缺乏道德感的管理者，却可能在道德环境和强文化的约束下而很少做出不道德的决策；即使是同一位管理者，面对不同的决策问题，也可能做出符合不同道德规范的决策。

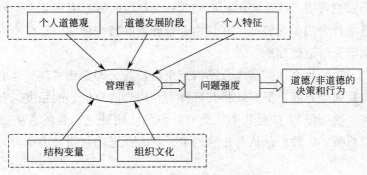

图 4-2 影响管理者道德的因素

（一）个人因素

1. 管理者的道德观

管理者的道德观是指管理者个人接受和持有何种道德观，如功利主义、权利主义、公平公正道德观等。

2. 个人道德发展阶段

美国心理学家劳伦斯·柯尔伯格（Lawrence Kohlberg）认为道德判断作为道德行为的基础，可以区分出六个发展阶段，它们代表道德发展的不同水平，每一个阶段都比前一个阶段对伦理困境的回应更为适当。这六个阶段分属三个层次：前惯例层次，惯例层次和后惯例层次（也称原则层次）。每个道德层次及阶段的特征如表4-1所描述。

表 4-1 个人道德发展阶段

道德层次	描述	道德阶段
前惯例层次	处于本层次的人行为时都纯粹只是关心自己，表现出利己主义倾向。特点是仅受个人利益的影响，按怎样对自己有利制定决策	阶段Ⅰ：服从和惩罚导向。行为特征是严格遵守规则以避免物质惩罚
		阶段Ⅱ：自我利益导向。只在符合直接利益时才遵守规则
惯例层次	用惯例推理的人对行为进行道德判断时，会受他人期望的影响，将行为与社会崇尚的观点与期望相对照	阶段Ⅲ：人际和谐导向。个体关注其他人赞成或反对的态度，做周围的人期望自己做的事
		阶段Ⅳ：维护权威和社会秩序导向。遵守法律和社会习俗，通过履行自己所认同的义务来维护传统的秩序
后惯例层次（又称原则层次）	道德水平受自己认为是正确的个人行为准则的影响，即受个人用来辨别是非的伦理准则的影响。这些准则可能与社会的规则或法律不一致	阶段Ⅴ：社会契约导向。尊重他人权利，法律被看作是一种社会契约，认为那些不能提升总体社会福利的法律应该修改，以便"给最多的人带来最大的利益"
		阶段Ⅵ：普世伦理准则导向。遵守自己选择的伦理准则，即使这些准则违背了法律。处于这个阶段的人，会认为他所做的乃是为了全世界人类的福祉着想

（资料来源：Lawrence Kohlberg's stages of moral development，https://en.wikipedia.org）

3. 个人特征

一个成熟的人一般都有相对稳定的价值准则，并对具体事务有基本的是非判断。这些价值观往往源于家庭背景、人生经历和所处的社会阶层。管理者通常有不同的个人价值观准则，它构成道德行为的个人特征。并且由于管理者的特殊地位，这些个人特征很可能转化为组织的道德理念与道德准则。

除此之外，另外两种个性变量也会影响到个人行为，即自我强度和控制中心。

在个体的自我强度方面，罗宾斯将其解释为管理者的自信心的强度，是"衡量个人自信心强度的一种个性度量"。实验表明，更有自信的人比缺乏自信的人更能克制冲动，也更能遵循自己的判断，去做自己认为正确的事，从而在道德判断与道德行为之间表现出更大的一致性。

控制中心被解释为"衡量人们相信自己掌握自己命运的个性特征"，表明个人认为自己在多大程度上是自己命运的主宰。它实际上是管理者自我控制、自我决策的能力。罗宾斯将控制中心区分为内在控制中心与外在控制中心两个方面。具有内在控制中心的人，自信能控制自己的命运；而具有外在控制中心的人则常常是听天由命，将成功或失败归于运气和机会，认为这是命中注定。

从道德的观点看，具有外在控制中心的人不大可能对他们的行为后果负个人责任，更可能依赖外部的力量。具有内在控制中心的人，则更可能对其行为后果负责任，并依据自己的内在标准指导行为，从而在道德判断与道德行为之间表现出更大的一致性。

（二）环境因素

影响管理者道德的环境因素包括两个方面，即结构变量和组织文化。

1. 结构变量

结构变量的核心是组织设计，是指组织结构、制度和目标设定的明确性和合理性。其最重要的内容是对个体道德行为是否具有明确的指导、评价、奖惩的原则。这里关键在于减少模糊性，因为"模糊性最小的设计有助于促进管理者的道德行为"。减少模糊性的最重要的要求是清晰的组织结构、正式的规则和制度、合理的绩效评价方法、以及明文规定的道德准则等，因为这些对管理者和员工具有明显的约束和指导作用。如绩效评价不应以结果作为唯一的评价标准，而应同时考虑达到结果的手段。因为一个以成果为唯一标准的系统，会使人们在指标的压力面前"不择手段"，从而加大违反道德的可能性。又如，报酬的分配方式、赏罚的标准是否合理也是影响管理道德行为的重要方面。因为它直接与道德的一个重要标准相联系，这就是公正，公正的程度关系着人们的道德选择和对道德的坚持。

2. 组织文化

组织文化是在长期的实践活动中形成的为组织成员普遍认可和遵循的具有本组织特色

的价值观念、团体意识、行为规范和思维模式的总和。

组织文化的内容和强度也会影响到行为的道德性。从组织文化的内容上看，一个最有可能鼓励高道德标准的组织文化表现为能高度承担风险、高度控制、以及对冲突做到高度容忍。在此种文化影响下的员工具有上进心和创造性，他们能意识到不道德的行为终将被曝光，因而敢于公开挑战他们认为不道德的决策或行为。从组织文化的强度上看，强文化是指有明确的价值观和组织文化导向，并被组织的广大成员所普遍认同。强文化比弱文化对管理者影响更大。如果组织文化的力量很强并且支持高道德标准，那么，它会对管理者的道德行为产生强烈的和积极的影响；相反，在一个较弱的组织文化中，即使人们具有正确的道德标准，在遇到矛盾和冲突时也难以坚持原有的道德标准，从而导致管理者的非道德行为。

（三）问题强度

问题强度是指该问题如果采取不道德的处理行为可能会产生的后果的严重程度，它实际上揭示了道德对于管理者的重要性的程度。罗宾斯认为，关于道德问题的强度受六大因素影响：危害的严重性，社会舆论的反应，危害的可能性，后果的即时性，受害者的接近度以及效果的集中度。如图 4-3 所示。

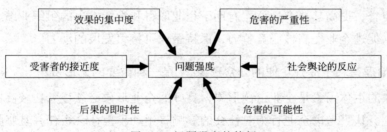

图 4-3　问题强度的特征

① 危害的严重性：管理者的某项决策将有多少直接或间接的受害者，他们将受到多大程度的伤害。如致人死亡的行为比致人受伤的行为更严重。

② 社会舆论的反应：管理者的某项决策或行为，有多少人认为其是邪恶的，舆论会做出多大的反应。

③ 危害的可能性：管理者的某项决策可能发生某种可预见的危害，则这种危害的可能性有多大。

④ 后果的即时性：从管理者决策到决策产生后果时滞时间有多长，后果是否立即被感知。若较快被感知，则问题强度较大。

⑤ 受害者的接近度：如管理者的决策或行为带来不利后果，而后果的受害人与行为人关系接近程度如何。如关系较近，则受害人的感受更加直接，道德问题强度更大。如解雇总公司的员工比解雇分公司的员工给人的感觉更不道德。

⑥ 效果的集中度：决策产生的效应或后果，是集中作用于少数人身上还是分散在大多数人头上。若作用于少数人身上，则效果就十分强烈和明显。

根据上述六项内容，倘若某种管理行为造成人们受到的伤害很大，社会舆论反应强烈，可预见危害的可能性较大，行为到后果的时滞时间短，观察者与受害者关系接近，不良后果集中在少数人身上，则道德问题强度就大；反之则强度较小。对于问题强度大的管理决策，管理者应该更加谨慎，因为如果采取不道德的行为，其后果将十分严重。当然这里并不是说，对于问题强度小的决策问题，管理者可以大胆采取不道德行为，而是说问题强度大的管理决策，会促使管理者更为谨慎。

四、管理伦理对企业的意义

美国学者弗兰西斯·福山（Francis Fukuyama）曾预言：21世纪是信誉的世纪，哪个国家的伦理程度最高，哪个国家就会赢得更广阔的市场。在经济全球化的背景下，企业主体的竞争力在一定程度上代表着国家竞争力。因此，重新认识企业伦理具有重要意义，伦理管理已经越来越多的被企业认可和使用。

1. 管理伦理是提高企业核心竞争力的关键

核心竞争力是一个企业能够长期获得竞争优势的能力，是企业所特有的、能够经得起时间考验的、具有延展性、并且是竞争对手难以模仿的技术或能力。企业伦理有助于企业享有良好的声誉，提高其社会地位，有助于企业取得和维持杰出的组织业绩，通过企业伦理的建设可以促进企业提高核心竞争力，保持企业可持续发展的动力。

2. 企业伦理有利于提升企业的公众形象，是一种重要的无形资产

企业形象的主体因素是企业道德形象，良好的企业形象必须建立在较高的企业伦理水平的基础之上。认真考虑企业行为对社会的影响，主动承担社会责任并且坚持伦理经营的企业更容易获得公众的信任从而树立起良好的企业形象。实践表明，越来越多的消费者不仅对他们购买的产品和服务感兴趣，而且对提供这些产品和服务的公司的形象和信誉感兴趣，他们更愿意购买那些诚实经营的企业的产品和服务。2003年，互动式问卷调查的结果显示，当一个美国人了解到一个企业在社会责任方面有消极举动时，高达91%的人会考虑购买另一家公司的产品或服务，85%的人会把这方面的消息告诉他的家人和朋友；83%的人会拒绝投资该企业；80%的人会拒绝在该企业工作。而与此同时，有专家研究发现，企业在履行其社会责任时，如进行慈善捐款、灾难救助等活动，比商业广告更能提升企业形象，可以以另一种方式增加企业价值。

3. 企业伦理是企业追求利润最大化的不可缺少的条件

企业的经济行为不是一次性的，其利润也不是以单次的获利来衡量的，以不道德的行为牟取暴利，对短期行为和短期利益也许是可行的，但对长期市场行为而言，却是行不通的。因为这样做必然会使得其他企业拒绝与之往来，最终造成自身的被动孤立，以致无法展开经营活动，他的利益也就无从实现。这显然与企业谋求利润最大化的初衷相悖，即经

济行为的"恶"客观上造成了企业利润不能顺利实现。可见，行为的"善"与利润最大化的实现是一致的。为实现自身利润最大化和连续性，企业必定要选择道德的经济行为，形成对企业伦理的要求。

第二节 改善组织道德行为的途径

一、挑选高道德素质的员工

人在道德发展阶段、个人价值体系和个性上差异的存在使管理者有可能通过严格的挑选过程而把低道德素质的求职者淘汰掉。但是，仅仅通过"挑选"这一控制措施，是很难把伦理标准有问题的求职者挡在门槛之外的。所以通常做法是辅之以其他控制措施。

挑选过程的另一作用是有助于管理者了解个人道德发展阶段、个人特征如对个人价值观、自我强度和人生控制的认识等。

二、建立企业伦理准则

在一些企业里，员工对"什么是管理道德，如何去遵守管理道德"是不清楚的和模糊的，只靠内心的信念去工作是不足以维持高水平的道德的，所以要通过建立道德准则来解决这个问题。道德准则明确了哪些价值观和行为是公司所期望和鼓励的，哪些是公司所不能容忍和反对的。20世纪90年代中期，在《幸福》杂志排名前500家的企业中，有90%以上的企业通过成文的道德守则来规范员工的行为。美国约有60%的大企业设有专门的企业道德机构，负责有关企业道德工作，并约有30%~40%的美国企业都对员工进行过某种形式的道德培训。在日本有90%以上的企业设有专门的企业道德机构。在韩国，企业界的民间组织（全国经济人联合会）于1996年2月向政府和社会公布了《企业伦理宪章》。通过对违背伦理准则行为的惩罚和对遵守伦理准则行为的奖赏，公司的道德形象能够得以提升。必须明确的是，如果公司高层领导不支持制定和实施伦理准则，这些准则将毫无价值。因此，制定和实施伦理准则，关键在于管理层，管理者对道德守则的态度（是支持还是反对）以及对违反者的处理办法对道德守则的效果有重要影响。

1. 伦理准则的制定机构

建立伦理准则是项复杂的工作，要在组织内任命一个由企业内部和外部的理事组成的伦理委员会。这个委员会的职能包括：

① 定期举行会议讨论伦理问题（企业伦理、广告伦理、营销伦理等）；

② 处理"灰色区域"，涉及企业与企业，企业与政府，企业与社区等方面的经济问题，贿赂问题、不正之风问题等；

③ 把准则向组织的全体成员传播沟通；

④ 对可能出现的违反准则的行为进行检查；
⑤ 实施准则；
⑥ 奖赏遵守准则的员工，处罚违反准则者；
⑦ 不断审议和不断更新准则；
⑧ 伦理准则的涵盖内容。

为了使伦理准则生效，必须制定实施伦理准则的条款。违反伦理准则的主管人员应当对他们的行为负责，必要时收回主管人员的权利并给予制裁。尽管实施伦理准则也许不容易，但只要存在此种准则，就能够从规范主管人员的行为方面来增强企业的伦理化。各个企业面临的问题不同，伦理准则的内容自然也就不尽相同，但一般应包含下列内容：

① 处理雇员关系时的公平准则；
② 处理投资者关系的公开、透明准则；
③ 处理竞争者关系的光明准则；
④ 处理顾客、供应商关系的诚信准则；
⑤ 处理与公众、社区关系的诚恳准则；
⑥ 处理与环境关系的绿色与可持续准则；
⑦ 处理其他关系时的其他准则。

2. 伦理准则的实施

伦理准则的制定只是企业伦理化的第一步，更为重要的是能在企业中真正实施这些准则，才能逐渐形成伦理文化。美国管理心理学家，达拉斯大学研究生院前院长索尔盖勒曼提出了有关企业伦理准则实施的七个建议：

① 对企业的伦理行为规定明确的指导原则；
② 讲解伦理准则及其伦理文化的重要性；
③ 在对某个行动的伦理准则有疑问的灰色区域，阻止该行动的发生；
④ 建立控制系统，如设置审计机构，向公司之外的董事提出报告，由他检查非法的或违法伦理准则的契据；
⑤ 采取频繁而不做预告的审计；
⑥ 以含有深意的方式处罚犯规者，并公之于众以儆效尤；
⑦ 定期强调企业的规定，对公司的忠诚不等于不当行为或不当行动可获得宽恕。

当然，伦理准则在不同民族文化背景下、在不同国家和在不同组织中其标准和要求是不尽一致的。如一些国家允许私营公司对政党、竞选活动和候选人提供捐助，而美国则不许；在有些国家，送钱给政府官员和拥有政治影响的人士，以便保证一项商业性交易得到迅速处理或得到有力的解决，对此并不认为是不道德的贿赂，而是对提供服务的合理报酬。在许多情况下，为确保合同签订而掏钱甚至被看成是可接受的做买卖的方式。企业制定和实施伦理准则，要依据社会舆论、国际标准、本国和本公司实际综合而定。

三、在道德方面领导员工

高层管理人员在道德方面的领导作用主要体现在以下两方面。

① 高层管理人员在言行方面是员工的表率。相比于企业明文规定的伦理准则,管理者道德的语言与行为更容易被视为规范。如果高层管理人员把公司资源据为己有、虚报支出项目或优待好友,那么这无疑向员工暗示,这些行为都是可接受的。

② 高层管理人员可以通过奖惩机制来影响员工的道德行为。选择什么人和什么事作为提薪和晋升的对象,会向员工传递强有力的信息。管理者通过不符合伦理的手段让人感到其成果惊人,从而获得晋升,这种行为本身向所有人表明,采取不符合道德的手段是可接受的。鉴于此,管理人员在发现错误行为时,不仅要严惩当事人,而且要把事实公布于众,让组织中所有人都认清后果。这就传递了这样的信息:"做错事要付出代价,行为不符合道德不是你的利益所在"。

四、设定工作目标

员工应该有明确和现实的目标。如果目标对员工来说不切实际,即使目标是明确的,也会产生伦理问题。在不现实的目标的压力下,即使道德素质较高的员工也会感到迷惑,很难在道德和目标之间做出选择,有时为了达到目标而不得不牺牲道德。而明确和现实的目标可以减少员工的迷惑,并能激励员工而不是惩罚他们。

五、对员工进行道德教育

越来越多的组织意识到对员工进行适当的道德教育的重要性,它们积极采取各种方式(如开设研修班、组织专题讨论会等)来提高员工的道德素质。人们对这种做法意见不一。反对者认为,个人价值体系是在早年建立起来,从而成年时的道德教育是徒劳无功的。而支持者指出,一些研究已发现价值准则可以在童年后建立。另外,他们也找出了一些证据,这些证据表明:

① 向员工讲授解决伦理问题的方案,可以显著改变其道德行为;
② 这种教育提升了个人的道德发展水平;
③ 道德教育至少可以增强有关人员对商业道德问题的认识。

六、对绩效进行全面评价

如果仅以经济成果来衡量绩效,人们为了取得结果,就会不择手段,从而有可能产生不符合道德的行为。如果组织想让其管理者坚持高的伦理标准,它在评价过程中就必须把伦理方面的要求包括进去。在对管理者的评价中,不仅要考察其决策带来的经济成果,还要考察其决策带来的道德后果。

七、进行独立的社会审计

有不符合道德的行为的人都有害怕被抓住的心理,被抓住的可能性越大,产生不符合道德的行为的可能性越小。根据组织的道德守则来对决策和管理行为进行评价的独立审计,会使不符合道德的行为被发现的可能性大大提高。

审计可以是例行的,如同财务审计;也可以是随机的,不事先通知。有效的道德计划应该同时包括这两种形式的审计。审计员应该对公司的董事会负责,并把审计结果直接交给董事会,这样做是为了确保客观、公正。

八、提供正式的保护机制

正式的保护机制可以使那些面临道德困境的员工在不用担心受到斥责的情况下自主行事。例如,组织可以任命道德顾问,当员工面临道德困境时,可以从这些道德顾问那里得到指导。道德顾问首先要成为那些遇到道德问题的人的诉说对象,倾听他们陈述道德问题本身、产生这一问题的原因以及自己的解决方法。在各种解决方法变得清晰之后,道德顾问应该积极引导员工选择正确的方法。另外,组织也可以建立专门的渠道,使员工能放心地举报道德问题或告发践踏道德守则的人。

综上所述,高层管理人员可以采取多种措施来提高员工的道德素质,在这些措施中,单个措施的作用是极其有限的,但若把它们中的多数或全部结合起来,就很可能收到预期的效果。

第三节 企业社会责任

一、关于企业社会责任的古典观和社会经济观

1. 古典观

企业社会责任的古典观强调企业的唯一社会责任就是利润最大化。曾获得诺贝尔经济学奖的美国经济学家弗里德曼(Milton Friedman)便是这种观点的最有代表性的倡导者。他认为,解决社会问题是政府而不是企业应该做的弗里德曼强调:"企业的社会责任只有一个:在遵守竞争规则的前提下,企业可大力推行能增加利润的各种活动。"弗里德曼认为:当今的大部分经理是职业经理,即他们并不拥有所经营的公司,他们是雇员,对股东负责,因此他们的主要责任就是按股东的利益来经营业务。那么股东的利益是什么呢?弗里德曼认为股东只关心"财务收益率"。

2. 社会经济观

社会经济观认为时代发生了变化,社会对企业的期望也发生了变化。企业不能只对其

股东负责，而是要对包括股东在内的所有利益相关者（Stakeholder，如消费者、供应商、债权人、员工、所在社区乃至政府等）负责。企业的社会责任要求企业必须超越把利润作为唯一目标的传统理念，强调要在生产过程中对人的价值的关注，强调对消费者、对环境、对社会的贡献。他们必须以不污染、不歧视、不从事欺骗性的广告宣传等行为来保护社会福利，并积极融入自己所在的社区及资助各种慈善事业，从而在改善和服务社会中扮演重要角色。

根据社会经济观，商业词典将企业社会责任定义为一个公司对其运营所在的社区与环境（包括生态环境和社会环境）的责任感。欧盟委员会（European Commission，EU）在其 2002 年的《欧洲中小企业及社会和环境责任》中，将企业社会责任定义为"企业在自愿的基础上，将对社会和环境的关注融入到其商业运作以及企业与其利益相关方的相互关系中"。EU 于 2011 年在其《2011—2014 欧盟企业社会责任修改战略》中对企业社会责任进行了重新定义，将其视为"企业应对其对社会造成的影响承担责任"，而并未继续强调自愿这一前提。世界银行认为，企业社会责任，是企业与关键利益相关方的关系、价值观、遵纪守法以及尊重人、社区和环境有关的政策和实践的集合，是企业为改善利益相关方的生活质量而贡献于可持续发展的一种承诺。

本书认为，社会责任是指组织在遵守法律规范和谋求利润的基础上，还主动追求和承担有利于整个社会和谐发展的相关责任。

二、企业承担社会责任的范围——几个典型的企业社会责任理论

（一）美国经济发展协会的三个同心圆理论[Three Concentric-Circle(CON) Model]

美国经济发展协会（Committee for Economic Development，CED）于 1971 年提出企业社会责任有三个方面组成，由内到外构成三个同心圆。内圆是指企业履行经济功能的基本责任，即为投资者提供回报，为社会提供产品，为员工提供就业，促进经济增长；中间圆是指企业履行经济功能要与社会价值观和关注重大社会问题相结合，如保护环境、合理对待员工、回应顾客期望等；外圆是企业更广泛地促进社会进步的其他无形责任，如消除社会贫困、防止城市衰败等。三个同心圆如图 4-4 所示。其中内圆的经济责任定义的更加广泛，直指社会利益。不仅是要创造财富，而是要在提高国民生活水平的条件下创造财富，要满足人们对产品和服务的需求，以合理的价格出售产品，为员工提供就业岗位和合理的薪酬，在社会各个领域内扩大就业机会及消除贫困。三个同心圆理论没有明确地提出法律责任，而是将其归入其他责任当中，

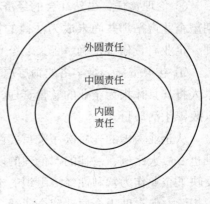

图 4-4　三个同心圆理论

如企业的经济责任当中就包括了"支持财政与货币政策,以保持稳定的经济增长"。

(二)卡罗尔的企业社会责任金字塔(Pyramid of Corporate Social Respons-ibility)

美国佐治亚大学管理学教授阿奇·卡罗尔(Archie B. Carroll)于1991年将企业社会责任定义为"包含经济、法律、道德以及慈善责任",并在此基础上发展出了公司社会责任的金字塔模型,如图4-5所示。

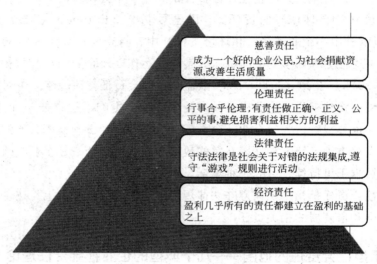

图4-5 Carroll的CSR金字塔模型

① 经济责任:经济责任要求企业盈利,这是最基本也是最重要的社会责任,但并不是唯一责任。

② 法律责任:要求企业守法,在法律框架内实现经济目标,因为法律是社会关于对错的法规集成。

③ 伦理责任:虽然社会的经济和法律责任中都隐含着一定的伦理规范,公众社会仍期望企业遵循那些尚未成为法律的社会公众的伦理规范。伦理责任要求企业行事合乎伦理,企业有责任做正确、正义、公平的事,避免损害利益相关者的利益。

④ 慈善责任。金字塔的顶层原本是社会对企业所期望的自主行为,1991年,卡罗尔本人将其具体指为企业的慈善责任,是指企业愿意成为好的社会公民,为社会捐献资源,以改善生活质量。

从企业考虑的先后次序及重要性而言,卡罗尔认为这是金字塔形结构,经济责任是基础也占最大比例,法律的、伦理的以及慈善的责任依次向上递减。卡罗尔指出,经济责任反映了企业作为营利性经济组织的本质属性,把经济责任作为社会责任的内容虽与传统认识相悖,但有助于全面理解企业社会责任的内涵。他强调,理解企业社会责任不能将企业的经济功能与社会功能相对立,而应作为相互匹配、相互补充的两个方面,共同纳入企业社会责任的内容框架。

（三）埃尔金顿的三重底线观（Triple Bottom Line，简称 TBL 或 3BL）

在企业承担社会责任方面，约翰·埃尔金顿（John Elkington）于 1994 年最早提出了三重底线的概念。他认为就责任领域而言，企业社会责任可以分为经济责任、环境责任和社会责任。这一观点也被总结为 3Ps，即 People，Planet 和 Profit，或可持续的三个支柱。很多企业已采用三重底线，以在更广泛的范围内来评估组织的业绩。

① 社会责任就是对于社会其他利益相关方的责任，要求企业对劳工和企业运营所在的社区和地域做出公平和有益的行为。

② 环境责任就是环境保护，要求企业尽力尊重自然规律，最起码不能损害环境，并将其对环境造成的负面影响最小化。企业应认真管理其对能源和不可再生资源的消耗，降低其废物排放等。

③ 经济责任也就是传统的企业责任，主要体现为提高利润、纳税责任和对股东投资者的分红。

企业的社会责任不仅仅是一项公益事业，也切实关系到每一个企业未来的竞争能力和盈利能力。企业的社会责任不再只是说说而已，而是企业想要在竞争中取胜必须考虑的重大战略事项。

从以上的理论均可以看出，企业社会责任要求企业在创造利润、对股东承担法律责任的同时，还要承担对员工、消费者、社区和环境的责任，要求企业必须超越把利润作为唯一目标的传统理念，强调要在生产过程中对人的价值的关注，强调对消费者、对环境、对社会的贡献。

三、企业承担社会责任的对象

自从斯坦福大学研究所提出利益相关者概念以来，企业要道德应对和对之负责的群体不再仅仅是公司股东（称为所有权利益相关者），而是包括了利益相关者群体。所谓利益相关者是指在组织的内部和外部，与组织利益相互关联的任何个人和组织，包括所有权利益相关者，即公司所有者和股东；经济依赖型利益相关者，如员工、债权人、消费者、供应商、竞争者、地方社区等影响公司经营并且直接受公司经营所影响的群体；社会型利益相关者，如政府机关、媒体以及特殊群体。与传统的股东至上主义相比较，利益相关者管理理论认为任何一个公司的发展都离不开各利益相关者的投入或参与，企业追求的是利益相关者的整体利益，而不仅仅是某些主体的利益。基于此，企业承担社会责任的对象应包括广大的利益相关者。尽管各方利益点不同，对其责任的认定也未必有标准的参考依据，但大致上，从经济性和社会性出发，组织与各方利益相关者的关系有一定的原则。

（一）企业与政府——守法经营，支持政府

企业应自觉遵守国家的法律法规，按时纳税，守法经营，为当地政府和国家承担自身角色赋予的责任；应具有社会责任意识，在能力所及范围内，主动承担必要的社会责任，

以得到政府的嘉许。因为不守法，被曝光后，企业面对的是所有产品下架、不得销售的惩罚。

（二）企业与股东——诚信经营，回报股东

现代公司的股东包括三类公众对象：第一类是个体股东，他们作为投资者，或多或少地持有企业的股权，分散在社会的各个领域和阶层，虽然不直接经营管理企业，但自身的利益维系在企业绩效上；第二类是各种投资机构，包括银行、各种投资公司、各种基金会和集团投资者等，他们往往是企业资金的主要来源，也是企业绩效的主要受益者；第三类是专业的金融舆论专家，如证券分析人员、股票经纪人、金融分析人员以及证券新闻机构等，他们虽不是企业的投资者，但对广大投资者的判断极具影响力，他们与企业的利益也息息相关。

企业应尊重股东权益，及时向股东通报企业的有关情况；从股东的切身利益出发，进行持续的股东调查，广泛征求股东对企业发展的意见和建议；激励和吸引股东参与企业的生产和销售活动，扩大企业的社会影响。形成良好的股东关系，一方面使企业获得有益的咨询和建议，同时保证企业稳定的财源和开辟新的市场。

（三）企业与雇员——人本管理，善待雇员

在人力资源管理越来越深入人心的今天，员工是企业最可宝贵的财富，企业只有与其雇员保持互相扶持、互相爱护的关系，才能吸引优秀雇员为企业发展承担重任，才能留住员工，使企业保持发展的后劲。为此，企业应实施人本管理，摒弃"血汗工厂"做法，通过同等对待所有不同层次的员工、培训员工、为员工营造良好的工作环境、不断提高员工的薪酬福利待遇等措施，形成良好的劳资关系，双方互相支持、互相促进，使企业与员工共同发展。

2006年6月15日，《第一财经日报》刊发的《富士康员工：机器罚你站12小时》一文，被数十家网站转载。此前一天，新浪等媒体转载了英国《星期日邮报》的文章《苹果中国代工厂探秘：女工日工作七小时月薪300》，该文章是以富士康工厂为背景所撰写的。此后，大量网站将《第一财经日报》的文章与该文并在一起，作了一个以"富士康劳工"为名字的专题，一些网站还将文章的标题加上了"血汗工厂"、"黑幕"等字眼。对此富士康非但没有去对企业的自身行为进行检查和反省，不去积极采取措施提高员工的福利和改善员工的工作环境等等，却采取对抗的方式，以名誉被侵为由向《第一财经日报》两名记者提出总额3000万元的天价索赔，从而成为大众口诛笔伐的目标。

企业要有人性化的管理，公司应该注重员工援助计划和员工压力管理，而不是一味地追求企业的自身利益，把员工看成会说话的机器。

（四）企业与消费者——满足消费者需要，公平公正地对待消费者

在市场经济高度发达的今天，消费者日益成为企业命运的主导力量。顾客是上帝，没有了顾客或消费者，也就没有了企业组织。因此，为了满足消费者的需求，企业要一方面

调查研究顾客的需求偏好，为顾客设计出符合需求的产品实体；另一方面，依靠科技创新引领消费者的需求导向，以提高消费者的生活质量为宗旨，设计和生产出改善消费者生活质量的产品和服务。同时，处理好与消费者之间的关系，提高服务质量，以诚信、高品质和公平公正赢得消费者的信赖。

2013年，3.15晚会报道了苹果手机售后服务"内外有别，双重标准"。长期以来，苹果手机在中国市场实施着与国外不同的售后政策，在中国宣称的"以换代修"、"整机交换"并没有真正更换整机，通常沿用旧手机后盖，以逃避中国手机三包规定。这引起了中国广大"果粉"的愤怒。2013年4月，苹果中国官网挂出署名苹果CEO库克的《致尊敬的中国消费者的一封信》，就"售后服务内外有别"行为正式道歉。

（五）企业与供应商——长存交易道德之心，互惠互利

供应商和经销商是企业经营的交易伙伴，在社会的分工协作越来越细的情况下，任何一个企业的经营链条上都维系着众多的交易伙伴。供应商是泛指组织活动所需各类资源和服务的供应者。通常情况下是指为企业提供各种原材料、零配件、产成品的其他企业组织。建立稳定、良好的供应商关系，可以使企业获得充足的、稳定的和经济的发展所需资源，提高企业在市场上的竞争能力。

企业对供应商承担的社会责任一方面包括公平公正地选择、对待供应商，不对其进行压榨，长存交易道德之心与其合作，互惠互利。

如星巴克认为，建立同咖啡农与咖啡社区的互利合作关系非常重要，是"赢—赢"而不是"赢—输"模式。为了实现善待供应商的理念，星巴克采取了和咖啡农以及咖啡社区协作的方式，具体包括支付溢价、咖啡和种植者公平条例、信用贷款等六项内容。在此我们仅以"支付溢价"为例进行讨论。所谓支付溢价，即星巴克支付的咖啡价格远高于咖啡在市场上的买卖价格。星巴克认为，在世界市场上咖啡种植业的经济循环体系不会给咖啡农带来利益，而其咖啡采购实行支付溢价的方式，为咖啡农带来了可观的利润。星巴克希望，咖啡农从自己身上得到的，不是剥削与贫穷，而是公平与利润。与此同时，星巴克咖啡采购合同中的透明条款保证了支付溢价的实现。条款要求供应链上各节点的参与者，都需要详细记录价格支付情况，并提供证明材料。星巴克在采购时，认真核实材料的真实性，确保咖啡农能够从中获利。

进一步地，在大量"血汗工厂"事件遭到披露之后，公众希望企业要求并帮助供应商，使其承担社会责任。前文提到的SA8000即"社会责任标准"，其宗旨就是确保供应商所供应的产品，皆符合社会责任标准的要求。沃尔玛"永远低价"的全球采购攻略曾经为其赚得了巨额的利润，但其低成本的采购是建立在供应商盘剥其工人血汗的基础之上，因而沃尔玛的企业社会责任制度形同虚设。

与沃尔玛的做法相反的是，通用电气公司通过建立向供应商提供企业社会责任培训的机制，以帮助供应商实现社会责任，这可谓是通用电气近年来在承担社会责任方面的一大亮点。这个机制的最重要一环是通用电气开设的HSE（健康、安全、环境）培训课程。

该项目旨在把分布在世界各地的通用电气供应商的相关人员请进教室，通过课堂教育的方式，为他们提供有关保护环境、人身健康和安全生产等方面的培训。

（六）企业与社区居民——服务社区，承担社区公民责任

社区是指一个有明显地理界线并与企业有关系的特定区域，如村庄、城镇、区、街道等。社区居民虽然不一定与企业有直接的业务来往，但却与企业有着直接或间接的联系，维持良好的社区关系，可使企业有一个稳定的、良好的经营环境，在为社区居民提供便利和实惠的同时，获得企业自身的发展。如企业为社区居民提供就业机会；企业为社区居民生活不受干扰考虑，主动减少不利于环保的噪声、空气污染等；企业与社区的地方政府保持经常性的接触，让地方政府了解并支持企业的工作；企业为社区承担一定的社会责任，争取社区公众的理解、合作和支持，使之成为企业忠实的顾客等，都是企业与社区修好的做法。

四、企业如何面对社会责任——从社会义务向社会响应、社会责任过渡

企业承担社会责任的进步呈现出三个阶段：社会义务（Social Obligation）阶段、社会响应（Social Responsiveness）阶段和社会责任（Social Responsibility）阶段。三个阶段的关系如图 4-6 所示。

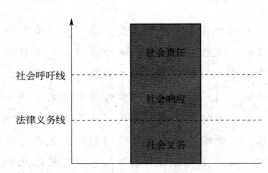

图 4-6　社会义务、社会响应和社会责任的关系

企业社会义务是指一个公司的行为符合其应履行的经济和法律责任。也就是说，一个企业承担了社会义务，只是说他的行为达到了法律的最低要求，企业所追求的社会目标仅限于有利于该企业经济目标的实现。这种做法是以社会责任的古典观点为基础的，亦即企业认为自己唯一的社会责任就是对股东的责任。

企业社会响应是指一个企业对社会压力作出反应，并用社会准则作为指导的能力。一个具有社会响应能力的组织之所以采取某种行为方式是因为它希望满足某种普遍的社会需要，它不去琢磨长远来看什么对社会有利，而只是去识别主流的社会准则（而不是法律）并改变其社会参与方式，从而对变化的社会状况做出反应。

企业社会责任是指企业追求有利于社会的长远目标的一种义务，它超越了法律和经济所要求的义务。社会责任加入了一种道德要求（不是法律或者准则要求），促使人们从事使社会变得更美好的事情，而不是去做那些有损于社会的事情。一个具有社会责任感的组织从事有助于改善社会的事情，绝不只限于法律要求必须做的或者经济上有利的事情，它之所以如此做是因为它觉得这些事情是应该做的、正确的或是合乎道德的。

可以通过下面的具体案例说明三者的区别。

美国电话电报公司（AT&T）在2013年被评为美国最佳企业公民。当前公司在录用以及晋升上不进行性别歧视，这只是其在履行社会义务。2012年11月，吉尼斯世界纪录向该公司颁发证书，证明AT&T的客户在一周内送交回收的手机数量打破了世界纪录，这是公司为应对环保进行的高效社会响应。公司联合美国环境保护基金会（Environmental Defense Fund），发起提高冷却塔使用效率的试点项目，寻找每年节水数百万加仑的最好方法；在加利福尼亚州发起了称为"不要购物袋"的活动，号召客户在零售店购物时不索要购物袋，并以这种方式向美国大自然保护协会提供捐款。这些则是企业在更大范围内主动承担社会责任的反应。

从社会义务向社会响应直至社会责任的过渡，代表了企业价值观的进步，表明了企业逐渐开始关注更加广泛的利益相关者，逐步地、越发深入地参与到社会整体福利水平的提高上来。

五、企业承担社会责任的意义

企业在追求自己的利润时，一般会使社会受益，即企业的目标和社会的目标在许多方面是一致的。例如，企业为了生存，必须要生产出符合顾客需要的产品，满足社会的需求；企业为了发展，要扩大规模，自然会增加职工人数，解决社会的就业问题；企业为了获利，必须提高劳动生产率，改进产品质量，改善服务，从而提高社会生产效率和公众的生活质量。但是，有时企业为了追求利益，可能生产伪劣产品，可能不顾工人的健康和利益，可能造成环境污染，可能损害其他企业的利益。为此，政府颁布了一系列保护公众利益的法律。一般说来，企业只要遵守法律法规，它在谋求自己利益的同时就会使公众受益。但法律不可能解决所有问题，况且目前我国的法律尚不够健全，企业有可能在合法的情况下从事不利于社会的事。

因此，企业还要受到企业道德和伦理的约束，不仅要接受政府有关部门的行政监督，还要接受社会公众和舆论的监督，进一步协调企业和社会的矛盾。当然，企业的社会化可能会负担过量的成本，降低其产品在市场中的竞争力，从而有可能降低企业的经济效益。但企业作为社会中的一员，必须负起自己的责任，而且从长远发展来看，这也是企业长期发展的必由之路。具体如下。

（一）企业承担社会责任、遵循伦理道德可以降低个体交易成本，增加社会福利，达到双赢的目的

从福利经济学家的观点来看，效率与经济活动中所有成员福利状况有密切联系。如果一个人可以在不使任何他人境况变坏的条件下使得自己境况变得更好，那么，这时的资源配置被称为"帕累托效率最优配置"，或称获得了"帕累托效率"。如果一个人的最优是通过损害他人的利益实现的，这时并未给整个经济体系的效率带来任何改善，这种状况是违反企业商誉、企业信用和企业伦理的。我们可以称之为"反经济信用行为"。

"反经济信用行为"的蔓延一方面造成社会道德、社会信用的滑坡，另一方面也扰乱

了社会经济秩序，使经济缺乏效率，并破坏社会福利。然而很多人并没有意识到"反经济信用行为"的社会后果和经济后果，以为市场经济就是挣更多的钱，企业的活动就是为了追求企业利益的最大化。当企业与企业之间的利益发生冲突、矛盾时，有的企业就会以"只要能挣到钱"为原则投机取巧坑蒙拐骗，为了自己的利益去企图损害他人利益。但企业的活动并不只发生一次，今天你骗了别人，明天你也可能被别人骗。长此以往，谁也没有从行骗中得到额外的好处，因为总的财富数量并没有增加，你的所得就是别人的所失，今天的所得就是昨天的所失。不仅如此，由于每个企业都不得不拿出大量精力来捉摸如何投机取巧，以及如何防止上当受骗，总的社会财富反而减少了。与其这样，不如遵循某些规则、道德和行为规范，依此来约束大家的行为，以求整体利益最大。日本学者弗兰西斯·福山在《信任——社会道德与繁荣的创造》一书中指出，经济活动无法脱离经济伦理和企业道德的文化背景，无法脱离国家宏观政策和企业经营管理的价值导向。1998年诺贝尔经济学奖得主阿马蒂亚·森也曾说过："一个基于个人利益增长而缺乏合作价值观，不惜牺牲经济信用为代价的社会，在文化意义上是没有吸引力的，这样的社会在经济上也是缺乏效率的，以各种形式出现的狭隘的个人利益的增进和道德的牺牲，不会对我们的福利产生任何好处。企业如此，社会更是如此。"

因此，企业遵守制度不仅符合社会的道德规范，有利于社会福利的增加，而且对于企业本身也是有利的，这是一个双赢的结果。

（二）企业承担社会责任、遵循伦理道德可以提高企业的商誉，增加企业的效益

所谓商誉，是指企业的一种特殊的信誉。具有商誉的企业，在同等条件下能获取比正常投资报酬率更高的超额收益。所以，提高企业的商誉，可以增加企业的效益。

但是，企业商誉的形成必须要有坚实的道德基础。商誉一般是由于企业优越的地理位置、悠久的发展历史、有效的管理水平、高效的组织机构、优良的员工素质、优质的产品质量、售后服务和产品价格及良好的企业形象等多种因素共同作用的结果。在影响商誉形成的诸多因素中，其核心是企业的产品、价格、服务、员工素质和公共形象等。而高素质的员工队伍要依托于企业坚实的文化底蕴和高标准的道德要求。在这种高标准的道德要求及企业文化的熏陶下，企业及管理者才能本着强烈的责任心和义务为消费者提供价廉物美的商品和优质的服务，才能充分履行自己的社会责任，也才会最终获得消费者的高度评价和认可，创造出一个赢得人们欢迎的公众形象，赢得社会信誉，从而吸引更多的顾客、员工和投资者，企业也就能获取更多的利润。

实际上从长远的发展来讲，企业对自己的道德要求越高，对它的发展就越有利。如果说一个企业一开始就是以唯利是图为其核心价值观，把消费者的利益抛在一边，那么这个企业是不可能维持长久的。惟有诚信至上、信誉至上，企业才能百年不衰。例如，在德国有一个公司叫阿尔第（音），属于折扣店，专卖最便宜的食品，但都是名牌产品，质量绝对有保障。他对顾客有一个承诺，就是最低价格。他们有一个行为准则：永远不提高商品

的利润率。为此，他会用尽一切手段把成本保持在一个跟同行业相比最低的位置，而利润永远不会超过2%。也就是说，如果成本能降下来的话，他会把利润让给客户。正是因为坚守这一承诺和这一行为准则，这个企业才从1949年发展到现在，最终成为德国零售领域最大的一个企业，经营这个企业的家族也就成为德国最富有的家族。

美国《财富》杂志每年都邀请8000余名高级管理者、非执行董事及金融分析家对年销售额在5亿美元以上的300家企业作企业信用和企业业绩相关度的评估和研究。评估的内容包括管理质量、产品或服务的质量、创新能力、希望长期投资的价值、金融状况的可靠性、吸引开发并留住人才的能力、对社区和环境的责任、企业商誉和企业信用带来的企业形象状况等。从以往的调查结果看，80%的被邀者认为管理质量是最重要的指标。但是，近年来选择"对社区和环境的责任、企业商誉和企业信用带来的企业形象状况"上升为首要指标，而且这个指标与企业经营业绩呈正相关关系。所以从企业管理的角度看，建立在经济伦理基础上的企业活动有利于企业商誉的提高。现代企业有雄厚的资金，先进的技术，优秀的管理人员，应当而且能够承担企业的伦理责任和相应的经济信用。

（三）企业承担社会责任、遵循伦理道德可以增加企业的核心竞争力

为了在激烈的市场竞争中取得竞争优势，企业必须抓住自己的核心竞争力。那么企业的核心竞争力到底是什么？有人说是技术、高科技，也有人说是企业组织制度。其实企业要做到最优秀，功夫要下在企业核心价值观上。技术、高科技可以学，组织制度可以制定，但企业全体员工内在的、伦理层面上的东西却是很难移植、很难模仿的。从这个意义上说，企业的道德、价值理念才是最终意义上的第一核心竞争力。所以说，现代企业产品的质量竞争、价格竞争、服务竞争，归根结底是企业经营理念的竞争。英籍美国学者查尔斯·汉普顿和阿尔方斯·特龙佩纳曾对美、英、德、意、瑞典、日本、新加坡等各个国家15000名企业经理进行了调查，出版了《国家竞争力——创造财富的价值体系》一书。书中指出，不同的企业在创造财富的过程中都受到各自独特的价值体系的影响，但是有一点是相同的，那就是绝大多数的企业经理人都认识到，从事"反经济信用行为"的企业，其成本大大增加了。因为现代社会信息传播的速度极快，社会舆论的监督力度非常强，企业一旦做出"反经济信用行为"，几乎马上就会被曝光，它的最重要的无形资产——商誉就会受到严重破坏，从而影响企业的竞争和发展。

（四）企业承担社会责任、遵循伦理道德可以赢得更多的合作者

一般来说，企业重视商誉和信用，会赢得更多的合作者的信赖和支持。据南开大学对天津68家公司的调查发现，如果原料供应商的老客户在原料市场疲软的时候，没有转移到要价略低的新供应商，那么将有43.68%的原料供应商很受感动，并愿意在今后原料走俏时，同等条件下优先考虑该客户；有41.98%的原料供应商深受感动，与该客户建立相互信任的关系，在以后原料走俏时，也帮他一把，稍微吃点亏

也应把货卖给他。由此可见，在互惠互利基础上的合作关系会更长久，更有利于共同的发展。

（五）企业在道义上有责任解决社会问题

很多社会问题（如噪声污染、空气污染、水污染、资源浪费、工业安全、消费者权益、计算机犯罪等），部分是由企业所造成的，企业在道义上有责任积极参与解决。如果企业不承担更多的社会责任，人们会转而要求政府监管企业，这会给企业造成很多限制。因此，企业应该积极主动地承担自身的社会责任，以提高自身的商誉，促进企业的发展。例如，在国际市场上，汽车实行招回制度是司空见惯的事情。所谓汽车招回，即投放市场的汽车，由于发现设计和制造方面存在缺陷，不符合有关的法规标准，有可能导致安全及环保问题，厂家必须及时向国家有关部门报告该产品存在问题、造成问题的原因、改善措施等，提出招回。目前实行汽车招回制度的国家有美国、日本、加拿大、英国、澳大利亚等。我国目前对此还没有法律文件。

（六）企业在承担社会责任、遵循伦理道德过程中发现投资机会，拓宽自身的发展空间

企业在承担社会责任时，可能会发现、发掘出一些发展机遇和有利可图的投资机会，使企业在解决社会问题、获得社会效益的同时，也能获得重大的经济效益。

例如，根据经贸委颁布的6号令要求，从2001年1月1日起，在全国范围内全面禁止生产、销售、使用一次性发泡塑料餐具。但是，此前使用量高达每年10万吨的一次性餐具，不可能一日之间随风消逝，这些100年都不会腐烂降解的"白色幽灵"对地球环境的威胁依然存在。如何处理这一问题呢？其实利用这些"扔进垃圾堆的资源"可以加工PS颗粒，进行二次利用；还可做成建材、日用品、强力胶等，成本将大大降低。2000年9月，北京有6家企业共同投资30万元，建成了全国第一家一次性快餐餐具回收站，以每吨2000元的价格向全社会高价收购一次性快餐餐具。他们的回收点遍布市中心及各郊区，不仅吸引了多家发泡餐具的生产者和使用者的加盟，而且为北京市民提供了近千个环保行业的就业机会。另外，诸如空气污染治理技术与设备、水污染治理技术与设备、固体废弃物及除尘处理技术与设备、节能和可再生能源利用技术与设备、资源综合利用与清洁生产技术与设备、环保材料和药剂等环保产业均蕴藏着巨大的商机，都可能成为新的经济增长点和新兴产业。这虽然是对经济活动中带来负面效应进行补偿的产业活动，但发展环保产业可以提高经济增长的合理性和持续性，从而提高经济增长质量和数量，对企业本身和社会发展均有好处，是一种长期的自利。

六、企业承担社会责任的目标——企业公民

企业公民是国际上盛行的用来表达企业责任的新术语，始于20世纪80年代。其核心观点是，企业的成功与社会的健康发展密切相关。企业公民是企业社会责任的进一步发展

和高级阶段，企业公民建设是企业可持续发展的必由之路。

英国企业公民会社对社会公民的解释是：企业是社会的一个主要部分；企业是国家的公民之一；企业有权利，也有责任；企业有责任为社会的一般发展做出贡献。建立企业公民理念，不仅意味着企业主动承担更多社会责任，还包括对其参与社会环境改造的权利和义务的法律保障。

美国波士顿学院企业公民研究中心对社会公民的解释是：企业公民是指一个公司将社会基本价值与日常商业实践、运作和政策相整合的行为方式。一个企业公民认为公司的成功与社会的健康和福利密切相关，因此，它会全面考虑公司对所有利益相关者的影响，包括雇员、客户、社区、供应商和自然环境。

企业公民行为表现在以下六个方面。

① 公司治理和道德价值：主要包括对法律、法规的遵守情况，防范腐败贿赂等交易中的道德行为准则问题，以及对公司小股东权益的保护。

② 员工权益保护：主要包括员工安全计划、就业机会均等、反对歧视、生育期间福利保障、薪酬公平等。

③ 环境保护：主要包括减少污染物排放，废物回收再利用，使用清洁能源，减少能源消耗，共同应对气候变化和保护生物多样性等。

④ 社会公益事业：主要包括员工志愿者活动、慈善事业捐助、社会灾害事件捐助、奖学金计划、企业发起设立公益基金会等。

⑤ 供应链伙伴关系：主要包括对供应链中上、下游企业提供公平的交易机会。

⑥ 消费者权益保护：主要包括企业内部执行较外部标准更为严格的质量控制方法，对顾客满意度的评估和对顾客投诉的积极应对，对有质量缺陷的产品主动召回并给予顾客补偿等。

如今，企业公民是优质企业的代名词，能极大地提升企业的社会形象。自2000年起，美国每年都评选国内最佳企业公民100强；2004年我国开始设计"中国100位优秀企业公民排行榜"的评价标准和评价程序。

强生（Johnson & Johnson）公司在2014年美国最佳企业公民100强榜单中排名第二，这是一家生产医疗设备和消费品的著名的国际型公司，其社会责任记录一直令人瞩目。在透明度方面，该公司在2014年2月采取大胆举措，通过耶鲁大学的开放数据访问项目（Open Data Access Project）向全世界的科学家开放其临床试验数据。耶鲁大学心脏病学教授哈兰·克鲁姆霍兹在纽约时报网站上写到，这个项目"颠覆了制药行业对待数据的传统观点，这种观点认为，数据是一旦公开就会失去价值的资产"。强生还致力于联合国的千年发展目标，采取了旨在改善妇幼儿童健康的多项举措，包括大范围分发用于杀灭儿童肠道寄生虫的药物甲苯咪唑（Mebendazole）。另外，强生将甲醛和1,4-二氧六环等具有潜在危害性的化学物质从其所有的婴幼儿产品（包括该公司受欢迎的婴儿洗发水）中移除，并且承诺到2015年将这些化学物质从成人产品中移除。

复习思考题

1. 企业遵守伦理和承担社会责任的意义是什么？
2. 企业承担社会责任与盈利的关系如何？
3. 企业应该对谁承担哪些社会责任？

案例

案例 4-1　　　　　　　百时美施贵宝公司如何承担企业社会责任

百时美施贵宝公司（Bristol-Myers Squibb，以下简称施贵宝）是一家以科研为基础的全球性的从事医药保健及个人护理产品的多元化企业。公司的使命是"延长人类寿命，提高生活质量"，其主要业务涵盖医药产品、日用消费品、营养品及医疗器械。在美国已有100多年历史的施贵宝，今天已发展成为一家年销售额为200多亿美元，遍及世界120多个国家和地区，拥有54000多名员工的全球性多元化企业，公司总部设在美国纽约。因其优异的社会责任表现，这家公司在2014年美国《企业责任》杂志颁布的"百名最佳企业公民"中荣登榜首，是目前唯一一家三次荣登榜首的公司。

施贵宝恪守开发和生产新型药物以帮助患者战胜恶疾这一公司宗旨，并坚定不移地信守其在经济、社会及环境可持续性方面的承诺。诚信是公司运营的基础。作为生物制药业的领头羊，施贵宝认真履行其责任，一直以来都为其全球的患者、公司、员工、股东及社区的利益而尽职尽责。

公司清楚地意识到，世界范围内的患者面对着健康方面的差距和卫生保健方面的障碍。一些人口——尤其是城郊和农村的穷人、妇女、少数民族以及被边缘化的人——相比其他人将健康情况更糟。通过创立施贵宝基金，公司努力缩小这种差距，同非洲的艾滋病、亚洲的肝炎、美国的严重精神疾病以及中东欧的癌症作斗争。

公司发起了"糖尿病，我们共同面对"这一美国最大的企业倡议，以对Ⅱ型糖尿病进行预防和控制。2012年施贵宝宣布基金会将在未来五年投入1500万美元，将"糖尿病，我们共同面对"系列慈善项目拓展到中国和印度。施贵宝基金会将与中国和印度的伙伴机构合作，加强社区医务工作者的能力建设，并整合针对成人Ⅱ型糖尿病患者的医疗保健及社区支持服务。

从1999年开始，施贵宝公司就开展具有突破性的"拯救未来"（Secure the Future）项目。这1.5亿美元的项目在非洲通过创新、全面、从公众到个体的理念，积极参与艾滋病的防治工作，尤其是儿童艾滋病群体的治疗，该项目资助了在非洲20个国家的艾滋病研究、社区教育、医师培训、医疗基础设施建设等240多个项目，成为非洲第一个也是最大的企业抗击艾滋病项目。

2013年12月，施贵宝更是加入了药物专利池组织（Medicines Patent Pool）。这个位于瑞士日内瓦的国际组织向发展中国家的艾滋病患者提供廉价的治疗药物。施贵宝的加入大大扩大了一种名为 Atazanavir 的药物在 110 个发展中国家的使用。这个制药巨头还在 2014 年 1 月向美国糖尿病协会（American Diabetes Association）捐款 500 万美元，并在同年 3 月份向四个为癌症患者提供帮助的非盈利组织捐款 100 万美元。

保护自然资源一直是施贵宝主要的社会承诺之一。公司在 2000 年提出的"2010 可持续目标"已经在降低公司环境影响方面取得了巨大进步。从那时开始，公司都达到并超越了大多数环境目标，包括对能源的使用降低了 40%。公司在马萨诸塞州的德文斯市的最先进的生物制品制造设施通过了美国绿色建筑协会的能源及环境设计先锋（LEED）认证。

施贵宝的员工被视为公司成功的基石。施贵宝培养了多元化的员工队伍和包容性的公司文化，公司认为，多元会给公司带来优势。公司年复一年地被认为是女性管理人员和在职父母就职的最佳公司，并被人权运动基金会（Human Rights Campaign Foundation）评比的年度企业平等指数（Corporate Equality Index）所认可。

案例讨论：
1. 百时美施贵宝公司为何会三次荣登"百名最佳企业公民"榜首？
2. 企业社会责任与企业公民二者关系如何？

案例 4-2 紫金矿业"环保门"

2010 年 7 月 4 日，福建上杭县下都乡渔民发现大批死鱼出现，他们的第一反应是"紫金山又在排毒水"。"毒水"是渔民对紫金矿业采矿过程中所产生废水的称呼。汀江渔民经常因为"毒水"遭遇死鱼现象，只是紫金矿业从不承认两者之间的联系。如此大规模的死鱼出现引起了渔民的愤慨，问题当即被反映至当地政府。

7 月 12 日，紫金矿业废水污染汀江流域的消息被证实，仅汀江流域棉花滩库区死鱼和中毒鱼即达 378 万斤；同日紫金矿业紧急停牌，公告了 9 天前的废水泄漏事故——紫金山铜矿湿法厂 9100 立方米含铜酸性污水进入汀江。这正是汀江死鱼及水质变绿的原因，也是紫金矿业第一次公开承认污染问题。政府部门紧急介入，环保部、福建省环保局、福建省证监局等调查组随即赶到。环保部会同福建环保厅、龙岩市政府组成的联合调查组最后认定，此次事件是重大突发环境事件，事因在于，"企业污水池防渗膜破裂，导致污水大量渗漏后通过人为设置的非法通道溢流至汀江"。

这种人为设置的非法通道，就是紫金矿业人为非法打通的排洪洞。紫金矿业湿法炼铜的循环利用和环保设施系统并不能利用所有废水，如果按环保标准对这些污染水进行处理，是需要付出高成本的。紫金矿业找到了一个低成本的处理方法，那就是不定期通过排洪道排泄废水。

而在此前，居住当地的上杭人，已 10 余年不敢喝自来水（水源来自汀江紫金山下游）。多年来，上杭人仅买水一项费用累计支出便在亿元以上，因环境污染转产的下都乡渔民每年损失 2000 万元以上。

肇事铜矿位于紫金山脉一隅，是紫金山金铜矿的主体组成部分，也是紫金矿业的主要经营资产。紫金山"上金下铜",伴随着金矿逐渐枯竭的风险,铜矿逐渐成为紫金矿业的主要利润来源。2009年紫金矿业集团产铜8.48万吨,与上一年相比增长38%;铜矿业务收入占比10.75%,利润占比已达21.52%。当时全球铜市场震荡下行,紫金矿业铜销售价格同比下降20%以上,但对集团利润贡献并无影响。这主要归功于紫金矿业的成本控制。紫金矿业说,公司所拥有的堆浸选冶技术、湿法冶金工艺等100多项专有技术和11项专利技术,给紫金矿业在矿产资源开发方面带来低成本的巨大经济效益。

2008年3月,集团公司的核心企业——紫金山金铜矿凭借其国内黄金单体矿山储量最大、采选规模最大、产量最大、矿石入选品位最低、单位矿石处理成本最低、经济效益最好六大优势,被中国黄金协会评为"中国第一大金矿"。紫金矿业以低成本抵御了金融危机的影响,实现和保持了净利润两位数增长,2009年12月31日公司市值达1277亿元,跻身英国《金融时报》2009年度全球500强企业(市值)排行榜第243名,成为中国乃至全球的大市值公司。

然而,随着对突发污染事件的深入调查,紫金矿业的低成本真相逐渐浮出水面。紫金矿业宣称的所谓技术,始于紫金矿业董事长陈景河大胆采用氰化钠溶液提炼黄金,这一方法在降低成本的同时意味着严重污染的产生。虽然后来堆浸技术、湿法工艺在流程上成功打通并成为国家支持技术,但整个系统依然做不到全封闭、无污染,尤其是循环利用系统不能消化所有废水。对生产中系统循环利用不能完全消化的、后期处理困难的废水(污染水),紫金矿业的做法是将其直接排往汀江。

对于低品位矿的开采,加上高污染的排放,正是紫金矿业低成本利润的来源。在低成本采矿模式下,紫金矿业快速增长——原本需要高投入消化的污染问题,在破坏性的生产模式下变成了成本优势。这让紫金矿业敢于进入更多在竞争对手眼中无利可图的低品味矿开发领域。随着紫金矿业可开采矿产品位的不断降低,紫金山铜金矿的可开采矿产储量也不断增多。紫金山因此被称为国内最大单体黄金矿山,紫金矿业也成为中国最大黄金企业。

一个A股、H股同时上市的明星公众公司,紫金矿业并非没有受到外来质疑、检查;当地百姓、离休老干部也曾屡次上访,但这一切对紫金矿业的质疑,都在当地政府的斡旋下被推在一边。

2009年紫金矿业对于上杭县财政收入的贡献率占到了60%,上杭政府各部门干部在紫金矿业任职、挂职的大有人在。

此次肇事铜矿湿法厂在2009年9月曾收到福建省环保部门的整改要求。当时环保部门检查时发现紫金矿业排放大量超标污水到汀江,随即给出了整改要求。但直至此次突发事故,一年前要求的整改并未完成。除此之外,2008年紫金矿业接受上市环保审查时,被勒令停产整顿的5家下属公司,直到2010年5月环保部再次核查,整改仍未完成。2010年5月,环保部发文批评了包括紫金矿业在内的11家存在严重环保问题的上市公司,称紫金矿业7家下属子公司存在不同类型的环保问题。

紫金矿业停牌公告发生污染事故的第二天,也就是7月13日,其A股下挫3.68%,

报收于 5.76 元，H 股下挫 12.19%，报收于 4.9 港元。

国庆长假后的第一个开盘日——10 月 8 日，紫金矿业对外公布了福建省环保厅 9 月 30 日对其下发的《行政处罚决定书》，"经调查，7 月 3 日和 7 月 16 日，紫金山金铜矿铜矿湿法厂先后两次发生含铜酸性溶液渗漏，造成汀江重大水污染事故，直接经济损失为 3187.71 万元……根据《中华人民共和国水污染防治法》第八十三条第一、二款的规定及《福建省环境保护行政处罚自由裁量权细化标准（试行）》第 99 点关于对《中华人民共和国水污染防治法》第八十三条的细化标准，福建省环境保护厅决定对紫金山金铜矿做出如下行政处罚：1、责令采取治理措施，消除污染，直至治理完成；2、罚款人民币九百五十六万三千一百三十元。"

（资料来源：《财经国家周刊》，2010 年 8 月 3 日）

案例讨论：

1. 紫金矿业案例中主要涉及哪些利益相关者？他们各自的利益是什么？
2. 你认为紫金矿业所秉承的是哪种伦理观？请结合案例对该种伦理观进行评价。

第五章

管理信息

一个成功的决策，等于90%的信息加上10%的直觉。

——美国企业家 S·M·沃尔森

战略制定者要在所取信息的广度和深度之间做出某种权衡。

——麦肯锡前董事总经理 弗雷德里克·格卢克

《文学文摘》缘何倒闭

1936年美国总统大选在即，当时一本著名杂志《文学文摘》就在读者中做了一次问卷调查，断言共和党的兰登即将以57%对43%的绝对优势大胜民主党的罗斯福——这可是根据240万份调查问卷得到的结果。这么大规模的调查，如同宣告了兰登的胜利，可是，最后的结果却让人大跌眼镜：罗斯福以62%的支持率成功连任美国总统。出现了这个戏剧性的丑闻后，《文学文摘》业绩直接掉落为零，最后竟然倒闭了。对于《文学文摘》来说，他们的问题出在哪里呢？

现在看来，《文学文摘》的调查问卷虽然数量庞大，但是样本构成大有问题。首先，最可能看到这个调查的是这个杂志的常客，而他们参加调查的动机各有不同。另外，这个话题更能引发人的兴趣，有些则只是很少的人关心。这都会导致最终参加调查的人是一个有偏的样本。结论可能代表了这些人群，却不能推广到全体。

其次，问卷的回收率只有24%，忽略那些没有被回收的问卷就等于是忽略了剩余760万人的意见。《文学文摘》杂志社还通过电话调查的方式对自己的读者进行了抽样，但在1936年，并不是每一个家庭都能装得起电话——那些订阅杂志、用电话的人家往往都是有钱的人，他们并不能代表全美国的选民意见。最终，这些看起来不算起眼的问题对他们的预测结果产生了巨大影响，事情的发展也走向了完全相反的方向。

第一节　管理信息概述

20世纪50年代,西蒙创立了管理的决策学派,认为决策贯穿于管理的全过程,管理就是决策。但是决策的前提基础是信息。1958年,盖尔写到:"管理将以较低的成本得到及时准确的信息,做到较好的控制。"由此可以看出,信息是管理上的一项极为重要的资源,管理工作的成败取决于能否做出有效的决策,而决策的正确程度则在很大程度上取决于信息的质量。

一、信息与管理信息的含义

信息是组织的一种资源,指音讯、消息、通讯系统传输和处理的对象,泛指人类社会传播的一切内容。人通过获得、识别自然界和社会的不同信息来区别不同事物,得以认识和改造世界。

管理信息是指那些以文字、数据、图表、音像等形式描述的,专门为某种管理目的和管理活动服务的信息。从企业经营运作的角度来看,为了完成既定目标,做好管理控制工作,就不能没有信息。在现代化的大企业中,生产规模日益扩大,劳动分工日益精细,企业内部和企业之间的联系越来越复杂,外部环境也不断变化,这就将企业置于各种不确定性之中。而数学家香农于1948年指出"信息是用来消除随机不确定性的东西"。因而,企业存在于信息的汪洋大海之中,就要对信息进行综合分析,迅速有效地向企业各级人员提供必要的信息,这样,管理者才能对企业的生产经营活动进行合理的控制,减少内外部不确定性带来的影响。在任何一个管理系统中,管理者都是借助于信息来实施其管理的。因此,一般意义上的管理信息主要是指能够对管理活动产生影响的信息,它是管理者与被管理者、管理者之间、被管理者之间沟通和协调的介质。

二、管理信息的作用

(1) 信息是企业活动的基础

企业由任务、人、财(资金)、物资(燃料、原材料、半成品、成品)、设备技术和信息等要素构成。一个工业企业为了生产市场需要的某种或某些产品,把人、财、物、设备等按一定的结构组织起来,形成由生产作业、计划调度、物资采购、产品销售、技术开发、财务会计和人事行政等子系统组成的系统。

企业的活动可以分为两大类:生产经营活动和管理活动。生产经营活动从购进原材料开始,经仓库到车间,利用设备,消耗动力进行加工,最后制成成品,运输、销售出去。管理活动从收集内、外信息开始,决策、计划、制定定额与标准,发出指令,组织协调全厂职工进行生产经营活动,执行中的情况及时反馈给领导人,再采取措施,加以控制与调节。

不论是生产经营活动，还是管理活动，都是构成企业的六要素的运动，这些要素的运动形成两种主要流：物流和信息流。物流和信息流主要体现在企业与外界之间和企业内部两个方面。

第一，企业与外界环境之间。企业从环境得到某些物质和信息，如发现市场上某种产品供不应求，或从预测知道某种产品能适销对路，从外界采购原材料、零部件等；同时，企业本身也给环境以某些物质与信息，如生产出来的产品、销售广告，企业本身的生产、技术情况对其他企业来说，又是重要的信息。

第二，企业内部各组成部分之间。企业中各环节，各部门的活动构成了企业的生产经营活动，工厂从采购原材料，加工零件、装配、调试、验收，到产品出厂，这些都是物品在运动。围绕和伴随着这些物品运动的是各种信息文件，如生产计划、设计图纸、工艺流程、统计报表、定额标准、规章制度等。这些信息在企业各环节、各部门之间流动，形成企业内部的信息流。企业总是为生产一定的物品（产品）而存在的，所以，物流体现了企业的基本业务活动，是企业最基本的运动过程。但是，企业物质的每个运动都离不开信息，信息流引导、指挥着物流，规划和调节物流的目标、方向、数量和速度，使物流按一定的目的和规则有效地运动。物流各个子系统正是通过信息这个黏合剂和纽带联系起来，共同实现整个企业的预定目标。由此可以说信息是企业生产活动和管理活动的基础。

（2）管理信息是决策的基础

企业的中心工作在经营，经营的重心在决策。经营决策的目的，是谋求企业外部环境、内部条件和经营目标这三方面综合因素的动态平衡，这三个综合因素，各自又都包含许多具体因素，它们又都是经常变化的。其中，最活跃的、起主导作用的因素是企业的外部环境。现代社会发展的趋向是生产的社会化、产品的商业化，生产技术的进步与设备的更新越来越快，新产品层出不穷，市场行情千变万化。这些都是不依企业的意志为转移的客观存在，企业很难要求或指望外部环境适应自己，而只能准确、灵敏地把握这些信息，做出决策，并在实施过程中进行有效的控制。所以我们说信息是企业经营决策的依据。决策的水平与质量在很大程度上依赖于信息工作的水平与质量；要搞好经营决策必须重视信息工作，重视对信息的研究，尤其是外部信息的研究。

（3）管理信息是实施管理控制的依据

在管理控制中，以信息来控制整个生产、服务过程的运作，也靠信息的反馈来不断地修正已有的计划，依靠信息来实施管理控制。有很多事情不能很好地控制，其根源是没有很好地掌握全面的信息。

（4）管理信息是联系组织内外的纽带

企业跟外界的联系，企业内部各职能部门之间的联系也是通过信息互相沟通的。因此要沟通各部门的联系，使整个企业能够协调地工作就要依靠信息。所以，它是组织内外沟通的一个纽带，没有信息就不可能很好地沟通内外的联系和步调一致地协同工作。

三、对管理信息的基本要求

从管理工作各项职能来看，为了达到有效的管理，管理信息应符合以下基本要求。

(1) 管理信息的准确性

即信息必须真实，客观地反映实际情况。虚假的信息往往对组织决策者产生误导，使其作出错误的判断和决策，从而给组织造成损害。

(2) 管理信息的及时性

信息具有时间价值，在管理活动中，信息的加工、检索和传递一定要快，只有这样，才能使管理者不失时机地对生产经营活动作出反应和决策。如果信息不能及时地提供给各级主管人员及相关人员，就会失去信息支持决策的作用，甚至有可能给组织带来巨大损失。

(3) 管理信息的可靠性

信息的可靠性除与信息的精确程度有关外，还与信息的完整性成正比关系。完整性是指管理信息的收集和加工不仅应全面、系统，而且应具有连续性。企业的生产经营活动是一个复杂的系统，而外部影响企业经营的环境因素又是众多的。因而，企业必须全面收集反映企业各方面的信息，才能保证统一地指挥、协调、控制企业内部的活动，才能使企业适应外部环境的要求。同时，客观世界是永恒变化的，其发出的信息也是连续不断变化的，因而只有对这些不断变更的信息进行连续地收集和加工，才能正确地把握事情的本质，从而为主管人员的决策提供可靠的依据。

(4) 管理信息的适用性

管理工作需要的是适用的信息。由于不同的管理职能部门，其工作业务性质和范围不同，因而其对信息的种类、范围、内容等方面的要求也是各不相同的。因此，信息的收集和加工处理应有一定的目的性和针对性，应当是有计划地收集和加工。

四、管理信息的特征

(1) 有效性

有效性是管理信息的首要特征，它是指采集的信息对于管理目的和管理活动必须有效，对管理过程中的调查预测、计划目标、战略决策、组织结构、人员配备、监督控制等都要有用，包括信息在时间上要及时，数量上要适当，质量上要准确，内容上要适用，否则，这种信息不仅无益，反而有害。

(2) 共享性

从管理信息角度来说，信息的共享性主要表现在不同领域、不同层次、不同部门、不同单位往往都可共同使用某种信息资源。正确认识和顺应这一特征，对于建立管理信息系统并发挥其重要作用具有重要的意义，避免在信息的收集、加工、传输、储存等方面的重复劳动。在现代社会中，信息资源的国际共享，Internet 国际互联网的建立，信息高速公路的诞生，使信息的共享性达到前所未有的程度。

（3）等级性

管理信息是分级的。处在同一层级的管理者对同一事物所需要的信息不同，同一单位不同层次的管理者对信息的需要更是有所差异。从信息需要的重要性上可分为战略级、战术级和作业级信息。战略级信息主要指高层管理者需要的关系到全局和长期利益的信息，例如用以决定工厂新建、改建、扩建或停止运营的信息；战术级信息为部门负责人需要的关系局部和中期利益的信息，例如销售部门用以对每季度销售额进行计划和检查计划执行情况的信息。作业级信息是关系基层医疗业务的信息，例如每天门急诊和住院人次和各种统计数据、考勤等。

（4）综合性

信息往往不能反映事件全部的客观事实，数据的收集或信息的转换与主观思路关系甚大，所以只有舍弃无用的和次要的信息才能正确地使用信息。管理必须全面地收集信息并进行综合分析、加工，才能充分认识和考虑各种内外因素引起的积极的或消极的影响程度，才能保证信息在决策、计划、控制等方面发挥重要作用，做到统筹兼顾、综合平衡、协调发展。

（5）经济性

所谓信息的经济性就是指，同企业生产的产品一样，信息同样存在着投入产出的问题。对于信息的投入是必要的，但也要重视费用效益的对比分析。信息的经济性要求花费尽可能少的成本而获取尽可能多且有效的信息，这就要求管理者既要重视对信息部门的经济投入，强调它们对于管理的重要性，健全信息管理组织和人员配备，又要注意信息的经济性和实用性。

（6）滞后性

信息是由数据转换而来的，因此它不可避免地落后于数据。而且信息的使用价值必须经过转换才能得到，这种转换也必须从数据到信息再到决策，最后取得效果，它们在时间关系上是：从前一个状态转换为后一个状态的总是存在时间间隔，这就是信息的滞后性。同时又由于信息是有寿命的，很多信息很快就会过时，因此要重视及时转换，否则信息就失去了其应有的价值。

第二节　管理信息工作的内容

管理信息工作由信息的收集、信息的加工、信息的存储、信息的传递、信息的维护和信息的使用六个方面内容组成。

一、信息的收集

信息收集就是通过各种途径对相关信息进行搜索、归纳、整理并最终形成所需的有效信息的过程。信息收集是信息得以利用的第一步，也是关键的一步。信息收集工作的好坏，直接关系到整个信息管理工作的质量。信息的收集必须注意信息的质量、价值和时效性，它直接影响整个信息管理工作的质量和效率。收集的信息可以分为原始信息和加工信息两大类。原始信息是指在经济活动中直接产生或获取的数据、概念、知识、经验及其总结，是未经加工的信息。加工信息则是对原始信息经过加工、分析、改编和重组而形成的具有新形式、新内容的信息。

（一）信息收集应遵循的原则

① 可靠性原则：收集的信息必须是真实对象或环境所产生的，必须保证信息来源是可靠的，必须保证收集的信息能反映真实的状况。可靠性原则保证信息的有效性。

② 完整性原则：收集的信息在内容上必须完整无缺，必须按照一定的标准，要尽可能反映事物全貌。完整性原则保证信息的综合性。

③ 实时性原则：能及时获取所需的信息，所获取的信息要新，获取信息所花的时间要短。实时性原则保证信息的时效性。

④ 准确性原则：收集的信息与应用需求密切相关且表达无误。准确性原则保证信息的价值。

⑤ 易用性原则：收集到的信息具备适当的表示形式，便于使用。

（二）信息收集的方法

信息的来源包括事物本身、他人及报纸、广播、电视、网络等诸多媒体，在当今社会的技术条件下，信息收集的工具也多种多样，如摄像机、扫描仪、录音器等。因而，可以借助不同的工具，从众多信息源获取大量相关信息。常用的信息收集方法如下。

调查法：若调查的对象是人，则主要采取访问调查法和问卷调查法。

观察法：包括对人的行为和客观事物的观察，观察法应用很广泛，常和询问法、搜集实物结合使用，以提高所收集信息的可靠性。

实验法：实验法也有多种形式，如实验室实验、现场实验、计算机模拟实验等，实验法能通过实验过程获取其他手段难以获得的信息或结论。

文献法：文献法就是从浩如烟海的文献中检索出所需的信息的过程。在现代计算机系统高度发达的情况下，文献检索工作的效率得以极大地提高。

网络信息法：网络信息是指通过计算机网络发布、传递和存储的各种信息，同时网络也可以作为一种信息收集工具，与实验法、调查法、文献法等结合使用，大大提高了信息收集效率。

除此之外，信息收集的方法还包括查阅法、视听阅读法、集采法、联系法等。

二、信息的加工

信息加工是对收集来的信息进行去伪存真、去粗取精、由表及里、由此及彼的加工过程。它是在原始信息的基础上，生产出价值含量高、方便用户利用的二次信息的活动过程。这一过程将使信息增值。只有在对信息进行适当处理的基础上，才能产生新的、用以指导决策的有效信息或知识。否则在信息爆炸时代，企业每时每刻要接收到海量的信息，尤其是从互联网上获得的各类信息掺杂在一起，很容易使企业陷入信息迷茫。

信息加工首先要求对信息进行识别，即信息接收者从一定的目的出发，运用已有的知识和经验，对信息的真伪性、有用性进行辨认与甄别。"只有正确地舍弃信息，才能正确地使用信息"，如果不能进行筛选，过量的甚至是虚假的信息会让企业决策者变得无所适从。另外，在这样一个充满了动荡的时期，一些对企业未来发展的重要信息往往在开始表现得并不明显，企业要真正洞察先机，就必须善于从一些细微的变化中体察到可能带来重大变化的"苗头信息"，从而洞察先机，掌握主动权。

信息经识别和甄选之后要进行分类和排序，因为收集来的信息是一种初始的、零乱的和孤立的信息，只有把这些信息进行分类和排序，才能存储、检索、传递和使用。

对分类排序后的信息要进行分析比较、研究计算，这样才能使信息更具有使用价值乃至形成新信息。

三、信息的存储

信息存储是将加工整理序化后的信息按照一定的格式和顺序存储在特定的载体中的一种信息处理活动，其目的是为了便于信息管理者和信息用户快速、准确地识别、定位和检索所需的信息。如果没有信息储存，就不能充分利用已收集的信息，同时还要再次耗费人力物力来组织信息的重新收集、加工。有了信息储存，就可以保证信息的随用随取，为单位信息的多功能利用创造条件，从而大大降低了费用。

信息存储的形式可以是文字、音频、音像、数据、图表等，而藉由计算机技术的发展，存储介质已经由原来的书面存储发展出更多的形式，如光盘、硬盘、闪存、U盘、CF卡、SD卡、MMC卡、SM卡、记忆棒、XD卡、网盘等。

四、信息的传递

信息的传递是指人们通过声音、文字、图像或者动作相互沟通消息的过程。信息传递研究的是什么人，向谁说什么，用什么方式说，通过什么途径说，达到什么目的。

现代的信息如通过有线通讯、无线通讯与数字通讯进行传递，其速度早已不是古时鸿雁传书与烽火狼烟所能比拟的。即便如此，信息传递中仍可能有干扰发生。因为信息传递中有三个基本环节，即信息的传达人需要将信息"译出"，将其转变为接受人所能懂得的语言或图像等；信息的接收人要将其接收到的信息转化为自己所能理解的解释，称为"译进"；接收人要将其接收并处理过的信息再传递给传达人，称为"反馈"。在这三个环节中，都可能由于表达、理解能力以及双方情感等等原因而发生对信息的误读，从而造成传递信息的失真。因而，保证信息的真实性不仅是在信息收集过程中至关重要，在信息传递中亦是如此。

五、信息的维护

信息维护是指保持信息处于适合使用的状态，其目的是保证信息的准确、及时、安全和保密。狭义的信息维护指经常更新存储介质中的数据，使其保持正常状态，广义的信息维护指信息系统建成后的全部数据管理工作。

企业经营的内外部环境处于不断的变化之中，信息不断地更新迭代，因而，企业就要对过去所存储的信息进行更新，以保证信息的准确性。

为了保证信息的及时性，需要熟练的技术操作人员把常用信息放在易取位置，使各种存储介质处于良好的运行状态，以便及时提供信息。

企业的有些信息需要对外公开，或者进行内部的共享，另一些信息则对安全性和保密性方面要求较高。存储介质的损坏、操作的失误、以及外界的非法入侵等，都有可能使企业的信息安全受到威胁，进而造成经济上的损失。尤其是在网络以及大数据时代，这种可能性越来越高，因而，保护信息的安全与隐秘就成为一个重要的任务。

六、信息的使用

信息的使用者包括外部使用者，如政府部门、客户、投资者等，他们需要通过公开的渠道获得诸如企业概述、企业产品、企业财务报告等公开信息，企业对信息的真实、准确、及时性负有义务。

企业内部的信息使用者需要通过局域网等共享一些信息。所谓信息共享，是指信息在企业不同层次、不同部门之间的交流与共用，就是把信息这一种在互联网时代中重要性越趋明显的资源与其他人共同分享，以便提高信息资源利用率，避免在信息采集、存贮和管理上重复浪费，避免信息孤岛造成的效率浪费。比如一个生产型企业，销售部门应该有自己的销售计划，车间则应该依据这个销售计划并结合库房的存货制订自己的生产计划，采购部门则应根据车间的生产计划和库房原材料的库存情况制定自己的采购计划。如果这些环节中各部门各自为战，或者信息不畅，则很可能出现库存积压或者是缺货的情况，造成整体库存成本上升。

信息的共享不仅在企业内部普遍运用，且在供应链上下游企业之间也得以实现。现如今，企业与企业之间的竞争已转化为供应链之间的竞争，因此建立完善的供应链信息平台已成为必然趋势。沃尔玛与宝洁公司是较早进行供应链信息共享的合作伙伴。20世纪80年代，在这两家公司开始合作之前，美国零售商和制造商分享的信息很少，双方总是围绕着商品价格和货架位置争夺控制权。这两家企业合作之后，通过EDI（电子数据交换）和卫星通讯实现联网。借助于这种信息共享系统，宝洁公司除了能迅速知晓沃尔玛物流中心内的宝洁产品库存情况外，还能及时了解其产品在沃尔玛店铺的销售量、库存量、价格等数据。这样不仅能使宝洁公司及时制定出符合市场需求的生产和研发计划，同时也能对沃尔玛的库存进行单品管理，做到连续自动补货，防止出现商品的断货或者库存积压情况。

沃尔玛与宝洁公司信息共享带来的利益，以及供应链思想的广为接受，使企业看到，企业间已从过去建立在客户交易基础上的关系向基于共同利益的协作伙伴型关系转变，因而供应链各个经营者间交换信息、协调进行库存管理成为可能。而先进的库存管理方法和技术的出现使这种可能变为现实。例如零售商与其他供应链成员共享 POS 数据，就能使各成员对实际顾客需求的变化作出响应。

在网络化的时代，信息的收集直至维护与使用不仅仅是技术熟练的信息系统管理人员的任务，也是企业很多职员需要掌握的技能。

第三节　管理信息系统

管理信息是企业用以决策、实施管理控制、联系内外部关系的重要资源。然而信息的纷杂和管理流程的复杂性都对信息管理工作提出了挑战。因而，如何能快速有效地对信息进行管理成为重要话题。计算机与互联网的出现解决了这一难题，管理信息系统的开发与应用极大地提高了信息的利用效率。管理信息系统最初于 1961 年由美国经营管理协会及其事业部的 J. D. Gallagher 首次提出，进入 20 世纪 80 年代以后，随着各种技术特别是信息技术的发展，管理信息系统得到了同步发展。

一、管理信息系统的涵义及特点

管理信息系统（Management Information System，简称 MIS），是一个以人为主导，利用计算机硬件、软件及其他办公设备进行信息的收集、传递、存贮、加工、维护和使用的系统。它以企业战略竞优、提高收益和效率为目的，同时支持企业高层决策、中层控制和基层操作。管理信息系统提供给管理者需要的信息来实现对组织机构的有效管理。

管理信息系统的主要特点如下。

（1）面向管理决策

管理信息系统是继管理学的思想方法、管理与决策的行为理论之后的一个重要发展，它是一个为管理决策服务的信息系统，它必须能够根据管理的需要，及时提供所需要的信息，帮助决策者作出决策。

（2）综合性

从广义上说，管理信息系统是一个对组织进行全面管理的综合系统。一个组织在建设管理信息系统时，可根据需要逐步应用个别领域的子系统，然后进行综合，最终达到应用管理信息系统进行综合管理的目标。管理信息系统综合的意义在于产生更高层次的管理信息，为管理决策服务。

（3）人机系统

管理信息系统的目的在于辅助决策，而决策只能由人来做，因而管理信息系统必然是一个人机结合的系统。在管理信息系统中,各级管理人员既是系统的使用者,又是系统的组成部分。在管理信息系统开发过程中,要根据这一特点,正确界定人和计算机在系统中的地位和作用,充分发挥人和计算机各自的长处,使系统整体性能达到最优。

(4) 与现代管理方法和手段相结合的系统

只简单地采用计算机技术提高处理速度,而不采用先进的管理方法,管理信息系统的应用仅仅是用计算机系统仿真原手工管理系统,充其量只是减轻了管理人员的劳动,其作用的发挥十分有限。管理信息系统要发挥其在管理中的作用,就必须与先进的管理手段和方法结合起来,在开发管理信息系统时,融进现代化的管理思想和方法。

(5) 多学科交叉的边缘科学

管理信息系统作为一门新的学科,产生较晚,其理论体系尚处于发展和完善的过程中。研究者从计算机科学与技术、应用数学、管理理论、决策理论、运筹学等相关学科中抽取相应的理论,构成管理信息系统的理论基础,从而使其成为一门有着鲜明特色的边缘科学。

二、管理信息系统的基本功能

① 数据处理功能:这是管理信息系统的基本功能,通过此功能得以实现数据的收集、加工、存储、传递等,为其他功能的实现提供最基础的信息资源。典型的如财务管理系统。

② 计划功能:根据现存条件和约束条件,提供各职能部门的计划,如生产计划、财务计划、采购计划等,并按照不同的管理层次提供相应的计划报告。

③ 控制功能:根据各职能部门提供的数据,对计划执行情况进行监督、检查、比较执行与计划的差异、分析差异及产生差异的原因,辅助管理人员及时加以控制。

④ 预测功能:运用现代数学方法、统计方法或模拟方法,根据现有数据对未来的销售、需求等情况进行预测,以便为库存管理、产品设计等提供支持。

⑤ 辅助决策功能:采用相应的数学模型,从大量数据中推导出有关问题的最优解和满意解,辅助管理人员进行决策,以期合理利用资源,获取较大的经济效益。典型的就是决策支持系统。

三、管理信息系统的结构

管理信息贯穿于企业管理的全过程,同时涵盖了企业管理业务的各个层面,因此,一个好的管理信息系统也应从结构上服务于管理的各个方面。

(一) MIS 的交叉结构

管理信息系统从结构上可以分为两类,而这两类相互交织,构成了 MIS 的交叉结构:

(1) 基于管理层次的纵向结构

管理活动一般分为高中低3个层次,三个管理层次的主要工作内容分别为制定战略、进行管理控制及作业运行管理。工作内容的不同必然导致所要求的信息具有不同特征,如表5-1所示。与此相对应，管理信息系统可分别建立战略计划子系统、管理控制子系统和作业运行管理子系统，再加上基层员工的业务处理，这就构成了 MIS 的纵向结构，如图 5-1 所示。

表 5-1 不同管理层次的工作内容及信息特征

信息特征	战略管理	管理控制	作业运行管理
	规定企业的目标、政策和总方针、确定企业所得使命	资源的获取与组织、人员的招聘与培训、资金的检控等	有效地利用现有设备和资源、在现有预算内完成活动
来源	外部	内部	系统内部
范围	很宽	有一定确定性	确定
概括性	概括	较概括	详细
时间性	未来	综合	历史
稳定性	相对稳定	定期变化	经常变化
精确性要求	低	较高	高
使用频率	低	较高	高

（2）基于管理职能的横向结构

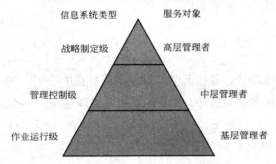

图 5-1 管理信息系统的纵向层次结构

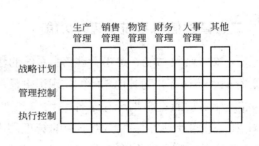

图 5-2 MIS 的交叉结构

从横向来看，一个企业的管理活动是按职能划分的，与此相对应，我们可分别建立若干个基于职能的子系统，如生产管理子系统、销售管理子系统、财务管理子系统、人事管理子系统等。这就是 MIS 的横向职能结构。

管理信息系统的纵向层级结构与横向智能结构纵横交叉，形成了 MIS 的交叉结构，如图 5-2 所示。

我们结合 MIS 的横纵向结构，再考虑到 MIS 所需的硬件软件系统构成，可以勾勒出企业内部的 MIS 结构，并从中看出其与管理活动的关系，如图 5-3 所示。

（二）安东尼模型

1965 年，安东尼（Anthony）等企业管理研究专家通过对欧美制造型企业长达 15 年的大量实践观察和验证，创立了制造业经营管理业务流程及其信息系统构架理论，系统化地描述出了企业内外信息流、资金流、物流的传递和接收过程。如图 5-4 所示。

该模型也在企业内部按照管理层次从纵向上将企业管理信息系统划分为战略规划、战术决策和业务决策 3 个层次。从内外部关系看，安东尼首次描绘出了管理信息系统提供信息的基本流程，即 MIS 通过与顾客、贸易伙伴的交互，从环境中获取信息，并将信息存储于数据库中，然后分别向系统的 3 个管理层次传送信息。模型体现出了现代企业管理系

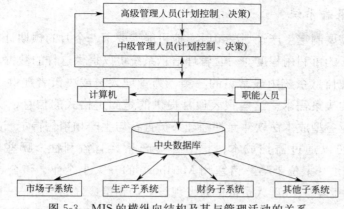

图 5-3 MIS 的横纵向结构及其与管理活动的关系

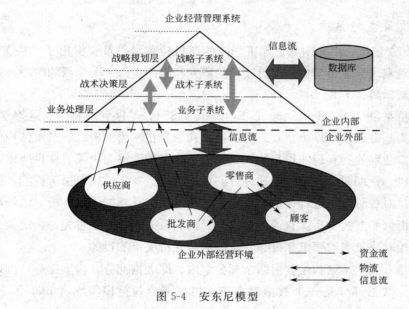

图 5-4 安东尼模型

统新理念的雏形,不仅考虑了信息在企业内部不同层次间的流动,还将企业内外部环境因素的相互关联和影响纳入系统之中,正确反映了企业内外供应链的物流、资金流、信息流的真实流向,反映了企业管理的本质。因而,如果结合现代的 EDI(电子数据交换)等先进技术,就实现了企业与供应链上下游的数据共享。

四、典型的管理信息系统

管理信息系统是在企业的作业信息系统和数据库(通常包括外部数据库)的基础上建立起来的。管理信息系统通常支持的是中上层管理人员的战略决策。然而,随着技术的广泛应用,越来越多的员工也联入了网络,企业也开始把决策权下放到组织低层管理人员手中。因此,这些类型的信息系统目前已广泛应用在组织控制的各个层面上。典型的管理信息系统如信息报告系统、决策支持系统、经理信息系统、专家系统、ERP 系统等。

(一) 信息报告系统

当生产经理需要制定生产计划决策时,他可能需要下一个月的预期订货量、存货水平以及计算机和员工的可利用程度。一套管理信息系统可以提供这样的数据。事实上,信息报告系统作为管理信息系统中最常见的一类,为管理人员或决策者提供了大量的数据报表,支持着日常的决策需求。这些报表通常提供的是固定格式的信息,支持结构化的决策。例如,一些业务型成本法软件允许经理人员查看与生产和销售特定产品相关的所有成本。管理人员也可以通过监控成本,找出哪些产品具有盈利性,哪些产品应该放弃。Koehler 制造公司是一家位于马萨诸塞州 Marlboro 的一家小企业,该公司安装了一套活动成本法核算软件后,其经理人员很快就发现该公司销量最好的产品——酸性电池——事实上一直在吞噬着公司的利润,这个发现使管理层认识到有必要更好地规划未来的产品。

(二) 决策支持系统

20 世纪 70 年代,由美国麻省理工学院的斯科特和基恩首次提出了"决策支持系统"一词,标志着利用计算机与信息支持决策的研究与应用进入了一个新的阶段,并形成了决策支持系统新学科。

决策支持系统(Decision Support System,DSS),是以管理科学、运筹学、控制论、和行为科学为基础,以计算机技术、仿真技术和信息技术为手段,针对半结构化的决策问题,支持决策活动的具有智能作用的人机系统。该系统能够为决策者提供所需的数据、信息和背景资料,帮助明确决策目标和进行问题的识别,建立或修改决策模型,提供各种备选方案,并且对各种方案进行评价和优选,通过人机交互功能进行分析、比较和判断,为正确的决策提供必要的支持。它通过与决策者的一系列人机对话过程,为决策者提供各种可靠方案,检验决策者的要求和设想,从而达到支持决策的目的。

决策支持系统基本结构主要由四个部分组成,即数据部分、模型部分、推理部分和人机交互部分:数据部分是一个数据库系统;模型部分包括模型库(mb)及其管理系统(ms);推理部分由知识库(kb)、知识库管理系统(kbms)和推理机组成;人机交互部分是决策支持系统的人机交互界面,用以接收和检验用户请求,调用系统内部功能软件为决策服务,使模型运行、数据调用和知识推理达到有机的统一,有效地解决决策问题。

DSS 的决策进程一般分为 4 个步骤。

① 发现问题并形成决策目标,包括建立决策模型、拟定方案和确定效果度量,这是决策活动的起点。

② 用概率定量地描述每个方案所产生的各种结局的可能性。

③ 决策人员对各种结局进行定量评价,一般用效用值来定量表示。效用值是有关决策人员根据个人才能、经验、风格以及所处环境条件等因素,对各种结局的价值所作的定量估计。

④ 综合分析各方面信息,以最后决定方案的取舍,有时还要对方案作灵敏度分析,研究原始数据发生变化时对最优解的影响,决定对方案有较大影响的参量范围。

决策往往不可能一次完成，而是一个迭代过程。决策可以借助于计算机决策支持系统来完成，即用计算机来辅助确定目标、拟定方案、分析评价以及模拟验证等工作。在此过程中，可用人机交互方式，由决策人员提供各种不同方案的参量并选择方案。

（三）经理信息系统

经理信息系统（Executive Information System，EIS），人们通常也称其为主管信息系统，是服务于组织的高层经理的一类特殊的信息系统。EIS能够使经理们得到更快更广泛的信息。EIS首先是一个"组织状况报导系统"，能够迅速、方便、直观（用图形）地提供综合信息，并可以预警与控制"成功关键因素"遇到的问题。EIS还是一个"人际沟通系统"，经理们可以通过网络下达命令，提出行动要求，与其他管理者讨论、协商、确定工作分配，进行工作控制和验收等。

EIS应用于市场营销中，可以对销售进行预测，允许营销经理将预测销售与历史销售记录进行对照。EIS也可通过风险分析，协助进行产品定价。总之，EIS软件包能使营销经理通过预测趋势、审计销售数据、计算总额、均值、比率等对数据进行处理。若应用于财务分析中，EIS能将计划或预算与绩效报告整合起来，这对财务经理是个极大的帮助。

EIS当前的缺陷之一是实施成本高昂。但未来的EIS将不受制于大型计算机系统，这一趋势将使经理人员不必学习不同的计算机操作系统，从而极大地降低系统实施成本。因为这一趋势意味着将使用现行的软件，经理人们不必学习新的或特殊的EIS软件包语言。

（四）专家系统

专家系统（Expert System，ES）的概念是基于这样的一种假设：专家们的知识——即解决问题的方法与方式，可被保存和习得，它可被存放在计算机设备中，并可被别人需要时使用。专家系统是一类具有专门知识和经验的计算机智能程序系统，通过对人类专家的问题求解能力的建模，采用人工智能中的知识表示和知识推理技术来模拟通常由专家才能解决的复杂问题，达到具有与专家同等解决问题能力的水平。这种基于知识的系统设计方法是以知识库和推理机为中心而展开的，即专家系统＝知识库＋推理机，其基本结构如图5-5所示。

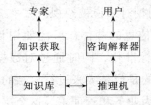

图 5-5　专家系统的基本结构

① 知识库（包括知识库及管理系统）：用于存取和管理所获取的专家知识和经验，供推理机使用。具有知识存储、检索、编排、增删、修改和扩充等功能。

② 推理机（包括推理机及其控制系统）：利用知识进行推理，求解专门问题，具有启

发推理、算法推理、正向、反向或双向推理,并行或串行推理等功能。

③ 咨询解释装置:主要功能是接受用户的问题并进行理解,向用户输出推理结果并进行解释。

④ 知识获取手段:从人类专家那儿获得知识并存贮到知识库中。

专家系统可以解决的问题通常包括解释、预测、诊断、设计、规划、监视、修理、指导和控制等。

(五) ERP 系统

ERP 系统是企业资源计划(Enterprise Resource Planning)的简称,是指建立在信息技术基础上,以系统化的管理思想,为企业决策层及员工提供决策运行手段的管理平台。它主要面向制造行业进行物质资源、资金资源和信息资源集成一体化管理,是一个以管理会计为核心,可以提供跨地区、跨部门、甚至跨公司整合实时信息的企业管理软件。它扩展了 MRP 的功能,其核心思想是供应链管理。它跳出了传统企业边界,从供应链范围去优化企业的资源,包罗了供应链上所有的主导和支持能力,协调企业各管理部门围绕市场导向,更加灵活或"柔性"地开展业务活动,实时地响应市场需求。而 Internet 技术的成熟增强了 ERP 系统与客户或供应商实现信息共享和直接的数据交换的能力,从而强化了企业间的联系,形成共同发展的生存链,使得 ERP 的应用效率有了进一步的提高。

五、实施管理信息系统应注意的问题

(一) 不能忽视"人"的重要作用

管理信息系统是一个以信息为媒介的由人和计算机所组成的一个人-机交互系统。计算机的使用、数据库的建立、互联网以及信息系统软件的投入使用都极大地提高了信息处理的能力,有助于管理效率的提高。为了提高竞争能力,适应信息化时代的需要,我国企业纷纷开展 MIS 的建设,认为 MIS 能够显著提高企业生产效率、增加企业利润,甚至有人将 MIS 视为拯救企业的灵丹妙药。然而,成功实施 MIS 的企业并不多见,很多企业以失败而告终,甚至付出了惨重的代价,其主要原因在于他们重硬件、轻软件,重系统、轻人员,"人"这一要素的重要作用相对来说被忽视。

MIS 以计算机和数据库作为信息的载体,广泛使用计算机等现代化技术手段和通讯设施,目的是对现有业务流程的标准化,同时通过对数据的整理和分析提供管理决策信息。所以虽然管理信息系统的目的是代替人来进行复杂的运算和海量信息的处理,但实际上管理信息系统并不能替代人作为业务和管理主导这个层面的作用。相反,在所有的要素投入中,"人"应在其中处于主导地位,贯穿着整个信息系统的全过程。无论是最初要求开发系统的管理者,还是开发过程中的各种技术人员,乃至最终系统运行的用户,人在其中都是不可缺少的重要因素。如决策支持系统的数据库的充实、模型的建立都由人来完成,尽管系统能够提供各种备选方案,并且对各种方案进行评价和优选,但最终方案的选择仍需由人来完成；又如，MIS 虽然能完成部分信息收集工作，但后续的信息甄别、信息更新等也需由人来完成；再如，信息系统的安全性能如何既取决于系统设计与维护人员的技术能力，又取决于操作人员的工作态度与工作方法。由此可见，再昂贵、先进的信息系统都不能替代人的作用，唯有配备合格的人员进行系统的开发、建设、使用与维护，才能使管理信息系统真正发挥作用。

（二）组织变革的配合

一个组织的较为现实的定义是：它是一种权力、权利、义务和责任的集合，它通过矛盾和矛盾的解决巧妙地进行平衡。这一集合逐渐形成了组织的工作方式与工作安排等，组织从环境中获得信息输入，经过这一集合的作用又向环境输出信息。然而，建设一套管理信息系统，或者对已有的系统进行改造，都会对原有的信息处理流程产生很大的影响。某些信息系统改变权利、权力、义务、责任和情感之间的平衡，会对原有的组织方式产生较大的冲击，而这需要很长一段时间才能完成。如果组织方式不能与管理信息系统适应，从而做出相应的调整，则系统的应用很有可能会以失败而告终。现实情况是，因为信息系统潜在地改变了组织的结构、文化、政治和工作方式，当引入它时，必将遭受巨大的阻力。许多信息系统项目失败的研究显示，大项目失败的共同原因不是技术的失败，而是组织和政治对变化的阻力。

（三）信息安全问题

随着计算机与网络技术的飞速发展，很多商业经济信息、银行资金转账、股票证券、能源资源数据、科研数据等重要的信息都是在网络中进行，这样的流通，很容易受到黑客、木马、病毒等攻击，因而信息安全问题就显得格外重要。信息安全是指信息系统（包括硬件、软件、数据、人、物理环境及其基础设施）受到保护，不因偶然的或者恶意的原因而遭到破坏、更改、泄露，系统连续可靠正常地运行，信息服务不中断，最终实现业务连续性。随着信息系统的不断普及和发展，信息安全问题越来越重要，因为当数据以电子化的方式存储时，就比以往书面记录的数据更容易受到破坏、伪造和滥用。恶意软件、黑客的进攻和蓄意的网络破坏行为，甚至是来自内部员工的威胁都是潜在的信息安全隐患，信息系统的使用人员不仅要提高安全意识，更要熟练掌握相关的安全技术，才能保证系统的正常运作。

信息安全大致可分为以下几类。

① 系统运行的安全：系统运行安全即保证信息处理和传输系统的安全，包括计算机系统机房环境的保护，法律、政策的保护，硬件系统的可靠运行，操作系统的安全，电磁泄漏的防护等。系统运行安全的本质是保护系统的合法操作和正常运行。

② 信息存储的安全：包括合法用户访问的口令鉴别、用户存取权限的控制、数据存储权限和方式控制、安全审计、安全跟踪、计算机病毒防治、数据加密等。

③ 信息传输的安全：企业内部各部门之间以及企业之间的许多日常信息、数据都需

要通过互联网来传输，这一过程面临着各种安全风险，如被非法用户截取从而泄露企业机密的风险，数据被非法篡改、造成数据混乱、信息错误的风险，非法用户假冒合法身份、发送虚假信息、给正常的生产经营秩序带来混乱的风险。因此，信息传输的安全性日益成为企业信息安全中重要的一环。

④ 信息内容的安全：信息内容的安全侧重于保护信息的保密性、真实性和完整性，避免攻击者利用信息系统的安全漏洞进行窃听、冒充、诈骗等有损合法用户的行为。信息内容安全的本质是保护用户的利益和隐私。

信息安全的防护措施大致包括以下几个方面。

① 访问权限的控制：包括企业阻止非经授权的内部访问与外部访问的所有政策和程序。要访问系统中的信息，用户必须得到授权和认证。认证是指确认用户真实身份的能力，可以通过密码和生物认证技术来实现。前者可能会由于忘记密码或者密码过于简单而影响到系统的安全性，后者则可克服这一缺点，通过指纹识别、视网膜识别、面部识别等技术，有效地确认用户的身份，只是其成本较高。

② 防火墙、侵入侦测系统与杀毒软件：随着互联网的使用，防火墙已经成为一种必需的安全设备，是指用以控制进入和流出网络的数据流的硬件与软件。通常防火墙放置在内部网络和外部网络之间，也可以用于内部网络，将某个部分与其他部分分割开来。

侵入侦测系统在网络最容易受到攻击的地方实施不间断的实时监控，防止可能的入侵。扫描程序用以查找可疑或不正常的行为，一旦发现会发出警报进行提醒。

杀毒软件是用于消除电脑病毒、特洛伊木马和恶意软件等计算机威胁的一类软件。杀毒软件通常集成监控识别、病毒扫描、病毒清除和自动升级等功能，有的杀毒软件还带有数据恢复的功能，是计算机防御系统的重要组成部分。

③ 加密：加密是指通过一组秘密的数字代码（成为加密密钥）对信息进行加密，使传输的数据以混乱无意义的字符形式进行传播。未授权的用户即使获得了已加密的信息，但因不知解密的方法，仍然无法了解信息的内容。要阅读加密信息，就必须用于加密密钥匹配的密钥进行解密。

信息系统安全不但需要技术资源，还需要组织资源和管理资源。建立一个好的安全和控制框架，需要妥善均衡各种风险，考虑成本效益以及企业自身的运行能力。

复习思考题

1. 什么是管理信息，管理信息的收集应遵循哪些原则？
2. 管理信息系统有哪些主要特征？
3. 如何从管理层次和管理职能的角度看管理信息系统的结构？
4. 除了文中所介绍的典型管理信息系统之外，你还了解到有哪些管理信息系统？它们是如何应用到企业管理中的？

案 例

案例 5-1　　　　　　　　　"斯诺登事件"与信息安全

2013 年 6 月，前中情局（CIA）职员爱德华·斯诺登将两份棱镜门事件绝密资料交给英国《卫报》和美国《华盛顿邮报》，并告之媒体何时发表。按照设定的计划，2013 年 6 月 5 日，英国《卫报》先扔出了第一颗舆论炸弹：美国国家安全局有一项代号为"PRISM"（棱镜）的秘密项目，要求电信巨头 Verizon 公司必须每天上交数百万用户的通话记录。6 月 6 日，美国《华盛顿邮报》披露称，过去 6 年间，美国国家安全局和联邦调查局通过进入微软、谷歌、苹果、雅虎等九大网络巨头的服务器，监控美国公民的电子邮件、聊天记录、视频及照片等秘密资料。美国舆论随之哗然。

爱德华·斯诺登，是美国防务承包商博思艾伦咨询公司的雇员，事发前的 4 年一直为美国国家安全局工作。按照斯诺登的说法，他之所以这么做是要揭露"美国政府的虚伪"。他表示，美国政府是在监控民众，并竭力阻止真相曝光。斯诺登称，美国国家安全局在全球进行超过 6.1 万个电脑入侵行动，其中数以百计的目标针对中国内地和中国香港，范围涵盖政商学界。他指出香港中文大学是目标之一。

美国情报机构的全球监控行为也令与美国政治利益紧密、自认为是美国亲密伙伴的欧洲国家尤其敏感。欧盟主管司法事务的官员瑞丁 2013 年 6 月 12 日致函美国司法部长霍尔德，称担心美国已取得欧洲国家公民的大量个人信息，要求美方对此作出说明。与此同时，欧洲议会正考虑对当前的数据保护法进行重大修改。

在欧洲国家领导人中，德国总理默克尔率先对监控事件表达不满，要求奥巴马访问德国时继续澄清此事。德国方面还要求美司法部澄清，监控事件中是否牵扯德国公民。意大利等国官员也陆续加入批评监控事件的行列中。英国外相黑格则面临本国压力，被要求澄清英国在监控事件中扮演何种角色，在多大程度上支持了"棱镜"计划。

"斯诺登事件"之所以令全球舆论惶恐和哗然，不仅在于普通公民的个人隐私、商业秘密遭泄露，更在于网络空间风险给一个国家利益安全带来实质性挑战。"斯诺登事件"之后，世界各国也纷纷陷入由此引发的思考之中，一些国家还竞相掀起新一轮网络安全"保卫战"，切实加强本国网络空间安全。

案例讨论：

请谈谈网络时代信息安全管理的重要性。

案例 5-2　　　　　　ERP 信息共享 国美与供应商进入共赢时代

自从 2011 年上线了 ERP 信息系统以后，国美在信息获取方面的优势逐渐显现出来。这个系统不仅实现了国美内部流程再造，而且还加强了其与供应商的协同。

对于大批量的集中采购，国美电器至少提前 3 个月就已和制造商就价格、数量、型号达成了一致，这就使得供应商拿到订单之后，可以有充分的时间去备料，选择原材料的价格低点进行采购，协调淡季和旺季的劳动力资源和生产能力，而提前确定的各个区域的配送方案也有助于制造商和物流车队之间的协同。

在新系统强大的数据共享基础之上，国美与供应商的对接无时无刻不在进行。当国美ERP系统成熟后，每一个供应商都有权限登陆系统，获得自己在国美的销售、库存、订单、账目往来、结算等基础数据；同时还包括客户对质量和服务的投诉和建议等服务数据。供应商不仅可以主动参与国美的采购预期，还可大致分析整个市场的销售全景。"既增强了供应商生产的计划性，又保证了国美电器对商品数量和质量的需求。"

据了解，在国美的全生命周期管理中，价格是进行分批次管理、动态调整的。国美会基于此对产品和内部销售人员做一个评价和考核，也会把销售情况与厂家共享，根据信息反馈对下一个批次价格进行调整。

案例讨论：

1. 什么是 ERP 系统？
2. 国美的 ERP 系统是如何实现与供应商的对接的？这一对接分别给双方带来了何种利益？

第六章

决策

决策是管理的心脏，管理是由一系列决策组成的，管理就是决策。　　——赫伯特·西蒙

世界上每100家破产倒闭的大企业中，85%是因为企业管理者的决策不慎造成的。

——美国 兰德公司

管理问题：读研究生、还是就业 OR 出国？

　　站在大三十字路口的张华面对激烈的竞争环境十分焦急：看着身边的同学很有目标地忙碌着自己的事情，准备考研的都在紧张地复习，决定工作的或实习或打听联系合适的单位，还有一部分则在拼命地提高英语为出国做准备。但到目前为止，学习管理的张华却还是很迷茫，不知道自己应该走哪条路。

　　面对巨大的就业压力，高校毕业生报考研究生的趋势越来越大，每年的考研百分比都有增长，张华深感在这个"牛人"辈出的年代，即使学习成绩优秀的毕业生也不一定能找到好工作。如今本科毕业生的学历太普遍、太没有竞争力，加上自己的实战能力又不强，很难争取到一个有挑战性又有不错薪金的工作。因而自己是一定要再充电的，但如果先工作再考研就怕自己精力不够，很难"面面俱到"，最好是现在就考。有了更高的学历，会比本科生容易找工作。

　　但这些年考研人数连年上升，难度也相当大，加上应对考研所付出的精力也是一项很大的机会成本。两年半的研究生生涯，要做研究、写论文，自己在技能方面不一定能得到很大提升，等到毕业时就业形势会怎样谁也不能预料，说不定到时候找工作更难。这样一想，倒不如尽早找一份工作，走一步算一步，今后再决定自己该如何发展。

　　另外，是否可以考虑出国深造呢？随着国际交流越来越密切，现在许多企业、单位对于留学归国人员还是比较欢迎的，留学生似乎无形中就比国内的学生多一点优势，国外的学校相对来说也更重视学生能力的培养和经验的积累,因此去国外长长见识对于自己今后找个好工作应该也是非常有利的。何况自己生活自理能力还可以,英语底子也不错。

思来想去,张华一方面认为自己的知识、能力还不够,有必要继续考研或出国深造,提升自己;另一方面,又怕出国或考研不成,到时候再找工作更被动。那么,对于最终想寻得一份好工作的张华而言,到底应该如何做出决定呢?

(资料来源:邢以群.管理学.北京:高等教育出版社,2007)

　　管理者在从事各项管理工作时,都会遇到各种各样的决策问题:今年的目标如何确定?由谁来接替某一部门经理比较合适?如何调动研发人员的积极性?如何保证某项重要工作的顺利进行?等等。这些问题有的大,有的小;有的简单,有的复杂,但它们都需要解决,都需要管理者做出决策,就如同张华的决策在一定程度上会影响其今后的人生道路一样,管理者决策的正确与否也在很大程度上影响着组织的发展。

　　在组织的管理活动中,决策始终处于重要的地位,是一项重要的管理活动。决策贯穿于管理的全过程,在计划、组织、领导以及控制等管理活动中,都要预先明确该项活动要解决什么问题、达到何种目的、为达到目的有哪些方法可以利用、哪种方法好、怎样做、何时做等问题,这就需要做出一定的决策。因此,决策是管理的核心。可以认为,整个管理过程都是围绕着决策的制定和组织的实施而开展的。

第一节　决策概述

　　自从人类活动出现,就产生了决策。只不过人类社会早期,决策范围很窄,决策内容极为简单。因此,决策是人类的固有行为之一,其历史同人类历史一样古老;只要人类存在,决策行为就不会消失。大至治国安邦,小至具体单位的经营管理;宏观如全球性的战略,微观如某个局部性的战术,都离不开决策,决策在人类生活中无处不在。

一、决策的概念

　　"决策"二字的含意是"决定对策"。"决定"的意义就是从众多对象中选择自己需要的,并放弃那些不需要的;"对策"的意义就是应对问题的方法。

　　"兵来将挡,水来土掩",决策自古有之。我国古代的《孙子兵法》就是一本有关军事决策理论和方法的卓越著作。我国历史上有许多成功的决策广为世人传颂,如夏朝的大禹治水,他采取疏导的方式制服了洪水;商末的姜太公足智多谋,辅佐周文王推翻商朝建立了周朝;战国时,田忌赛马的故事;汉朝的张良"运筹帷幄之中,决胜千里之外",帮助刘邦打下了天下;三国时期,诸葛亮为刘备出谋划策,屡建奇功,做《隆中对》三分天下的战略决策；元朝末年，朱元璋采纳了"广积粮、高筑墙、缓称王"的决策，取得了战略性的胜利。

决策，是指组织或个人为了实现某种目标而对未来一定时期内有关活动的方向的选择或调整过程。或者说，决策是为未来的行动目标进行优化，在两个或两个以上备选方案中选取一个最优方案的过程。

对决策的含义我们可以从以下四个方面来理解：一是决策的主体既可以是组织，也可以是组织中的个人；二是决策要解决的问题，既可以是组织或个人活动的初始选择，也可以是在实施过程中对初始选择的调整或再选择；三是决策选择或调整的对象，既可以是活动的方向和内容，也可以是在特定方向下从事某种活动的方式或方法；四是决策既非单纯的"出谋划策"，又非简单的"拍板定案"，而是一个多阶段、多步骤的分析判断过程。

决策有狭义和广义之分。狭义地说，决策是在几种行动方案中进行选择。广义地说，决策还包括在做出最后选择之前必须进行的一切活动。比较系统地提出决策理论的是西蒙教授，他在1960年出版了《管理决策的新科学》一书，认为"管理就是决策"，突出了决策在管理中的地位，并对决策过程、决策准则、决策组织机构的建立以及决策定量方法和电子计算机的应用等方面进行了科学的论证，形成了管理决策学派。之后，随着科学技术及管理科学的进一步发展，特别是电子计算机的普及，决策理论更趋成熟，决策的方法和手段更加科学化、系统化。

二、决策的特征及要素

（一）决策主要具有五个方面的特征

（1）决策的前提：要有明确的目的

决策或是为了解决某个问题，或是利用某一个机会，或是为了实现一定的目标。没有问题，没有目标，就无需决策，也无从决策。因此，在决策前，首先要明确所需解决的问题或所期望达成的具体目标。问题的类型不同，目标的明确程度不一，适用的决策方式就不同。

（2）决策的条件：有若干个可行方案以供选择

一个方案无从比较其优劣，也无选择的余地，"多方案决择"是科学决策的重要原则；决策要以可行方案为依据，决策时不仅要有若干个方案来相互比较，而且各方案必须是可行的。

（3）决策的重点：方案的分析比较

对每个备选方案进行综合的分析与评价，确定每一个方案对目标的贡献程度和可能带来的问题，以明确每一个方案的利弊。通过对各个方案之间的相互比较，可明晰各方案之间的优劣，为方案选择奠定基础。

（4）决策的结果：选择一个满意方案

对各个方案进行分析比较，最终是为了选择出一个最好、最合适的方案。但是，追求所谓的最优方案，既不经济又不现实。选择最优方案需要获得完全信息，这往往是不切实际的，最优方案往往要求满足诸多方面的条件，只要有一个条件稍有差异，最优目标便难以实现。因此在最终决策时，尽管我们是以理性的方式进行决策，从现实角度出发，决策的最终结果是选择一个"满意方案"。

(5) 决策的实质：主观判断过程

决策有一定的程序和规则，但它又受诸多价值观念和决策者经验的影响。在分析判断时，参与决策的人员的价值准则、经验会影响决策目标的确定、备选方案的提出、方案优劣的判断及满意方案的选择。因此，决策从实质上而言，是决策者基于客观事实的主观判断过程。

正因为决策是一个主观判断过程，所以对于同一个问题，不同的人有不同的决策选择结果。在现实生活中，我们不能以己度人，将自己的决策结果强加于人；在管理实践中，要求管理者能够在听取各方面不同意见的基础上，根据自己的判断做出正确的选择。"好的决策，应以互相冲突的意见为基础，从不同的观点和不同的判断中选择。"

（二）决策由五个基本要素构成

① 决策者。决策者是决策系统主观能力的体现者，这种主观能力的体现者有时以个人的形式出现，有时以团体的形式出现。

② 决策对象。凡是人的行动能够施加影响的系统，都可成为决策的对象，大到如自然、社会和精神领域，小到如组织内部的人、财、物等方面，显然，决策对象是一个可调控的、具有明显边界的系统。

③ 信息。信息是决策的依据。没有信息，决策者就要与决策对象分离，决策系统就会瓦解，决策就只能是决策者的主观臆断。

④ 决策理论与决策方法。信息的准确可靠是有效决策的前提条件，但是，如何从正确的前提得出正确的决策结论呢？这就需要运用科学的决策理论与方法对前提条件进行科学的分析、综合、推理，而后得到正确的判断。

⑤ 决策结果。决策结果一般有两种表现形式：一种是存在于人体内的主观精神能力——人的意志，这种意志支配着人的实践活动；另一种是决策作为一种判断，它不仅存在于人的头脑中，而且还要用语言、文字、图表、计算机软件等载体表示。

三、决策的原则

（一）满意原则

满意原则是针对"最优化"原则提出来的。"最优化"的理论假设是把决策者作为完全理性的人，决策是以"绝对理性"为指导，按最优化准则行事的结果。但是，处于复杂多变环境中的企业和决策者,要对未来做出"绝对理性"的判断是不可能的,因为决策者不可能对与决策相关的一切信息全部掌握;决策者不可能对可供选择的方案及其后果完全知晓;对未来的外部环境及内部条件变化不可能准确预测等。因此,决策者不可能做出"最优化"的决策。

我们讲的"满意"决策,包括以下内容。

① 决策目标追求的不是使企业及其期望值达到理想的完善,而是使它们能够得到切实的改善,实力得到增强。

② 决策备选方案不是越多越好、越复杂越好,而是能够满足分析对比和实现决策目标的要求,能够较好地抓住外部环境提供的机会,并能较好地利用内部资源。

③ 决策方案选择不是避免一切风险,而是对可实现决策目标的方案进行权衡,做到"两利相权取其大"、"两弊相权取其小"。

(二)层级原则

决策在企业内分级进行,是企业业务活动的客观要求。这是因为:

① 组织需要的决策一般都非常广泛、复杂,是高层管理者难以全部胜任的,必须按其难度和重要程度分级决策。

② 组织管理的重要原则是责权对等、分权管理。实现分级决策,把部分重复进行的、程序化的决策权下放给下属,有利于分权管理。所以说,分级决策是分权管理的核心。

③ 组织应建立有效的领导制度和层级管理机构。而领导制度和层级管理机构要有效运行,必须遵循一定的规则。其中包括确定决策机构的具体形式;明确决策机构同执行机构之间的关系,等等。这些规则的建立和运行也要以决策的层级原则为基础。

当然,无论决策分几级进行,在每一级中只能有一个决策机构,以免政出多门。实行层级决策,既有利于组织高层决策者集中精力抓好战略决策、例外决策,同时又可提高下级单位和领导者的主动性和责任心。

(三)集体决策和个人决策相结合的原则

① 决策既要充分利用机会,减少风险,又要有人敢于负责,能够抓住机会,当机立断。否则,就会错失良机。因此,既不能事事集体决策,大家参与;又不能事事个人决策,一人拍板,要坚持集体决策与个人决策相结合的原则,根据决策事务的轻重缓急,对那些带有战略性、非程序化的、非确定型的、事关组织全局的决策等,应实行集体决策,对其他的应酌情选择个人决策或集体决策。

② 决策作为决策者的意志反映,由少数人进行,意见最易统一;而决策要得到顺利实施,就需要有较多的人参与,反映各方面人士的意见,把不同看法、意见、分歧解决在决策过程之中。因此,组织在建立决策体系时,应注意发挥个人的主动性和集体的积极性,把决策的制定和执行紧密地衔接起来。

决策要有效地进行，必须做到科学化和民主化，实事求是，按客观规律办事。无论是集体决策，还是个人决策，都要建立在广泛的民主基础上，在民主的基础上实行集中，这是提高决策质量的保证。从这一意义上讲，决策的集体与个人相结合的原则，反映了决策科学化和民主化的客观要求。

（四）整体效用的原则

组织作为独立个体，它内部有许多单元。这些单元同组织之间存在着局部和整体的关系。组织作为社会的一环，又是社会的一个单元，同社会存在着局部与整体的关系。局部与整体，无论在组织内部，还是在社会内部，利益不总是一致的。因此，决策者在做决策时，应正确处理组织内部各个单元之间、组织与社会、组织与其他组织之间的关系，在充分考虑局部利益的基础上，把提高整体效用放在首位，实现决策方案的整体满意。

四、决策的类型

（一）按照决策的决策者不同为标准，可分为个体决策与群体决策

个体决策也称个人决策。群体决策是由几个人、一群人甚至整个组织的所有成员做出决策。个体决策与群体决策各有优缺点，两者都不可能适用于所有的情况。比较而言，群体通常能比个体做出质量更高的决策，这是群体决策的第一个优点。原因主要是，由群体来制定决策有利于提供更完整的信息，能产生更多的备选方案，并从更广泛的角度对方案进行评价和论证，从而做出更准确、更富有创造性的决策。群体决策的第二个优点是，以群体方式做出决策有利于增加有关人员对决策方案的接受性。但是，群体决策的效果如何也受到群体大小、成员从众现象等的影响。要是决策群体成员不能够真正地集思广益，而都以一个声音说话，那么决策的质量就难以得到提高。群体决策的主要缺点，群体决策的效率性或时效性就比较低。参与制定决策的人员越多，提出不同意见的可能性增大，但群体需要花更多的时间和更多的协调来达成相对一致的意见。因此，组织在决定是否采用群体决策方式时，必须考虑其决策效率方面的损失。相对说来，个体决策的效率性要高于群体决策方式，但效果一般要低于群体决策。

（二）按照决策目标的多少为标准，可分为单目标决策与多目标决策

根据一项决策过程中所选定的决策目标的多少，决策可分为单目标决策与多目标决策。在单目标决策中，决策行动只力求实现一种目标，因而是相对简单的决策。多目标决策是决策行动需要力图实现多个目标。比如，私人购买小汽车的决策，就需考虑购价、性能、舒适性、耐用性、操作便利性、维修情况等。这多重目标很难在某一品牌车型中完全实现，因此，购买者做出购车决策时需要妥善地处理多目标的冲突问题。给每一个目标规定相对重要的程度，即权重，然后进行加权平均，这是处理多目标决策的一种常用方法。比如，购买"经济车"与购买"豪华车"的人，前者肯定会给车的"购价"以更高的权

重,后者则会更注重车的"舒适性"等。不难看出,权重的确定实际上体现了决策者的价值判断成分。

(三)按照决策的作用和重要程度为标准,可以分为战略决策、战术决策和业务决策

① 战略决策。战略决策是指事关组织生存和发展的全局性、长远性的大政方针方面的根本性决策。比如组织的发展规划、经营方针、扩张决策、机构的改革等,都属于战略决策。它主要解决组织"做什么"的问题,通常由组织的最高层管理者做出。

② 战术决策。战术决策也称为管理决策,是指为实现组织的整体战略目标而做出的解决组织局部重要问题的具体决策。比如组织的销售计划的制定、成本的决策等,都属于战术决策。它主要解决组织"如何做"的问题,通常由组织的中层管理者做出。

③ 业务决策。业务决策也称为日常管理决策,是指组织的基层管理者为提高效率,解决日常工作中的问题所做出的决策。比如日常的任务安排、常用物资的订货决策等。它通常由组织的基层管理者做出。

(四)按照决策所涉及问题的重复程度为标准,可以分为:程序化决策和非程序化决策

① 程序化决策。程序化决策也称为常规决策,是指重复发生的可按规定的程序、标准和方法处理的决策。它只需按照已有的制度、规则、要求处理即可,不需要很大的创造性。

② 非程序化决策。非程序化决策也称为非常规决策,是指具有很大的偶然性或随机性,没有现成的程序来处理的决策,具有很大不确定性。它在很大程度上依赖于决策者的经验、能力、魄力来进行,需要决策者进行创造性决策。如组织的扩张投资决策、新产品的开发决策等均属于此类决策。

(五)按照决策主体所处的管理层次为标准,可分为高层决策、中层决策和基层决策

高层决策是指组织的高层领导者所作的决策,这类决策事关全局、事关长远。中层决策是由组织的中层管理者所作的决策,其影响范围大多只涉及一个部门。基层决策是指组织的基层管理者所作的决策,这类决策主要解决局部的日常工作中的问题。一般说来,越接近高层的决策,就越具有战略性、非程序性和非确定性,而越接近基层的决策,就越具有战术性、程序性和确定性。

(六)按决策影响的时间为标准,可分为长期决策与短期决策

长期决策,是指事关组织发展方向的长远性、全局性的重大决策,亦称发展规划或长期战略决策。短期决策,是指为实现长期战略目标而采取的短期策略手段,又称工作计划或短期战术决策。

（七）按决策的起点不同为标准，可分为初始决策和追踪决策

初始决策是指组织对从事某种活动的方案进行的初次选择，是在对组织内外环境的某种认识的基础上做出的零起点决策，决策是面向尚未发生的事件。追踪决策是在初始决策方案付诸实施后，组织环境发生了变化而进行的决策。

（八）按照决策的备选方案、自然状态及后果为标准，可分为：确定型决策、风险型决策和不确定型决策

决策备选方案指的是可供决策者选择的各种可行方案；决策自然状态则指决策时所面临的不以决策者的主观意志为转移的客观情况与条件；决策后果是指采取决策所决定的行动后所带来的后果、结果或引起的变化。决策备选方案、自然状态和后果之间实际上是相互关联的。

确定型决策是指作决策的理想状态是无论这一决策下的备选方案有多少，每一方案都只有一种确定无疑的结果。这类决策从做出决定的角度来说并不困难，因为只要推算出各个方案的结果并加以比较，就可判断方案的优劣。举例来说，某企业决定向银行借贷一笔长期资金，利息自然要越低越好。假定现有 5 家银行愿意提供此种款项，其利率分别为 8%、7.5%、7%、6.9%、6.5%。这是一个简单的确定型决策的例子，它具有 5 个备选方案，从中选取符合决策目标（即利息最低）的方案非常容易，即这家企业应该向利率为 6.5% 的那家银行贷款。

风险型决策是指在可供选择的方案中存在两种以上的自然状态，哪种状态可能发生是不确定的，但每种自然状态发生的可能性是可以估计的。在这种情况下所作的决策具有一定的风险性，因此称为风险型决策。在这种决策下，方案实施可能会出现几种不同的情况（自然状态），但每种情况下的后果（即效益）是可以确定的，不可确定的是最终将出现哪一种情况（自然状态）。如天气有晴、雨、阴等几种状态，哪种状态将最终出现，谁也无法事先做出肯定的判断。但只要人们基于历史的数据或以前的经验可以推断出各种自然状态出现的可能性（即概率），那么这种决策就是风险型决策。例如，在证券市场上进行股票投资，就属此种情形。在这种情形下，决策者一般通过比较各方案的损益期望值来进行决策。

不确定型决策是指在可供选择的方案中存在着两种以上的自然状态，而且这些自然状态所出现的概率是无法估测的。对这类问题由于其决策结果具有不确定性，因此称为不确定型决策。与不但知道未来有多少种后果，且还知道各种后果出现概率的风险型决策相比，不确定型决策所面临的不确定性通常更大。在不确定型决策中，最不确定的情况是连方案实施所可能产生的后果都无法估计，这样的决策就相当难定，甚至可以说，决策时毫无把握可言，只能靠决策者的学识、智慧、胆略甚至运气来做出决定。例如，某企业拟将一种新产品投放市场，有大批量、中批量、小批量三种生产方案，由于缺乏历史资料和统计数据，产品投放市场后销路会怎样不清楚或只有销路好、一般、差的大致估计，在这种情况下，决策者只能依据其对各方面情况的主观假设进行决策。

五、影响决策的因素

任何决策都是在一定的条件下进行的,都要受到一些因素的影响和制约。这些影响因素有积极的一面,也有消极的一面。我们要科学决策,就必须研究决策的这些影响因素。

(一) 环境

组织决策一般会面临各种各样的诸如财务、法律、市场、人力资源以及组织环境的约束,这些约束限定了某些行动。它们一般从两个方面对决策施加影响。

(1) 环境的特点影响组织活动的方向

就企业而言,如果市场环境相对稳定,则今天的决策基本上是昨天决策的翻版与延续;而如果市场环境急剧变化,则需要经常对经营方向和内容进行调整。处在垄断市场上的企业,通常将经营重点放在内部生产条件的改善、生产规模的扩大以及生产成本的降低上;而处在竞争市场上的企业,需要密切关注竞争对手的动向,不断推出新产品,努力改善促销宣传,建立健全销售网络。

(2) 决策者对环境的习惯反应模式影响组织决策方案的选择

对于相同的环境,不同的决策者可能作出不同的反应。而这种调整组织与环境关系的模式一旦形成,就会趋于稳固,从而制约决策者对行动方案的选择。

(二) 过去决策

今天是昨天的继续,明天是今天的延伸。历史总是以这种或那种方式影响着未来。在大多数情况下,组织中的决策不是在一张白纸上进行的初始决策,而是对初始决策的完善、调整或改革。过去的决策是目前决策的起点;过去方案的实施,给组织内部状况和外部环境带来了某种程度的变化,进而给"非零起点"的目前决策带来了影响。

过去的决策对目前的决策影响程度取决于过去决策与现任决策者的关系情况。如果过去的决策是由现在的决策者做出的,决策者考虑到要对自己当初的选择负责,就不会愿意对组织活动作重大调整,而倾向于将大部分资源投入到过去方案的实施中,以证明自己的一贯正确。相反,如果现在的决策者与过去的决策没有什么关系,重大改变就可能被其接受。

(三) 决策者的风险态度

人的理性是有限的。决策者对未来的预知不可能与实际发生的情况完全一样,导致方案实施后未必能产生期望的结果。就是说,决策是有风险的(在现实世界中,确定型决策是少之又少的)。决策者对风险的态度会影响其对方案的选择。喜好风险的人通常会选取风险程度较高但收益也较高的行动方案,而厌恶风险的人通常会选取较安全同时收益水平也较低的行动方案。

(四) 伦理

决策者是否重视伦理以及采用何种伦理标准会影响其对待行为或事物的态度,进而影响其决策。

不同的伦理标准会对决策产生影响,可以从下面这个例子中看出。如在巴西,一个人可能认为,只要金额较小,贿赂海关官员在伦理上就是可接受的。因为他想的是:"海关工作人员需要这笔钱,政府是根据他们可以捞一点外快来规定他们工资的"。可见,其伦理标准是以对社会最佳为出发点的,因此无可厚非。而在美国,人们却认为这样做不符合伦理,因为他们信奉的是:"只有每个人都变得诚实,制度才会更加有效"。这种伦理标准也是以对社会最佳为出发点的,因此也是值得肯定的。在前一种伦理标准下,决策者会作出以较小的金额贿赂海关官员的决策,以加快货物的通关速度;而在后一种伦理标准下,会采取其他办法来达到同样目的。

(五)组织文化

组织文化会影响到组织成员对待变化的态度,进而影响到一个组织对方案的选择与实施。在决策过程中,任何方案的选择都意味着对过去某种程度的否定,任何方案的实施都意味着组织要发生某种程度的变化。决策者本人及其他组织成员对待变化的态度会影响到方案的选择与实施。在偏向保守、怀旧、维持的组织中,人们总是根据过去的标准来判断现在的决策,总是担心在变化中会失去什么,从而对将要发生的变化产生怀疑、害怕、抗御的心理与行为;相反,在具有开拓、创新精神的组织中,人们总是以发展的眼光来分析决策的合理性,总是希望在可能发生的变化中得到什么,因此渴望变化、欢迎变化、支持变化。很明显,欢迎变化的组织文化有利于新方案的通过与实施;而抵御变化的组织文化不利于那些对过去作重大改变的方案的通过,即使决策者费经周折让方案勉强通过,也要在正式实施前,设法创建一种有利于变化的组织文化,这无疑增加了方案的成本。

(六)决策时间

美国学者威廉·R·金和大卫·I·克里兰把决策划分为时间敏感型决策和知识敏感型决策。时间敏感型决策是指那些必须迅速作出的决策。战争中军事指挥官的决策,企业可能遇到的危机事件的处理多属于此类。这类决策对速度的要求甚于一切。例如,一个重要客户威胁你如果一小时内不能让他的计算机运行,就取消和你公司的合同。一场罢工关闭了你的工厂。在你的航线飞机上的一次混乱中有人受伤或被杀。在你公司矿井的爆炸中有人受伤或死亡。一旦发生以上情况,决策者必须迅速作出决定。事实上,管理中常常会遇到必须迅速处理的危机事件,如世界贸易中心的爆炸事件、巴林银行的崩溃、2008年中国汶川"5.12"地震、"三鹿奶粉事件"等。当危机事件发生时,由于管理者决策时间的限制和心理压力,难以考虑大量的选择方案,或者忽略行动的长期后果,常常难以有效处理。但是,在今天迅速变化的商业环境中,最宝贵的就是行动敏捷并保持稳定。如果管理者花很长时间来决策,就会带来严重后果,甚至是灾难。

知识敏感型决策是指那些对时间要求不高,而对质量要求较高的决策。在做这类决策时,决策者通常有宽裕的时间来充分利用各种信息。组织中的战略决策大多属于知识敏感型决策。

六、决策的作用

决策是管理者从事管理工作的基础,在管理活动中具有重要的地位与作用。决策在管理中的重要作用主要体现在以下几方面:

1. 决策贯穿于管理过程始终

管理者在管理过程中要履行计划、组织、领导、控制等职能。这些工作,一旦展开,就具有相对的稳定性。决策则不同,它是管理者经常要进行的工作,管理者的主要意图均需通过决策来实现,它贯穿于组织的各项管理活动中。如表6-1所示,从目标的确定、资源的分配、组织机构的建立、人员的招聘及对下属的奖惩、纠偏措施的实施等,都需要管理者做出决策。正是基于这一点,西蒙提出了"管理就是决策"的观点。也正因为如此,在日常生活中,管理者也常常被称为决策者。

表 6-1　决策贯穿于管理各职能

计划:	组织:
组织的定位应该是什么?	需要招聘多少人员?
应采取什么策略来实现组织目标?	工作如何分配?
组织的短期目标应该是什么?	权力如何分配?
组织资源如何配置?	采用何种组织形式?
领导:	控制:
如何对待积极性不高的员工?	组织中哪些活动需要控制?
在该环境中采用何种领导方式为好?	如何控制这些活动?
如何解决所出现的纷争?	偏差多大时才采取纠偏措施?
如何贯彻某项新措施?	出现重大失误时怎么办?

2. 决策正确与否直接关系到组织的生存与发展

决策是任何有目的的活动发生之前必不可少的一步。如医生的判断正确与否直接影响到病人的生命一样,组织的兴衰存亡,常常取决于管理者特别是高层管理者的决策正确与否。

长期以来,决策是以个人的知识、智慧和经验判断为基础的,这对于一些情况简单、容易掌握和判断的问题尚可应付,即使失误了影响也不大,易于扭转。但在现代,管理者所面临的许多复杂问题,已远不是经验决策所能解决的。很多问题都涉及巨额的投资、各方面利益的平衡及众多关系的处理,需要运用多学科的知识审慎判断;而竞争的加剧又需要反应灵敏、及时决策。这就要求决策必须科学化,要科学决策。

3. 决策能力是衡量管理者水平高低的重要标志

要求决策正确,光有主观愿望是不够的。决策是一项创造性的思维活动,体现了高度的科学性和艺术性。有效的决策取决于三个方面:一是具有有关决策原理、概念和方法的坚实知识;二是收集、分析、评价信息和选择方案的娴熟技能;三是经受风险和承担决中某些不确定因素的心理素质。由于管理者所面临的问题常常涉及到众多的因素,错综复杂,因此需要管理者具有特殊的才能,决策能力便成为衡量管理者水平高低的重要标志。

第二节 决策的理论

一、古典决策理论

古典决策理论是基于"经济人"的假设而提出来的。古典决策理论认为,应该从经济的角度来看待决策问题,即决策的目的在于为组织获取最大的经济利益。古典决策理论的主要内容是:

① 决策者所要达到的目标是已知的和具有共识的,要解决的问题也是可以精确计算和界定的;

② 决策者力求决策具有确定性,并必须能够全面掌握有关决策环境的信息情报,要充分了解有关备选方案和可能产生的结果情况;

③ 决策者应建立一个合理的自上而下的执行命令的组织体系,能够最大限度地实现组织目标;

④ 决策者进行决策的目的始终是使组织获取最大的经济利益。

古典决策理论假设,作为决策者的管理者是完全理性的,决策环境是稳定的,在决策者充分了解有关信息情报的情况下,是完全可以做出完成组织目标的最佳决策的。从许多方面看,古典决策模式只是一种理想的决策模式,当决策者处于确定型环境中,古典决策模式是最有价值的。基于计算机技术的定量决策方法的迅速发展,也使得古典决策模式得到了更广泛的运用。古典决策模式说明了决策者应该如何决策,从而有助于决策者在决策时更加理性。但是,它忽视了非经济因素在决策中的作用。

二、行为决策理论

20 世纪 50 年代以后,赫伯特·A·西蒙在《管理行为》一书中指出,理性的和经济的标准均无法确切解释管理的决策过程,在此基础上提出了"有限理性"和"满意度"原则。其他行为决策理论的学者研究,认为影响决策者进行决策的不仅有经济因素,还有其个人的行为表现,如态度、情感、经验和动机等。

行为决策理论的主要内容如下。

① 人的理性介于完全理性和非理性之间,即人是有限理性的,这是因为在高度不确定和极其复杂的现实决策环境中,人的知识、想象力和计算力是有限的。

② 决策者在识别和发现问题时容易受知觉偏差的影响,而在对未来的状况做出判断时,直觉的运用往往多于逻辑分析方法的运用。知觉偏差是指由于认知能力的有限,决策

者仅把问题的部分信息当作认知对象。

③ 由于受决策时间和可利用资源的限制,决策者即使充分了解和掌握有关决策环境的信息情报,也只能做到尽量了解各种备选方案的情况,而不可能做到全部了解,决策者选择的理性是相对的。

④ 在风险型决策中,与经济利益的考虑相比,决策者对待风险的态度起着非常重要的作用。决策者往往厌恶风险,倾向于接受风险较小的方案,尽管风险较大的方案可能带来更为可观的收益。

⑤ 决策者在决策中往往只求满意的结果,而不愿费力去寻求最佳方案。导致这一现象的原因有多种:

1)决策者不注意发挥自己和别人继续进行研究的积极性,只满足于在现有的可行方案中进行选择;

2)决策者本身缺乏有关能力,在有些情况下,决策者出于对个人某些因素的考虑而做出自己满意的选择;

3)评估所有的方案并选择其中的最佳方案,需要花费大量的时间和金钱,这可能是得不偿失的。

行为决策理论抨击了把决策视为定量方法和固定步骤的片面性,主张把决策视为一种文化现象。

三、当代决策理论

当代决策理论认为,决策贯穿于整个管理过程,决策就是整个管理过程。

组织是由作为决策者的个人及其下属、同事组成的系统。整个决策过程从研究组织的内外环境开始,继而确定组织目标,设计可达到该目标的各种可行方案,比较和评估这些方案进而进行方案选择(即做出择优决策),最后实施决策方案,并进行追踪检查和控制,以确保预定目标的实现。这种决策理论对决策的过程、决策的原则、程序化决策和非程序化决策、组织机构的状况同决策过程的联系等作了精辟的论述。

对当今的决策者来说,在决策过程中应广泛应用现代化的手段和规范化的程序,应以系统理论、运筹学和计算机为工具,并辅之以行为科学的有关理论。当代决策理论把古典决策理论和行为决策理论有机地结合起来,它所概括的一套科学行为准则和工作程序,既重视科学的理论、方法和手段的应用,又重视人的积极作用。

第三节 决策的过程

决策是一个发现问题、分析问题、解决问题的系统分析过程。有效的决策,需要科学的程序。决策程序科学化有两层含义:其一是决策程序是一个科学系统,其中每一步骤都有科学的含义；其二是有一套科学的决策技术，以保证每一步骤的科学性。通常情况下，一个科学的决策应由图 6-1 中几个步骤来完成。

图 6-1　决策基本过程示意图

一、识别机会或诊断问题

识别机会或诊断问题是决策过程的第一步，决策者应该知道哪里需要行动，通常应关注与其责任范围有关的各类信息。实际情况和所想要状况的偏差，能够使管理者发现潜在的机会或存在的问题。它要求组织建立对内外部环境监控的机制，核心工作是信息的收集、传递和评价。信息的来源可以是定期或不定期的工作检查、财务报告、管理信息系统报告、市场调研、领导走访等。通过对信息的分析形成具体的决策要求，比如在一个企业的运营中，决策要求可能为：企业目前资金不足，如何筹措；企业准备开发的产品，如何进行市场定位；已开发的产品，如何进行策划、宣传和销售；企业如何在市场竞争中发展自己。

信息的及时性、准确性、全面性是决策者识别决策要求、提高做出正确决策可能性的根本。同时，识别机会和问题，应该考虑组织中的人的行为，信息提供者或决策者的价值观、对待风险的态度、经验及水平都对决策要求的识别有影响。决策者还应该注意，即使收集到的信息是高质量的，在解释的过程中，也可能发生扭曲，有时，随着信息的持续被误解或有问题的事件一直未被发现，信息会被进一步扭曲，大多数重大灾难或事故，都有一个较长的潜伏期，若此时有关征兆被错误的理解或不被重视，而没有及时的采取行动，将会导致灾难或事故的发生；更糟的是，即使拥有精确信息并能正确解释它，处在管理者控制之外的因素也会对机会和问题的识别产生影响。但是，只要管理者坚持获取高质量的信息，并仔细的研究并解释它，就会提高作出正确决策的可能性。

二、明确目标

决策目标既是制定决策方案的依据，又是执行决策、评价决策执行效果的标准。决策目标也就是决策必须达到的水平，体现组织想要获得的结果。决策目标必须定得合理可行，一项决策目标定得合理可行的标准应该是使该目标既能够达到，但又必须要经过努力才能够达到。目标定得太高，根本不切合实际，会使人望而却步，失去为之奋斗的信心与勇气，决策就会随之化为泡影。目标定得太低，不经过一定努力即可实现，人们就可能认为目标唾手可得而无所作为，随之丧失应有的压力和积极性。管理的实践经验已经证明，保持一定的工作压力是必要的，而形成工作压力的主要途径就是明确决策目标和计划指标。

决策目标结果的数量和质量会影响决策者选择合适的行动路线。目标的衡量方法有很多种,如我们通常用货币单位来衡量利润或成本目标,用合格率或次、废品率来衡量产品的质量目标,用市场占有率或增长率来衡量销售目标,用人均产值来衡量人力资源目标等。

目标可能是企业既定的,此时决策者仍需进一步对目标加以明确,对照反馈的信息,确定问题的差距是来源于目标本身还是来源于工作现状;目标也可能是最新确立的,此时决策者面对明确的目标,判断是否决策的时机真正来临。

根据时间长短,可把目标分为长期目标、中期目标和短期目标。通常,长期目标用来指导组织的战略决策;中期目标用来指导组织的战术决策;短期目标通常用来指导组织的业务决策。无论时间的长短,目标总指导着随后的决策过程。

三、诊断分析

当决策者意识到问题或机会,并明确了管理目标后,就应立即开始对问题或机会进行诊断,通过现实情景和目标的比照,分析相关影响因素。比如考虑:

① 组织发生或即将发生的不平衡状态可能产生什么影响?
② 它在何时何地、怎样发生或即将怎样发生?
③ 问题的性质、根源是什么?紧迫程度如何?
④ 因素之间的相互联系和影响是什么?
⑤ 行为将导致哪些结果?

这些问题的思考会帮助决策者对现状或机会进行诊断和分析,并且将为下一步拟订可行的方案打好基础。

四、拟定方案

实现同一个决策目标的方式或途径是多种多样的,不同的途径和方式实现目标的效率是不一样的。决策要求以费用最低、效率最高、收益最大的方式实现目标,这就要求对多种途径和方式进行比较和选择,所以决策的第四个程序就是在允许的范围内,将可能的备选方案都制定出来。

制定备选方案既是组织的一项管理活动,同时又是一项技术性很强的管理活动。无论哪一种备选方案,都必须建立在科学的基础上。方案应尽可能进行定量分析,将其指标数量化,并运用科学、合理的方法进行具体分析,使各个方案建立在客观科学的基础上,减少主观假设性。

五、方案的评估和选择

决策过程的第五步是通过对备选方案的评估,确定一个适合组织的最优方案。实际的决策工作中,方案的拟订、评估和选择往往交织在一起,因为方案的拟订不是一次性完成的，需要不断完善。这种完善往往需要在与其他方案的比较中，取长补短，相互启发。在此仅为理论阐述的需要，将其划分出来，进行叙述。

对方案进行评估，首先要了解各种备选方案的优势和劣势，并使用预定的决策标准（或具体的决策目标，如利润、质量、责任等），分析每种方案的预期成本、收益、不确定性和风险等。决策者会思考以下问题：

方案实施的条件是否成熟？

方案实施给组织带来的长期和短期利益是什么？

方案实施过程中可能遇到什么风险？成功或失败的可能性多大？

选择一个方案看起来很简单，似乎只需要挑选一个能最好解决问题的方案即可，但实际上，做出选择是很困难的。由于最好的决定通常建立在仔细判断的基础上，所以管理者要想做出一个好的决定，必须仔细考察全部事实、确定是否可以获取足够的信息并最终选择最好方案。在选择方案时可使用的方法有经验判断法、类推法、归纳法、数学方法及试验法等。

六、实施决策方案

从当代决策理论观点来看，决策不只是一个简单的方案选择问题，它还包括决策的执行。因为决策正确与否，质量如何，不经过实践的检验，是得不到真正的证明的，实践才是检验真理的唯一标准。而且，决策的目的也就是为了实施决策，以解决最初提出的问题。所以，决策者必须将组织决策实施的工作当作一个重要的环节来抓。

在实施阶段，首先要有广大组织成员的积极参与。为了有效地组织决策实施，决策者应通过各种渠道将决策方案向组织成员通报，争取成员的认同，当然最可取的方法是设计出一种决策模式，争取更多的成员参与决策，以更好地实施决策。

其次决策的实施还在于管理者运用沟通、激励和领导艺术等保证所选择的方案得到真正落实。

管理者要制定实施方案的具体措施和步骤，实施过程中应注意做好以下工作：

制定相应的措施，以保证方案的正确实施；

确保与方案有关的各种指令能被所有有关人员充分接受和彻底了解；

用目标管理方法把决策目标层层分解，落实到每一个执行单位和个人；

建立工作报告制度，以便及时了解方案的进展情况，及时进行工作调整。

七、监督和评价

在决策时，无论考虑得怎样周密，也只是一种事前的设想，难免存在失误或不当之处。随着内部条件和外部环境的发展和变化，实施决策的条件不可能与设想的条件完全吻合。在一些不可预测和不可控因素的影响作用下，实施条件和环境与决策方案所依据的条件和环境之间可能会有较大的出入，这时就需要考虑是否改变决策方案了。所以，在决策实施过程中，决策人应及时了解、掌握决策实施的各种信息，及时发现各种新问题，并对原来的决策进行必要的修订、补充或完善，使之不断地适应变化了的新形势和条件。如果是因为执行中的误差使得过程偏离目标，则更需通过监督、评价使错误的行为及时得以更正。

具体来说，职能部门应对各层次、各岗位履行职责情况进行检查和监督，及时掌握执行进度，检查有无偏离目标的情况，并将信息反馈给决策者。决策者则根据职能部门反馈的信息，追踪方案实施情况，对与既定目标发生偏离的事实，应采取有效措施，以确保既定目标的顺利实现；对客观情况发生重大变化，原先目标确实无法实现的，则要重新寻找问题或机会，确定新的目标，拟订可行性方案，并进行评估、选择和实施。

第四节　决策的方法

决策的方法分为定性决策和定量决策两大类。科学的决策要求把以经验判断为主的定性分析与以现代科学方法和先进技术为主的定量论证结合起来，这是进行科学决策的基本思路。

一、定性决策方法

定性决策方法也称决策软技术，其实质在于它能最充分发挥人们的潜在能力和创造性，因而对解决因素比较复杂的综合性的决策问题起着重要的作用。常用的有头脑风暴法、德尔菲法、专家会议法和名义小组法等。

（一）头脑风暴法

头脑风暴法的创始人是美国心理学家奥斯本（A. F. Osborn），头脑风暴法是比较常用的定性决策方法，目的在于创造一种畅所欲言、自由思考的氛围，诱发创造性思维的碰撞、共振和连锁反应，产生更多的创造性思路和方案。这种决策方法通常是将对解决某一问题有兴趣的人集合在一起，在完全不受约束的条件下，敞开思路，畅所欲言。

具体来说，有四条原则：

① 庭外判决原则。对别人的各种意见、方案，不作任何批评和评价，将讨论限制在最低限度内。认真对待任何一种设想，而不管其是否适当和可行。

② 欢迎各抒己见，自由鸣放。创造一种自由的气氛，激发参加者广开思路，提出各种新颖的、奇异的想法。

③ 追求数量。意见越多，产生好意见的可能性越大，参加者的想法不受任何限制也不怕互相矛盾。尽可能提出更多的建议。

④ 探索取长补短和改进办法。除提出自己的意见外，鼓励参加者对他人已经提出的设想进行补充、改进和综合，使已有的建议更具说服力。

在运用头脑风暴法时，还应注意确立会议议题、做好会前准备、确定合适人选、明确分工、规定纪律、掌握时间等事项，一般参加者5~6人，时间控制在1~2小时为宜。

头脑风暴法便于人们发表创造性意见，因此该方法主要用于收集新设想，比如：新产品创意、广告或营销策划等。

（二）专家会议法

专家会议法是指邀请或召集有关专家，通过在会议上请专家发表意见，并将专家的意见加以综合，对某种现象的未来情况做出预测的方法。会议之前，组织者向有关专家提供预测对象的资料，会议上各位专家充分发表意见，对于不同意见可以讨论。

专家会议法的优点是：

可以达到集思广益、互相补充的目的；

比较节省时间和费用；

应用灵活方便。

专家会议法的不足之处是：

由于会议人数有限，有时会使预测意见缺少代表性及全面性；

会议上权威性专家的意见有时会左右会场，少数人的意见有可能压制多数人的意见；

专家会议法的预测结果极易受调查者和被调查者双方心理状态的影响。

（三）德尔菲法

1948年美国兰德公司首先创立了德尔菲法。德尔菲法又称为专家函询调查法，是专家会议法的改进和发展。

该方法的主要特点如下。

① 匿名性。从事预测的专家彼此互不知道都有哪些人参加预测，他们是在完全匿名的情况下交流思想的，匿名是德尔菲法的极其重要的特点。

② 反馈性。小组成员的交流是通过回答组织者的问题来实现的。它一般要经过若干轮反馈才能完成预测。

③ 收敛性。组织实施德尔菲法时，第一轮，将预测主体和相应预测内容以表格形式发给专家，给专家较大的空间自由发挥。第二轮，将经过统计和修正的第一轮调查结果发给专家，让专家对较为集中的预测事件评价、判断，提出进一步的意见，经工作人员整理统计后，形成初步预测意见。如有必要可再依据第二轮的预测结果制定调查表进行第三轮预测。从整个过程中可知预测的结论会呈现出集中性。

该方法克服了专家会议法的不足，使参与专家的知识和经验得到充分的发挥。此法在技术调查预测和新产品市场需求调查预测等方面得到了较普遍的应用。它是以匿名的方式，逐轮征求一组专家各自的预测意见，最后由主持者进行综合分析，确定市场预测值的方法。

运用该方法的关键是:
① 选择好专家,主要取决于决策所涉及的问题或机会的性质;
② 确定适当的专家人数,一般以 10~50 人为宜,专家人数多少根据问题的复杂程度和专家的组成结构层次而定;
③ 拟定好意见征询表,其质量直接关系到决策的有效性。

(四) 名义小组法

在集体决策中,如对问题的性质不完全了解且意见分歧严重,则可采用名义小组技术。使用这种技术时,管理者先选择一些有相关专业知识的人,组成小组,把要解决问题的关键内容分别告诉他们,并请他们独立思考,要求每个人尽可能地把自己的备选方案和意见写下来。然后再按次序让他们一个接一个地陈述自己的方案和意见。在此基础上,由小组成员对提出的全部备选方案进行投票,根据投票结果,赞成人数最多的备选方案即为所要的方案,当然,管理者最后仍有权决定是接受还是拒绝这一方案。

在这种技术下,被征询意见的人事先不接触,即使围桌而坐,相互间也不通气,且不在一起讨论、协商,从而小组只是名义上的。这种名义上的小组可以有效地激发个人的创造力和想象力。与专家会议法相比,这种方法的优点在于小组成员可毫无顾忌地发表意见,同时又能把好意见逐步集中起来。

(五) 其他定性决策方法

(1) 淘汰法

淘汰法即先根据一定条件和标准,对全部备选方案筛选一遍,把达不到要求的方案淘汰掉,以达到缩小选择范围的目的。淘汰法常用的规定如下。

① 规定最低满意度,对达不到满意度的方案予以淘汰。如规定投资回收期为 3 年,超过 3 年的方案就予以先行淘汰。
② 规定约束条件,凡备选方案中不符合约束条件的便予以剔除。如现在可获得的资金来源为 1000 万元。凡超过 1000 万元的投资方案应予以淘汰。
③ 根据主次目标筛选方案。在多目标决策情况下,并非所有目标都同等重要,决策者可根据目标的重要程度,将那些与主要目标关系不大的方案淘汰。

(2) 环比法,也叫 0-1 评分法

环比法即在所有方案中两两比较,优者得 1 分,劣者得 0 分,然后以各方案得分多少为标准选择方案。

(3) 归类法

归类法指先将类似方案归类,然后再进行选择。方案选择的方法有两类:
① 先从各类方案内部选择一个或两个最优者,然后再把各类方案中的最优方案进行

比较；

②先选类，再从所选类中挑选最优方案。

(4) 电子会议法

这是一种比较新的决策方法，它是名义小组法与计算机网络技术的结合，因此称它为电子会议法。

其具体操作方法是：与会人员坐在联网的计算机终端前，通过计算机屏幕参看有关问题，然后将自己的意见通过计算机进行传输，每个人的意见都会在其他人的计算机屏幕上显示。

电子会议法的最大优点是：匿名、可靠、快速。参加者可以通过匿名的方式，将自己的真实态度和真实想法坦诚地表达出来，而不会面临尴尬。与传统会议相比，它减少了闲聊时间，讨论不会离开主题，因而效率极高。

二、定量决策方法

定量决策法是应用现代科学技术与方法，对备选方案进行定量的分析计算，求出方案的损益值，然后选择出满意方案的方法。此法在战术决策、程序化决策、确定型和风险型决策中得到广泛应用。以下介绍几种常用的定量决策方法。

(一) 确定经营方向的定量决策方法

企业经营应首先明确经营的方向，这类方法可以帮助企业根据自己和市场的特点，选择企业或某一部门的活动方向，主要有波士顿矩阵和政策指导矩阵。

(1) 波士顿矩阵

波士顿（BCG）矩阵，也被称为经营单位组合分析法，是由美国波士顿咨询公司（Boston Consulting Group）首先提出来的，他们认为大部分公司都有两个以上的经营业务单位，每个业务单位都以不同的产品和市场相互区别，业务决策时应考虑两个重要的因素，即：市场份额和业务增长率。市场份额用来表示其业务单位的市场占有率是高于还是低于竞争对手，描述了其在市场上的相对竞争地位，较高的市场占有率可为企业带来较高的销售量和销售利润，进而得到较多的现金流，并最终决定了企业获取现金的能力和速度。业务增长率反映了业务增长的情况，它对业务方向选择的影响是双重的，一方面，它有利于市场占有率的扩大，因为在稳定的行业中，企业产品销售量增加的同时，竞争对手的市场份额缩小；另一方面，它决定着投资机会的大小，因为业务增长迅速可以使企业迅速收回投资，并为取得投资报酬提供有利的机会。

于是以市场份额和业务增长率两个维度来区分业务，即按市场份额的高低和业务增长率的快慢可将企业的业务单位分成四种不同的类型："金牛类"业务、"明星类"业务、"幼童类"业务和"瘦狗类"业务。企业应根据各种类型的不同特征，选择相应的业务经营方向和活动方案，不同业务的决策选择如图6-2所示。

①"金牛类"业务的特点是市场份额很大、业务增长率较低。该类业务往往在成熟、

缓慢增长的行业中处于市场的主导地位。因业务本身不再需要大量的广告和公司扩张投资，或仅需少量投资即可维持其较低的业务增长，而其较高的市场份额能够带来高额利润和高额现金，这样，"金牛类"业务就可以提供大量现金去满足整个公司的经营基础。

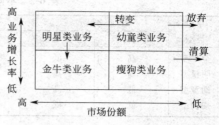

图 6-2　波士顿矩阵

② "明星类"业务的特点是市场份额和业务增长率都较高。该类业务通常在快速增长的行业中占据着市场的主导地位，且有持续增长的潜力，因而所需要和所产生的现金流量都很大。这种业务代表着最高利润增长率和最佳投资机会，因此，公司应该对这样的业务增加必要的投资，以期在未来仍能实现优势成长和最佳利润，维持其有利的市场地位。明星业务成绩卓著，富有魅力，即使在行业成熟、市场增长变慢时，也可产生利润，带来正的现金流。但随着行业的成熟，"明星类"业务将向"金牛类"业务转变。

③ "幼童类"业务的特点是业务增长率较高，而目前的市场份额很低，这类业务存在于新兴、快速增长的行业，处于起步阶段。业务本身具有风险性，可能被培养为"明星类"业务，也可能遭遇彻底失败。成长过程中较高的增长速度需要大量投资，而较低的市场占有率只能提供少量的现金。因此，企业应将"金牛类"业务所获取的现金流投入该类业务中，以提高市场份额，扩大销售量，使它转成"明星类"。如果企业认为这类业务不可能转变为"明星类"，则应及时采取放弃策略。

④ "瘦狗类"业务的特点是市场份额和业务增长率都比较低。这类业务在慢速增长甚至负增长的市场中只占有小部分市场份额，只能为公司带来较少的现金收入和利润，而维持生产能力和竞争地位所需的资金甚至可能超过它们所提供的现金收入，从而可能成为资金的陷阱。企业对这种不景气的业务应缩小规模或放弃经营。

公司的经营往往涉及不同的业务组合，在运用波士顿矩阵确定经营方向时，应采取以下五个工作步骤：

把公司不同的业务区别开来；

计算每一业务的市场份额和业务增长率；

根据在公司中占有资产的多少来衡量各业务单位的相对规模；

绘制公司的整体业务经营组合图；

根据每一业务单位在图中的位置，确定应选择的经营方向。

波士顿矩阵分析法是以"公司的目标是追求增长和利润"这一基本假设为前提的。拥有多个业务单位的公司具有这样的优势：它可以将当前获利较高，而潜在增长率不高的业务单位所创造的利润，投向那些增长率高、潜在利润也高的业务单位，从而使资金在公司内部得到最有效的利用。表 6-2 列出了各业务单位的特点、表现和对策。

表 6-2　不同业务单位的特点、表现和对策

单位类型	业务特点		业务表现			业务对策
	市场份额	业务增长率	利润率	现金流	投资需要	
金牛型	高	低	高	大	少	维持或提高市场占有率
明星型	高	高	高	少	大	增加市场份额
幼童型	低	高	低	少	大	提高市场占有率或放弃
瘦狗型	低	低	低	少	较大	缩小规模或放弃

(2) 政策指导矩阵

政策指导矩阵法是由荷兰壳牌公司创立的。这种方法用矩阵形式，根据市场前景和相对竞争地位来确立公司不同业务单位的现状和特征。市场前景由盈利能力、市场增长率、市场质量和相关国家政策等因素决定，分为吸引力强、中等和无吸引力三种；相对竞争能力受到公司在市场上的地位、生产能力、产品研究和开发等因素的影响，分为强、中、弱三种。由此，可将公司的业务单位分成九种不同的类型，如图 6-3 所示。

图 6-3　政策指导矩阵

根据业务单位所处的不同位置，应选择不同的活动方向。

处于区域 1 和区域 4 的业务单位的特点是竞争能力较强，也有足够理想的市场前景。应通过保证这些业务所需的一切资源，而使其优先发展，维持它们有利的市场地位，形成公司的竞争优势。

处于区域 2 的业务单位的特点是虽然市场前景很好，但公司未能充分利用这种发展机会，同时该类业务虽有一定的经营基础，但还不够充分。因此，公司应努力通过分配更多的资源以加强其竞争能力，促成其实现向区域 1 的转变。

处于区域 3 的业务单位的特点是行业市场前景很好，但业务本身竞争能力较弱，公司必须投入大量的资源，才能提高公司在该领域的竞争能力，但考虑到公司资金及其他资源的有限性，公司可以采取两种不同的决策：一是选择少数最有前途的业务，增加投入，加速发展；二是放弃该业务领域，集中资源培养优势业务。

处于区域 5 的业务单位的特点是行业市场前景和业务竞争能力均为中等，这类业务一般在市场上有 2~4 个强有力的竞争对手，因此，没有一个公司处于领先地位。可采取的对策是分配足够的资源，使之能随着市场的发展而发展。

处于区域 6 和区域 8 的业务单位，由于市场吸引力不大，且竞争能力较弱，或虽有一定的竞争实力，但市场吸引力很小，因此，公司应缓慢地从这些业务领域退出，以收回尽可能多的资金，投入到盈利更多的业务领域。

处于区域 7 的业务单位的特点是业务竞争能力很强但市场前景黯淡，没有发展前途。公司应该利用自己较强的竞争实力，去充分开发其他市场，为一些快速发展的业务单位提

供资金来源，但该业务单位本身不应继续发展。

处于区域 9 的业务单位的特点是业务竞争能力和市场前景都没有优势，所以应尽快放弃该业务单位，并将其资金转移到更有利的业务领域。

（二）选择活动方案的定量决策方法

确定了公司的经营方向和目标后，接着需要对某一方向的不同活动方案进行选择，选择的重要依据是各个方案实施后的经济效果。由于任何方案均是在未来实施，根据人们对未来的认知和把握程度，可将选择活动方案的定量决策方法分为三类：确定型、风险型和不确定型。

1. 确定型决策方法

确定型决策方法是人们对未来的认识比较充分，能够比较准确地估计方案所涉及的各个因素的未来情况，从而可以比较有把握地计算各方案在未来的经济效果，并据此做出选择的方法。该类方法主要有盈亏平衡分析法、线性规划法、内部投资回收率法、价值分析法等。这里主要介绍盈亏平衡分析法。

盈亏平衡分析法也叫量本利分析法，它通过分析成本、销售收入和销售数量三者的关系，掌握盈亏变化的规律，指导公司进行经营决策。在应用这一方法时，关键是找到保本点，即公司达到盈亏平衡时的销量（或产量），此时，公司的总收入等于总成本。

公司的利润是销售收入扣除成本以后的剩余，其中销售收入是产品销售数量及其销售价格的函数，成本包括固定成本和变动成本。图 6-4 描述了公司盈利、成本和销售收入之间的关系。

以生产型企业为例，已知公司生产的产品能够全部售出，即产品产量等于产品的销售量，则有：

销售收入＝单价×产量

生产成本＝固定成本＋变动成本＝固定成本＋单位变动成本×产量

若令：销售收入＝生产成本，即得：

盈亏平衡点产量＝固定成本／（单价－单位变动成本）

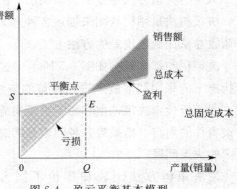

图 6-4　盈亏平衡基本模型

若设定某一预期目标利润，即令：

销售收入－生产成本＝目标利润，则得：

达到目标利润时的产量＝（目标利润＋固定成本）／（单价－单位变动成本）

用公式表示，引入 p 代表单位产品价格，Q 代表产量或销售量，F 代表总固定成本，v 代表单位变动成本，π 代表总利润，c 代表单位产品贡献（$c=p-v$）。则

保本产量：$Q=F/(p-v)=F/c$；

目标利润 π 时的产量：$Q=(F+\pi)/(p-v)=(F+\pi)/c$

[例题] 某产品市场销售价格为 10 元/件，其固定成本为 10000 元，变动成本为 5 元/件，试求其盈亏平衡点。又假定企业可以销售 5000 件，问企业的利润是多少？

解：

① 盈亏平衡点＝固定成本/（单价－单位变动成本）＝10000/（10－5）＝2000 件

② 利润＝（单价－单位变动成本）×销量－固定成本
　　　＝(10－5)×5000－10000＝15000 元

③ 盈亏平衡点结果分析

根据①的计算结果，说明 2000 件是一个保本点，只有当销售量大于 2000 件时才有盈利，低于 2000 件，亏损。如果市场对产品的需求只有 1900 件时，企业不能接受生产该产品的要求。

2. 风险型决策方法

风险型决策方法主要用于人们对未来有一定程度认识，但又不能肯定的情况。这时，实施方案在未来可能出现几种不同情况，我们把它称为自然状态。每种自然状态均有出现的可能，人们虽然无法确知真实情况，但可以根据以前的资料来推断它们出现的概率。此时，我们计算各自然状态期望收益值作为各方案在未来的经济效果，这必然与未来的实际收益有一定差异，因此，据此而制定的决策方案具有一定的风险。

风险型决策的特征是：①存在明确的决策目标；②存在两个以上备选方案；③存在着不以决策者主观意志为转移的不同的自然状态；④各备选方案在不同自然状态下的损益值可以计算出来；⑤决策者可以推断出各自然状态出现的概率。

风险型决策方法主要有决策树法、决策收益表法等。以下介绍决策树法。

决策树法是用树状图来描述各种方案在不同自然状态下的收益，据此计算每种方案的期望收益从而做出决策的方法。

决策树的基本结构如图 6-5 所示。这是以图解的方式，通过计算各备选方案在不同自然状态下的平均期望值来进行决策的方法。这种方法的优点是：①直观；②便于集体决策；③便于检查决策依据和随着决策实施情况修改、补充决策目标。决策树法能用图形将决策事件的内容、结果等各种因素及其决策过程形象化地反映出来，尤其适用于解决较为复杂的决策问题。

用决策树方法比较和评价不同方案的经济效果，需要进行以下几个步骤的工作：

第一步，绘制决策树；

第二步，自右到左计算各个方案的期望值，并将结果写在相应的状态点的上方；

第三步，对期望值进行比较，保留收益期望值最大的方案作为最优方案，剪去期望收益值较小的方案枝，即在相应方案枝上标注符号"≠"。

如果是多阶段或多级决策，则需要重复第二、三步工作。

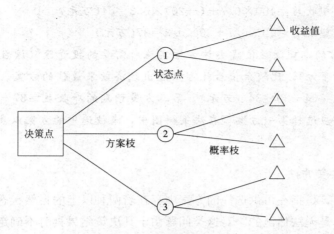

图 6-5 决策树的基本结构

□——决策点，由决策点引出的直线叫方案枝，表示决策时所采取的不同方案；

○——状态点，图示中①、②和③表示有三个状态点，其上方将标以数字，表示该方案收益的期望值，由状态点引出的直线叫概率枝，表示方案在未来执行时可能遇到几种不同的自然状态，概率枝的直线上将写明自然状态及其出现的概率；

△——结果，旁边将标以数字，表示每一方案在相应状态下的收益值。

[例题] 图 6-6 中，某公司为投产某种新产品拟订两个方案：一是建设规模较大的工厂，另一是建设规模比较小的工厂。假设两者的使用期一样，但建大厂需投资 30 万元，建小厂只需投资 20 万元。这种新产品未来的销路有好坏两种情况，它们出现的概率分别为 0.7 和 0.3，相应的损益值预测结果是：建大厂方案，如果销路好，生产经营这种新产品能带来 100 万元的收益，但如果销路差，则要损失 20 万元；建小厂方案，如果销路好，经营收益能达到 40 万元，而如果销路差，则只有 30 万元的收益。试问哪一种方案更可取？

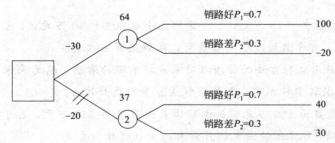

图 6-6 决策树示意图（金额单位：万元）

① 根据决策备选方案的数目和对未来环境状态的了解，绘出决策树图形。

② 计算各方案的期望收益值。首先计算方案各状态枝的期望值，即用方案在各种自然状态下的损益值去分别乘以各自然状态出现的概率；然后将各状态枝的期望收益值累加，求出每个方案的期望收益值（可将该数值标记在相应方案的圆形节点上方）。在上例中：

第一方案的期望收益＝100×0.7＋(－20)×0.3＝64(万元)
第二方案的期望收益＝40×0.7＋30×0.3＝37(万元)

③ 将每个方案的期望收益值减去该方案实施所需要的投资额（该数额可标记在相应的方案枝的上方或下方），比较余值后就可以选出经济效果最佳的方案。在上例中，第一方案预期的净收益＝64－30＝34（万元），第二方案预期的净收益＝37－20＝17（万元）。比较两者，可看出应选择第一方案（在决策树图中，未被选中的方案以表示"剪断"的符号"≠"来表示）。

3. 不确定型决策方法

不确定型决策，是指在可供选择的方案中存在着两种以上的自然状态，而且这些自然状态所出现的概率是无法估测的。对这类问题由于其决策结果具有不确定性，因此称为不确定型决策。常用的不确定型决策方法有小中取大法、大中取大法和最小最大后悔值法等。

[例题] 某企业打算生产某产品。据市场预测，产品销路有三种情况：销路好、销路一般和销路差。生产该产品有三种方案：a. 改进生产线；b. 新建生产线；c. 与其他企业协作。据估计，各方案在不同情况下的收益见表6-3。问企业选择哪个方案？

表6-3 各方案在不同情况下的收益　　　　　　　　　　　单位：万元

自然状态 收益 方案	销路好	销路一般	销路差
a. 改进生产线	180	120	－40
b. 新建生产线	240	100	－80
c. 与其他企业协作	100	70	16

① 小中取大法：采用这种方法的管理者对未来持悲观的看法，但从悲观的选择中取最大收益的方案。

a方案的最小收益为－40万元，b方案的最小收益为－80万元，c方案的最小收益为16万元，经过比较，c方案的最小收益最大，所以选择c方案。

大中取大法：采用这种方法的管理者对未来持乐观的看法，认为未来会出现最好的自然状态，因此不论采取哪种方案，都能获取该方案的最大收益。

a方案的最大收益为180万元，b方案的最大收益为240万元，c方案的最大收益为100万元，经过比较，b方案的最大收益最大，所以选择b方案。

② 最小最大后悔值法：管理者在选择了某方案后，如果将来发生的自然状态表明其他方案的收益更大，那么他（或她）会为自己的选择而后悔。最小最大后悔值法就是使后悔值最小的方法。采用这种方法进行决策时，首先计算各方案在各自然状态下的后悔值（某方案在某自然状态下的后悔值＝该自然状态下的最大收益－该方案在该自然状态下的收益），并找出各方案的最大后悔值，然后进行比较，选择最大后悔值最小的方案作为所中选方案。

在本例中，在销路好这一自然状态下，b方案（新建生产线）的收益最大，为240万元。在将来发生的自然状态是销路好的情况下，如果管理者恰好选择了这一方案，他就不会后悔，即后悔值为0。如果他选择的不是b方案，而是其他方案，他就会后悔（后悔没有选择b方案）。比如，他选择的是c方案（与其他企业协作），该方案在销路好时带来的收益是100万元，比选择b方案少带来140万元的收益，即后悔值为140万元（表6-4）。

表6-4　各方案在各自然状态下的后悔值　　　　　　　　　　　　　　　　单位：万元

方案 \ 自然状态	销路好	销路一般	销路差
a. 改进生产线	60	0	56
b. 新建生产线	0	20	96
c. 与其他企业协作	140	50	0

由表6-4中看出，a方案的最大后悔值为60万元，b方案的最大后悔值为96万元，c方案的最大后悔值为140万元，经过比较，a方案的最大后悔值最小，所以选择a方案。

以上情况说明，对于不确定类型的决策，决策者本身对决策应依据的准则的选择，将最终影响对决策方案的选择。因此，在不确定的情况之下，决策实际很难达到真正的"最优化"，理想的决策方案只不过是按照决策者事先选定的准则或原则来选择的相对最满意的方案。由此，满意化决策要比最优化决策在现实中更具有代表性。

第五节　集体决策与个体决策

一、集体决策与个体决策的比较

在组织决策中，越来越多的重要问题采用群体决策的方式，个人决策占的比重正在不断减少。因为面对复杂多变的环境，个人的能力是有限的，从管理学的角度来看，集体决策能够比个人提供更完整的信息，带来多样化的备选方案，从而给决策集体以更大的选择空间，提高决策的可行性，有利于决策方案的快速实施。基于这种考虑，为了减少决策失误的风险，许多组织都采用了集体决策的方法，广泛引入董事会、专家顾问团、决策委员会等集体机构，参与组织决策探讨，广开言路，集思广益，以弥补个人决策的缺陷。

但是在许多时间敏感型的决策中，集体决策无法取代个人决策。集体决策与个人决策各有特点与优势，也各有不足，在不同场合发挥各自无法替代的作用。以下从六个方面对集体决策与个人决策进行比较。

1. 时效性

在时效性上，集体决策不如个体决策。因为集体决策，往往需要有足够的时间来进行沟通、协调与讨论，因此，对需要迅速做出决策的问题不适合采用集体决策。美国克莱斯勒公司的原总经理艾科卡曾讽刺集体决策说："等委员会讨论后决策射击，野鸭已经飞走了"。所以，当决策的紧迫程度非常高时，必须采用个人决策，由一个决策者果断拍板。

2. 责任明确性

集体决策中，由于决策的结果是集体中所有成员共同讨论决定的，处于"法不责众"的心理，常会造成责任分散，无人对决策结果负全责的情况。而在个人决策的情况下，决策者的责任明确，无从推诿。

3. 决策成本

集体决策耗费的时间与经费都很多，个人决策相比较而言成本要低得多。因此，在考虑采用集体决策时，必须比较成本与收益，一般只有重要决策才采用集体决策。

4. 决策质量

集体决策可以汇集更多的信息情报和广泛的知识、经验与创造性，可以得到更精确的诊断和更丰富的备选方案，进行抉择时考虑更全面，产生漏洞的可能性就会比较小，因此决策质量相对较高。而个人决策由于一个人的信息、知识、经验、创造性一般比不上集体，有时容易片面，除非决策者有极其丰富的经验和敏锐的直觉，一般情况下个人决策的质量比不上集体决策。所以，许多组织采用领导班子集体决策。

5. 一贯性

个人目标取向是动态的，处在不断的改变中，个人决策不一定依照科学的决策程序，个人决策可能反复无常，前后矛盾。集体决策中虽然各个人的目标取向也是动态的，但多元目标综合起来就会稳定得多，加上集体决策一般采用合理的科学决策程序，比较理性，所以集体决策的一贯性较强。

6. 可实施性

集体决策过程中，参与者较好地了解所制定的决策，增加了对决策实施的认同感和责任感，参与者获得了较多的信息与信任，满足了人们受尊重的需要，因此，更易接受集体做出的决策，执行过程中积极性较高。而在个人决策中，需要向组织成员解释决策，组织成员有时还会产生误解，实施决策时也可能因为利益关系等种种原因而遇到阻力。

从以上的分析可以看出，个人决策和集体决策各有优劣。在需要对问题迅速做出反应时，个人决策是有效的；而在有关企业发展重大问题的决策上，集体决策更优。但是整体来说，由于现代管理强调集思广益和集体领导，所以，集体决策应用较多。

二、集体决策中的特殊行为

1. 从众现象

集体思维中最明显的是从众现象。在集体决策中，集体中的成员会面临集体压力：如果个体表示异议,可能会受到多数人的孤立与嘲笑,丧失归属感,心理紧张。由于集体压力的存在,使个人真实的想法(尤其是和大多数人或集体领导观点不一致的情况下)很难表达出来。因为与集体保持一致会比成为集体中大多数人的对立面要有利得多,基于这种考虑,集体成员往往会妥协或修正自己的想法,即使有怀疑也不敢公开发表意见。

很多专家认为集体的凝聚力较高、领导者的独裁风格、决策时间比较紧以及没有遵守科学的决策流程等都会引起从众现象。从众现象的出现对集体决策有非常大的影响,导致不能广开言路,决策失误。这就要求我们应该采取适当的措施来减少这种现象的出现,从而保证集体决策更加有效、更加完善。

2. 风险转移

传统观念认为,集体决策会倾向于谨慎和保守,但心理学家通过研究发现在很多情况下,集体决策较个人决策有时具有更大的冒险性,存在"风险转移"现象。关于这种现象的主要原因,有不同的假说。一是责任分摊假说。个人决策时,决策者顾虑自己的决策后果,不敢贸然采取有风险的决策,但当集体决策时,成员们共同分担责任,"法不责众",他们就不像个人决策那样具有强烈的责任感,所以往往做出风险较大的决策。二是领导者的作用。集体中较具影响力的领导,常常为了显示自己的才能,而采取风险水平较高的决策,因为人们通常欣赏有魄力、敢闯敢干的领导者。同时领导者个人的冒险意愿,很可能因为其权威而被集体接受。三是社会比较作用。因害怕集体中的其他成员认为自己懦弱,集体成员常常会提出较个人决策时更具冒险性的方案。四是盲目自信与乐观。集体往往认为是集多人智慧,自己无所不能,过高地估计自己的判断能力,对外部的影响和力量缺乏清醒认识,从而对决策的成功率估计过高,对失败可能性估计不足。这些方面或多或少起到了"风险转移"的效应。

有时集体决策也可能存在向保守决策转移的倾向。例如,集体成员均偏向于保守时,其决策也就比较谨慎,另外一些人虽然支持冒险行动,但顾忌整个集体中其他人的安危,可能会更谨慎。在集体决策中,注意可能出现的"风险转移"是十分必要的。为了克服集体决策的"久争不决"、"风险转移"的缺点,著名企业家张瑞敏曾经说过,"只有集体的智慧,没有集体的决策。必须在民主的基础上进行集中决策,决策责任明确到个人,才能避免决策失误时相互推诿、法不责众的现象。"

三、集体决策的改进

通过对集体决策和个体决策的比较,以及集体决策中存在的心理和行为倾向的分析,可以看出集体决策中存在一些缺点。必须采取切实措施,尽可能克服集体决策中的缺陷。

1. 知识结构上的互补

在一个决策集体中,应该尽可能包括具有不同知识背景的人员。知识背景不同的人对客观世界的认识不同,看问题的角度不同,能力结构不同,思维方式也不同,他们的互补不仅能够使得对客体的认识盲区大大减少,而且使决策集体中的成员能够相互启发,激发出具有创造性的新思想。

2. 性格、气质和决策风格上的互补

由于不同性格、不同气质的人各有优缺点，在情绪、意志等方面的表现各有千秋，因此组成决策集体时还应注意成员在性格、气质方面的互补。

在决策风格上，可分为六类：经济型——决策中更注重经济效益；审美型——决策中更注重和谐和个性；理论型——决策中更注重事实的确认和根源的分析；社会型——决策中更注重人际关系；政治型——决策中更注重权力、影响和声望；理想型——决策中更注重理想和献身精神。

有些人的决策风格是审美型的，注重决策方案的尽善尽美，而没有考虑成本的问题；有的决策者是经济型的，主张以更少的钱办更多的事。而作为一个决策来说，不仅要考虑决策的执行效果和目标的实现，而且要考虑成本——效益。如果这些意见能够同时被考虑，就会形成一个较好的决策。所以，金无足赤，人无完人，每个人都有其独具的特色，集体决策就是要使大家相互补充，形成一个整体更优的集体，以获得更明智的决策结果。

3. 年龄、性别、所处阶层的合理分布

决策集体的组成还应注意年龄、性别、所处阶层的合理分布。这种合理分布有利于决策集体加强与不同年龄、不同性别、不同社会阶层、社会集团的广泛联系，随时采集各方面的意见和建议，发挥各类成员的优势，取长补短，以不断提高决策质量。比如，老年人经验较充足，但容易被经验所束缚；年轻人经验不够多，但有股子"初生牛犊不怕虎"的气魄，敢冒风险，善于学习，容易产生新思维。另外，在决策集体中包含组织内部不同层次的成员，可以考虑到不同年龄、性别和阶层的不同需要，也有利于调动组织成员的积极性，提高士气。例如，城市的水价听证会在选择普通市民参加听证时，就要从年龄、性别和阶层上选取，注意决策集体的合理分布。

4. 控制决策集体的人数

通常情况下，决策人数越多，协调工作越多，决策效率越低。研究表明，5~11 人组成的中等规模的集体决策最有效，能得出更为正确的决策意见；4~5 人的集体较容易使成员感到满足；2~5 人的较小的集体较易得到一致的意见。比较大的集体可能得到较多的意见，但意见的增多与集体人数的增加并不存在正比关系。

5. 坚持民主集中制

在决策中必须坚持民主，给每一个参会者平等的发言机会，每个人都要坚持客观冷静和公平的心态，不要有偏见，不能进行人身攻击。

另一方面，让员工参与企业的重大决策的制定过程，确实有利于调动员工的积极性和决策执行的良好效果，但决策者不能完全听信员工的决策，因为他们往往只是从自己的角度出发来思考问题，虽然可以利用集体决策发挥员工的聪明才智多出主意，但决策是否有

效的标准是能否提高工作绩效或解决某个问题，而不是所有集体成员达成一致，大家都满意。所以，有效的决策应该是在能提高工作绩效的基础上的集体成员的认可。也就是说，集体决策有利于形成更多的决策方案，但大家最终共同认可的方案未必就是正确的。

复习思考题

1. 什么是决策？决策有哪些原则？
2. 战略决策、战术决策与业务决策有何区别？程序化决策与非程序化决策有何区别？
3. 决策理论有哪些？
4. 影响决策的因素有哪些？
5. 决策过程包括哪些步骤？
6. 确定性决策方法、风险型决策方法、不确定型决策方法的具体内容？
7. 试比较集体决策与个体决策的区别？

案例

案例 6-1　　　　　　　　　吉利购买沃尔沃的决策

2010 年 3 月 28 日，中国吉利以 18 亿美元的价格 100% 收购美国福特公司旗下瑞典汽车制造商沃尔沃。吉利将完整拥有沃尔沃轿车品牌，包括 9 个系列产品、3 个最新平台的知识产权、接近 60 万辆产能的先进生产线、2000 多个全球网络及相关的人才和重要的供应商体系。人们普遍认为，沃尔沃是迄今为止中国汽车业国际收购中最特别的一个优质资源。

吉利从事轿车生产的历史不过 13 年。即使在中国市场，吉利品牌的认知度也并不高。这样的并购机会似乎很难想象，何况沃尔沃无论规模还是品牌都不是吉利可比的（两家企业 2009 年对比见下表）。

2009 年数据	员工人数	营业收入	利润
吉利	1.11 万	20 亿美元	2 亿美元
沃尔沃	1.96 万	124 亿美元	−6.5 亿美元

然而，在吉利董事长李书福看来，收购沃尔沃的决策虽然大胆，却是基于精密计算的。首先，沃尔沃拥有完整的中高端车型及技术体系，这正是低端形象的吉利所缺乏并急需的。吉利还可以"借此获得一个更大和更平衡的市场份额和业务结构"，有效地抵御未来汽车产业全球市场周期波动的影响。

李书福的团队一直在密切关注汽车产业向发展中国家的转移，积极寻求有价值的收购机会，同时争取国际金融市场和本国政府的支持。这一次，他抓住了大型国有企业的迟疑（受制于同国外汽车厂商的合资合作，加上以往失败的教训，如 2005 年上汽以 5 亿美元收购韩国双龙后的不成功）和金融危机带来的收购机遇。

2009年年初，吉利全资收购全球第二大自动变速器公司澳大利亚DSI，获得国内目前最缺乏、最核心的自动变速箱产能和技术。这次收购还显示了吉利作出复杂收购决策的能力。2009年春节后DSI宣布破产，得到消息后吉利进行了初步评估。包括李书福在内的高层全部前往当地亲自调查，通过香港公司融资外汇进行收购投标，5月完成并购，9月即实现盈利。吉利集团的香港上市背景令其拥有国际化融资平台而不必受限于国内外汇政策，这在国际并购中是一大优势。

吉利入主DSI后，并不直接介入日常运营管理，而是通过董事会为管理层下达公司发展方向以及业务考核指标，并制定了相应的预算和绩效考核机制。这种管理模式解决了跨国并购在运营人才和文化上的冲突。吉利将这一模式复制到沃尔沃收购案中，李书福说，"今后还是要依靠沃尔沃原有的团队"。

李书福说，我们从2002年就开始研究沃尔沃。2008年，福特表示可能放弃沃尔沃。吉利秘密成立了收购项目小组，由不同专业背景的专家组成，对沃尔沃公司进行深入的研究；制定总体收购战略；制定整个操作的细致时间表及规划。2008年年底，吉利首次向福特提交竞购建议书，"里面的数据非常翔实，奠定了福特跟我们谈判的基础"。

收购沃尔沃的决策还包括如何让沃尔沃获得新生。自1995年以来，沃尔沃在全球豪华市场的份额从14.9%一路下降到8.2%，2005年之后更是连续5年亏损。李书福认为，沃尔沃技术毫无疑问是世界领先的，它的问题是生产规模太小，成本太高。"我们要扩大沃尔沃的销量，把成本降下。"李书福举了一个例子，澳大利亚DSI认为在中国生产自动变速器的设备投入要10亿元，但实际上5亿元就完成了。"他们怎么也不相信，对于中国的制造优势，对中国成本的理解，他们是很欠缺的。"李书福说。

吉利并购沃尔沃后，中国采购比例每年将提高8%，5年后超过40%，5年内降低采购成本至少12亿美元，零部件出口每年还可以为吉利实现40亿美元的销售收入。收购财务顾问洛希尔银行的收益预测是2011年可实现赢利，2015年实现税前利润7.03亿美元。李书福希望沃尔沃2020年在海外市场实现年销售量100万辆，其中中国是主要的增长来源。目前沃尔沃的全球销量约为40万辆，这是一个极富挑战的目标。

振兴沃尔沃的过程比预想的更加复杂。2011年沃尔沃实现了赢利。然而2012年上半年再次陷入亏损。此外，曾经抱以极大期望的中国市场同样表现不佳。2012年沃尔沃在中国销售4.2万辆，远低于6万辆的目标，同比下降了10%。而竞争对手奥迪和宝马分别实现了30%和40%的增长。中国市场受挫一个重要原因是成都、大庆和张家口三个生产基地陷入冗长的审批程序。尽管吉利已经全资收购沃尔沃，但根据规定它在国内设厂还是不得不采取合资企业的形式。

（资料来源：韩瑞. 管理学原理. 北京：中国市场出版社，2013，164—165）

案例讨论：

1. 吉利收购沃尔沃的决策中，哪些是程序型决策，哪些是非程序型决策？
2. 分析吉利收购沃尔沃决策中的理性决策步骤。
3. 吉利收购沃尔沃的决策是确定环境、风险环境还是不确定环境下的决策？在这种情况下，如何做出最好的决策？

案例 6-2 机场建设引发的思考

"要想富，先修路"。J市民航局A局长回忆，开发旅游资源成为修建J市机场最充分的理由，当时没有到J市的高速公路，铁路和水路是主要交通路途。当然，修机场、通航也可以提升J市城市形象、功能，招商引资，机场被寄予厚望。1993年，经过可行性研究、立项、审批层层把关，J市机场开始破土动工，1996年机场竣工，J市迎来航空时代。兴奋仅仅维持了2年。A局长称，"只花钱不挣钱，谁都高兴不起来。"1997年，J市机场通航第一年便陷入亏损，原因很简单，没客源，没有航班。而在J市机场修建项目报告上，每年客流量应当在300万人左右，现实数据却是区区100多人，从开通起，赚钱便成泡影。停停飞飞到1999年，J市机场终于关闭，至此，J市机场债务已在2亿元以上。

"机场建设陷入怪圈。"A局长说："为发展经济修建机场，地方经济发展促进机场发展，应该是良性互动，咋变成怪圈？"A局长分析认为，单就机场而言，建设时机还是超前了一点，J市经济发展对机场的支撑远远低于预期。经营方法落后，管理的漏洞加速了机场亏损。"官僚决策、经营是最本质的原因。没有人质问机场建设是花谁的钱，谁该负责。"A局长说。来自交通运输系统工程学会的消息，在全国机场中，J市机场仅是一个小小泡沫，在南方某省6个机场中，仅有2个机场经营尚好，其余均陷入亏损，最少的年客流量只有100多人，最多的年客流量将货物折算后也在3万人以下。

据该省民航局计划处B处长介绍：某市并无著名旅游资源，但并不妨碍当地投资3.3亿多元修建标准为4C的机场，6000多人的年客流量带给机场的只有亏损。据中央电视台报道，该市为修建机场，3.3亿元建设资金来之不易，连当地小学生都被要求集资。到2001年9月，最终一个航班也没有，机场被迫关闭。"这纯粹是面子工程"，B处长认为。该市本就有一个小飞机场，一直是停停飞飞，但1996年，地方政府头脑发热突然要将小机场升级为4C机场。

"我们早就建议当地不要建民用机场，但谁愿听？"B处长说，"在周围200公里内早有2个机场，当地经济水平根本容不下3个机场竞争。"来自航空总局的资料表明，在目前支线、干线机场中，除依托著名景区、沿海经济发达城市的机场外，其他几乎无一例外都陷入亏损，数目在50个以上。

"民航总局并不能制止泡沫产生"。面对机场泡沫的破裂，国家民航总局机场司工作人员认为，支线机场建设的原则是"谁投资，谁受益"，问题多出自地方政府环节。B处长解释说，地方机场都是当地政府自筹资金，并不需要国家财政出钱，建与不建，什么时候建的决定权更多来自地方意愿，政府工程、窗口工程、标志性建设往往超过实际经济发展需要，这也是地方机场容易上马的原因。

（资料来源：2002年MPA全国联考管理学试题）

案例讨论：
1. 政府修建机场的主要目标是什么？是直接谋取巨额经济利益吗？
2. 避免机场的盲目重复建设，地方政府应如何决策？

第七章

计划

凡事预则立，不预则废。　　　　　　　　　　　　　　　——《礼记·中庸》

人无远虑，必有近忧。　　　　　　　　　　　　　　　——《论语·卫灵公》

夫未战而庙算胜者，得算多也；未战而庙算不胜者，得算少也。多算胜，少算不胜。

——《孙子兵法·计篇》

计划工作是一座桥梁，它把我们所处的这岸和我们要去的对岸连接起来，以克服这一天堑。

——哈罗德·孔茨

成功的道路是目标铺出来的

心理学家曾经做过这样一个实验：组织三组人，让他们分别向着10公里以外的三个村子进发。

第一组的人既不知道村庄的名字，又不知道路程有多远，只告诉他们跟着向导走就行了。刚走出两三公里，就开始有人叫苦；走到一半的时候。有人几乎愤怒了，他们抱怨为什么要走这么远，何时才能走到头，有人甚至坐在路边不愿走了；越往后走，他们的情绪也就越低落。

第二组的人知道村庄的名字和路程有多远，但路边没有里程碑，只能凭经验来估计行程的时间和距离。走到一半的时候，大多数人想知道已经走了多远，有人说："大概走了一半的路程。"于是，大家又簇拥着继续向前走。当走到全程的四分之三的时候，大家情绪开始低落，觉得疲惫不堪，而路程似乎还有很长。当有人说："快到了！""快到了！"大家又振作起来，加快了行进的步伐。

第三组的人不仅知道村子的名字、路程，而且公路旁每一公里就有一块里程碑。人们边走边看里程碑，每缩短一公里，大家便有一小阵的快乐。行进中他们用看里程碑的快乐消除疲劳，用坚定的步伐丈量行走的路程，所以很快就到达了目的地。

> 心理学家得出了这样的结论：当人们的行动有了明确目标的时候，并能把自己的行动与目标不断地加以对照，进而清楚地知道自己的行进速度和与目标之间的距离，人们行动的动机就会得到维持和加强，就会自觉地克服一切困难，努力达到目标。
>
> （资料来源：根据网络信息整理）

计划是管理职能中最基本的一项职能，组织职能、领导职能和控制职能是围绕着计划职能而展开的，以保证达到计划规定的目标。

计划是在对未来的工作进行科学预见的基础上，确定未来行动的方案。计划是管理的首要职能，用计划来组织、指挥、协调和控制各方面的活动。计划管理是任何组织管理的首要因素和组成部分，是管理工作的基础。

第一节 计划与计划工作

一、计划的概念

管理存在于集体协作活动中。为使人们的集体活动卓有成效，就必须使人们明确，他们应该去完成什么目标，并且明确，为了完成这些目标必须通过什么途径，采取哪种方案。这种旨在明确所追求的目标以及相应的行动方案的活动，就是管理的计划职能。计划是所有管理职能中一项最基本的职能，它是对未来活动进行的预先安排，是针对未来的筹谋和规划。古人所说的"运筹帷幄"，就是对计划职能最形象的概括。

计划就是根据组织内外部的实际情况，通过科学的预测，提出在未来一定时期内组织所要达到的目标以及实现目标的方法。计划活动是连接可能与现实、今天与明天、现在与未来的桥梁。通过计划活动的分析，把本来不一定能实现的事情变得有可能实现，使不清晰的问题逐渐清晰化。尽管计划不是万能的，周密的计划也会受到各种环境因素的干扰，但如果没有了计划，许多事情的发展就只有听之任之。常言道，"人无远虑，必有近忧"，说的就是计划的重要性。计划有两种含义。

第一种含义，计划是指组织的管理者对过去和现在的资料进行分析，对将来可能发生的情况进行预测，以确定能实现组织预定目标的行动方案的一种活动。从这个定义可以看出，组织的计划工作包含预测与决策工作，它要求用科学的方法对未来可能发生的情况进行估计，还要用科学的方法拟定各种可行方案并选择一个方案作为实际的行动方案。

第二种含义，计划是指组织计划工作的结果，它确定了组织在未来期间内要做什么、如何做、何时做和由谁做等问题。从这个定义可以看出，计划是首要的管理职能，是管理的基础。因为只有根据计划方案，才可能确定要建立什么样的组织结构形式，才可能最有效地领导、激励员工。至于控制，脱离计划的控制是毫无意义的，计划为组织的控制提供了根据和标准。图 7-1 说明了管理职能之间的逻辑关系。

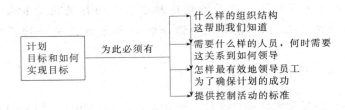

图 7-1　计划是管理的基础

二、计划工作的任务和内容

计划工作的任务，就是根据社会的需要以及组织的自身能力，确定出组织在一定时期内的奋斗目标；通过计划的编制、执行和检查，协调和合理安排组织中各方面的经营和管理活动，有效地利用组织的人力、物力和财力等资源，取得最佳的经济效益和社会效益。

计划工作的内容可概括为七个方面，简称为"5W2H"，即：做什么（What）？为什么做（Why）？何时做（When）？何地做（Where）？谁去做（Who）？和怎么做（How）？多少（How much）？这七个方面的具体含义如下。

"做什么"：要明确计划工作的具体任务和要求，明确每一个时期的中心任务和工作重点。例如，企业生产计划的任务主要是确定生产哪些产品，生产多少，合理安排产品投入和产出的数量和进度，在保证按期、按质和按量完成订货合同的前提下，使得生产能力得到尽可能充分的利用。

"为什么做"：要明确计划工作的宗旨、目标和战略，并论证可行性。实践表明，计划工作人员对组织和企业的宗旨、目标和战略了解得越清楚，认识得越深刻，就越有助于他们在计划工作中发挥主动性和创造性。正如通常所说的"要我做"和"我要做"的结果是大不一样的，其道理就在于此。

"何时做"：规定计划中各项工作的开始和完成的进度，以便进行有效的控制和对能力及资源进行平衡。

"何地做"：规定计划的实施地点或场所，了解计划实施的环境条件和限制，以便合理安排计划实施的空间组织和布局。

"谁去做"：计划不仅要明确规定目标、任务、地点和进度，还应规定由哪个主管部门负责。例如，开发一种新产品，要经过产品设计、样机试制、小批试制和正式投产几个阶段。在计划中要明确规定每个阶段由哪个部门负主要责任，哪些部门协助，各阶段交接时，由哪些部门和哪些人员参加鉴定和审核等。

"怎么做"：制定实现计划的措施，以及相应的政策和规则，对资源进行合理分配和集中使用，对人力、生产能力进行平衡，对各种派生计划进行综合平衡等。

"多少"：做到什么程度？数量如何？质量水平如何？费用产出如何？

实际上，一个完整的计划还应包括控制标准和考核指标的制定，也就是告诉实施计划的部门或人员，做成什么样，达到什么标准才算是完成了计划。

三、计划工作的性质

计划工作的性质可以概括为五个主要方面，即目的性、首位性、普遍性、效率性和创造性。

① 目的性。每一个计划都是旨在使组织的总目标和一定时期目标的实现。计划工作是最明白地显示出管理的基本特征的主要职能活动。

② 首位性。计划工作相对于其他管理职能处于首位。把计划工作摆在首位的原因，不仅因为从管理过程的角度来看，计划工作先于其他管理职能，还在于计划工作影响和贯穿于组织工作、人员配备、领导工作和控制工作中。

计划工作对组织工作的影响是，可能需要在局部或整体上改变一个组织的结构，设立新的职能部门或改变原有的职权关系。例如一个企业要开发一种重要的新产品，可能要为此专门成立一个项目小组，并实行一种矩阵式的组织形式和职权关系。

计划工作对人员配备的影响可能是需要委任新的部门主管，调整和充实关键部门的人员以及培训员工等。而组织结构和员工构成的变化，必然会影响到领导方式和激励方式。

计划工作和控制工作是分不开的。未经计划的活动是无法控制的，因为控制就是纠正偏离计划的偏差，以保持活动的既定方向。没有计划指导的控制是毫无意义的，计划是为控制工作提供标准的。此外，控制职能的有效行使，往往需要根据情况的变化修改原订计划或拟定新的计划，而修改过的计划或新的计划又被作为连续进行的控制工作的基础。计划工作与控制工作的这种继续不断的关系，通常被称为计划——控制——计划循环。

③ 普遍性。虽然计划工作的特点和范围，随着各级管理人员职权的不同而不同，但它却是各级管理人员的一个共同职能。所有的管理人员，无论是总经理还是班组长都要从事计划工作，这是其普遍性。在计划工作的普遍性之中蕴含着一种秩序，主要表现为计划工作的纵向层次性和横向协作性。虽然所有的管理人员都制定计划，但组织基层的工作计划和高层的战略计划在重要程度上是不同的。

④ 效率性。计划工作的任务，不仅是要确保实现目标，而且是要从众多方案中选择最优的资源配置方案，以求合理利用资源和提高效率。强调协调，规避风险，经过技术可行性、经济合理性分析，保持较高的效率，就是既要"做正确的事"又要"正确地做事"。效率是指投入和产出之间的比率，但在这个概念中，不仅包括人们通常理解的按资金、工时或成本表示的投入产出比率，如资金利润率、劳动生产率和成本利润率等，还包括组织成本、个人和群体的动机和程度这一类主观的评价标准。所以，只有能够实现收入大于支出，并且顾及到国家、集体和个人三者利益的计划才是一个完美的计划，才能真正体现出计划的效率。

⑤ 创造性。计划工作是针对需要解决的新问题和可能发生的新变化、新机会而做出的决定的，因而它是一个创造性的管理过程。计划有点类似于一项产品或一项工程的设计，它

是对管理活动的设计。正如一种新产品的成功在于创新一样,成功的计划也依赖于创新。

四、决策与计划的关系

自从西蒙为代表的决策理论学派提出"管理就是决策"这个论断后,就开始出现对计划和决策关系的讨论:计划与决策是何关系?两者中谁先谁后?要理解计划,有必要先明确这一关系。

有人认为,计划作为管理的首要工作,计划是一个包括环境分析与预测、目标确定、方案选择的过程。决策只是这一过程中某阶段的工作内容。

而以西蒙为代表们决策理论学派则强调,管理就是决策,决策是管理的核心,贯穿于整个管理过程。确定目标、制订计划、选择方案,是目标及计划的决策;机构设置、人事安排、权限分配,是组织的决策;计划执行活动的检查及检查的时点、检查手段的选择,是控制的决策。除此,决策不仅包括了计划而且贯穿于整个管理,决策就是管理本身。

实际上,两种观点各有合理的成分,如果把两者结合起来看,两种观点并不矛盾。计划与决策既有区别,又有联系。决策是关于组织活动方向、内容以及方式的选择;计划是对组织内部不同部门和不同成员在一定时期内行动任务的具体安排,详细规定了不同部门和成员在该时期内从事活动的具体内容和要求。

这种关系体现在:决策的制定过程中,不论是对内部能力优势或劣势的分析,还是在方案选择时关于各个方案执行效果或要求的评价,实际上都已经开始孕育着制订计划。反过来,计划的编制过程,既是决策的落实过程,也是决策的更为详细的检查和修订的过程。无法落实的决策,或者说决策选择的活动中有些任务无法安排,则该计划必须做一定的调整。

因此,可以说决策是计划的基础,为计划提供依据。计划是决策的逻辑延续,为决策所选择目标的实施提供组织保证。在实际工作中,决策和计划互相渗透,有时甚至是不可分割地交织在一起的。

五、计划的要素

根据计划的内容要求,计划应尽可能制定得周详,对未来的行动起指导作用,但由于计划类型的不同,计划所涉及的要素往往详略不同。一般来说,一项完整的年度计划应包括如表 7-1 所示的结构要素。

表 7-1 计划的结构要素

要素	规定内容	考虑因素	举例(年销售计划)
目标	行动结果 (数量、质量、时限)	生存发展需要 市场及内部资源制约	实现年销售收入 5000 万元,利润 600 万元。本地市场占有率 50%
任务	行动内容 (实现目标的措施)	目标与手段的因果关系	促销宣传、建立专卖店、向弱势群体捐赠、改进服务

续表

要素	规定内容	考虑因素	举例（年销售计划）
政策	行动方针、基本态度	实现目标的主要矛盾和办法	批发优惠、现金折扣、销售提成、让利用户
实施者	执行任务的部门或个人	职能分工、资源分布、职责权限	销售部负责销售宣传，市场部负责建立专卖店，公关部负责……
步骤	各项活动的起止时间及其衔接关系	不同安排的成本效益比较	3月底前出广告，5月底前建立5家专卖店……
预算	需要的人、财、物	任务需要与可提供资源间的权衡	销售员10名，专卖店专职技术人员30人，营业面积300m^2，广告宣传费100万元

六、计划的类型

一项完整的计划具有多个要素，而不同类型的计划对计划包含的内容的要求又各不相同。计划的类型可以依据时间和空间标准来划分，还可以根据计划的明确程度和计划的程序化程度来划分，把计划分为战略性计划和战术性计划是管理活动中常见的。表7-2列出了按不同方法分类的计划类型。当然，由于划分的标准不同，这些不同类型的计划形式是可以相互交叉的，而且在现实当中以此标准去对照计划有时也很难确切地界定计划的类型。比如我们常常见到组织的长期财务计划、指导性人事计划等就是两种划分标准交叉的计划类型。而对长期计划和短期计划的时间界定也有其相对性，不是绝对的，程序性与非程序性有时更难把握。因此，对计划分类的理解应综合考虑其内涵，而不能片面地去理解。

表7-2 不同方法分类的计划类型

分类标准	类型
时间长短	长期计划、中期计划、短期计划
职能范围	作业计划、财务计划、人事计划等
综合性程度和涉及时间跨度长短	战略计划、战术计划
明确性	具体性计划、指导性计划
程序化程度	程序性计划、非程序性计划
表现形式	目的或使命、目标、战略、政策、程序、规则、规划和预算

（一）长期计划、中期计划和短期计划

计划可以按照时间期限的长短分成长期、中期和短期计划。现有的习惯做法是将1年及其以内的计划称为短期计划；1年以上到5年以内的计划称为中期计划；5年以上的计划称为长期计划。但是对一些环境条件变化很快，本身节奏很快的组织活动，其计划分类也可能1年计划就是长期计划，季度计划就是中期计划，而月度计划就是短期计划。长期计划描述了组织的较长时期内从事某种活动应达到的目标和要求，绘制了组织长期发展的

蓝图。短期计划则具体地规定了组织中的各个部门在目前到未来的较短时间内应该从事何种活动以及对活动内容的筹划,为组织成员在近期内的行动提供了依据。

以上对长期、中期和短期计划等三种计划以时间的长度进行界定是相对的。例如,"西气东送"是一项巨大的工程,它将涉及许多生产建设领域和地方行政单位的管理活动,所以即使是短期计划也要3~5年才能"初显眉目"。而对于时装公司来说,流行时装的时间最多2~4个月,这就决定时装公司的短期计划的时间只能是2~4个月。对于它们"年度计划"就是中期计划了。没有一个统一的时间划分标准来界定长期计划、短期计划。我们只能从短期计划与长期计划的相互关系中区分两者,或者说计划期的长短是一个相对的概念。长期计划的目的在于组织活动能力的再生和扩大。短期计划的目的在于已形成的组织活动能力的充分利用,因而其执行的结果影响到组织活动的效率以及由此决定的生存能力。

(二) 作业计划、财务计划、人事计划

按照组织内职能范围的不同,计划包括作业计划、财务计划、人事计划等。作业计划是指有关组织内创造价值的作业活动环节的计划,包括产品采购计划、生产计划、销售计划等。财务活动和人事活动是作业活动的支持活动,相应的财务计划和人事计划是作业计划的支持计划,财务计划提供支持作业活动的财务预算和财务收支等的计划,人事计划提供保证作业活动所需的人力资源的供给和储备。除此以外,这类计划还有与组织其他职能相关联的如设备大修计划、基建施工计划等。

(三) 战略计划与战术计划

按照计划的综合性程度以及计划的时间跨度长短,可将计划分为战略计划和战术计划。战略计划是指关于组织的全局性与长远性的任务与目标的计划。战术计划是指规定总体目标如何实现的细节的计划,需要解决的是组织的具体部门或具体项目在未来各个较短时期内的行动方案。战略计划的显著特征在于其全局性和长远性,全局性是指战略计划是基于组织整体而制定的,强调组织整体的协调,长远性是指战略计划涉及组织未来的较长时期。战略计划是战术计划的纲领,战术计划是战略计划实现的保证。从组织整体管理能力来看,战略计划体现组织的领导力,战术计划体现组织的执行力。

(四) 具体性计划和指导性计划

根据计划内容的明确性程度,可将计划分为具体性计划和指导性计划。具体性计划具有明确规定的目标,一般有明确的程序、预算方案以及日程进度表,弹性较小,如企业的年度销售计划有具体的回款指标和市场占有率指标要求。指导性计划只规定某些一般的方针以及行动原则,弹性较大,执行者有较大的自由空间,它指出重点但不把执行者限定在具体的目标上或特定的行动方案上。如一个增加销售额的具体性计划可能规定未来6个月内销售额要增长15%,而指导性销售计划则可能规定6个月内销售额要增长10%~15%。相对于指导性计划而言,具体性计划更易于执行,但是缺少灵活性,其明确的要求和限制

往往约束人的能动性，也易形成官僚主义的弊病。

（五）程序性计划与非程序性计划

西蒙把组织的活动分为两类：一类是例行活动，指一些重复出现的活动。有关这些活动的决策是经常出现的，也有先例和程序可循的。如一次订购多少原材料，多长时间订一次，出现常见的缺陷的产品能否退赔等。由于经常出现，这类决策往往有制定好的程序。有关这类决策的计划就是程序性计划，如组织的经济订购批量模型系统，退赔制度和程序等。另一类活动是非例行活动，这种活动或者不经常发生，或者无法程序化，有关这类活动的计划就是非程序性计划，这类计划往往需要组织的高层管理人员来制定。

（六）计划的层次体系

哈罗德·孔茨和海因茨·韦里克从抽象到具体，把计划划分为一个层次体系，从抽象到具体依次表现为：使命或目的、目标、战略、政策、程序、规则、方案和预算等八种类型。这几类计划的关系可由上到下形成一个等级层次，如图7-2所示。

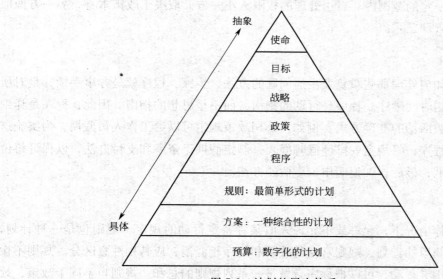

图 7-2　计划的层次体系

1. 使命

明确的使命或目的是指明一定的组织机构在社会上应起到的作用和所处的地位；决定组织的性质，是决定此组织区别于他组织的标志。例如工商企业的目的是生产和交换商品和服务；大学的目的和任务是培养人才等。

2. 目标

一定时期的目标或各项具体目标是在目的或任务指导下提出的，它具体规定了组织及其各个部门的经营管理活动在一定时期要达到的具体成果。目标不仅是计划工作的终点，也是组织工作、人员配备、领导以及控制等活动所要达到的结果。

3. 战略

战略是指确立组织的基本长期目标，采取行动，分配必需的资源以达到目标。是一个组织为实现目标而采取的总体纲要。例如，福特汽车公司早期决定向市场投入廉价的标准化汽车，它的经营战略是尽量降低生产成本，采用大批量生产装配线；产品标准化、规格化，实现零件可互换；组织庞大的销售网。

4. 政策

政策是指导或沟通决策思想的全面的陈述书或理解书。但不是所有政策都是陈述书，政策也常常会从主管人员的行动中含蓄地反映出来。比如，主管人员处理某问题的习惯方式往往会被下属作为处理该类问题的模式，这也许是一种含蓄的、潜在的政策。政策能帮助事先决定问题处理方法，这一方面减少对某些例行问题时间上处理的成本，另一方面把其他计划统一起来了。政策支持了分权，同时也支持了上级主管对该项分权的控制。政策允许对某些事情处理的自由，一方面我们切不可把政策当作规则，另一方面我们又必须把这种自由限制在一定的范围内。自由处理的权限大小一方面取决于政策本身，另一方面取决于主管人员的管理艺术。

5. 程序

程序规定了如何处理那些重复发生的问题的方法、步骤。程序就是办事手续，是对所要进行的行动规定时间顺序。程序是行动的指南，而不是思想的指南。因此，程序是详细列出必须完成某类活动的准确方式。例如，公司政策规定可以给工作人员假期，为实施这项政策所建立的程序，将规定安排度假时间表，制定假期工资率和支付办法，以保证每位工作人员享有假期，最后详细说明申请度假的办法。

6. 规则

规则是在具体情况下，允许或不允许采取某种特定行动的规定。规则也是一种计划，只不过是一种最简单的计划。规则常常与政策和程序相混淆，应特别注意区分。规则不像程序，因为规则指导行动，可以把程序看做是一系列规则的总和。规则也不同于政策，政策的目的是要指导行动，并给管理人员留有酌情处理的余地。虽然规则有时也起指导作用，但是在运用规则中，没有自行处理的权力。比如，"禁止吸烟"是一条规则，但和程序没有任何联系；而一个规定为顾客服务的程序可能表现为一些规则，如在接到顾客需要服务的信息后30分钟内必须给予答复。

7. 方案

方案是综合性的计划，它是实现既定目标、政策、程序、规则、任务分配、执行步骤、使用资源以及其他要素。因此，方案的各个部分的彼此协调需要严格的技能以及系统的思考和行动的方法。通常情况下，方案需要预算的支持。

方案是一种典型的计划形式，它规定组织在未来一定时期内的发展目标，为实现这一目标所需要遵循的战略（路径选择）政策，以及任务分配、主要的步骤和所需资源等（表 7-3）。方案可大可小，大的如一项重要的设备投资方案，小的如班组长鼓励下属士气的激励计划。

表 7-3　方案（规划）的内容

要素	所要回答的问题	内　　容
前提	计划在何种情况下实施？	预测、假设、实施条件
目标	做什么？	最终结果、工作要求
目的	为什么要做？	理由、意义、重要性（形势和任务）
战略	如何做？	基本方法、主要战术
责任	谁来做？做好做坏的结果	人选、奖惩措施
时间表	何时做？	起止时间、进度安排
范围	涉及哪些部门或何地？	组织层次或地理范围
预算	需要投入多少资源？	费用、代价
应变措施	万一……怎么办？	最坏情况下的计划

8. 预算

预算作为一种计划，是一份用数字表示预期结果的报表。预算又被称为"数字化"的规划。例如，财务收支预算，可称之为"利润计划"或"财务收支计划"。一个预算计划可以促使上级主管对预算的现金流动、开支、收入等内容进行数字上的整理。预算也是一种控制手段，它迫使人们制订详细的计划，又因为预算采用数字形式，所以它使计划工作更细致、更精确。

七、计划工作的原理

计划工作作为一种基本的管理职能活动，主要原理有：限定因素原理、许诺原理、灵活性原理和改变航道原理。

（一）限定因素原理

限定因素，是指妨碍组织目标实现的因素。限定因素原理有时又被形象地称作"木桶原理"。其含义是木桶能盛多少水，取决于桶壁上最短的那块木板条。限定因素原理表明，主管人员在制订计划时，必须全力找出影响计划目标实现的主要限定因素或战略因素，有针对性地采取得力措施。这正如哲学原理矛盾论中抓主要矛盾的思想。

（二）许诺原理

任何一项计划都是对完成各项工作所做出的许诺，因而，许诺越大，实现许诺的时间就越长，实现许诺的可能性就越小。许诺原理涉及计划期限和计划任务的问题，即合理的计划工作要确定一个未来的时期，这个时期的长短取决于实现决策中所许诺的任务所必需的时间。按照许诺原理,首先,计划必须有期限要求。事实上,对于大多数情况来说,完成期限往往是对计划最严厉的要求。其次,每项计划的许诺不能太多,因为许诺(任务)越多,则计划时间越长。如果主管人员实现许诺所需的时间长度比他可正确预见的未来期限还要长,但他不能获得足够的资源,使计划具有足够的灵活性,那么他就应当果断地减少许诺,或是将他所许诺的期限缩短。

(三) 灵活性原理

灵活性的计划又称为"弹性计划",即能适应变化的计划。计划必须具有灵活性,即当出现意外情况时,有能力改变方向而不必花太大的代价。灵活性原理可以表述为:计划中体现的灵活性越大,由于未来意外事件引起损失的危险性就越小。例如,某项建筑工程的施工进度计划应该要求按照计划时间完成施工任务,但在制订施工进度计划时要考虑可能出现在雨季不能露天作业的情况,因而对完成任务时间的估计要留有余地。至于执行计划,一般不应有灵活性。例如执行一个生产作业计划必须严格准确,否则就会发生组装车间停工待料或在制品大量积压的现象。

(四) 改变航道原理

改变航道原理是指计划的总目标不变,但实现目标的进程(即航道)可以因情况的变化随时改变。就像航海家一样,必须经常拟对航线,一旦遇到障碍就可绕道而行。

改变航道原理与灵活性原理不同,灵活性原理是制订计划时使计划本身具有适应性,而改变航道原理是使计划执行过程中具有应变能力,为此,计划工作者就必须经常地检查计划、重新调整、修订计划,以此达到预期的目标。

八、计划的重要作用

(一) 指引方向

计划为组织活动的分工提供了依据,有了计划就有了一个行动目标,计划可以促使企业管理人员对准目标。计划工作使组织全体成员有了明确的努力方向,并且相互明确自己应该在什么时候、什么地点、采用什么方式做出何种贡献。组织中没有计划工作也就没有组织目标,组织中各项活动的协调也就无法进行,当所有有关人员了解了组织的目标和为达到目标他们必须做出什么贡献时,他们就能开始协调他们的活动,互相合作,形成团队。他们知道哪些行动会背离目标,哪些会导致相互抵消,哪些又是毫不相干的,从而对准所要实现的目标去设法取得一种协调的工作步骤。

(二) 提高效率

计划为组织活动的资源筹措提供了依据,由于计划工作同时又是一个生产要素的分配过程,为了更经济地达到目标,人力、物力、财力的合理分配必不可少,使得各种资源得到充分合理的分配和利用。另外,计划工作还可以减少重复性和浪费性的活动,它用共同的目标和明确的方向来代替不协调的分散的活动；用均匀的工作流程代替不均匀的工作流程。这样，就可以解决低效率的问题。

（三）便于控制

没有计划，就没有控制。计划为组织活动的检查与控制提供了依据。主管人员如果没有计划规定的目标作为考核的标准，就无法检查其下级完成工作的情况。在计划中我们设立目标，而在控制职能中，我们将实际绩效与目标进行比较，发现可能发生的重大偏差，采取必要的矫正行动。计划工作不仅需要确定未来一定时期中应该达到的目标，同时要对达到的目标进行定量的描述与规定。这样管理者只要熟知自己工作的计划目标是什么，就可以随时对实际工作绩效进行检验，使各项控制得以实施。

（四）降低风险

计划是面向未来的，而未来又是不肯定的，所以计划工作的重要性就体现在它能促使管理者展望未来，预见变化，减小不确定性。这其中有这样两点原因：①计划工作是经过周密预测的，它要接近客观实际，计划越接近实际，它越成功。一般来讲，计划时间越短，不肯定因素越少；计划时间越长，不确定因素越多。所以目前很多企业都不做过长的计划，一般 2~3 年。②企业一般有几套计划，当环境发生变化的时候，它可以启动备用计划。这些备用计划就是为应付不时之需的，它有相应的补救措施，并随时检查计划，尽量减少由于环境的变化带来的损失，并使之减少到最小的程度。当然我们也要认识到计划可以弥补环境的不肯定性和变化而带来的动荡和损失，但是计划不可能消除变化。

（五）激励士气

计划是激励人员士气的武器。计划通常包含有目标、任务、时间安排、行动方案等等。不管是长期、中期、还是短期计划，也不管是年度、季度、还是月度计划，甚至每日、每时的计划都有激励作用。例如，有的研究发现，当人们在接近完成任务的时候会出现一种"终末激发"效应，即在人们已经出现疲劳的情况下，当人们看到计划将要完成时会受到一种激励，使人们的工作效率又重新上升，并一直会坚持到完成计划，达到目标。

第二节 战略计划

企业战略计划是对长远发展的全局性的谋划，20 世纪 50 年代产生于美国。联合国经济合作发展组织的统计资料表明，20 世纪 50 年代，美国大企业中制定战略规划的还只有 20% 左右，到了 70 年代，制定战略计划在大企业中就达到了 100%。

"战略"一词原本是个军事术语，意指"指导战略全局的谋划"。随着科学技术和社会经济的不断发展，客观环境的急剧变化以及市场竞争的日趋激烈，使人们逐渐认识到要干一件大事，就必须使主观认识适应客观环境的变化，特别是要掌握未来的发展趋势。"战略"一词由此引入到了政治、经济、科学技术、企业经营管理等多学科领域。具有战略眼光对企业的生存发展至关重要。号称"钟表王国"的瑞士在1969年研制出第一只石英电子表,但擅长机械表制造技术的瑞士企业界领袖们认为石英表没有发展前途,并未给予充分重视。日本人则以为,石英表这项新技术大有前途,于是投资进行大批量生产。结果,日本的石英表技术誉满全球,在20世纪70年代几年时间内就挤垮了100多家瑞士手表厂。

法国管理学家塔威尔在《企业的生存战略》一书中谈到:工业化企业的发展可分为三个时代:第一个时代以企业家为特征的,即由资本家直接管理企业的时代;第二个时代以管理专家为特征,或叫组织人(系统管理)的时代;第三个时代以战略家为特征,强调现代企业的高层领导人员,必须具有高瞻远瞩、深谋远虑的品质,能在复杂的环境中把握企业未来的方向和命运。

一、战略计划的概念、特点及作用

(一) 概念

战略计划是指为实现组织的目标,通过对外部环境和内部条件的全面估量和分析,从组织发展全局出发而做出的较长时期的总体性的谋划和活动纲领。它涉及组织发展中带有全局性、长远性和根本性的问题,是组织的管理思想、管理方针的集中表现,是确定规划、计划的基础。

(二) 特点

一个组织的战略计划是涉及到一定时期内组织的发展方向、行动方针以及资源使用方向的运筹计划。一般来说,战略计划具有如下特点。

1. 战略具有对抗的含义

战略计划总是针对竞争对手的优势和劣势及其正在或可能采取的行动而制订的。它突出了本身资源和技术与外界的结合,以及现实的机会与潜在的冒险性的结合。

2. 计划过程由高层管理者直接控制

战略计划的制订一般都有三个组织层次,要经过三个循环周期。①组织层次。一个完整的战略计划是组织内三级管理人员——高层、中层及第一线管理人员共同努力的结果。总战略和总政策一般都是由高层管理人员提出。各职能部门和中层管理人员提出自己的职能战略计划和部门战略计划,某些具体的策略计划,如日常的行动计划,则由第一线管理人员提出,并具体执行。②循环周期。每个组织都有自己独特的计划制定进程。制定一般的战略计划要经过三个循环。在每一循环里,高级和中级管理人员都要事先与下级管理人员商量,然后再提出某些设想。计划的程序是一个多次重复循环的过程,每一循环都是在前一个循环提出来的计划设想的基础上,再次进行讨论和修改,以使计划尽可能得到完善。在第一循环周期中包括两个方面的工作，一是由高层领导人提出组织的总目标和总战略计划初步方案，听取中级管理人员的意见（特别是关于资源调配的意见）；二是对各部门目标任务提出要求，在此基础上各部门提出本单位的目标任务和策略。如果高层批准了各部门的目标和策略，第一循环周期即完成。在第二循环周期，各部门（中级管理层）根据自己的目标和任务制订更详细的计划方案，并呈交最高层批准。第三循环周期是计划程序中的最后"预算"循环，高层要求中层部门提出预算方案，中层要求下属各部门提出预算方案，这些方案均由上级领导进行调整批准。从战略计划制定的组织层次、循环周期可见，整个战略计划行动都是由高层管理者直接控制的。在许多组织里虽然有庞大而有经验的专门制定战略计划的人员，在制定战略计划过程中也有很好的循环系统，但是成功制定战略计划的关键仍是高层管理者自己。

3. 具有较长远的时间概念

战略计划重点是为实现组织长远目标而选择途径，一般具有较长的时间周期。

4. 经营方向的选择是战略的核心问题

一般来说，一个战略包含着四个基本方面：战略范围、资源部署、可能的有利竞争条件以及最佳协同。战略范围详细规定了本组织与社会环境因素之间发生作用的范围，即说明了要达到哪一方面的目标；资源部署要阐明在规定的战略范围内如何部署本身的资源；可能的有利竞争条件是指由新战略范围和资源部署情况所决定的可能的有利竞争条件；在规定的战略范围内，还应使资源部署和可能的有利竞争条件处于最佳的协调状态，发挥最佳协同作用，以获得全局性的更大的利益。

（三）作用

战略计划对组织活动和各项工作起着先导的作用。

① 制订战略计划可以对组织当前和长远发展的工作环境、工作方向和工作能力有一个正确的认识。全面了解自己的优势和劣势、机遇和挑战，利用机会，扬长避短，以求得生存和发展。

② 有了战略计划，就有了发展的总纲，有了奋斗的目标，可以进行人力、物力、财力的优化配置，统一全体职工的思想，调动职工的积极性和创造性，实现组织目标。

③ 实行战略计划，既可以理顺内部的各种关系，又可以顺应外部的环境变化，加强管理活动。

④ 有利于组织领导者集中精力去思考有关制定战略目标、战略思想、战略方针、战略措施等带有全局性的问题，可提高领导者的素质。

二、战略计划的程序

1. 确定组织的使命和愿景

确定组织使命与愿景是战略计划的第一步。有了使命和愿景，就可确定与之相适合的战略。在组织业务范围确定以后,要建立一组公司致力追求的主要目标。这些目标的确立,能够使公司具有方向感和使命感。如杰克·韦尔奇为通用电气公司确立的主要目标为:"不是第一,就是第二"。

2. 外部环境和组织内部资源分析

组织的环境因素对组织战略计划起着关键性的作用。环境因素主要包括市场环境因素、行业环境因素、政策法规环境因素、竞争对手因素、供给环境因素、组织资源因素和国际环境因素等。

环境分析可以使管理者对环境信息进行分析和鉴别,评估哪些机会可以发掘、组织可能面临哪些威胁,有助于管理者捕捉良机,做出正确的决策。

外部环境分析,环境对组织的有利机会(Opportunities)和组织面临的威胁(Threats)。组织内部分析,提供组织特定资源和能力的重要管理信息,分析哪些信息是组织擅长的活动或专有资源,即组织的优势(Strengths);哪些是组织不擅长的活动或非专有资源,即组织的劣势(Weaknesses)。通过对组织内外环境进行优势(S)、劣势(W)、机会(O)和威胁(T)的分析(通常称为SWOT分析),可帮助决策者进行动态的内外部环境综合分析,确定相应的生存和发展战略。

3. 战略选择

战略选择,就是要确定企业应采取的战略类型。企业战略尽管形式各异,但基本类型有以下三种。

(1) 总成本领先战略

这种战略的主导思想是以低成本取得行业的领先地位。成本领先的优势有利于建立起行业壁垒,有利于企业采取灵活的定价策略将竞争对手排挤出市场。为了成功地实施成本领先战略,所选择的市场必须对某类产品有稳定、持久和大量的需求,产品的设计要便于制造和生产,要广泛地推行标准化、通用化和系列化。比如麦当劳快餐连锁店,把旧的快餐业经营方式改造成为大批量、标准化生产,使每片肉、每片洋葱、每个面包和每根炸土豆条看起来都一模一样,并且在精确的加工时间内从全自动化的流程中生产出来。同时,为适应大规模生产的要求,在产品质量、服务速度、清洁卫生、服务态度方面建立了严格的标准,从而树立了极高的信誉。

(2) 差别化战略

差别化战略就是使企业在行业中别具一格,具有独特性,建立起差别竞争优势,以对"入侵者"形成行业壁垒。例如树立名牌形象,设计产品技术特点和性能特点,在顾客服务上别具一格等。近年来,我国电冰箱市场上的竞争,大多是采用差别化战略。随着电冰箱市场逐渐从卖方市场转向买方市场,各冰箱生产厂家在改进产品设计、增加产品功能、改善售后服务以及延长保修期等方面绞尽脑汁,不断推陈出新。电冰箱的花样不断翻新:增大冷冻室容积、表面喷漆改喷塑、风冷改直冷、抽屉式冷冻室、增加蓄冷器、立式压缩机改卧式压缩机、外接冷饮等。

(3) 专一化战略

这类战略是主攻某个特殊的细分市场或某一种特殊的产品。这一战略的前提是，企业业务的专一化能够以更高的效率、更好的效果为某一战略对象服务，从而在某一方面或某一点上超过那些有较宽业务范围的竞争对手。例如，近年来，随着我国农村改革的深入和市场经济的发展，一些县镇逐步形成了专一化经营的特色：河北安国的中药材批发交易市场、山东寿光的蔬菜批发交易市场、山东苍山的大蒜批发交易市场、浙江温州市桥头镇的钮扣市场等，都已成为在全国范围内颇有影响的专业市场。这些地区的企业通过这种专一化经营方式获益匪浅。

4. 战略规划

战略规划的任务是将战略分析和战略选择的结果进一步体现在产品组合、功能战略和资源分配上。

产品组合是指一个企业提供给市场的全部产品线和产品项目的组合或结构，即企业的经营范围。例如，某自选采购中心经营家电、百货、鞋帽、文教用品等，这就是产品组合；而其中"家电"或"鞋帽"等大类就是产品线；每一大类里包括的具体品牌、品种为产品项目。

功能战略主要是强化企业在研发、制造、采购、销售、服务等方面的关键环节。实践表明，不同的行业，成功的关键因素是不同的，而行业成功的关键因素是随着行业的成熟逐步演变的。例如，对于大规模集成电路芯片行业来说，成功的关键因素是加工设备的精密度和效率；对于电梯行业来说，尽管电梯的质量很重要，但服务才是其成功的关键因素。

资源分配是指要使组织的有限资源发挥最大效益。因此，在战略规划中，就必须集中使用资源，并按照某种优先次序来分配资源。

5. 战略实施和战略管理

战略实施要解决的首要问题是组织保证。必须认识到，组织是手段，是实现战略和目标的手段。"战略决定结构"应作为战略实施阶段所依据的原则，不同的战略要求有不同的组织结构与之相适应。例如，总成本领先战略，一般要求一种集权化的按职能划分部门的专业化分工的体制；差别化战略则要求一种适于激发创新精神的项目管理，或是分权化的按产品或市场划分部门的组织体制。将不同的战略混在一种组织体制下实施，就会造成上面提到的徘徊不定的局面，难以形成特色。

近年来，战略与组织文化的关系以及战略对组织文化的影响开始受到管理学家们的关注，成为战略管理方面一个十分令人感兴趣的研究课题。企业文化作为一个组织特有的价值观念、管理风格、思维和行为方式的体现，对企业的成功有着重要的影响，这一点已得到公认。不同的战略不仅要求不同的技能和组织结构，也要求企业文化与之相适应。例如，差别化战略往往鼓励革新、发挥个人积极性和勇于冒险的精神；而总成本领先战略则要求勤俭节约、遵纪守法和注重细节的办事作风。同组织结构一样，文化本身并无好坏之分，它是实施战略取得竞争优势的一种手段。

综上所述，战略计划的制定过程如图 7-3 所示。

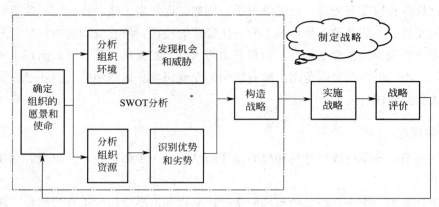

图 7-3　战略制定过程

第三节　计划的编制

一、计划工作的步骤

1. 估量机会

从一定意义上讲，估量机会是正式的计划工作开始之前必须做的准备工作，是计划工作中不可缺少的一个起点。其内容包括：初步考察未来可能出现的机会以及本组织认识和把握机会的能力，根据自身的优势和劣势判断本组织的竞争地位，明确进行计划的理由以及期望得到的结果等。计划目标是否现实可行，便取决于这一步骤的工作。

2. 确立目标

在估量机会的基础上，计划工作的第一步就是要为组织以及各组成部分确立目标。目标要说明预期的成果，指明将要做的工作有哪些、重点应放在哪里、必须完成哪些任务等。企业或组织的总目标将成为所有计划的指南，各个领域的分目标和各个部门的具体目标必须反映总目标的要求，通过各领域、各层次目标的相互支持、相互协调，形成一个完整的目标系统。

3. 明确计划的前提条件

计划的前提条件就是计划实施时的预期的内外部环境条件。由于未来环境的复杂性，要搞清楚其每一个细节是不现实的，也是不经济的。因此，组织所要确定的计划前提必须限于那些关键性的、对计划的实施影响最大的条件。为了使企业或组织的各个领域、各个部门的计划协调一致，各级、各类管理人员所依据的计划前提条件也必须协调一致。

4. 确定备选方案

一般来说，实现某一既定的目标往往存在着多个可供选择的方案。管理人员应当牢记这一格言：如果看起来似乎只有一种行动方案，这一方案很可能就是错误的。因为这容易使人们放弃探索更好的方案。但在实践中，通常并不是备选方案太少，而是我们所面临的选择太多。这就要求主管人员通过初步的考察和论证，排除那些希望不大的方案，将备选方案减少为最有成功把握的几个方案。

5. 评价备选方案

在找出了各种备选方案并考察了它们各自的优缺点之后，计划的下一个步骤便是根据计划的前提条件和计划目标分析评价各种方案。有的方案可能获利能力大，但投资大，回收期也长；有的方案获利能力较小，但风险也小；有的方案则更适合于企业长远目标的要求。一般来说，由于备选方案多，且有大量的可变因素和限定条件，因此评价备选方案的工作往往是非常复杂的，为此常须借助于运筹学、数学方法和计算技术等手段来评价方案。

6. 选择方案

这一步骤实际上意味着决策或决断。管理人员依据自己的经验，或通过对备选方案进行实验或分析研究做出选择。在对各种备选方案进行分析和评价的过程中有时会发现同时有两个或两个以上的方案是可取的，在这种情况下，管理人员也许会决定同时采取几个方案，而不是某一个。

7. 拟定派生计划

在选定一个基本的计划方案后，还需围绕基本计划制订一系列派生计划，以辅助基本计划的实施。例如，某大企业在做出新建一个分厂的决策后，这个决策就成为制订一系列派生计划的前提，各种派生计划都要围绕它来拟定。如人员的招聘和培训计划、材料和设备的采购计划、广告宣传计划、资金筹措计划等。

8. 用预算将计划数字化

预算是用数字表示的组织在未来某一确定期间内的计划，是用数字对预期结果的一种表示。这种结果可能是财务方面的，如收入、支出和资本预算等；也可以是非财务方面的，如材料、工时、产量等预算。预算是汇总各类计划的工具，也是衡量计划执行情况的重要标准，因此预算又常常被看作是一种重要的控制手段。

不管是建设一座新工厂，还是开发一种新产品，它们所涉及到的人力、资金或所用时间都会有所不同，计划工作的步骤却是共通的，任何一种完整的计划工作都要遵循这些步骤。应该指出的是，计划工作中的某些步骤，即提出备选方案、对备选方案进行评价以及选择备选方案，实际也就是决策的过程。由此可以看出，在机会和目的已知的情况下，计划工作的核心就是决策的过程。

二、计划的编制方法

（一）滚动计划法

对于中长期计划而言，由于环境的不断变化，以及制定计划时存在着的众多的不确定因素，计划在实施一段时间之后，就可能出现与实际不符的情况。这时，如果仍然按照原计划实施下去，就可能导致错误和损失。滚动计划法就是一种根据情况变化定期修订未来计划的方法。这种方法综合考虑了计划的执行情况、外界环境的改变以及组织的方针政策的变化，采用近细远粗的方式对实施中的计划进行定期的修订，并逐期向前推移，从而使短期计划、中期计划和长期计划有机地结合起来，不断地随时间的推移而更新。采用滚动计划法有利于在外界环境不断变化的情况下，使计划更加符合实际，更好地保证计划的指导作用，从而提高计划工作的质量；同时也有利于保证长期计划、中期计划和短期计划互相衔接，使各期计划基本保持一致；最后，它还使得组织的计划工作富有弹性，有利于提高组织的应变能力。

其制订方法是：在已制订出的计划的基础上，每经过一段固定时期，如一年或一个季度等（这段时期称为滚动期），便根据组织内、外部的环境变化和计划的实际执行情况，从确保实现计划目标出发对原计划进行修改、调整，使计划不断延伸，滚动向前，即每次调整时，保持原计划期限不变，而将计划期限顺序向的推进一个滚动期，如图7-4所示。

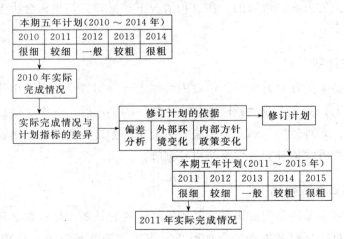

图7-4 5年计划滚动程序示意图

（二）甘特图法

甘特图是在20世纪初由亨利·甘特发明，在工程中受到普遍欢迎而广泛应用。它用横坐标表示时间，纵坐标左侧纵向排列各项工程活动要安排的工作，活动所对应的图中横粗线线条的起止位置表示活动的起止时间，横粗线的长短表示活动的持续时间。甘特图能够直观地表明计划任务的起始时间，可以将实际进度与计划要求的对比，使管理者对计划任务的完成情况一目了然，以便对计划工作进行正确的评估。甘特图是对简单项目进行计划与排程的一种常用工具。适用于对项目计划的进度安排和实施监控。

如某银行建立新直销部门的计划用甘特图表示，如图 7-5 所示。为做好甘特图，负责项目的经理必须先找出项目所需的主要活动，然后再对各项活动进行时间估计，确定活动序列。做完这一切，图上就能显示出将要发生的所有活动，计划持续时间以及各项活动何时发生等信息。然后，在项目进行的过程中，管理者还能看到哪些活动先于进度安排，哪些活动晚于进度安排，使管理者调整注意力到最需要加快速度的地方，使整个项目按期完成。

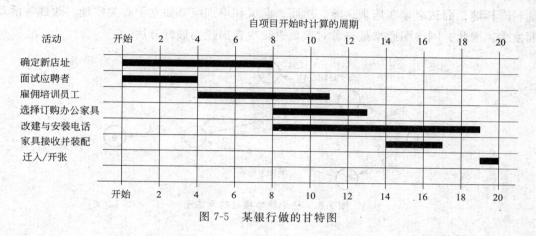

图 7-5　某银行做的甘特图

甘特图的明显优点就是使用简单，较直观，易于理解，适宜于大型项目的子项目和分项目的计划进度安排。能够清楚的表达活动的开始时间、结束时间及持续时间。也可以据此安排劳动力计划、材料计划、资金计划等。但是，甘特图无法显示活动之间的内在逻辑联系，而这些内在联系却对高效的项目管理很关键。例如，如果一项活动提前或推迟，或延长持续时间，很难分析出它会影响那些后续活动。甘特图也不能表示活动的重要性，如哪些活动是关键的，哪些活动有推迟拖延的余地等。甘特图不能直接说明这些活动的内在联系。

（三）网络计划方法

网络计划方法是 20 世纪 50 年代以后出现的一类计划控制方法。最初是在 1958 年美国开发北极星潜艇系统中，为协调 3000 多个承包商和研究机构而开发的。由于该技术的运用，使北极星潜艇项目的工期由原计划的 10 年缩短为 8 年，提前 2 年完成。1961 年，美国国防部和国家航空署规定，凡承制军用品必须用网络计划评审技术制定计划上报。

网络计划方法的基本原理是，把一项工作或项目分成各种作业，然后根据作业顺序进行排列，利用所形成的网络对整个工作或项目进行统筹规划和控制，以便用最短的时间和最少的人力、物力、财力完成既定的目标或任务。网络计划方法的核心思想是，在各项前后衔接的工作内容链条中找到对整个活动过程的进行起决定性作用的关键链条（关键路径），作为计划工作的参考。

根据一张网络图就可以确定出关键路线或关键作业，即对整个工期造成影响的作业。然后可以依据上述分析，重新调整和平衡人力、物力、财力等资源的分配，最终得到一个多快好省的方案。

前面某银行的例子（见图7-5），运用了甘特图的方法。同一个问题的网络图如图7-6所示。该图包含了许多箭头和节点，其中箭头代表项目活动。注意在网络图中，活动之间的顺序比在甘特图中时清晰得多。例如，很显然订购家具与改建都需要先确定办公室地址。同样地，面试必须在培训之前。然而，面试和培训能够独立于有关定址、改建等活动而发生。因此，网络图通常是一种对项目进行视觉描述的最好方法。

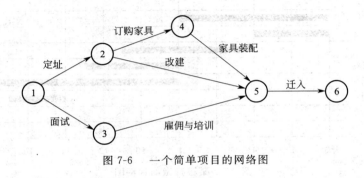

图 7-6　一个简单项目的网络图

（四）预算方法

预算是用数字表示的未来某一个时期的计划。预算可以用货币单位（如收支预算、资金预算等）或其他单位（如用工时、机时、产量、销售量、原材料消耗等）表示预期的结果。计划数字化即为预算，将使管理人员明确资金和资源与部门或个人的对应关系，从而有利于充分授权给下属人员，使其在预算的限度内实施计划。此外，预算不仅是一种细化的计划，同时也是常用的控制手段。常见的预算方法如下。

1. 零基预算法

这种方法的特点是，组织在编制预算时，无论是原有的项目，还是新设的项目，均不考虑基期的费用开支水平，一律以零为起点，从根本上重新论证各个项目的必要性及规模。采用零基预算方法，由于每个项目的费用预算都是以零为基数重新加以计算的，因而避免了传统上编制预算时只重视前期变化的普遍倾向。

2. 弹性预算法

通常的预算都是以计划期内一定的业务量水平为基础来编制的。但当实际发生的业务量与编制预算所依据的业务量发生偏差时，费用明细项目的实际数与预算数就没有可比的基础。实际业务量水平常常是波动的，因此有必要对原预算数进行调整，于是提出了弹性预算方法。弹性预算方法也称可变预算法，即在编制预算时，针对计划期内业务量可能发生的变动，编制出一套适应多种业务量费用的预算，以便分别反映在各种业务量水平下应开支的费用情况。

3. 滚动预算法

一般的预算都是以一年为期进行编制的。这样规定预算期有一些弊端，因为计划期内的经济活动具有不确定性，预算往往只能提出一些比较笼统的数字。其次是预算执行一段时间后，管理人员常常只考虑剩余几个月的活动，不利于作长远打算。滚动预算法即是为克服上述弊端而提出来的一种较新的预算方法。滚动预算法类似于滚动计划法，其作法就是使预算期总保持在 12 个月的长度，每过一个月就在期末增加一个月的预算，逐期往后滚动。这种方法也称连续预算法，它能使各级主管人员对未来永远保持 12 个月的考虑和计划，有利于保证业务活动稳定而有序地运行。

滚动预算法采用长计划、短安排的方式进行，即在基期编制预算时，先按季度分期，第一个季度按月分期，建立各月的明细预算数字，其他各个季度的预算则只列出各季度的总数。这种预算方法有利于管理人员对预算资料作经常性的分析研究，并能够根据当前的预算执行情况及时地进行调整和修订。

第四节 目标管理

一、目标管理的基本思想

目标管理（Management by Objective，MBO）是以目标为导向，以人为中心，以成果为标准，而使组织和个人取得最佳业绩的现代管理方法。目标管理亦称"成果管理"，是指在企业个体职工的积极参与下，自上而下地确定工作目标，并在工作中实行"自我控制"，自下而上地保证目标实现的一种管理办法。

（一）目标的含义及原则

1. 目标的含义

目标是根据组织的使命而提出的组织在一定时期内或人们从事某项活动时所要达到的预期成果。例如"三一"重工股份有限公司为了实现"以高新技术改造传统的机械装备工业，率先使经营的产品升级换代至世界一流水准，全面满足客户显性和隐性需求"的使命，提出了 2005 年销售额达到 70 亿元，2007 年销售额达到 120 亿元以上的目标，成为中国工程机械行业的标志性企业的目标。

不同的社会组织由于性质和任务等的不同，其组织目标也有差异。例如，政府的目标是为人民提供最佳的服务，以满足公众的需要为前提。政治和社会团体组织、教育组织、卫生组织、新闻文化事业组织、体育事业组织、科研组织、福利组织等非营利组织也有其特定的目标。从管理学的角度看，企业（组织）的目标具有独特的属性，通常称为SMART特性，即目标一定要具体明确（Specific）、可以度量或测量（Measurable）、可以实现（Achievable）、相互关联（Relevant）、规定时间（Timebond）。一个企业的目标往往涉及经济、社会、环境或政治等各个方面。

2. 制定目标的原则

① 目标的设定应尽可能量化。

② 目标体系内应相互呼应、关联和平衡：上级与下级的目标、相互协作的部门和岗位之间的目标、直线部门与职能部门的目标，要成为一个有机的系统，相互呼应、关联和平衡，同时兼顾特殊要求和具体情况。

③ 目标的叙述要简明扼要。

④ 目标要有激励作用：目标太高不易达成，容易导致灰心；目标太低，"跳一跳够得着"，同样没有激励作用。

⑤ 目标是可以分阶段的，例如，我国20世纪80年代末提出的"三步走"的战略目标。

⑥ 目标的动态性和继承性：应该根据环境的变化不断调整目标，同时，目标之间应该有继承性，有时候实现这个目标是为下一个目标打基础。

（二）目标管理的基本思想

目标管理是美国管理学家彼得·德鲁克（Peter F. Drunker）1954年提出的。他在《管理的实践》一书中阐述了这一管理方式。他认为，一个组织的"目的和任务，必须转化为目标"，如果"一个领域没有特定目标，则这个领域必然会被忽视"。这无疑把一个千百年来管理活动中存在着的暗含的凝聚因素明确化了，并把它上升为科学；他进一步指出，如果没有一定目标来指导每个人的工作，则组织的规模越大，人员越多，发生冲突和浪费的可能性也就越大。

德鲁克出版《管理实践》一书的同时，美国通用电气公司在1954年提出了目标管理的诸要素。该公司指出："管理决策的分散进行，要求用具体的客观目标和对目标实施进程的客观计量来代替主观的评价和个人的监督。通过实行一种客观的计量，有助于主管人员集中精力去注意有关问题及趋势和前途问题。所以，如果我们能够顺利地开展对企业成效的客观衡量，那么，我们的权责分散原理将会收到更大的效果。"

1957年，美国管理学家麦克雷戈就工作绩效的评价问题发表论文。他在文章中对比分析了传统的主观评价法与以目标为基础的客观评价方法的优劣，他建议放弃主观评价法，而强调在目标基础上进行工作评价。他认为，参照目标来进行评价的方法使评价具有建设性，是把评价的中心放在工作成效上，而不像传统的主观评价法那样，将评价的中心放在个人品格上。他认为,以目标为基础的评价可以激发人们工作的热情,并能促进职工的成长和发展。麦格雷戈把目标管理与工作评价联系了起来。

美国学者爱德华·施莱在《成功管理》一书中,强调了目标管理的重要性。他认为,管理目标规定了每个人在一个特定时期完成的具体任务,从而使整个管理部门的工作能在特定的时间内充分地融合为一体。他强调,应当为企业各级机构的所有人员,从上到下都规定目标。他还建议对职工按预期达到的成果授权,并以同一个标准给予评价。

目标管理的基本思想总结如下。

① 企业的任务必须转化为目标,企业管理人员必须通过这些目标对下级进行领导并以此来保证企业总目标的实现。经理所取得的成就,必须是从企业的目标中引申出来的,他的绩效必须用他对企业目标的贡献来衡量。

② 目标管理是一种程序,使一个组织中的上下各级管理人员共同来制定共同的目标,确定彼此的成果责任,作为领导业务和衡量各自贡献的准则。一个管理人员的职务,应该以达到公司目标所要完成的工作为依据。如果没有方向一致的分目标来指导每个人的工作,在企业的规模越大、人员越多时,发生冲突和浪费的可能性就越大。

③ 每个企业管理人员或工人的分目标就是企业总目标对他的要求,同时也是这个企业管理人员或工人对企业总目标的贡献。

④ 管理人员和工人以目标来管理,由所要达到的目标为依据,进行自我指挥、自我控制,而不是由他的上级来指挥和控制。

⑤ 管理人员对下级进行考核和奖惩的依据是他们各自的分目标。

二、目标管理的实质

目标管理在指导思想上以 Y 理论为基础,认为在目标明确的条件下,人们能够对自己负责,实行自我控制。其具体方法是泰勒科学管理吸取行为科学成果之后的进一步发展。它的实质有以下三点。

① 重视人的因素。目标管理是一种强调参与、民主和自我控制的管理方法,也是一种把个人目标与组织目标结合起来的管理方法。它能使工作人员发现工作的乐趣和价值,享受工作的满足感和成就感,同时组织目标也得以完成。在这种管理方法下,上级对下级的关系是平等、尊重、信赖、支持,下级在承诺目标和被授权后是自觉、自主和自治。

② 建立目标锁链与目标体系。德鲁克认为"企业的目的和任务必须转化为目标","一个领域没有特定的目标,则这个领域必然会被忽视"。目标必须有层次,要形成一个目标锁链和目标体系。主要目标和分目标之间、各分目标之间都要相互配合,方向一致。分目标的完成是完成总目标的保证。

③ 强调成果,注重目标实现。它是一种成果管理,因此也被称为"根据成果进行惬意管理的方法"。即一方面把组织总体目标的实现与各级部门和员工的目标实现和成果评

定紧密联系起来；另一方面把评定的成果与每个人晋级、提升、加薪等结合起来，能促进员工奋进精神的发扬和创新能力的发挥，从而大大提高企业的劳动生产率。

三、目标管理的作用

（一）提高计划工作的质量

企业发展取决于目标是否明确。只有对目标做出精心选择后，才能生存、发展和繁荣。目标管理使得组织的领导和计划人员考虑如何为实现预期的目标而进行计划，而不是仅仅为了安排工作或活动。因此，计划应当表明制定目标的依据、各类目标之间的内在联系、保证目标实现的必要措施和达到预定成果的方法、组织实现目标的人员以及需要的资源和协作等，这样计划工作的质量可以得到极大地提高。为了获得平衡的工作，各个阶层和各个领域中所有经理人的目标，还应该兼顾短期的、考虑和长期的打算。所有的目标应该既包括各项有形的目标，又包括经理人的组织和培训、员工的成绩和态度以及公共责任这些无形的目标。

（二）改善组织结构和授权

目标管理应尽可能地将组织的主要成果转化为各级、各部门、各单位所应承担的职责。实行目标管理能够发现组织结构的缺陷，设法加以改进，同时可按期望的成果对下级授权。目标管理要求自我控制，它使经理人对自己提出高要求。

（三）激励员工完成任务

实行目标管理，员工能够实际地参与确定自己的目标，有机会把自己的意见反映到计划中，因而工作有方向，成效有考核，优劣有比较，奖惩有依据。目标管理的主要贡献之一就是它使得员工能用自我控制来代替由别人统治的管理。在目标管理中，人们可以按照自己的意愿愉快地工作，自我约束，并自我发展。在目标管理之下，员工的潜力得到充分地发挥。

（四）使控制活动更有成效

目标管理规定出各级组织、各部门、各单位一切活动的标准，以此作为依据，有利于对活动成果进行跟踪监督和衡量，修正和调整偏离计划的行为，保证目标的实现。由于行动者能够控制自己的成绩，这种自我控制就可以成为实现目标的更强烈的愿望，使得控制的内容更加丰富，工作更有成效。一个经理人为了能控制自己的成就，除了了解自己的目标以外，还必须了解其他一些情况。他必须能够对照目标来衡量自己的成果。

在企业的所有重要领域中，应该提出一些明确而共同的衡量标准。这些衡量标准不一定是定量的，也不一定要十分精确，但必须清楚、简单合理。它们必须与业务有关，并把人们的注意力和努力指引向正确的方向。

四、目标管理的实施程序

（一）制定目标

组织的目标体系是由组织内各个部门和单位、各个管理层次的子目标构成的一个目标网络。组织内各个子目标是组织整体目标的具体形式，它受组织整体目标的指导。因此，实施目标管理需首先确立组织的整体目标。组织内最高管理层应负责确立组织的整体目标。组织的整体目标在时间形式上既可以是长期目标、中期目标，也可以是短期目标。

组织最高管理层所确立的组织整体目标可以分为数量目标和质量目标两大类。数量目标是指那些定量化的、容易考核的目标，如某公司在某年的利润目标为 2000 万元。而质量目标是指那些不适宜用数量表示的目标。一般地，较高层的管理者要比中低层管理者面临更多的质量目标。

目标管理要求将下属人员的个人需要与组织目标的实现结合起来，应鼓励下属人员自己确定自己的工作目标，而不能由上级管理者随意地为其下属规定目标。在下属人员确立自己的工作目标中，由于体现了他的个人需要，这可以使目标容易被下属人员接受，在实现目标的过程中，能够发挥工作的主动性和创造性。

制定目标，通常认为采取自上而下和自下而上相结合的方式。首先由组织最高管理层制定总目标，接着由各部门负责人根据总目标与本部门的具体情况制定部门目标，部门下属的科室负责人再根据部门目标制定科室目标，职工个人为完成科室目标而制定个人目标。单位层次越多，目标层次也相应地越多。如图 7-7 所示。

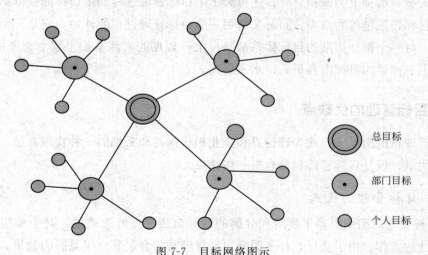

图 7-7　目标网络图示

（二）制定计划

计划是实现目标的保证。制定计划就是确立在预定时间内为实现目标而采取的具体行动步骤。因此，仅仅制定了目标还不够，还得有完备的计划。

通过计划的制定和宣传，使任何一个执行者都知道自己在什么时候应该做什么事，以及使所有重要活动都在既定的程序中。

制定计划通常要注意的问题如下。

① 计划中的行动步骤要与目标在各个时间内应实现的程度相吻合,即任务要恰当分配在计划的各阶段中,计划的步骤不能与目标的规定脱节。

② 计划中的步骤与步骤之间,或阶段与阶段之间的联系要紧密,防止顾此失彼和相互孤立的现象出现。

③ 计划要尽可能制定得具体可靠,人员的任用、物资的使用、时间的安排等,都须落实。

(三) 评价成果

评价成果可以从定期检查和评价最终成果两个角度来进行。

在制定了目标和计划之后,必须对实现目标的过程加以控制,以使按计划推进工作实现目标。这种控制的目的就是通过定期检查来达到的。在定期检查中,管理者的控制作用主要表现在两个方面。首先,他们应对下属人员的工作进行公正的评价,如果发现下级人员工作不力,就要采取必要的措施,如果是目标不恰当,就要考虑修改目标。其次,要为下级人员解决工作中的问题,以帮助其克服困难。

评价最终成果是在目标管理达到预定期限时要做的工作。此时,管理者要和下属人员协同一致对整个工作进行分析总结。其目的在于,对目标是否完全实现做出评价,并决定奖惩的标准与方式;对该目标的实现对过去工作的作用和未来工作的意义做出评价,这除了对下级人员有精神上的鼓舞之外,还可为下个目标管理过程制定目标提供依据。

一个目标管理过程的结束,同时又是另一个目标管理过程的开始。它是一个不间断的循环过程。每一个循环周期的目标体系都是在上一周期的实践基础上建立起来的,而且,通常会比上一周期的目标内容更新,水平更高。

五、目标管理的优缺点

目标管理自提出以来,成为理论界和企业积极探讨和采纳的一种管理方法。这都源于其有很多优点,但是目标管理自身也有一些缺点。

(一) 目标管理的优点

① 目标管理对组织内易于度量和分解的目标会带来良好的绩效。对于那些在技术上具有可分性的工作,由于责任、任务明确目标管理常常会起到立竿见影的效果,而对于技术不可分的团队工作则难以实施目标管理。

② 目标管理有助于改进组织结构的职责分工。由于组织目标的成果和责任力图划归一个职位或部门,容易发现授权不足与职责不清等缺陷。

③ 目标管理启发了自觉,调动了职工的主动性、积极性、创造性。由于强调自我控制,自我调节,将个人利益和组织利益紧密联系起来,因而提高了士气。

④ 目标管理促进了意见交流和相互了解，改善了人际关系。

（二）目标管理的缺点

① 目标难以制定。组织内的许多目标难以定量化、具体化；许多团队工作在技术上不可分解；组织环境的可变因素越来越多，变化越来越快，组织的内部活动日益复杂，使组织活动的不确定性越来越大。这些都使得组织的许多活动制订数量化目标是很困难的。

② 目标管理的哲学假设不一定都存在。Y理论对于人类的动机作了过分乐观的假设，实际中的人是有"机会主义本性"的，尤其在监督不力的情况下。因此许多情况下，目标管理所要求的承诺、自觉、自治气氛难以形成。

③ 目标商定可能增加管理成本。目标商定要上下沟通、统一思想是很费时间的；每个单位、个人都关注自身目标的完成，很可能忽略了相互协作和组织目标的实现，滋长本位主义、临时观点和急功近利倾向。

④ 有时奖惩不一定都能和目标成果相配合，也很难保证公正性，从而削弱了目标管理的效果。

鉴于上述分析，在实际中推行目标管理时，除了掌握具体的方法以外，还要特别注意把握工作的性质，分析其分解和量化的可能；提高员工的职业道德水平，培养合作精神，建立健全各项规章制度，注意改进领导作风和工作方法，使目标管理的推行建立在一定的思想基础和科学管理基础上；要逐步推行，长期坚持，不断完善，从而使目标管理发挥预期的作用。

复习思考题

1. 简述计划工作的性质。
2. 计划一般分为哪几类？
3. 计划工作有哪些原理？
4. 战略计划制定有哪些程序？
5. 计划的编制有哪些方法？
6. 简述目标管理的概念及其基本思想。
7. 简述目标管理的优缺点。

案例

案例 7-1　　　　　　　　　南水北调投资计划管理

南水北调工程是为缓解京、津及华北地区日益严重的水资源短缺而规划建设的跨流域的特大型引水工程，也是我国继三峡工程之后，又一项正在实施水资源优化配置的宏伟工程。该工程历时50多年规划论证最终形成东、中、西三条线路总体布局。

东线：从长江下游引水，基本沿京杭运河逐级提水向黄淮海平原东部供水。输水干线从长江下游扬州附近的三江营和高港抽引长江水，利用京杭运河及其平行河道，经13级泵站提水北送至东平湖。在东平湖分两路输水，一路向北，在位山附近建隧洞穿过黄河后，经新挖河道（或扩挖现有河道）进入南运河自流到天津。另一路向东输水到烟台、威海等市。输水主干线全长1156千米，胶东干线全长701千米。

中线：近期从丹江口水库引水，远景规划再从三峡水库或以下长江干流引水增加调水量。中线主体工程由水源工程和输水工程两大部分组成。水源工程为丹江口水利枢纽大坝加高及库区移民和汉江中下游治理工程；输水工程即引汉总干渠和天津干渠。总干渠自陶岔渠首引水，终点是北京市区团结湖，全长1267千米；天津干渠从河北省徐水县西黑山村北总干渠上分水到天津外环河，全长119千米。

西线：从长江上游引水入黄河上游，解决我国西北地区和华北部分地区干旱缺水。工程设置从大渡河支流阿柯河、麻尔曲、杜柯河，雅砻江支流泥曲、达曲，雅砻江的阿达以及通天河的侧坊入雅砻江后向黄河调水，修建水库壅高水位后，经隧洞和局部明渠，终点在黄河的贾曲。

南水北调工程于2002年12月27日正式开工，第一批开工项目主要包括东线一期主体工程和中线一期主体工程，估算静态总投资约为1217亿元。

为规范南水北调东、中线一期主体工程建设，控制工程投资总量，充分发挥投资效益，国务院南水北调工程建设委员会办公室（以下简称南水北调办）按照现行国家基本建设管理有关法律、法规和政策，结合工程建设实际情况，制定了《南水北调工程建设投资计划管理暂行办法》（以下简称办法）。根据办法规定主体工程建设投资计划管理实行"静态控制，动态管理"的原则，由南水北调办负责组织主体工程投资计划管理工作，各项目法人负责主体工程投资计划的实施，并承担相应责任；地方政府负责配套工程投资的计划管理工作，并承担相应责任。工程建设年度投资计划管理主要包括年度投资建议计划的编报和年度投资计划实施方案的编报、审批，年度投资计划的下达、调整和检查监督。

(1) 年度投资建议计划的编报

各项目法人根据批复的项目初步设计报告（可行性研究报告）确定的建设内容和概算，结合工程建设进度及拟新开工项目前期工作进展情况，编制下一年度工程建设投资建议计划；同时对上一年度计划执行情况进行全面总结，随建议计划一并于每年十月份上报南水北调办同时抄送有关省、直辖市南水北调办事机构。

南水北调办根据项目法人报送的建议计划，在综合平衡、统筹安排南水北调工程中央拨款、基金和银行贷款的基础上，汇总编制南水北调主体工程建设年度投资建议计划，报国家发展改革委员会（以下简称国家发改委）审查。同时南水北调办根据国家确定的年度建设投资规模、项目法人编报的建议计划、工程建设目标、工程建设实际和总体建设进度，研究确定各项目法人年度的建设项目投资规模。（下图为南水北调主体工程年度建议计划上报程序框架图）。

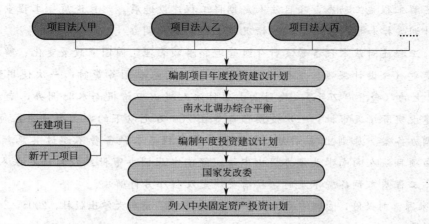

南水北调主体工程年度建议计划上报程序框架图

（2）年度投资计划实施方案的编报、审批

项目法人根据南水北调办确定的投资规模和工程建设实际、前期工作进展情况，在已报建设计划的基础上，按单位工程编报年度投资计划实施方案。年度投资计划实施方案分续建和拟新开工项目两类。拟新开工项目先编制投资计划实施预案，待项目初步设计批复后，由项目法人及时组织编制总体和年度投资计划实施方案，报南水北调办申请安排年度投资计划，同时抄送有关省、直辖市南水北调办事机构。

南水北调办对各项目法人上报的年度投资计划实施方案组织审查批复后，作为下达计划的依据。

（3）年度投资计划的下达、调整和检查监督

国家发改委审核通过年度投资计划并下达南水北调办后，南水北调办结合年度投资计划实施方案的审查意见，按设计单元工程分批下达至项目法人，报国家发改委备案，同时抄送有关省、直辖市南水北调办事机构。

各项目法人根据下达的工程建设年度投资计划，严格按照直接管理、代建制、委托制建设项目管理的有关规定，及时组织实施。

对于工程建设投资计划需要调整的，单项工程之间年度投资计划的调整，由项目法人提出调整意见，经南水北调办审核后报国家发改委审批；设计单元工程年度投资计划的调整，项目法人提出调整意见，由南水北调办审批，报国家发改委备案；单位工程年度投资计划的调整，由项目法人审批，报南水北调办备案，其中，单位工程内涉及需将直接工程费调整为间接费的，由项目法人提出调整意见，报南水北调办审批。

南水北调办和各项目法人按照职责对建设项目计划实施检查和监督。检查监督的主要内容包括：投资计划执行进度与工程量完成情况，是否越权调整投资计划、擅自更改设计内容、扩大建设规模、提高建设标准及不合理压低或提高工程单价等。

各项目法人一旦发现问题立即采取措施进行及时纠正和处理，并将有关情况报南水北调办。对严重违纪违规的单位和个人，按照有关规定追究相关领导和直接责任人的责任。

为能及时了解工程施工动态，项目法人定期将工程建设进展、形象进度、工程量、建设质量、投资计划安排和执行、资金到位情况等上报南水北调办。

此外，工程还对基本预备费实行分级管理和限额管理。因国家政策变化、解决意外事故、设计变更（含设计漏项）需使用工程概算核定的基本预备费时，一次使用预备费在200万元以上的（含200万元），原则上由项目法人提出申请报南水北调办，南水北调办根据项目建设实际情况审批；一次使用预备费在200万元以下的，由项目法人负责管理，报南水北调办备案。原则上项目法人负责管理的工程基本预备费不超过其总额的50%；若超过，由项目法人向南水北调办提出申请，经南水北调办审批或授权项目法人审批后，方可使用。工程基本预备费不足时，按有关规定及程序另行解决。

（资料来源：刘兴倍.管理学原理教学案例库.北京：清华大学出版社，2005，249—251）

案例讨论：

1. 南水北调主体工程建设投资计划属于何种计划类型？
2. "静态控制，动态管理"的原则是如何体现在南水北调主体工程建设投资计划管理中的？
3. 你认为南水北调投资计划管理是否有效？

案例 7-2　　　　　云南白药牙膏：在消费市场建立竞争优势

由于产品结构单一，云南白药的利润和增长空间非常有限。2003年，云南白药做出了进入日化市场的决定。同年，云南白药牙膏研发成功，准备上市。

说服消费者。云南白药在牙膏市场上没有品牌影响，由于原料的特点，也没有成本的优势。"直接竞争肯定失败，"云南白药副总裁尹品耀说。据副总经理黄卫东回忆，2005年我们进入牙膏市场时，高露洁、佳洁士、中华、黑人等品牌市场占有率达到了2/3，是一个高度垄断的市场。然而强者也有弱项。他们解决防蛀美白，主要是注重防蛀与清洁。但是清洁是牙齿的护理基本功能，防蛀是儿童需要解决的，成年人主要是牙周问题。

从20世纪50年代到90年代，先后有60多篇公开发表的将白药用于口腔疾病治疗的论文，证实白药做保健型牙膏的医药优势。云南白药牙膏决定开辟一个新领域，进入高端市场，把产品定位为非传统牙膏。和普通的牙膏相比，云南白药牙膏解决牙龈出血、肿痛、溃疡等方面更有效，和国内的本草牙膏相比，白药牙膏更具有药性优势。

用药品名称来冠名牙膏顺理成章，可以借助在中国无人不知的品牌声誉。而在2005年，将一支120克牙膏的价格定在22元，云南白药牙膏的决定堪称惊人之举。这一定价将白药牙膏与其他牙膏的市场彻底区分开来，避免了与现有强势品牌的直接竞争。高定价与白药牙膏为消费者解决的独特问题联系在一起，高定价还将药品企业的品牌和质量延伸到消费品。

动员渠道。白药牙膏销售的第一个主渠道是全国的连锁药店。这不仅因为药店的通路费比超市少，而且"在药店，往往非药品的盈利能力比药品要强"，副总经理秦皖民说。

2005年，在云南本省的药店系统小规模试销成功后，云南白药决心进入像沃尔玛、家乐福这样的超级零售终端。商超渠道与云南白药传统的药店渠道有很大区别。由于缺乏专业的销售队伍和广告支持,云南白药在沃尔玛的销售业绩一开始很差,甚至收到了产品下架、拒绝采购的警告。云南白药不得不抽调药品销售人员帮助牙膏销售,同时大量招聘具有日化用品销售经验的人员扩充销售队伍。到2005年的7、8月份时,云南白药牙膏终于打开了市场。2004年销售额200万元,而2005年借助在沃尔玛打开商超通路所取得的成功,当年销售了8000万元。"昆明沃尔玛店一天的营业额,足以抵得上云南全省所有药店销售一个月的营业额,"时任云南白药管理顾问的刘志奇评论。在沃尔玛销售的成功,让云南白药认清了今后销售渠道的方向。

云南白药意识到建立一个独立的日化销售体系的重要性。在长沙召开的全国牙膏销售会议上,云南白药确定了日化零售和药店两套体系并举的策略。云南白药牙膏将初期的主战场放在了大品牌投入不足的二三线城市,暂时避开在一线城市与大品牌直接竞争。同时,借鉴药品和保健品的营销方法,保持在央视的电视广告投入,带动市场的上升。

风险控制。由于缺乏牙膏制造技术以及设备等生产要素,云南白药在牙膏开发初期,先后委托杭州、昆明两地的牙膏生产厂家加工,降低了上马生产线的投资风险,同时又能够快速向市场推出产品。在销售方面,云南白药先是借用公司已有的医药销售团队和药店渠道。当白药牙膏得到市场的肯定和欢迎后,才逐渐自建销售渠道和生产线,实现大规模供应。通过药店销售白药牙膏还有助于提升消费者对白药牙膏的信任度。

未来的市场。据Kantar World panel发布的监测数据:2012年,中国消费者平均在牙膏产品上的花费同比增加了12.5%。2012年,我国牙膏市场规模估计已经达到150亿元,是洗发水市场销售总额的一半。

2012年,云南白药牙膏销售预计16亿元,增长率超过40%。有医药研究分析师认为,云南白药的收入增速和毛利率同步提升主要得益于白药牙膏继续保持高增长,而不是来自药品。这意味着卖牙膏比卖药更挣钱。

与此同时,市场上出现了一批专注细分领域的新牙膏。广药旗下的静修堂推出中药调理牙膏,哈药旗下的三精制药推出了双黄连牙膏,价格都在20元以上。高露洁和佳洁士也推出了新产品争夺高端市场。总体来看,牙膏市场由高露洁和佳洁士主导的局面没有根本改变。

以药品名称来命名牙膏,也可能带来负面效应。针对更年轻、以预防为主的用户,云南白药采用了另一个养护型牙膏品牌"金口健",将重点放在养护、预防,以淡化药品色彩。

(资料来源:韩瑞.管理学原理.北京:中国市场出版社,2013,133—134)

案例讨论:
1. 在案例中,哪些属于战略计划、战术计划和作业计划?
2. 运用SWOT方法分析云南白药当前的市场地位。

第八章
组织与组织设计

一个组织就像一部美妙的乐曲,不过,它不是单个个人的音符罗列,而是由人们之间的和声关系所谱成。

——彼得·德鲁克

用人上一加一不等于二,搞不好等于零。

——法国企业家 皮尔·卡丹

施乐公司的组织结构模式

施乐公司成立于1961年,其前身为Haloid公司,主要业务是提供高效的文档服务,是全球文档处理市场的领先者。20世纪70年代至90年代,随着日本公司不断生产出方便、价格低、性能优良的产品,使施乐公司在利润丰厚的复印机市场上逐渐失去了垄断地位。1994年,施乐公司的战略和质量总监迪埃·格罗认为,公司正面临着一场"机会危机",一方面,公司面临着发展前景广阔的市场,具有领先于其他企业的技术;另一方面,施乐公司的职能式组织结构不利于充分发挥公司的优势,是公司实现"施乐2000"战略设想的障碍。

这种职能式的组织结构不利于为客户和消费者提供满意的服务,同时对市场的变化与消费者的需求不能给予快速的回应。当部门之间发生冲突时,冲突往往需要由更高一层主管来解决,这就降低了公司对顾客要求做出迅速反应以及与顾客联系更紧密的能力。例如,在法国有8个地区性的组织负责销售,服务则由另外一个单独的职能部门负责,他们直接向分管总监报告。销售人员的思维方式是"卖出去就万事大吉",他们没有什么动力关心售后的顾客关系。同样,服务人员在访问顾客时收集到的大量有价值信息,无法及时传递给销售人员。

施乐公司前总裁戴维·卡恩斯认为,施乐公司应该采取行动进行组织变革,以适应市场的变化和客户的需求。

(资料来源:张志勇,匡兴华.给予流程的组织结构模式研究——以施乐公司为案例[J].工业工程与管理,2005.5)

组织是管理的一项重要职能。在有了共同的目标和计划之后，必须把实现目标和计划所不可缺少的业务活动进行分类，设计出众多的职务或岗位，再将职务或岗位适当组合，建立组织机构，明确他们相互间的分工协作关系及各自的职责和职权，形成合理的规章制度，这些就是组织职能的内容。组织目标能否顺利实现，很大程度上取决于组织是否能有效运行，组织功能是否能正常发挥。因此，组织结构的合理设计以及组织的正常运行就成为管理学中十分重要的内容。同时，良好的组织结构也为人员配备奠定了基础。

第一节 组织结构设计

一、组织概述

（一）组织的概念

组织一词使用甚广，含义各异。但大致可分为两类：一作为名词，意指组织体；另一作为动词，意指组织工作或活动。

作为名词使用的组织，是常见的。如人们将一个企业、学校、医院或政府机关都称为组织，又如将组织划分为营利性组织与非营利性组织、正式组织与非正式组织等。

作为动词使用的组织，也极为常见。如人们说："组织一次旅游活动"、"把公司组织起来"等。

对于组织的概念，国外有关学者众说纷纭。法约尔最早提出管理五职能，其中之一就是组织，并认为企业的组织职能主要包括：设计组织结构，确定各部门间的相互关系，制定规章制度，以及招收、训练、评价职工等。韦伯提出了"理想行政组织"的概念，他把理性合法权力看作组织的基础和支柱。穆尼认为，组织是一种在一个协调的整体里，把具体的任务或者职能联系起来的技术。巴纳德认为，组织即协同努力，是人们有意识地调整共同活动或力量的系统。孔茨和西里尔·奥唐奈说："高明的人和愿意合作的人一定会非常有效地在一起工作，因为他们知道自己在相互协作中所起的作用，知道彼此职务之间的联系。……设计和保持这种职务系统基本上就是管理人员的组织工作的职能"。

在我国，人们将组织职能解释为："为了实现企业的共同任务和目标，对人们的生产经营活动进行合理的分工和协作，合理配备和使用企业的资源，正确处理人们相互关系的管理活动"。或者说："组织是为了实现企业经营目标，把构成企业生产经营活动的基本因素，生产经营活动过程的主要环节，以有秩序的、有成效的方式组合起来的工作。"这些解释是针对企业而言的，包括了企业的生产组织、劳动组织、管理组织等，类似于法约尔所说的物质组织与社会组织。不过，像法约尔侧重研究社会组织一样，我们所讨论的组织职能将局限于各类组织都适用的管理组织工作，而不包括生产组织、劳动组织等。

我们认为，组织是由两个以上的人组成的群体，为了共同目标，内部成员形成一定的关系结构和共同规范的力量协调系统。

(二) 组织的本质特征

1. 共同目标

任何一个组织都要有一个共同的目标，它是组织内部成员协作意愿的必要前提。对每一个组织成员来说，组织的共同目标是外在的、非个人的、客观的目标。共同目标的实现，要靠组织成员的共同努力。而个人目标则是内在的、个人的、主观的目标。要使每个成员都为实现组织共同目标做贡献，不能要求共同目标就是他的个人目标，而应尽力做到共同目标的实现有助于他的个人目标的实现。同时，组织成员对共同目标的理解也会存在差异。组织中主管人员的重要任务，就是要克服组织目标和个人目标的背离，克服对共同目标不同理解的矛盾。

2. 相关结构

即组织内部成员之间存在着的内在的联系。如领导与被领导的关系，工作的协作关系，以及信息沟通等。组织内的相关结构要被组织成员明确、了解，每一个成员要有一个信息联系的明确的正式渠道，以保证信息快速、准确、不中断地流通。

3. 内部规范

这是指所有成员都要遵循的，且区别于其他组织的规范。组织是由人组成的，每个人的行为都会对组织共同目标的实现产生影响。为了保证共同目标的实现，就要适当限制个人的行为，要求每个成员自我克制。要加入一个组织，首先要认可其内部规范，否则将被组织开除或自行退出。正是由于组织具有内部规范，才使每个人的努力结合在一起。

二、组织的分类

(一) 按组织的目标分类

根据组织的目标，可以把组织分为以下四类。

① 互益组织。如工会、俱乐部等。
② 工商组织。如工厂、商店、银行等。
③ 服务组织。如医院、学校等。
④ 公益组织。如研究机构、消防队等。

(二) 按满足心理需求分类

以满足心理需求来分类，可将组织分为正式组织和非正式组织。图8-1形象地反映出两种组织类型的存在方式。

1. 正式组织

正式组织是具有一定结构、同一目标和特定功能的行为系统。它有明确的目标、任

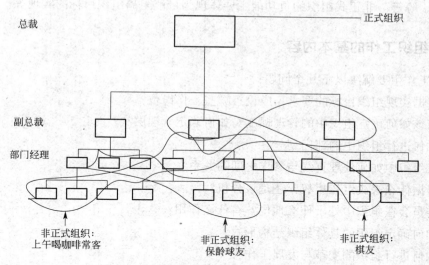

图 8-1 正式组织和非正式组织的存在方式

务、结构和相应的机构、职能和成员的权责关系以及成员活动的规范。正式组织有三个基本要素：协作意愿、共同目标和信息沟通。正式组织具有以下特征：

① 经过规划而不是自发形成的。
② 有十分明确的组织目标。
③ 协调地处理人、财、物之间的关系，以最经济有效的方式达到目标。
④ 分配角色任务，影响人们之间关系的层次。
⑤ 建立权威，组织赋予领导以正式的权力，下级必须服从上级。
⑥ 制订各种规章制度约束个人行为，实现组织的一致性。

2. 非正式组织

非正式组织是因为人们之间兴趣爱好相同、教育背景和经历相似、地理位置接近、利益一致等而在感情上比较接近，沟通和交往更加频繁而结成的关系网络。比如，大学中的老乡会，单位的校友会，虽然不在一个部门但因为都喜欢踢足球而聚在一起成为朋友的人们，等等。非正式组织的特征：

① 组织的建立以人们具有共同的思想、相互喜爱、相互依赖为基础，是自发形成的。
② 组织最主要的作用是满足个人不同的需要。
③ 组织一经形成，会产生各种行为规范，约束个人的行为。这种规范可能与正式组织目标一致，也可能不一致。

非正式组织对正式组织来讲，具有正反两方面的功能。非正式组织的正面功能主要体现在：非正式组织寄生在正式组织中，容易促进工作的完成；正式组织的管理者可以利用非正式组织来弥补成员之间能力的差异；可以通过非正式组织的关系与气氛来获得组织的稳定；可以运用非正式组织作为正式组织的沟通工具；可以利用非正式组织来提高组织成员的士气，等等。非正式组织的负功能主要体现为可能阻碍组织目标的实现等。

三、组织工作的基本内容

组织工作主要解决以下几个问题：
① 根据实现组织目标的要求，应设置哪些工作岗位？
② 应该如何确定组织中的管理幅度？如何确定管理层次？
③ 如何进行组织中的部门划分？
④ 在组织中如何处理直线与参谋之间的关系？
⑤ 根据什么来决定该集权？还是该分权？
⑥ 委员会在组织中处于什么地位？有什么作用？
⑦ 如何确定组织的具体组织结构形式？
⑧ 如何进行组织的变革与发展工作？

四、组织结构和组织设计

管理是对人们从事的业务活动的计划、组织、领导和控制，由于时间和空间的限制，主管人员不可能直接地、面对面的安排和指导每个成员的工作，需要委托他人分担管理工作。委托多少人？委托何人？被委托人和委托人的关系如何？被委托人从事什么性质的工作？支配那些资源？这正是组织职能应该解决的问题。

组织职能的目的是通过任务结构和权力关系的设计来协调组织。这里涉及两个概念：组织结构和组织设计。组织结构是指组织中体现分工与协作关系的基本架构。组织设计是以组织结构安排为核心的组织系统的整体设计工作。

（一）管理幅度与管理层次

要建立良好的组织结构，必须科学设置管理幅度与管理层次。

管理幅度也称管理宽度、管理跨度，是指一个管理者直接有效领导与指挥下属的人数。管理幅度是一个古老的问题。比如在《圣经》旧约全书《出埃及记》中，希伯来人领袖摩西的岳父注意到摩西花费过多的时间去监督太多的人，于是提出了建议："你应当把有才能的人挑选出来，让他们充当千夫长、百夫长、五十夫长、十夫长"，"所有的大事都提交给你，所有的小事他们审理。这样你自己可以轻松一些，他们分担了你的负担。"

一个人由于时间、精力、能力等的限制，其所能直接领导的下属人数是有限的，如果一个人能够无限制地领导众多的下属，那就不存在组织的问题了。但是，没有办法确定一种在任何时间、地点和情况下都适用的管理幅度。一些影响管理幅度的因素如下。

1. 管理人员的素质及其领导风格

一般地，管理人员若素质高，其管理幅度就大；反之则小。不同的领导风格对管理幅度的影响很大。有的人希望直接领导的下属越少越好；有的人希望直接领导的下属越多越好。

2. 下属人员素质

下属人员工作的主动性、积极性、责任心和能力越强，则管理幅度就大；反之则小。

3. 管理工作的复杂程度

如果管理工作都是一些简单的问题，重复性大，则管理幅度就大。相反，如果存在较多的专业性问题，工作又多具有创新的性质，则管理幅度就要小。对于高层管理人员而言，他们往往面对的是事关全局的复杂问题，或者是前所未有的新问题，因此，他们直接领导的下属应少而精。基层管理人员主要处理一些重复性的或例行性的日常工作，因此，直接领导的下属人数就可多一些。大量经验表明，在组织的高层，管理幅度一般为4~8人，低层为8~12人，甚至20~30人。

4. 管理的规范性

如果管理是规范的，授权明确、责任清楚、考核具体，则管理幅度大。相反，则幅度要小。

5. 沟通和联络技术

如果沟通方便或实行了先进的沟通技术和联络手段，信息传递效率高，上下左右沟通快捷，各种关系可以很好地协调，则管理幅度可加大。相反，管理幅度可减小。

6. 授权的程度

如果管理者善于把管理权限充分地授予下属，让下级有充分的自主权，则管理者本人需要亲自处理的问题相对减少，管理幅度就可扩大。如果不能授权或不愿意授权，则管理幅度就小。

7. 空间距离的远近

如果管理者与下属在空间上距离较近，直接沟通很方便，管理的幅度就可以大一些。反之，管理幅度就小一点。

8. 外部环境

当外部环境比较复杂，变化很快时，管理人员需要花费较多的时间去关注环境的变化，考虑应变的措施，能够给予下属的指导就少，管理幅度就小。反之，管理幅度就大。

研究管理幅度的目的在于，为了减少管理费用，提高管理效率，我们需要一个管理人员能管理尽量多的下属人员，力求在有效领导前提下最大的管理幅度。

管理层次是指从最高管理人员到最低工作人员中间所拥有的级数。究竟多少层次合适，要视具体情况而定。而良好的层次在于既能使信息顺畅流通，真正准确地做到上情下达、下情上达，又能实现有效的控制，还要使下级人员的积极性和主动性得到充分发挥。

决定管理层次的因素除组织规模外，主要是管理幅度。在组织规模一定的条件下，管理层次与管理幅度成反比关系。在其他条件相同的情况下，管理幅度越大，管理层次越少；相反，管理幅度越小，管理层次就越多。

（二）组织结构形态

根据管理幅度和管理层次的关系，形成了两种基本的组织结构形态，即锥形结构和扁平结构。

1. 锥形结构

锥形结构即多层次结构，最高层与作业层之间存在较多的管理层次，而每个管理层次的管理幅度小。如图 8-2 所示。

图 8-2　锥形结构

锥形结构的优点如下。

① 可以严密监督控制。锥形结构内部严谨、周密，管理人员所管辖的直接下属人数较少，可有充足的时间和精力对下属进行深入具体的指导，并对其工作进行严密监督和控制。

② 上下级之间沟通快。管理人员所管辖的部门或单位人员少、规模小，管理人员与其直接下属的沟通联系多，沟通速度快，解决问题及时。

③ 能体现上级意图。上下级之间等级鲜明，领导的权威性高，垂直的纵向关系十分明确，有利于统一指挥，充分体现上级意图。

④ 组织的稳定性高。这种结构层次分明，管理严密，纪律严明，组织成员职责分明，分工明确，组织的稳定性高。

⑤ 较多的管理职位设置为下属提供了较多的晋升机会。这种组织结构从高到低，由于有较多的层次，从而有较多的管理岗位，为下属提供了较多的晋升机会。

锥形结构的缺点如下。

① 妨碍下属主动性发挥。上级往往过多地参与下级的工作，下级在决策中的参与程度只能被动服从，自主权和决策权都很小，不利于发挥中下层管理人员的积极性和主动性。

② 增加管理费用。管理层次增加，管理人员增加，管理费用增加，管理活动中各环节可能造成的浪费也会增加，从而整体增加管理的成本。

③ 信息传递渠道长。管理层次增加，从最高层到最基层或从最基层到最高层的信息传递渠道很长，信息在传递过程中会发生遗漏和曲解，造成信息流通不畅和失真。

④ 管理效率低。管理层次多，层层请示汇报，容易造成决策迟缓，使组织缺乏应变力和弹性。管理层次多，上下级之间的协调变得困难，容易导致互相扯皮。管理层次多，最高层与最基层相距遥远，领导高高在上，脱离群众，不利于形成良好的上下级关系。这

些都可能造成管理效率低下。

2. 扁平结构

组织层级设计的扁平化，是指为适应现代竞争的特点，在信息技术的基础上，重新界定分工原理和管理幅度理论，使组织由锥形结构转向扁平结构的过程。

扁平结构即少层次结构，层次少而管理幅度大，如图 8-3 所示。当管理层次减少而管理幅度增加时，锥形的组织形式就变成扁平状的组织形式。

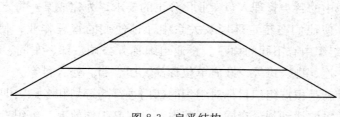

图 8-3 扁平结构

扁平结构的优点如下。

① 有利于下属主动性的发挥。由于管理幅度较大，上级对下级的指导与监督减少，下属被授予更多的权力，需要自己做出决策，并承担更多的责任。因此，下属有较大的自主性、积极性和满足感，有利于下属主动性的发挥，加速下属的成长和成熟。

② 管理费用低。扁平结构由于层次少，管理人员少，各种管理费用的支出少，可以节约管理费用。

③ 信息纵向流通快。管理层次少，纵向信息传递渠道短，可以加快信息的传递速度，减少信息失真。

④ 管理效率高，结构形态有利于缩短上下级距离，密切上下级关系，可以克服机构臃肿、人浮于事、官僚主义等弊端。

扁平结构的缺点如下。

① 不能严密地监督下级，上下级协调较差。管理幅度的加大，一个管理者所管理的下属较多，对下属的监督指导较少，直接的上下级关系不够密切，上下级协调较差。

② 相互沟通的困难。管理幅度的加大，直接上下级的沟通有时不够快捷；同一部门、同一层次的人员众多，同级间相互沟通变得困难。

③ 协调工作量大幅度增加，难以进行有效的控制。组织扁平化后，管理层次减少了，但有效管理幅度增加了，领导及管理部门的协调工作量大幅度增加；管理人员的素质、技能、经验和知识的限制使其难以承受过重的工作负荷，难以有效的控制。

④ 晋升竞争变得更加严峻。管理层次的减少、中间管理岗位的减少，使组织中的晋升竞争变得更加严峻。员工晋升岗位的不足，直接影响员工在组织中事业的发展。

随着环境的迅速变化和日益复杂化，组织中人员素质的提高和人们自我意识的加强，以及电子计算机的普遍使用，许多企业都意识到传统的锥形组织结构的弊端，管理者们正努力将组织改造的更有弹性、反应更快和以客户为导向,组织结构的扁平化成为一种趋势。

第二节　部门化及组织结构类型

一、部门设计的原则

部门是指组织中的各类管理人员专业化分工的要求,为完成某一特定任务有权管辖的一个特定的领域,使他们在特定环境及关系中通过他们的管理作业,使整个系统运转。"部门"在不同的组织中有不同的称呼。企业组织称分公司、部、车间、班组等;军队称军、师、团、营、连、排、班等;政府单位称部、厅、局、处、科等。

组织部门设计就是根据组织目标对组织的部门进行的筹划和考虑。即把活动性质类似或活动间有密切关系的活动划分在同一部门内,以提高工作效率。组织设计的任务是提供组织结构系统图和编制职务说明书。以一个企业为例,介绍部门化系统图的基本结构,如图8-4所示。

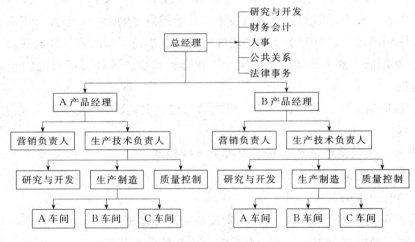

图8-4　组织结构系统图

图中,方框表示各管理职务或相应的部门;箭头线表示权力的指向;箭头线连接的方框表示各管理职务或部门在组织结构中的地位及相互关系。

职务说明书要求能简单而明确的地指出:该管理职务的工作内容、职责与权力、与组织中其他部门和职务的关系,要求担任该项职务者所必需具备的基本素质、技术知识、工作经验等。

在组织部门设计过程中,应该遵循一些最基本的原则,具体如下。

(一)专业化分工原则

专业化分工是指组织的工作及事务细分至不同部门、不同职位或不同岗位的程度。经过专业化分工而形成具有不同职能的部门。现代生产活动过程的复杂性，决定了任何人都不可能同时拥有现代生产所需要的所有知识和技能，专业化分工就是要把组织活动的特点和员工个人知识技能结合起来，不断的积累知识、发展技能，不断的提高工作效率。按照专业化分工原则划分部门应有一定的"度"，既不能太细，也不能太粗。"太细"则使部门设置过多，增加管理费用；"太粗"则使部门设置过少，不能满足需要。

（二）因事设置部门原则

部门应按照需要而设计，有相应的工作和任务，从而设计相应的部门。组织设计的目的是为了实现组织的目标，组织目标活动的每项内容都应落实到具体的岗位和部门，即"事事有人做"，而非"人人有事做"。要因事设职，因职用人，要重视组织设计中人的因素。要考虑有能力的人有机会去做他们能胜任的工作，要考虑通过工作提高能力、展现才华，实现自我价值。

（三）权责对等的原则

组织中的每个部门、每个人员都有责任按照工作目标的要求保质保量的完成工作任务，相应的，组织必须委之以自主完成任务所必需的权利。权利是规定与职务或部门相适应的支配人、财、物、信息等资源的权力。职责与权利必须对等。有权无责、权利责任不明确或权力过大，有可能导致权力滥用，助长官僚习气，甚至会危及组织系统的正常运转；有责无权或权力范围过小，责任方可能因缺乏积极性、主动性，将导致责任无法履行，任务目标无法完成。既不能使权力失去制约，又不能使责任无法履行。高层管理人员权利大，责任也大；基层管理人员权利小，责任也小。

（四）统一指挥原则

统一指挥原则是组织层级设计的重要原则。它是指各部门和人员只接受一个上级的命令并对之负责。统一指挥使上下级之间形成一条清晰的指挥链，以保证命令的单一性和统一性，否则下级面对多个上级，就会造成多头领导，令出多门，使下级无所适从、推卸责任。统一指挥使组织形成政策与活动的一致性，有利于加强控制。

（五）有效管理幅度原则

由于一个人的知识、经验、时间、能力、精力等是有限的，一个管理者直接有效领导与指挥下属的人数也是有限的。管理幅度太小，必然造成人的知识、经验、时间、能力、精力的浪费，使管理者无法达到满负荷工作，或者对下属管得太严，束缚了下属的手脚，降低了下属的积极性和主动性；而管理幅度太大，也会产生管不过来、管不到位的问题。因此管理幅度应是有效的。

（六）精简高效及协调原则

部门设计要力戒贪多求全，所设部门或层级必须和其所承担的任务和规模相适应，使组织确实发挥它的效能,既不人浮于事,又不无人管事。要做到机构简单,人员精干,有利于提高组织效率。

部门与部门之间既要讲分工明确,又要讲协调配合,因为部门的划分是相对的,组织是一个整体,每个部门都只是这个整体的一部分,靠每个部门单个的力量都无法实现组织的整体目标。企业的部门与部门之间存在着密切的经济技术联系,也许这个部门的工作是为另一个部门做准备,存在相互依存关系,在这种情况下,部门与部门之间要注意保持高度的协调与协作。

(七) 弹性原则

部门设计不是一劳永逸的,也不是一成不变的,组织中的部门应随业务的需要和环境的变化而增减。在发展过程中,有些部门需要增设,有些部门需要撤销,有些部门需要合并。对于临时性的工作应设计临时性的部门,一旦临时性工作完成,该部门即可撤销,设计保持弹性,才能与组织的发展相适应。

二、部门划分的方法

(一) 按职能划分部门

按职能划分部门是最普遍采用的一种划分方法。它是根据管理的不同作用或功能进行的,在一个职能部门里执行一组工作。对企业而言,其管理职能主要包括生产、市场、研发、人力资源、财务等,相应地,企业把整体划分为生产部门、市场部门、研发部门、人力资源部门、财务部门等,如图 8-5 所示。

图 8-5　按职能划分部门

1. 按职能划分部门的优点

① 可以有效地利用资源以达到规模经济。完成同样工作的员工集中在一个部门里,例如,所有研发人员集中在研发部门,就可以充分利用实验室的设备,充分发挥研发人员的人才资源优势;而在生产、营销等部门不仅资源的优势非常明显,而且可以达到规模经济。

② 符合专业化原则。按职能划分部门将相同性质的工作合并在一起,有利于人力资源的充分利用,使各部门充分发挥专业优势。专业的职能部门有利于深入开发专业知识和专业技能,形成一支训练有素的专家队伍。

③ 有利于员工职业生涯发展。职业生涯的发展是以职能技术为基础的,因此,专业的职能部门既有利于员工职能技术的提高,也有利于对员工的专业培养。

2. 按职能划分部门的缺点

① 协调困难。由于人们分散在不同的部门，各部门各负其责，各自独立，部门间有各自的利益，容易形成隔阂，缺乏跨职能的沟通和协作，增加高层协调的困难。

② 各部门易产生"隧道视野"。员工在部门里倾向于部门目标而不是组织目标，他们往往看到的是自己负责的任务而非整体目标。

③ 适应性差。环境变化和创新要求组织的部门间要彼此合作，而缺乏合作就意味着对环境变化的反应迟钝、阻碍创新。

④ 不利于培养综合管理者。按职能划分部门，不利于培养适合高层或一般性管理岗位的全能管理者。这种部门划分，在稳定的技术和环境下比较有效。

（二）按产品划分部门

按产品划分部门是根据不同产品或产品系列进行部门划分，适合于多元化经营的大型企业。组织的最高管理层除了保留公关、财务、人事及采购等必要的职能外，根据产品设立管理部门、划分管理单位，把同一产品的生产或销售集中在相同的部门进行。如图8-6所示。

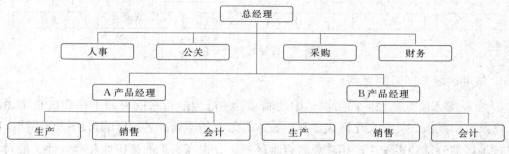

图8-6 按产品划分部门

1. 按产品划分部门的优点

① 具有灵活性和快速反应能力。每个部门有充分的自主权，掌握一定的人、财、物等资源，能灵活适应外部环境，具有快速反应能力。使企业将多元化经营和专业化经营结合起来，有利于企业及时调整生产方向。

② 有利于高层管理人才的培养。产品管理人员在部门内协调，部门经理独当一面，完成同一产品制造的各种职能活动，类似一个相对完整的企业的管理。例如，在生产小汽车的业务部门内部，生产、市场、研发、人力资源、财务等活动统一在一起，部门经理跨职能在部门内协调，可以培养和提高部门经理的综合管理能力。

③ 便于对绩效的测评。例如，按产品划分部门，每个部门都是自主的单位，以产品部为利润中心，便于对部门的成本、利润和绩效进行测评，也便于部门间的横向比较，有利于调动各部门的积极性。

2. 按产品划分部门的缺点

① 容易导致部门本位主义。各部门关注部门内的工作，部门内具有良好的合作，但

部门间的合作较差,各自为政。增加了高层协调的困难,提高了对高层管理人员的要求。为了克服部门本位主义,就需要高层进行协调。

② 需要较多具有全面管理能力的人。这种部门划分适合于环境多变的情况。

(三) 按地区划分部门

按地区划分部门是根据地理因素设立管理部门,把某一地区的业务集中于某一部门全权负责。例如企业把其市场划分为东北部、西北部、东南部、西南部等;政府机构按区域划分部门。对于一个地域分布较广或业务区域涉及较广的组织来说,按地区划分部门是必要和有效的。如图8-7所示。

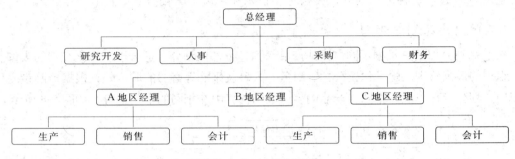

图 8-7 按地区划分部门

1. 按地区划分部门的优点

① 可以深入研究各地区的情况,因地制宜。地理分散带来的交通不便和信息沟通困难,以及政治经济、社会文化环境、科学技术等方面的不同,各地区的市场特点不同。因此,按地区划分部门可使生产销售更符合地区特点,提高决策的适应性和有效性,能对本地区环境变化迅速做出反应。

② 加强某一地区各种活动的协调。地区内的各项活动都在管理者的统一控制之下,地区内有很好的协作,各种活动易于协调。

③ 便于对绩效的测评。按地区划分部门,每个地区都是自主的单位,以地区为利润中心,便于对地区的成本、利润和绩效进行测评,也便于地区间的横向比较,有利于调动各地区的积极性。

④ 有利于综合管理者的培养。每个地区的管理者都是进行全面管理和协调的全能管理者,有利于综合管理人才的培养。

2. 按地区划分部门的缺点

① 可能造成某些活动的重复,机构重叠,某些可以集中的活动也会由于分散而增加费用。例如,各地区都要相应设置生产、研发、营销、人力资源管理等单位,导致机构臃肿,增加费用,降低效率,也无法达到规模经济。

② 地区的本位主义。各地区关注地区内的工作,地区内具有良好的合作,但地区间的合作较差。同时,地区间会相互竞争,争夺组织资源。

③ 不易控制，总部协调困难，提高了对高层管理人员的要求。为了克服地区的本位主义，就需要高层进行协调。

这种部门划分适合于地区差异明显、环境多变的情况。

（四）按顾客划分部门

按顾客划分部门是根据不同顾客群而进行的部门划分。当某一顾客群与其他顾客群的需求差异较大时，常常会采用按顾客划分部门。例如某一服装企业把其部门划分为老年人市场部、青年人市场部、妇女市场部、儿童市场部等；一家办公用品公司的销售部分为零售部、批发部；证券公司根据客户资金量的大小分为大户室、中户室、散户厅等；一个有较大规模的律师事务所，可以将员工所服务的客户分为公司客户和私人客户。如图 8-8 所示。

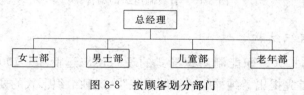

图 8-8 按顾客划分部门

按顾客划分部门，有利于深入研究特定顾客的需求，针对性更强，服务更到位，在明确规定的服务项目方面满足顾客特殊的需求。但它有可能使企业的某些资源如设备、专业人员等不能得到充分利用，而且随着顾客类型和需求的变化往往要求部门进行变化，而有些变化是难以适应的。

（五）按过程划分部门

按过程划分部门是根据组织活动在时间上的先后次序进行的部门划分。如采购、生产、销售等，生产部门进一步划分为纺纱、织布、印染等。如图 8-9 所示。

按过程划分部门符合专业化原则，能够有效利用专业技术和特殊技能，简化员工培训，部门间责任明确。但按过程划分部门不适合培养全面的综合管理人才。

图 8-9 按环节或工艺流程划分部门

除以上几种主要划分方法外，还有按时间、按人数等进行的部门划分。现实中，几乎所有组织的部门划分是多种方法的组合，而不是只采用一种划分方法。

三、组织结构的类型

（一）直线制组织结构

直线制产生于手工作坊，当时老板和工场主都是实行"个人管理"，生产、技术、销售、财务等各项事务都亲自处理。因此，这种组织形式没有职能机构，从最高管理层到最低管理层，实行直线领导。这种组织形式的主要特点是：命令系统单一，直线传递，管理权力高度集中，实行一元化管理，决策迅速。但要求最高管理者要通晓多方面专业知识。这种形式适用于规模较小、任务比较单一、人员较少的组织。以制造企业为例，直线制组织的结构如图8-10所示。

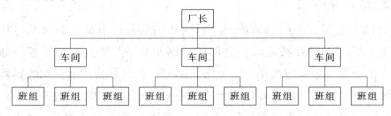

图8-10　直线制组织的结构

（二）职能制组织结构

随着企业规模的扩大，职能制组织形式的设想便应运而生。1903年，泰勒出版了《工厂管理》一书，首先提出"纯粹的职能制组织"。这种组织形式的要求是，在企业内设立若干职能部门，各职能部门在自己的业务范围内都有权向下级下达命令和指示，即各级负责人除了要服从上级直线领导的指挥以外，还要受多个职能部门的领导。

这种组织形式的特点是：在组织中设置若干职能专门化的机构，这些职能机构在自己的职责范围内都有权向下发布命令和指示。其优点是能够充分发挥职能机构的专业管理作用，使直线经理人员摆脱琐碎的经济技术分析工作。其缺点是多头领导，不能实行统一指挥。这种组织形式适用于任务较复杂的社会管理组织和生产技术复杂、各项管理需要具有专门知识的企业管理组织。职能制组织的结构如图8-11所示。

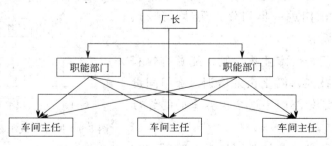

图8-11　职能制组织的结构

（三）直线职能制组织结构

直线职能制又称直线参谋制。它吸取了直线制和职能制的长处，也避免了它们的短处。它把直线指挥的统一化思想和职能分工的专业化思想相结合，在组织中设置两套系统，一套是直线指挥系统，一套是职能管理系统，即在各级领导者之下设置相应的职能部门分别从事专业管理。这种组织形式以直线指挥系统为主体，同时利用职能部门的参谋作用，但职能部门在各自范围内所作的计划、方案及有关指示，必须经相应层次的领导批准方可下达，职能部门对下级部门无权直线指挥，只起业务指导作用。

直线职能制既保证了企业的统一指挥,又有利于用专业化管理提高管理效率。因此,在世界范围内,这种组织形式得到了普遍的、长期的采用。在我国,绝大多数企业采用这种组织形式。但是,直线职能制也有其不足:①下级缺乏必要的自主权;②各职能部门之间联系不紧,易于脱节或难于协调;③企业内部信息传递路线较长,反馈较慢,难以适应环境变化。

直线职能制组织的结构如图 8-12 所示。

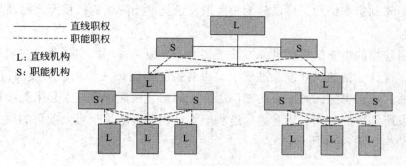

图 8-12　直线职能制组织结构

(四) 事业部制组织结构

事业部制又称部门化结构或分权组织,是美国通用汽车公司总裁斯隆于 1924 年提出来的,是欧美各国以及日本各大企业普遍采用的一种组织形式。这种类型结构的特点是,组织按地区或所经营的各种产品和事业来划分部门,遵循"统一决策、分散经营、独立核算、自负盈亏"的原则,具有较强的适应性和稳定性,有利于组织的最高管理者摆脱日常事务而专心致力于组织的战略决策和长期规划,有利于调动各事业部的积极性和主动性,并且有利于公司对各事业部的绩效进行考评。

这种组织结构形式的主要缺点,资源重复配置,管理费用较高,并且事业部之间协作性较差。这种组织形式主要适用于产品多样化和从事多元化经营的组织,也适用于面临的市场环境复杂多变或所处地理位置分散的大型企业。这种组织的结构如图 8-13 所示。

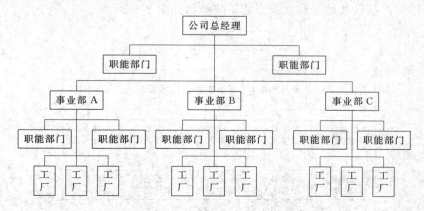

图 8-13　事业部制组织结构

(五) 矩阵制组织结构

矩阵制结构,是指要根据需要从各职能部门调集技术人员,由项目经理指挥完成某个项目的一种组织结构形式。矩阵制结构采用双重指挥链,它打破了统一指挥这一古典组织原理。一方面,专业分工带来了部门化的发展,出现了部门经理;另一方面,根据项目的具体要求,设置了项目经理。项目经理对某一特定项目、计划负责。这样,下属员工既接受部门管理人员的领导,又接受项目经理的领导。严格地讲,矩阵制结构是一种非长期的组织结构。矩阵制组织结构又可以分为按照项目设置的矩阵结构和按照产品及地区设置的矩阵结构两种。

按照项目建立的矩阵结构的具体方法是,为了完成某一项特别任务,在项目的实施阶段,如研究、设计、试制、开发等过程中,由有关的部门派人参加,组成项目攻关小组,任务完成之后,成员仍然回到原来的部门工作。显然,按照项目建立起来的项目组的寿命期与项目开发所需要的时间长短有关。这种矩阵结构一般适用于重大项目的攻关。按项目建立的矩阵结构如图 8-14 所示。

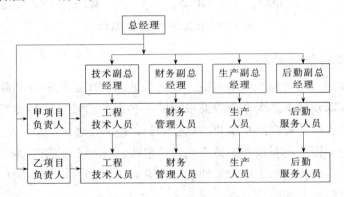

图 8-14 项目矩阵结构

按照产品建立起来的矩阵结构可以作为企业的一种较为稳定的组织形式。它的基本特征是在每一个地区建立起地区和职能部门共同领导的机构,使条块有机结合起来。以销售公司为例,按照产品以及地区建立起来的矩阵结构如图 8-15 所示。

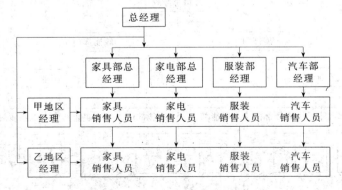

图 8-15 地区与产品结合的矩阵结构

矩阵制组织结构的优点是，具有较大的机动性和适应性，能克服职能部门相互脱节、各自为政的现象；专业人员和专用设备能够得到充分利用；具有临时性，任务完成即解散，各回原来的部门；各行各业人员为了一个目标在一个组织内共同工作可以互相启发、相互帮助、相得益彰，有利于人才的培养，克服"近亲繁殖"；实现了集权与分权优势的结合。

矩阵制组织结构的缺点是，由于这种组织形式是实行纵向、横向联合的双重领导，如处理不当，会由于意见分歧而造成工作上的冲突和相互推诿；组织关系较复杂，对项目负责人的要求较高。克服缺点的办法是：授予项目经理全面的职权；独立预算；项目经理与职能经理共同制定进度计划与确定控制重点，如有矛盾，提交上一级解决。

（六）虚拟组织的概念

虚拟组织又称虚拟企业、网络企业、动态联盟企业、网络组织、网络结构等。虚拟组织是目前较流行的组织设计形式，它可使管理人员面对新技术、新环境时表现出极大的灵活性。虚拟企业是指以计算机信息网络系统为联系工具，以知识共享、信息共享为基础而组建的动态的企业群体。如图8-16所示。

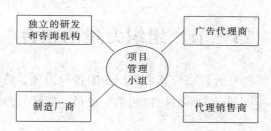

图8-16 一个典型的虚拟组织结构示意图

虚拟组织的优点是，组织结构具有更大的柔性，以项目为中心的合作可以更好地结合市场需求来整合资源，而且容易操作，网络中的各个价值链部分也随时可以根据市场需求的变动情况增加、调整和撤并；另外，这种组织结构简单、精练，由于组织中的大多数活动都实现了外包，而这些活动更多的是靠电子商务来协调处理的，组织结构可以进一步扁平化，效率也更高。

虚拟组织的缺点是，可控性差。这种组织的有效运作是靠与独立的供应商广泛而密切的合作来实现的，由于存在着道德风险和逆向选择性，一旦组织所依存的外部资源出现问题，如质量问题、提价问题、及时交货问题等，组织将陷于非常被动的境地。另外，外部合作组织都是临时的，如果网络中的某一合作单位因故退出且不可替代，组织将面临解体的危险。虚拟组织还要求建立较高的组织文化以保持一定的凝聚力，然而，由于项目是临时的，员工随时都有被解雇的可能，因而，员工的忠诚度也比较低。

虚拟企业的产生是经济的信息化和知识化的结果。虚拟企业的良好运行，需要如下一些条件。

1. 建立信息与知识共享的理念

在虚拟企业中，计算机网络是一个必不可少的工具，保证虚拟企业运行更为重要的条件是虚拟企业的知识与信息共享的理念。在虚拟企业中，要求开发产品的信息、用户订货的信息、生产能力的信息等实现共享。此外，知识的共享也是同等重要的。

2. 紧密合作的愿望

在虚拟企业中，协同合作的企业很多。因此，参与合作的某一个企业如果不能够很好地履行自己的义务和完成自己的任务，其产生的不利影响是相当广泛的。这种带有临时合作的组织形式中，如果企业之间缺乏高度的合作愿望，虚拟企业就难以存在下去。

3. 较高的管理控制水平

虚拟企业中的合作伙伴不是固定的，而是根据用户的要求，以为用户提供最好的产品和最优的服务实现动态组合。因此，协同企业变化可能非常大。所以，这一点对核心企业的管理要求相当高。

第三节 组织力量的整合

为了实现共同的目标和任务，需要整合组织中的各种力量，协调不同成员之间的各种关系，使在不同层次、不同部门、不同岗位的组织成员，朝同一方向和目标而努力工作。

一、权力的组成

"权力"通常被描述为组织中人与人之间的一种关系，是指处在某个管理岗位上的人对整个组织或所辖单位人员的一种影响力，或理解为管理者影响别人的能力。权力主要包括三种类型：专长权、个人影响权与制度权（或称法定权）。专长权是指管理者因具备某种专门知识或技能而产生的影响能力；个人影响权是指因个人的品质、社会背景等因素而赢得别人的尊重与服从的能力；制度权是与管理职务有关，由管理者在组织中地位所决定的影响力。制度权的实质是决策的权力，即决定干什么的权力，决定如何干的权力以及决定何时干的权力。

二、集权与分权的相对性

集权和分权是组织层级化设计中两种相反的权力分配方式。

集权是指决策指挥权在组织层级系统中较高层次上的集中，也就是说下级部门和机构只能依据上级的决定、命令和指示办事，一切行动必须服从上级指挥。组织管理的实践告诉我们，组织目标的一致性必然要求组织行动的统一性。所以，组织实行一定程度的集权是必要的。

分权是指决策指挥权在组织层级系统中较低管理层次上的分散。组织高层将其一部分决策指挥权分配给下级组织机构和部门负责人，可以使他们充分行使这些权力，支配组织的某些资源，并在其工作职责范围内自主地解决某些问题。一个组织内部要实行专业化分工，就必须分权，否则组织就无法运转。

集权和分权是相对的。绝对的集权意味着组织中的全部权力集中在一个主管手中，组织活动的所有决策均由主管做出，主管直接面对所有的命令执行者，中间没有任何管理人员，也没有任何中层管理机构，这几乎是不可能的；绝对的分权则意味着将全部权力分散下放到各个管理部门中去，甚至分散至各个执行、操作层，这时主管的职位就是多余的，一个统一的组织也不复存在，显然也是不可能的。

因此，将集权和分权有效地结合起来是组织存在的基本条件，也是组织既保持目标统一性又具有柔性灵活性的基本要求。

三、分权及其实现途径

（一）集权制与分权制

按照集权与分权的程度不同，可形成两种领导方式：集权制与分权制。集权制指管理权限较多地集中在组织最高管理层。它的特点是：①经营决策权大多数集中于上层主管，中下层只有日常的业务决策权限；②对下级的控制较多，例如下级决策前后都要经过上级的审核；③统一经营；④统一核算。分权制就是把管理权限适当分散在组织的中下层。分权制的特点是：①中下层有较多的决策权；②上级的控制较少，往往以完成规定的目标为限；③在统一规划下可独立经营；④实行独立核算，有一定的财务支配权。

（二）影响集权或分权程度的因素

① 决策的代价。对于较重要的决策、耗费较多的决策，应当由较高管理层做出决策。

② 政策的一致性要求。组织内部执行同一政策，集权的程度较高。如组织内部各个方面的政策是统一的，集权最容易达到管理目标的一致性。然而，一个组织所面临的环境是复杂多变的，为了灵活应对这种局面，组织往往会在不同的阶段、不同的场合采取不同的政策，这虽然会破坏组织政策的统一性，却可能有利于激发下属的工作热情和创新精神。

③ 规模问题。组织规模大，协调、沟通及控制不易，宜于分权；相反，组织规模小，分散程度较低，则宜于集权。

④ 组织形成的历史。若组织是由小到大扩展而来，集权程度较高；若组织是由联合或合并而来，分权的程度较高。

⑤ 主管人员及下属成员的数量和素质。首先，主管人员的素质及数量影响着权力分散的程度。主管人员数量充足、经验丰富、训练有素、管理能力较强，则可较多地分权；

反之应趋向集权。其次，下属成员的数量和基本素质。如果下属成员的数量和基本素质能够保证组织任务的完成，组织可以更多地分权。

⑥ 组织的可控性。组织中各个部门的工作性质不同，一些关键部门，如财务会计等部门往往需要相对地集权，而有些业务部门，如研发、市场营销等部门，或者是区域性部门，却需要相对地分权。组织需要考虑如何对分散活动进行有效的控制。通信技术的发展、统计方法、会计控制，以及其他技术的改进都有助于分权，但电子计算机的应用也会导致集权趋势。

（三）衡量分权程度的标准

戴尔（R. Dell）曾提出判断一个组织分权程度的四条标准如下。
① 决策的数量：组织中较低管理层次做出决策的数目或频度越大，则分权程度越高。
② 决策的范围：组织中较低层次决策的范围越广，涉及的职能越多，分权程度越高。
③ 决策的重要性：组织中较低层次做出的决策涉及的费用越多，则分权程度越高。
④ 决策的审核：上级对组织中较低层次做出决策的审核程度越低，这个组织的分权程度越大。如果做出决策后还必须报上级批准，则分权的程度就越小。

（四）分权的途径

① 制度分权，是在组织设计时考虑到组织规模和组织活动的特征，在工作分析、职务和部门设计的基础上，根据各管理岗位工作任务的要求，规定必要的职责和权限。
② 授权则是担任一定管理职务的领导者在实际工作中，为充分利用专门人才的知识和技能，或出现新增业务的情况下，将部分解决问题、处理新增业务的权力委托给某个或某些下属。

四、授权

（一）什么是授权

授权是指上级委授给下属一定的权力，使下属在一定的监督之下，有相当的自主权和行动权。授权者对被授权者有指挥和监督之权，被授权者对授权者有报告及完成任务的责任。

授权有它特定的含义，应注意区别以下几组概念。
① 授权与代理职务。代理职务是在某一时期，依法或受命代替某人执行其任务，代理期间相当于该职，是平级关系，而不是由上级授权给他。
② 授权与助理或秘书职务。助理或秘书只帮助主管工作，而不承担责任，授权的主管依然应负担全责。在授权中，被授权者应当承担相应的责任。
③ 授权与分工。分工是在一个集体内，由各个成员各负其责，彼此之间无隶属关系；而授权则是授权者和被授权者有上、下之间的监督和报告关系。
④ 授权与分权。授权主要是指权利的授予和责任的建立，它仅指上、下级之间短期

的权责授予关系；而分权则是授权的延伸，是在组织中有系统地授权，这种权利根据组织的规定可以较长时期地留在中、下级主管人员手中。

（二）授权的类型

1. 口头授权与书面授权

口头授权，是指在领导工作中将某项工作或某一方面的权力和责任口头授予下属。口头授权多属临时性授权或随机性授权。这种权力往往随着工作任务的完成被上级收回或自行失效。

书面授权，是指将权力以书面形式授予下属。这种授权比较庄重，使用期也相对长些。

2. 随机授权与计划授权

随机授权是指在领导活动中，根据某些随机性的工作需要和条件，将某一方面职权授予下属。这种授权多因机遇和需要而定，往往是临时性的、非计划性的。

计划授权，指按授权的预定程序、步骤和计划，有条不紊进行的授权。这种授权常通过会议，以书面行文的方式进行。这种授权的使用期也较长，相对稳定。

3. 个人授权与集体授权

在领导活动小，常有某位管理人员自己决定将自己所属的一部分权力授予下属，或口头或书面，或临时或长期，这种授权即为个人授权。个人授权往往随着该领导被调离原岗位而被新领导收回。

在领导实践中，更多见的则是集体授权，即经过集体讨论研究后，将某一方面或某一部分权力授予某人，这种授权多是常规的、行文的，既可以随任命干部同时授权（即明确分工），也可以在任命干部后授权，还可以在非任命（即对一般干部）时授权。集体授权属常规授权的一种。

4. 长期授权与短期授权

任何授权都是有期限的，按授权的时间长短可分为长期授权和短期授权。授权使用期的长短，均以工作的需要和条件的许可而定。

5. 逐级授权与越级授权

按授权者与被授权者之间的关系划分，授权可分为逐级授权与越级授权。逐级授权是指直接上级对直接下级所进行的授权，越级授权是间接上级对间接下级所进行的授权。

在领导工作中，授权应该是自上而下逐级进行的，越级授权一般来说是应该避免的。因为越级授权往往引起被授权者直接上级的不满，也容易使被授权者产生顾虑，影响其放手开展工作。然而，事情总是相对的，越级授权并非绝对不好。相反，在某些紧急情况或非常情况下，越级授权往往是不可缺少的，有利于迅速解决某些紧迫的非常的问题。

（三）授权的程序

成功的管理人员一般把授权分三个步骤：细分责任、授予权力和监督检查。

1. 细分责任

细分责任是授权的重要步骤之一。管理人员要为下属清晰地解释他们的任务，任务要细分得比较明确，从而使下属在工作中不能相互推诿扯皮。管理人员在分配责任时必须明确：

① 下属应达到的预期目标；
② 下属应负责的活动范围和任务；
③ 检验下属工作的标准。

2. 授予权力

授予权力不是简单地放手让下属工作，允许下属相机抉择地任意行事，甚至制定制度性政策；更不能只是简单地将职权一放了事，撒手不管，而必须继续行使和履行管理人员的必要权力和义务。因此，在授予职权的过程中，管理人员应注意抓好两个环节：一是帮助下属制定大政方针，提出工作战略性规划；二是要把握下属工作进展情况，在给予人力、物力、财力条件支持的同时，及时纠偏改错。

3. 监督检查

授权首先要建立健全请示汇报制度，以制度约束下属；其次要体谅下属工作中的困难。监督检查是为了上下沟通，齐心协力，共同履行职责，完成任务。因此，对下属工作中出现的问题，管理人员要敢于承担责任，同时给下属必要的支持。

五、直线与参谋

组织中的管理人员通常以直线主管或参谋两类不同身份进行管理，正确处理直线和参谋之间的关系是组织力量整合的重要内容。

（一）什么是直线、参谋

直线关系是由管理幅度的限制而产生的管理层次之间的关系。

参谋关系是伴随着直线关系而产生的，参谋人员的主要职责是同层次直线主管的助手，其主要任务是提供某些专门服务，进行某些专项研究以提供某些对策。

直线与参谋主要是两类不同的职权关系。直线关系是一种指挥和命令的关系，授予直线人员的是决策和行动的权力；而参谋关系则是一种服务和协助的关系，授予参谋人员的是思考、筹划和建议的权力。

（二）直线与参谋的矛盾

从理论上来说，设置参谋职务，能够适应管理复杂活动需要多种专业知识的要求。然而在实践中，直线与参谋的矛盾表现为：由于需要保持命令的统一性，但参谋作用不能充分发挥；或者参谋作用发挥过当，破坏了统一指挥的原则。

（三）正确发挥参谋的作用

参谋的作用发挥不够或者过分，都会影响直线人员，从而影响整个组织活动的效率。要正确发挥参谋的作用，应明确直线与参谋的关系，授予参谋机构适当的职能权力，并向参谋人员提供必要的信息。

1. 明确职权关系

设置参谋职务，利用参谋人员的专业知识是管理现代化组织的复杂活动所必要的。直线人员与参谋人员的职责、权限以及工作的目的是不同的：直线主管需要作决策，安排所辖部门的活动，并对活动的结果负责；而参谋人员则是在直线主管的决策过程中，进行分析研究、提供建议、指明不同的方案可能得到的结果，以供直线主管在运用决策权力中参考。

2. 授予必要的职能权力

为了确保参谋人员作用的合理发挥，授予他们必要的职能权力往往是必需的，特别是在要求专业知识很多的领域里。但参谋部门职能权力的增加，也带来了形成多头领导的危险。因此，高层直线主管要谨慎授予职能权力。

3. 向参谋人员提供必要的信息

直线主管应认识到，要发挥参谋人员的作用，必须首先帮助参谋人员工作，向参谋人员提供必要的工作条件，特别是有关的信息，使他们能及时了解直线部门的活动进展情况，从而提供有用的建议。

六、委员会

委员会是组织集体工作的一种形式。存在于组织中的各种委员会，其形式和类型多种多样。有的是直线式的（如公司的董事会），有的是参谋式的（如公司的监事会，薪酬委员会等）；委员会可以是组织结构的正式组成部分，有特定的职权和职责，也可以是非正式的。此外，委员会既可以是永久性的，也可以是临时性的，达到特定目的后就予以解散。在组织的各个管理层次都可以成立委员会。

1. 委员会管理的优点

① 集思广益。利用委员会的最重要的理由，是为了取得集思广益的好处。因为，委员会由一组人组成，其知识、经验与判断力均较其中任何一个人的高。因此，通过集体讨论、集体判断可以避免仅凭主管人员个人的知识和经验所造成的判断错误。

② 协调作用。部门的划分，可能会产生"职权分裂"，即对某一问题，一个部门没有

完全的决策权。只有通过几个有关部门的职权结合，才能形成完整的决策，解决此类问题当然可以通过提交给上一级主管人员解决，但也可以通过委员会把具有决策权的一些部门召集来解决。这样既可减轻上层主管人员的负担，又有利于促进部门间的合作。

③ 避免权力过于集中。委员会做出的决策一般都是对组织前途有举足轻重影响的重大决策。通过委员会做出决策，一方面可得到集体判断的好处；另一方面也可避免个人的独断专行、以权谋私等弊端，委员之间起了权力互相制约的作用。

④ 激发主管人员的积极性。委员会可使下级主管人员和组织成员有可能参与决策与计划的制定过程。这样做可以激发和调动下级人员的积极性，以更大的热情去接受和执行这些决策或计划。

⑤ 加强横向的沟通联络。委员会对传送信息有好处。受共同问题影响的各方都能同时获得信息，都有同等的机会了解所接受的决策，这样可以节约信息传递过程中的时间。

⑥ 代表各方面利益。委员会的成员，一般由各方面利益集团的代表组成，在决策过程中，各方代表作为各自利益集团的代言人肯定会发挥作用，陈述自己的意见，这样做出的决策势必是各利益集团的妥协，能够广泛地反映各个利益集团的利益。

2. 委员会管理的缺点

① 成本较高。这里所说的成本，除了资金之外，还包括时间。委员会召开会议，讨论问题，一般都需要花费很长时间，要讨论各种观点，每个人都有发言权，要为考虑集体结论而反复推敲，决策的做出并非容易。

② 妥协折中。当议题意见分歧较大时，委员会中人们常常出于礼貌，互相尊重或屈于权威而采用折中的方法，以求取得全体一致的结论，这样得出的结论往往不是最优的结论。

③ 优柔寡断。由于委员会成员各自的地位、经历、知识等的不同，当为某一议题争论不休，难以取得一致意见时，往往会导致议而不决。

④ 职责分离。委员会是集体负责，这样也就没有一个人能在实际上对集体的行动负责。换句话说，都负责往往导致都不负责。

⑤ 一个人或少数人占支配地位。委员会的决议应该反映集体的最完善的决断。但是，往往有少数人要把自己的意志强加给他人乃至整个集体，以个人的主张代替集体的结论，这种做法将会从根本上否定委员会存在的前提。

3. 如何提高委员会的效率

① 权限和范围要明确。委员会的权限究竟是直线职权还是提供建议供直线主管参考，应该明确加以规定。对于委员会会议上要讨论的议题，也必须让与会者明确地了解，以免讨论时超出这一范围，造成各种浪费。

② 规模要适当。一般来说，委员会要有足够的规模，以便集思广益和容纳为完成其任务所需要的各种专家，但是又不能过大，以免开会浪费时间和助长优柔寡断。委员会的

合理规模应以不超过 15 人为宜。

③ 选择委员。委员会的成员应该包括哪些人，这一问题与委员会目的、性质有密切关系。要尽可能地选择那些与目的相等的专业人员作为委员会成员。同时，还要求其成员具有一定的集思广益的才能，成员的组织级别一般要相近，这样在委员会中才能真正广开言路，做出正确的结论。

④ 选择议题。提交委员会的议题，其内容必须适于讨论；否则，虽有良好的议程也无济于事。

⑤ 审慎选择委员会主席。一个好的会议主席，可以使委员会避免很多的浪费和缺点。委员会主席至少要做到：先计划好会议的内容；安排会议的议事日程；检查提前向委员提供的研究材料；有效地主持会议，使委员会的讨论合成一体，从而做出正确的决议等等。

⑥ 决议案的审校。会议完毕后，会议主席应将做出的决议向大家宣布，这一步骤可得到全体与会人员对决议同意或不同意的明确表示，并且还可以对决议进行修正和补充。

七、非正式组织

任何组织，不论规模大小，都可能有非正式组织的存在。非正式组织正式组织相互交错地同时并存于一个单位、机构或组织之中，这是组织生活的一个现实。

（一）非正式组织对管理工作的影响

非正式组织对管理工作有好的影响，也有不好的影响。非正式组织的产生是自然的、偶发的、不稳定的，因此，管理人员很难完全加以控制。有一些非正式组织的存在增进了人们之间的感情，使日常工作更容易进行，这样的非正式组织，管理人员就不必加以控制，反而要加以提倡和鼓励。但也有一些非正式组织，它的存在构成了一股势力，对企业的正常工作形成阻碍，比如为了维护工作差的人而将定额标准降低，这种情况下，管理人员就必须加以控制。

非正式组织的利弊，主要看管理人员能不能对它进行有效的控制和正确的引导。非正式组织的作用可概括为以下几方面。

① 可以借助非正式组织来建立并维护正式组织内每个人的价值观、目标和态度，使每个人的行为都有比较稳定的形态。

② 可以利用非正式组织作为信息沟通的途径。

③ 通过非正式组织的人与人之间的接触，以保证在比较轻松的心情下，建立彼此的关系。

④ 当组织内的成员在组织中得不到满足时可以在非正式组织内找到满足的机会，使他们能安心愉快地在企业内工作。

（二）非正式组织可能造成的危害

① 非正式组织的目标如果与正式组织冲突，则可能对正式组织的工作产生极为不利

的影响。比如，正式组织力图利用职工之间的竞赛以达到调动积极性、提高产量与效益的目标，而非正式组织则可能认为竞赛会导致竞争，造成非正式组织成员的不和，从而会抵制竞赛，设法阻碍和破坏竞赛的展开，其结果必然是影响企业竞赛的气氛。

② 非正式组织要求成员一致性的压力，往往也会束缚成员的个人发展，有些人虽然有过人的才华和能力，但非正式组织一致性的要求可能不允许他冒尖，从而使个人才智不能得到充分发挥，对组织的贡献不能增加，这样便会影响整个组织工作效率的提高。

③ 非正式组织的压力还会影响正式组织的变革，发展组织的惰性。这并不是因为所有非正式组织的成员都不希望改革，而是因为其中大部分人害怕变革会改变非正式组织赖以生存的正式组织的结构，从而威胁非正式组织的存在。

（三）非正式组织领导人的重要性

非正式组织内最重要的人物是该组织的领导人，这个领导人对组织有很大的影响力，他不一定与正式组织的领导人具有相同的特征，因此，作为主管人员必须时时加以注意。如果能得到该领导人的合作企业的工作就能事半功倍。一个非正式组织的领导人，他的行为必须符合组员的期望，同时也要有能力处理不同情况的事情，因此，他必须具备一些特殊的资格或条件。由于非正式组织比正式组织更富于革新，并更适应环境的变化，因此，非正式组织领导人的地位也会随时发生变化，简单归纳起来，非正式组织领导人往往都具有以下特征。

① 在技术上比其他组织成员略为优胜；
② 在组织内服务的时间比较长；
③ 年龄较大；
④ 掌握大量的信息，并位于便于传递信息的岗位上；
⑤ 具有令人钦佩的人格。

主管人员必须对企业内的非正式组织有所了解，知道谁是该组织的领导人，并且设法获取这些领导人的合作，由他们去影响组员的行为，使组织活动更加有效，并且更有利于组织目标的实现。

复习思考题

1. 简述组织的概念及组织的本质特征。
2. 什么是正式组织和非正式组织，其各有什么特征？
3. 简述锥形和扁平结构的优点和缺点。
4. 简述在组织部门设计过程中，应该遵循哪些基本的原则？
5. 试论述各种组织结构的优点、缺点及适用范围。
6. 简述影响集权或分权程度的因素。
7. 简述授权的类型。
8. 如何正确地发挥参谋的作用？

案 例

案例 8-1　　　　　　　　通用电气公司的组织结构演化

美国通用电气公司的历史可追溯到托马斯·爱迪生,他于 1878 年创立了爱迪生电灯公司。1892 年,爱迪生通用电气公司和汤姆森-休斯敦电气公司合并,成立了通用电气公司(General Electric Company,GE)。GE 是道琼斯工业指数榜自 1896 年设立以来惟一一个至今仍在榜上的公司。

现在通用电气公司是美国也是世界上最大的电气和电子设备制造公司,它的产值占美国电工行业全部产值的 1/4 左右。GE 在金融服务、基础设施建设和媒体市场共拥有 5 大业务部门,公司业务从飞机发动机、发电设备、水处理和安全技术,到医疗成像、商务和消费者金融、媒体内容和工业产品,客户遍及全球 100 多个国家,在全球雇佣了超过 32.7 万名员工。

GE 现行的组织结构是建立在韦尔奇接手后进行组织结构改革的基础上,并在之后不断的进行调整完善。由于战略的转变必将影响组织的内部特征,因此在过去的 20 多年间,GE 的组织结构改革大体经历了三个阶段,各阶段互有交叉,但重点不同。

以组织的扁平化为中心,从 1981 年韦尔奇接任 GE 开始,到 1990 年左右大体结束,通用也称之为"零层管理"。当时的 GE 处于严重的官僚化阶段,组织结构庞大臃肿、大量终身员工闲置、官僚机制低效、管理层级繁多,有着层层签字的审批层序和根深蒂固的等级制度。其主要层次自上而下主要包括:公司董事长和最高执行——公司总部——执行部——企业集团——事业部——战略集团——业务部门——职能部门——基层主管——员工。由董事长和两名副董事长组成最高执行局,公司总部中 4 个参谋部门分别由董事长直属,另外 4 个由两名副董事长分别负责。下设六个执行部,分别由六位副董事长负责,用以统辖和协调各集团和事业部。执行部门下共设 9 个集团,50 个事业部和 49 个战略经营单位。虽然庞大的组织结构曾给 GE 带来丰厚的利润,但如今这却拖延了 GE 前进的步伐。

在扁平化的过程中,大量中间管理层次被取消。GE 将执行部整个去掉,使得 GE 减少了近一半的管理层,同时对部门进行消减整合、裁判雇员、减少职位。从原来的 24～26 个管理层到五六个,而一些基层企业则直接变为零层管理。同时扩大管理跨度,增加经理的直接报告人数,由原来的六七个上升为 10～15 个,充分利用人力资源,提高效率。

在业务重组为重心,不断进行放弃不利业务,加强有利业务并引入新业务的过程,以公司使命为方向,以战略计划为指导调整组织结构。GE 提出了一个中期战略"第一第二"战略目标,只要不是全球第一第二,就改革、出售或关闭,以此来对公司业务范围、规模、机构设置、管理体制等各方面进行改革。韦尔奇运用了"三环图",将公司分为服务、技术和核心业务三部分,这很快表明了那些有问题和需要重组或者消除的业务。仅在头两年 GE 就卖掉了 71 条产品线,完成了 118 项交易,又相继卖掉空调和小型家电、消费类电子产品、航空航天业务等，共出售了价值110亿美元的企业，同时又大胆买进了260亿美元的新业务。

伊梅尔特接任GE后，延续了这一战略的运用，继续对业务进行重组管理。自2001年，GE出售了保险业务、消防车、工业用金刚石、印度市场的外包业务、通用电气物流公司、新材料业务等，同时对有增长能力的业务给予大力支持，这些业务包括能源、医疗保健、基础设施、运输业、国家广播公司、商业金融和消费者金融业务。通过业务重组的组织结构调整会一直进行下去，这是由GE的战略决定的。

无边界划化组织阶段。在组织学习中，无边界化组织主要包括以下几种经典组织形势：扁平化组织，多功能团队，学习型组织，虚拟企业，战略联盟等。GE提出的无边界理论侧重于学习型组织的建立。这是由于前期扁平化组织的建立，使组织中管理跨度增加，再加上严重官僚化的影响，使组织在横向信息交流上产生障碍，信息交流和知识共享要在更多的成员之间实现，这种高效的沟通需要无边界化来实现。无边界化能克服公司规模和效率的矛盾，具有大型企业的力量，同时又具有小型公司的效率、灵活度和自信，还可以打击官僚主义，激发管理者和员工热情。

（资料来源：张立文．美国通用电气公司组织结构及其变革研究．商场现代化，2010.3）

案例讨论：

在GE组织结构改革的三个阶段中，每个阶段的组织结构是什么样子？试画出每个阶段的组织结构图。

案例8-2　　　　　　　　　宏伟建筑设计研究院的组织结构

宏伟建筑设计研究院（以下简称宏伟院）是一所甲级设计研究院，专门从事工业、民用建筑的设计、预算、城市规划设计以及土建勘察和施工监理。目前，宏伟院下设有建筑设计室、结构设计室、设备设计室、岩土勘察设计室、技术室以及行政、财务办公室等部门，共有员工200余人。宏伟院是一个自主经营、自负盈亏、独立核算的企业化管理的单位，国家一级注册建筑师崔院长为法人代表。

曾几何时，宏伟院职工均以自己是该院的一分子而自豪。宏伟院是当地惟一的以民用建筑建设为主的市甲级建筑设计研究院，设计人员的素质高，专业技术水平堪称一流。在以前，宏伟院以其雄厚的技术力量和市甲级建筑院的特殊地位，稳居当地民用建筑设计市场的龙头老大。在基建纷纷上马、建筑市场火热的时期，宏伟院几乎垄断了当地甚至周边小城市的所有高层建筑、重要建筑、大商场等大型项目的设计。那时，活源饱满，单位效益好，职工奖金多，工作热情很高，即便经常加班加点，甚至有时过春节都不能休息，也毫无怨言。单位的业余活动丰富多彩，各种文娱、体育活动、技术竞赛使职工们觉得工作有动力，员工之间的协作很愉快，整个设计院内充满着活跃向上的气氛。

然而，随着市场竞争的激烈和建筑市场的降温，宏伟院的设计任务急骤减少。由于基建下马，大型的土建项目基本没有了，只有一些类似于住宅、办公楼这样的中小型项目，宏伟院的技术优势逐渐发挥不出来了。在当地存在着十几家大多数为乙级、丙级的中小型设计院和设计事务所，它们虽然没有资格从事大型项目的设计，但在中小项目的竞争上却具备相当强的实力。市场竞争日渐激烈，各设计院为抢占市场纷纷压低收费标准，这样小的设计部门因自身费用低、灵活度大反而占有了优势。宏伟院却未能及时适应市场的变化，还一味地倚仗技术力量强这张王牌坐等活源上门，很少主动地去揽活，结果设计任务逐渐萎缩，单位效益每况愈下，职工的收入直线下降，工作的热情也渐渐地消失了，到院外兼职的、炒股票的人多了起来，办公室里却冷冷清清，人越来越少。况且，累计至今收不回来的甲方拖欠的设计费将近500万元。这样，入不敷出，多年积累的家底耗尽了，职工十多个月没拿到工资，单位的水电费、取暖费难以如期支付。看着等着批报的各种费用的单据，崔院长真是愁眉紧锁，寝食不安。更令崔院长头痛的是，原本一团和气的设计院如今各设计室之间却变得矛盾重重。

2000年以前，宏伟院的设计室分为四个综合设计室，每个设计室都配备齐了各专业的技术人员，技术实力相当，各室都可以独立从事工程项目的设计工作。四个室之间比效益、比速度、比技术水平，院内的竞争气氛很浓。活源饱满的时候，各个室的任务分配基本平衡。而今，崔院长却经常为院里往各个综合室里分配设计任务时遇到的问题而焦头烂额。有一次，院里有两个工程项目，其中一个是三层框架结构的大型商场，另外一个是工厂的厂房。当时设计一室和四室都有工程，崔院长决定把两个工程分派给设计二室和设计三室，结果二室和三室的主任为了争抢大型商场这个项目而争得面红耳赤。因为三层框架结构的大型商场虽然面积大，但结构非常规整、简单，可充分利用计算机出图，在较短的时间内便可完成设计任务，收取的设计费很高，用句土话说是个"大肥活儿"。相比之下，厂房的设计工艺要求很高，结构复杂，修改返工的情况屡有发生，工期拖得也要相对较长，收取的设计费又较低，真可谓是件吃力不讨好的苦差使。崔院长很为难，后来决定先把大型商场工程分派给设计三室，工业厂房分派给设计二室，分配奖金时给二室提高资金比例，下次再有设计项目由二室优先选择。尽管如此，两个主任还是觉得不太痛快，各个室的成员之间有时为了各自的利益也闹得很不愉快、不团结，全院的整体气氛不太融洽。

俗话说，穷则思变。为了改变这一现状，宏伟院以崔院长为首的领导层也决心紧跟市场竞争形势，对企业内部进行改革，以提高企业在市场中的竞争力。宏伟院领导层经开会讨论并听取群众意见后，决定将综合设计室改为专业设计室，划分为建筑设计室、结构设计室和设备设计室等三个专业室；设计任务由各个室主任在室内分配协调，确定设计人员。

这样，每次的工程任务先下到建筑设计室，由建筑专业设计人员做方案，然后画出条件图发给结构、水暖和电气专业，各专业设计人员再碰头提出各自专业设计时需要的条件，以便相互之间能协调统一，工程须按预先订好的日期设计完成。一天结构室的陈主任气冲冲地找到崔院长诉苦。原来，某工程预先订好一个月后出完全图，可建筑方案刚刚定完，施工条件图却迟迟未发下来。结构设计的计算量和出图量都很大，短时间内很难完成，即使加班加点抢进度完成，设计质量也难有保障，结构设计一旦出问题，便容易发生大事故。但因不在一个室,又没法去催。建筑室主任也觉得很难办,由于甲方的要求很高,又是外行,想法也变来变去,致使建筑方案改了几次,搞建筑的刘工抱怨道:"这个甲方真难侍候!"最后总算是在崔院长的敦促下建筑专业的条件图发到了各专业设计人员的手中。在设计过程中,搞结构专业的张工与刘工因为几个梁和柱的尺寸和位置争论不休,刘工埋怨张工把梁、柱的尺寸设计得过大,有些梁设置的位置不当,影响了建筑的造型和空间感觉;张工怪刘工做建筑方案时没充分考虑到结构专业的设计要求,因而结构设计很难达到令建筑专业满意的标准。这时搞水暖设计的小宋又来找刘工和张工,说建筑与结构的设计方案不利于水暖设备的安装,局部管线位置也很难确定,但三人经过仔细研究最终还是达成了一致意见。可谁知,等到各专业全部出完全图会签时才发现,小宋设计的管线需在墙、梁上开的洞口有些未能通知张工和刘工,刘工在画建筑施工图时发现条件图中所做的修改有些也未能及时通知另外几个专业的设计人员,结果每个专业都需要返工,特别是结构专业得重新上机计算,图纸的改动量非常大,令张工和陈主任非常气恼,崔院长为此事也很上火。分配资金时,按既定比例分给大家都很有意见,尤其是张工,觉得自己的出图量最多,返工量又特别大,又是别的专业造成的,理所应当提高比例,可刘工和小宋以及搞电气专业的小王觉得张工返工自己也有责任不能全怪别人,结果几个人闹得都很别扭。最后,崔院长决定比例按原定的保持不变,院里再额外拿出一部分钱作为返工费按返工量大小分给各设计人,几个人才觉得平衡了,但相互之间总觉得有些尴尬。

眼下,崔院长为宏伟院的前途伤透了脑筋:整个外部的大环境形势十分不利,院内又纷争四起。如果您处在崔院长的位置,你将会做些什么呢?

(资料来源:张飞涟.现代管理学.长沙:中南大学出版社,2002)

案例讨论:

1. 宏伟院现在的组织结构是否合乎它的预定目标?如果你是崔院长,你会采取何种组织结构?
2. 如果你是崔院长,你将如何使各类专业设计人员协调顺利地工作?
3. 你觉得宏伟院应如何继续发挥自身的优势去抢占市场?

第九章

人力资源及人员配备

企业最大的资产是人。 ——日本松下创始人 松下幸之助
一个公司要发展迅速得力于聘用好的人才，尤其是需要聪明的人才。 ——比尔·盖茨
自始至终把人放在第一位，尊重员工是成功的关键。 ——IBM创始人 托马斯·沃森

从人力资源管理的视角看《三国演义》

A公司刘总刚从日本考察回国，对日本企业管理界研读中国《三国演义》感慨良多。旋即在公司中高层管理者中推行这一做法，并且规定每季度要召开读书心得交流会，要求每次围绕一个主题，以一人为主题发言。大家参与讨论。一年过去了，刘总感到收效不明显。今晚照例轮由人力资源管理部吴经理做主题发言。吴经理清清嗓子开口道："为了准备这次研讨，我去了趟广州，与我的导师讨论了有关《三国演义》与人力资源管理的有关问题……从人力资源管理部的角度看，我认为《三国演义》是部企业管理和人力资源管理方面发人深省的反面教材，是先人留给我们的一部警世之作。"此言一出，满座哗然。

吴经理继续说道，从人力资源管理的视角看，《三国演义》是一座取之不尽的富矿，只不过是人们长期以来忽视它而已。我的导师与我讨论了三国各自的战略意图与人力资源管理战略，各自的选人、育人、用人、留人策略及其成功与失当之处，并着重对曹操、孙权、刘备尤其是诸葛亮在人力资源管理方面的功过是非进行了深入的探讨，得出了许多与人们通常认识不一致的结论，使我既感到震撼又收益良多。

曹操之所以能够统一北方但又始终无法统一全国，最终导致三分天下的格局，与其在不同阶段的战略思维与用人战略是分不开的。孙权虽说是继承父兄基业，但在诸侯林立之中仍然稳据东南，与他在不同阶段根据形势需要使用关键人才是分不开的，

起初是重用周瑜开疆劈土,再次是任用鲁肃整顿内务,继而使用吕蒙稳定局面,最后是大胆起用年轻的陆逊去抗拒老谋深算的刘备,创造了火烧连营七百里的战争佳话。刘备的起家则完全靠的是外貌忠厚内藏乾坤的雄才大略和一套叹为观止的人力资源策略。从刘关张桃园三结义奠定刘备集团的核心,到网罗卧龙凤雏形成其参谋咨询班底,再到吸引赵云、黄忠、马超、魏延等战将,从一个落泊之人到成就伟业之雄才,处处显示其卓著的人力资源管理才能。而反观诸葛亮,则是谋事能臣,用人庸才。刘备去世后,实际掌握蜀汉大权的诸葛亮的每一决策几乎都与人力资源管理理念背道而驰。其用人策略与其战略理念相违背,本应是东和孙吴,北拒曹魏,却安排与曹魏不清不楚而与孙吴不共戴天的关羽镇守荆州,由于不重视人才培养和使用导致蜀中无大将,廖化作先锋,由于不懂(舍)得授权,事必躬亲,致使年仅 50 余岁英年早逝,空使英雄泪满襟。我们试想,如果诸葛亮投奔曹操且得到重用会怎么样?或者以诸葛亮之才,又懂得运用人力资源管理策略,也许历史将会重写。吴经理的话音刚落,会议室里陷入了长久的沉默。

大凡要成就一番事业者,仅凭个人的力量是有限的。一个组织实际上就是一群人的集合体,如何将这些人力资源整合成能够攻无不克、战无不胜的团队,正是人力资源管理所要研究的问题。

(资料来源:根据网络资料整理,http://www.doc88.com/p-668156539441.html)

第一节 人力资源管理的概述

在所有组织中,最重要的资源是人力资源。人力资源是指一定时空范围内的人口总体所具有的劳动力的总和。包括一个组织的所有成员,范围从高层管理者到刚进入企业的员工。人力资源管理的主要任务是以"人"为中心,以人力资本投资为主线,研究人与人、人与事、人与组织的相互关系,充分利用人力资源,不断提高和改善工作生活质量,调动人的主动性和创造性;促使管理效率的提高和管理目标的实现。在现代社会中,企业的竞争就是产品的竞争,产品的竞争就是技术的竞争,技术的竞争就是人才的竞争。具有杰出才干和献身精神的员工,是企业竞争力的主要源泉,而如何吸引和留住能干的员工并激发他们的献身精神,就是人力资源管理的使命。人力资源管理的主要内容和过程如图 9-1 所示。

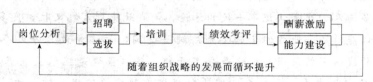

图 9-1 人力资源管理的主要内容和过程

一、人力资源管理的内涵

美国著名管理大师彼得·德鲁克在其《管理的实践》中将人力资源这一概念引入管理学的研究中。德鲁克认为,人是具有企业里任何其他资源都没有的"特殊能力"的资源,特殊能力即"协调能力、融合能力、判断力和想象力"。德鲁克的观点强调了人力资源的特殊性,但并没有给出人力资源的明确定义。为了更好地理解和把握这一概念,从以下两个层面进行阐释。

1. 经济学意义的分析

在经济学中,将可以投入到生产中并创造财富的一切生产要素通称为资源,具体分为自然资源、资本资源、信息资源、时间资源、人力资源等五大类。其中,人力资源是指一定范围内人口总体所具有的劳动能力的总和,即一定范围内具有为社会创造物质和精神财富,从事体力和智力劳动能力的人们的总称。

从本质上讲,人力资源是其数量和内在质量的统一,包括量和质两方面的规定性。一方面,人力资源数量体现为一定范围内现实和潜在的劳动力人口数量,可以用绝对数量和相对数量两种指标表示,每种指标又有"现实"和"潜在"两种计算口径。它反映了人力资源量的规定性,是构成人力资源的基础;另一方面,人力资源质量则是一定范围内劳动力素质的综合反映,与构成人力资源的单个劳动力素质相关。劳动力素质由劳动者的身体素质、智能素质和心理素质构成,在三者组合作用下,具体体现为劳动者在劳动中表现出的体力、智力、知识和技能水平。它反映了人力资源质的规定性,是构成人力资源的核心。

2. 微观组织意义的分析

从微观的组织角度考察,任何一个组织拥有的资源都可以分为三类:实物资源、财务资源、人力资源。简单地说,组织的人力资源是指组织所雇用的劳动者,即组织拥有的体现在全体雇员体力与智能上的经济资源。对组织而言,人力资源包括一个组织的所有成员,范围从高层管理者到刚进入组织的新员工。组织的人力资源不能运用实物资源和财务资源的标准进行计量,从其现实应用状态来看,主要包括体力、智力、知识和技能等。

人力资源管理(Human Resources Management,HRM),就是组织通过工作分析、人力资源规划、员工招聘选拔、绩效考核、薪酬管理、员工激励、人才培训和开发等一系列手段来提高劳动生产率,最终实现组织发展目标的一种管理行为。

二、人力资源管理的基本原理

人力资源管理和其他的管理一样,也必须遵循一定的基本原理。

1. 能级层序原理

能级层序是来自物理学的概念。能,即能量,能力,表示做功的能量;能级是表示事物系统内部个体能量大小形成的结构、秩序和层次。从而形成稳定的物质结构，这就是能级对应关系。

将能级层序原理引入人力资源管理中，指具有不同能力的人，应配置在组织中的不同职位上，给予不同的权利和责任，使能力与职位相应，组织结构才会相对稳定。高能的人才，必须放到合适位置，否则他就会自动"跃迁"——跳槽了。这里的能力不仅指知识、经验，还包括人的道德水平、价值观。

2. 互补增值原理

人作为个体，不可能十全十美，而是各有所长，所谓"金无足赤，人无完人"。但我们的工作往往是由群体承担的，作为群体，完全可以通过个体取长补短而形成整体优势，达到企业目标。

互补增值原理指将各种差异的群体，通过个体间取长补短而形成整体最佳优势，更好地发挥团队的力量，实现个人不能达到的目标。该理论的启示是在目标一致的前提下，充分利用互补增值原理，往往可以收到事半功倍之效。互补的内容主要包括五个方面。

① 知识互补。在一个群体中，若个体在知识领域、广度和深度上实现互补，那么整个集体的知识结构就比较全面合理。

② 能力互补。在一个群体中，若个体在能力类型、大小方面实现互补，各种能力的互补就能形成优势，使组织的能力结构更加合理。

③ 性格互补。每个个体都具有不同的性格特点，而且具有互补性，这样易于整个组织形成良好的人际关系和胜任处理各类问题的良好的性格结构。

④ 年龄互补。合适的人员年龄结构，可以在体力、智力、经验、心理上形成互补，从而有效地实现人力资源新陈代谢，使企业焕发出持久的活力。

⑤ 关系互补。每个人都有自己特殊的社会关系，从整体上看，关系互补更易于发挥集体的社会关系优势。

3. 动态适应原理

动态适应原理指随着时间的推移，员工个体状况、组织结构、外部环境等也会发生变化，人力资源管理要适时予以调整，在动态中使人的才能与其岗位相适应，以达到充分开发利用人力资源潜能，提高组织效能，以适应各种变化。员工个人状况的变化包括他们的年龄、知识结构、身体状况等。组织结构包括机构组织结构、人才组织结构、岗位组织结构和生产组织结构等。外部环境包括科学技术的进步、竞争的加剧等。

人与事，人与岗位的适应与否是一个动态过程，企业的内部条件、外部条件以及人本身都在不断地变化，要对岗位和人员进行动态调整，灵活调节人力资源。合理用人，合理流动。因此，应对人力资源实行动态管理，主要包括五个方面。

① 实施岗位的调整或岗位职责的调整。

② 实施人员的调整，进行竞聘上岗，平行调动。

③ 实施弹性工作时间，如聘用小时工、临时工等。
④ 培养、发挥员工一专多能的才干，实现岗位流动。
⑤ 实施动态优化组合，实现组织、机构人员的优化。

4. 激励强化原理

激励就是以物质和精神激发人的动机，鼓励人充分发挥内在动力，使之产生实现组织目标的特定行为的过程。人的思想感情对其潜力的发挥至关重要。通过恰当的奖惩使员工分辨是非，实现有效激励。激励可调动人的主管能动性，强化期望行为，从而显著地提高劳动生产率。激励分为外在激励和内在激励。外在激励：合理的奖酬、工作保障、有效监督等；内在激励：使工作本身具有吸引力，使员工努力谋求上进，使员工能充分发挥自己的才能。

根据这一原理，对人力资源进行开发与管理，除了应注意人的量（技术、能力、知识、专长）上的调配之外，更注意对人的动机的激发，激励是管理者使用最广泛的方法。

5. 公平竞争原理

公平竞争是指对竞争各方从同样的起点、用同样的规则，公正地进行考核、录用和奖惩的竞争方式。市场经济的本质是一种竞争机制，自由竞争，公平竞争。在人才市场上，各类人员通过竞争而择业，在组织内部的任用、提拔和调整也主要依靠竞争。在劳动人事工作中引进竞争机制，可以较好地解决奖勤罚懒、用人所长、优化组合等问题。

运用竞争机制要注意三点。
① 竞争的公平性。应严格按规则办事并一视同仁，对员工给以鼓励和帮助。
② 竞争的加强。没有竞争或竞争强度不够，会使企业死气沉沉，缺乏活力；相反，过度竞争会导致人际关系紧张，破坏员工之间的协作，破坏组织的凝聚力。
③ 竞争的目的性。竞争应以组织目标为重，良性竞争可提高效率，增强活力，又不削弱凝聚力。而恶性竞争必然损害组织的凝聚力，难以实现组织目标。

要使竞争机制产生积极的效果，必须坚持公平竞争、适度竞争和良性竞争三项基本原则。

6. 企业文化凝聚原理

企业文化凝聚原理指以价值观、理念等文化因素把员工凝聚在一起的原理。人力资源开发和管理的一个重要方面是怎样提高组织的凝聚力。组织的凝聚力大小取决于两个方面，一是组织对个体的吸引力或是个体对组织的向心力；二是组织内部个体之间的吸引力。显然，企业的凝聚力不仅与物质条件有关，更与精神条件、文化条件有关。工资、奖金、福利待遇这些物质条件，是企业凝聚力的基础，没有这些就无法满足员工的生存、安全等物质需要。企业精神文化条件，是凝聚力的根本，缺了它无法满足员工的社交、尊重、自我价值、超越自我等精神需要。一个企业的凝聚力，归根结底不是取决于外在的物质条件，而是取决于内在的共同价值观。

企业文化是企业的灵魂，具有极强的凝聚力，是企业员工的黏合剂，员工一旦对企业文化认同，就会与企业同甘苦、共命运。所以要加强企业文化的建设，用高尚的企业目标、企业精神、企业风气塑造人才、凝聚队伍，促进企业发展壮大。

三、人力资源管理的内容

人力资源管理的内容一般包括如下几个方面。

1. 制定人力资源计划

根据组织的发展战略和经营计划，评估组织的人力资源现状及发展趋势，收集和分析人力资源供给与需求方面的信息和资料，预测人力资源供给与需求的发展趋势，制定人力资源计划、培训与发展计划等政策与措施。

2. 工作设计和岗位分析

对组织的各个工作和岗位进行分析，确定每一工作和岗位对员工的具体要求，包括技术与种类、范围与熟悉程度、工作与生活经验、身体健康状况、培训与教育等方面的情况。这种具体要求必须形成书面的材料，也就是工作岗位职责说明书。工作职位说明书不仅是招聘工作的依据，也是未来对员工工作表现进行评价的标准。

3. 人力资源招聘

根据组织内的岗位需要及工作岗位职责说明书，利用各种方法和手段（如接受推荐、刊登广告、举办人才交流会，到职业介绍所登记等）从组织内部或外部吸引应聘人员，并根据平等就业、择优录用的原则招聘所需要的各种人才。

4. 培训和发展

为促使员工在工作岗位上提高工作效能，对新工人或技能较低的人员开展岗位培训，大多是有针对性的短期培训，有人称之为适应性培训。对于管理人员，尤其是即将晋升者开展提高性的培训和教育，目的是促使他们尽快具有在更高一级职位上工作的全面知识、熟练技能和应变能力。

5. 工作绩效考核

工作绩效考核是由员工个人对照工作岗位职责说明书和工作任务进行自我总结，然后由直接管理部门审核并打分，最后做出工作绩效考核。这种考核涉及到员工的工作表现、工作成果等，而且定期进行，并与奖惩挂钩。开展工作绩效考核的目的是调动员工的积极性，检查和改进人力资源管理工作。

6. 工资报酬、福利

工资报酬问题是关系到组织能否稳定员工队伍的重大问题，人力资源管理部门要从员工的资历、职级、岗位及实际表现和工作成绩等方面考虑制定相应的、具有吸引力的工资报酬标准和制度。工资报酬将随着员工的工作职务的升降、工作岗位的变换、工作表现的好坏与工作成绩进行相应的调整，不能只升不降。

员工福利是社会和组织保障的一部分，是工资报酬的补充或延续。它包括政府规定的退休金或养老金、医疗保险、工伤事故和节假日等。

7. 劳动保护

人力资源管理部门应根据国家、政府有关劳动保护（如安全和卫生）条例与规定，拟定本组织为确保员工在工作岗位上安全和健康的条例和措施，并进行这方面的教育与培训，开展这方面的工作检查与监督。

8. 劳资关系

劳资关系是指劳动者与所在单位之间在劳动过程中发生的关系。《劳动法》从法律的角度确立和规范劳资关系，是调整劳资关系以及与劳资关系有密切联系的其他关系的法律规范。各国劳资关系已进入新的阶段，力求生产与分配并重。

9. 职业生涯规划

人力资源管理部门和管理人员有责任鼓励和关心员工的个人发展，帮助其制订个人发展计划，并及时进行监督和考察。这样做的目的是促进组织的发展，有利于使员工产生作为组织一员的良好感觉，进而激发其工作积极性和创造性，提高组织效益。当然，这种个人发展计划必须与组织发展计划具有某种程度的协调性或一致性。这样做，有助于人力资源管理部门对员工实施有效的帮助和指导，促使个人发展计划的顺利实施并取得成效。

10. 员工档案管理

人力资源管理部门应管理员工的简历、表格以及关于工作主动性、工作表现、工作成绩、工资报酬、职务升降、奖惩、接受培训和教育等方面的书面记录性材料。员工本人可以查阅自己的档案和材料，但无权查阅别人的档案和材料。

四、人力资源管理目标

人力资源管理的最终目标是促进企业目标的实现。从"人"（Human）和"事"（Matter）的角度讲，要达成"人"与"事"、"人"与"人"的和谐，这种和谐会带来生产效率的提高，从而达成最终目标。

1. 人力资源管理的目标

① 取得最大的使用价值。根据价值理论：$V=F/C$，V 是所创造的价值，C 是创造这些价值所付出的代价，F 是付出这些代价所获得的效用。若要使 V（价值）最大，也就是用最少的劳动代价，发挥最大的功能作用，创造出最丰富的物质财富，就要合理的开发和管理人力资源，实现人力资源的精干和高效。

在现代企业中，招聘的人员基本都有其特长，因此，企业努力的方向应是人才的发挥率与有效率。

② 发挥最大的主观能动性。据调查，员工每天只需发挥自己 20%～30% 的潜力，就能保住个人饭碗。其实人的潜力可以发挥到 80%～90%。因此，发挥人的潜力成为人力资源管理的重要目标。

③ 培养全面发展的人才。人类社会的发展，无论经济、政治等都离不开人的发展，人类社会的发展其实就是人类自我的发展。邓小平同志说过，我们要努力培养出一批又一批的有理想、有道德、有文化、有纪律的一代新人。因此，人才的全面发展在人力资源管理中的地位也越来越重要。

2. 阿姆斯特朗的人力资源管理目标体系

阿姆斯特朗（Armstrong）在《计划与行动》一文中曾经明确指出了人力资源管理体系的十个目标。

① 企业目标的最终实现是通过企业的员工来完成的。

② 为了使员工和企业都能得到发展，员工应该把促使企业成功作为自己的工作目标。

③ 企业有效利用资源，实现其商业目标的前提是：企业必须制定与企业业绩紧密相连，具有连贯性的人力资源方针和制度。

④ 人力资源管理政策应该与商业目标寻求统一。

⑤ 当企业文化合理时，人力资源管理政策应起支持作用；当企业文化不合理时，人力资源管理政策应促使其改进。

⑥ 创造理想的企业环境，鼓励员工创造，培训积极向上的作风。人力资源政策应为合作、创新和全面质量管理（Total Quality Management，TQM）的完善提供合适的环境。

⑦ 创造反应灵敏、适应性强的组织体系，从而帮助企业实现竞争。

⑧ 增强员工上班时间和工作内容的灵活性。

⑨ 提供必要的工作环境，让员工能够充分地发挥潜力。

⑩ 维护和完善员工队伍以及产品和服务。

在各种资源中，人力资源作为一种宝贵的财富，已成为现代管理的核心。不断提高人才资源的管理水平，不仅是现代经济发展的需要，更是提高企业竞争力的必然要求。

第二节　人员配备的程序和原则

计划工作确立了组织的目标和行动方案。为了落实目标和执行行动方案，我们需要建立一个合理的组织结构，包括划分部门、设置职位和岗位以及确定职责与职权，这些属于组织工作的内容。组织设计仅为系统的运行提供了可供依托的框架。框架要能发挥作用，还需由人来操作。因此，在设计了合理的组织机构和结构的基础上，还需为这些机构的不同岗位选配合适的人员。人员配备是组织设计的逻辑延续，人员配备是运用组织管理体系的必要环节。只有通过人员配备工作，安排适当的人员在适合的岗位上，才能更好地实现组织的运营。

一、人员配备的概念

人员配备是指为组织结构中的职位配备合适的人员，是对组织中全体人员的配备，它既包括管理人员的配备也包括非管理人员的配备。两者所采取的基本方法，遵循的基本原理是相同的。不过，管理学意义上的人员配备，是指对管理人员进行恰当而有效的选拔、培训和考评，其目的是为了配备合适的人员去充实组织机构中所规定的各项职务，以保证组织活动的正常进行，进而实现组织的既定目标。

人员配备的任务可以从组织和个人这两个不同的角度去考察。人员配备是为每个岗位配备适当的人，首先要满足组织的需要；同时，人员配备也是为每个人安排适当的工作，因此要考虑满足组织成员个人的特点、爱好和需要。

人员配备工作不仅表现在要用好现有人员上，而且要能够为组织的发展做好人力资源上的准备。这种准备包括多个方面。

1. 从组织的角度去考察

① 要通过人员配备使组织系统开动运转。设计合理的组织系统要能有效地运转，必须使机构中每个工作岗位都有适当的人去占据，使实现组织目标所必需进行的每项活动都有合格的人去完成。

② 为组织发展准备管理人才力量。组织是一个动态系统，组织处在一个不断变化发展的社会经济环境中。组织的目标、活动的内容需要经常根据环境的变化作适当的调整，由目标和活动决定的组织机构也会随之发生相应的变化。组织的适应调整过程往往也是发展壮大过程。组织的机构和岗位不仅会发生质的改变，而且会在数量上不断增加。所以，我们在为组织目前的机构配备人员时，还需要考虑机构可能发生的变化，为明天的组织准备和提供工作人员，特别是管理人才。

③ 维持成员对组织的忠诚。人才流动对个人来说可能是重要的，它可以使人才自己通过不断的尝试，找到最适合自己的才能，并给自己带来最大利益的工作。但是对整个组织来说，人才流动虽有可能给企业带来"输入新鲜血液"的好处，但其破坏性可能更甚，人员不稳定、职工离职率高，而且可能破坏组织的人事发展计划，甚至影响企业在发展过程中的人才需要。因此，要通过人员配备，稳住人心，留住人才，维持成员对组织的忠诚。

2. 从成员需要的角度去考察

留住人才，不仅要留住其身，而且要留住其心。只有这样，才能达到维持他们对组织的忠诚的效果。然而，组织成员是否真心实意地、自觉积极地为组织努力工作，要受到许多因素的影响。就人员配备来说，要达到这个目的，必须注意：

① 通过人员配备，使每个人的知识和能力得到公正的评价、承认和运用。工作的要求与自身的能力是否相符，是否感到"大材小用"，从而"怀才不遇"，工作的目标是否富有挑战性，这些因素与人们在工作中的积极、主动、热情程度有着极大的关系。

② 通过人员配备，使每个人的知识不断发展，素质和能力不断提高。知识与技能的提高，不仅可以满足人们较高层次的心理需要（"自我实现的需要"已变得越来越现实，特别是对于有一定文化素质的组织成员来说），而且往往是通向职业生涯中职务晋升的阶梯。要通过人员配备，使每个组织成员都能看到这种机会和希望。

3. 人员配备的重要性

① 人员配备是组织有效活动的保证。

人是组织最重要的资源。组织的一切活动都需要由人来控制或进行。尤其是在组织管理活动中，管理人员起着举足轻重的作用。各级管理人员配备恰当与否，关系到组织的兴衰存亡。

② 人员配备是组织发展的准备。

组织是不断发展的。有效的人员配备能够满足组织未来发展对管理人员的需要，从而保持组织活动的稳定性、连续性，并使组织适应不断变化的环境状况。

二、人员配备程序

为了完成上述任务，人员配备过程中要进行以下工作。

（一）工作岗位分析

工作岗位分析是对各类工作岗位的性质任务、职责权限、岗位关系、劳动条件和环境，以及员工承担本岗位任务应具备的资格条件所进行的系统研究，并制定出工作说明书等岗位人事规范的过程。

工作岗位分析的内容包括：某一职位应该做什么；什么样的人来做最合适；制定岗位说明书与任职资格。

工作岗位分析的作用有以下方面。

① 为招聘、选拔、任用合格的员工奠定了基础。
② 为员工考评、晋升提供了依据。
③ 是企业单位改进工作设计、优化劳动环境的必要条件。
④ 是人才供给和需求预测的重要前提。
⑤ 是薪酬（岗位）评价的基础。

对某特定的工作做出明确规定，并确定完成这一项工作所需要的知识技能等资格条件。

（二）确定人员需要量

人员配备是在组织设计的基础上进行的。人员需要量的确定主要以设计出的职务数量和类型为依据。职务类型指出了需要什么样的人，职务数量则告诉我们每种类型的职务需要多少这样的人。

如果我们是为一个新建的组织选配人员，那么只需利用职务设计的分类数量表去直接在社会上公开招用、选聘。然而，我们遇到的往往是现有组织的机构与人员配备重新调整的问题，所以在通常情况下，在进行了组织的重新设计后，还需检查和对照企业内部现有的人力资源情况，两者对比，找出差额，确定需要从外部选聘的人员类别与数量。

1. 明确职位责任

明确职务，包括明确特定职位所承担的责任，这是人员配备的基础。这一活动通常称之为"职位分析"，其结果是产生"职位说明书"。职位说明书的内容包括：职位名称、职位地点、职位所在的部门名称等；对所执行的每一主要任务作简短而富有信息性的说明，并列举指定承担的一些次要职务；说明任职者工作上需要具备的精确度或决断范围；有关独创性、积极主动性、善于随机应变和创造性的特殊要求；对指派的职责要素如人、钱、设备、材料、方法、市场和记录等的说明等等。

明确职务，还包括明确每一特定职位在组织整个职位体系中的相对重要性程度。这一过程被称为"职位评价"。职位评价的基本目的是确定职位工资或工资率。任何企业当雇佣两个或两个以上需要支付工资的人员时，就需要进行职位评价。雇主试图根据工薪的相对比率来衡量各个职位对企业总任务的分担份额及其对企业目标所贡献的比较价值的差异。

2. 明确职务的方法

对组织目标的实现而言，不同职位其重要性是不同的。职务的相对重要性不同，对管理人员的要求也是不同的，他们的工资报酬也应是有差别的。这里所谓的明确职务实质上是指分析职位的相对重要程度，并以工资水平来反映职位的相对重要程度或级别。

（1）比较法

比较法是评定管理职位相对重要程度的最简单、最普遍的方法。按照这一方法，需要首先确定少数关键职位，例如总经理、总会计师或厂长等的工资标准，然后把其他的职位与这些职位进行比较和排序，做出主观的判断，并据此确定各级职位的工资率。这是一种比较笼统的职位评级方法。

（2）职位要素法

职位要素最早应用于评价组织基层的一些职位。后来这种方法也用来评定管理职位。这种方法的步骤是，首先确定几个职位要素，例如所要求的教育程度、经验、智力、体力、职责以及工作条件等，给这些要素规定权数和分值。在确定分值的基础上，提出一个职位等级系列。然后，参照社会上的一般工资水平的等级，来确定每个等级的工资水平和差别幅度。

（3）判断时距法

这一方法是英国管理学家、心理学家埃利奥特·贾克斯提出的。我们知道，任何一项决策，其决策效果需要经过一段时间才能体现出来。判断时距就是衡量某项决策的最终效果所必须耗费的最长时间。

根据判断时距法，我们可以用衡量决策的最终效果所需的最长时间来判断一个职位的价值。因此，判断时距越长，职位的相对重要性就越大。例如，一个工长，由于技术或判断能力差而犯的错误，可以很快地显示出来；而对一位公司总经理来说，要判断其工作中的决策是否正确，则可能需要等待好几年时间。显然，总经理相对于一个工长来说其职务要重要得多。

（三）选配人员

职务设计和分析指出了组织中需要具备哪些素质的人。为了保证担任职务的人员具备职务要求的知识和技能，必须对组织内外的候选人进行筛选，做出最恰当的选择。这些待聘人员可能来自企业内部，也可能来自外部社会。从外部新聘员工或从内部进行调整，各有其优势和局限性。

（四）培训人员

人的发展是一个过程。组织成员在明天的工作中表现出的技术和能力需要在今天培训；组织发展所需的干部要求现在就开始准备。维持成员对组织忠诚的一个重要方面是使他们看到自己在组织中的发展前途。人员、特别是管理人员的培训无疑是人员配备中的一项重要工作。培训既是为了适应组织技术变革、规模扩大的需要，也是为了实现成员个人的充分发展。因此，要根据组织的成员、技术、活动、环境等的特点，利用科学的方法，有计划、有组织、有重点地进行全员培训，特别是对有发展潜力的未来管理人员的培训。

三、人员配备的原则

为求得人与事的优化组合，人员配备过程中必须依循一定的原则。

1. 因事择人原则

选人的目的在于使其担当一定的职务，要求其从事与该职务相应的工作。要使工作卓有成效地完成，首先要求工作者具备相应的知识和能力。因此，因事择人是人员配备的首要原则。全美最大的制片厂 GAF 公司在许多年前遇到了一个困难，那就是在暗房里工作的电影剪接人员必须在黑暗中摸索着工作，不但工作效率低，而且经常出现差错。有一天，该部门经理突如其来冒出一个想法，招聘一些眼盲者来从事剪接工作，不久他就发现这项计划相当成功，在聘用盲人后，其工作效率是正常人的 25 倍。

2. 因材适用原则

不同的工作要求不同的人去进行，而不同的人也具有不同的能力和素质，能够从事不同的工作。从人的角度来考虑，只有根据人的特点来安排工作，才能使人的潜能得到最充分的发挥，使人的工作热情得到最大限度的激发。例如把一个活泼好动的人安排到仓库或会计部门，这就违反了因材适用原则。

3. 人事动态平衡原则

处在动态环境中的组织是在不断发展的，工作中的人的能力和知识是在不断提高和丰富的。同时，组织对其成员的素质认识也是不断提高、完善的。因此，人与事的配合需要进行不断的调整，使能力发展并得到充分证实的人去从事更高层次的负更多责任的工作，使能力平平、不符合职务需要的人有机会进行力所能及的活动，以求使每一个人都能得到最合理的使用，实现人与工作的动态平衡。

4. 经济效益原则

组织人员配备计划的拟定要以组织需要为依据，以保证经济效益的提高为前提；它既不是盲目地扩大职工队伍，更不是单纯地为了解决职工就业，而是为了保证组织效益的提高。

5. 规范化原则

员工的选拔必须遵循一定的规范和程序。科学合理地确定组织员工的选拔标准和聘任程序是组织聘任优秀人才的重要保证。只有严格按照规定的程序和标准办事，才能选聘到真正愿为组织的发展做出贡献的人才。

第三节　管理人员的选聘

一、选聘的条件

总体来看，选聘管理人员必须看候选人是否具有管理愿望，是否具有管理能力。

1. 管理愿望

管理愿望就是人们希望从事管理工作的主观要求。以管理作为自己的"志业"，以管理作为自己的职业生涯，是成为成功的管理者的基本条件。

2. 管理能力

美国管理学家卡茨（Robert Katz）认为，一个管理人员至少应具备三大基本技能：技术技能、人事技能和概念技能。其中，概念技能是一种全面管理的技能，即认识复杂问题、分析复杂问题以及做出正确决策的能力。它要求管理人员能够觉察复杂环境的细微变化,深刻理解这些变化对组织的意义,识别问题的关键变量及其可能的影响,并做出有利于组织利益的决策。虽然这三种技能对各级管理人员都是重要的,但是不同层次的管理人员因为职责不同,所需的三种技能的程度是不同的。管理人员决策的能力、沟通的技能,管理人员要理解别人,也要被别人理解,这些都是组织成功的保证。

管理能力是可以通过教育和培训,并在实践中吸取经验而获得和提高的。

3. 正直诚信的品质

每个组织成员都必须具备的基本品质,正确的运用权力很大程度上取决于管理人员的基本的道德素养与品质。

4. 冒险的精神

管理工作不仅在于执行上级命令和维持组织运转,更重要的在于部门或组织工作的不断改革和创新。

二、选聘的方式

选聘管理人员,既可以考虑从内部提升,也可以考虑从外部招聘。

1. 内部提升

内部提升即从组织内部选聘那些能够胜任的人员来充实组织中的各种空缺职位。

内部提升的优点包括:①组织对候选人比较了解,能节省评价费用。与外部申请人相比,企业对内部申请人的了解显然要多一些。因此,可以免去许多用来评价申请人的活动。②候选人了解组织,能很快胜任工作;申请人熟悉情况,能尽快进入角色。因为申请人来自企业内部,他们对企业的特点、文化都非常熟悉,获得晋升后,能很快地进入工作角色。③为组织成员的工作变换提供了机会,有助于激励组织成员的进取心和士气;能调动企业员工的积极性。内部提升政策会对员工产生极大的激励作用,他们会积极地提高自己,以达到岗位的要求。④保持企业政策的连续执行。企业在稳定的发展时期,特别需要政策的一贯执行。内部的申请人由于对企业活动有着较深刻的了解,便于保持政策的一贯性。⑤能健全完善内部的竞争机制。企业所有员工都知道通过自己的辛勤努力,一定可以获得晋升,那么,就会产生强烈的竞争意识。⑥使组织对组织成员的训练投资得到回收。

内部提升的缺点包括:①候选人供应有限,出现"瘸子效应"。随着企业规模的扩大,客观上要求有更高水平的人员来经营企业,如果现有的人力资源状况无法达到要求的水平,此时如果企业还执行内部提升政策,人员能力同工作要求的差距会越来越大,企业就无法正常行走。②可能造成"近亲繁殖";不能接受外界的经营思想,缺乏创新意识。员工会排挤来自外部的人员以及思想,整个组织由于得不到新鲜的思想,因而缺乏创新意识。③可能挫伤组织中没有得到提升的人的积极性,容易出现论资排辈的现象。如果员工认为只要自己的年资积累到一定程度自然就会得到晋升,那么,企业内就会出现论资排辈的情况。员工的思想消极，生产效率低下。④很难摆脱原有各种关系的制约。错综复杂的各种关系，尤其是在一些规模较大的企业，往往会制约工作的开展。

2. 外部招聘

外部招聘即从组织外部设法得到组织急需的人员，特别是那些起关键性作用的人员。

外部招聘可通过广告、就业服务机构、学校、组织成员推荐等途径来进行。在实际工作中，通常采用内部提升与外部招聘相结合的途径，将从外部招聘来的人员先放在较低的职位上，然后根据其表现再进行提升。

外部招聘的优点在于：①能够接受外部新的思想，调整企业的知识结构，增强创新。外部招聘所获得的人员往往会带来新的知识、新的处理工作的方法。在一定程度上会对现在的、想当然的方法提出一些改进意见，为整个组织注入活力。②节省培训费用。由于外部招聘倾向于有相关经验的申请人，这些申请人只需要一个简单的上岗培训，就能很快适应工作。而内部招聘则需要对候选人进行长期的培训，有时成本是极高的。③外部招聘政策能够给内部造成竞争压力。目前的竞争上岗就是为了给内部人员造成就业压力。当员工意识到来自外部的压力很强烈时，就会努力表现，这也是外部招聘的波及效果。

外部招聘的缺点在于：①招聘的费用偏高。尤其是对那些职位较高的人员，招聘往往要通过职业介绍所或猎头公司，这时的费用是很高的。②外聘人员缺乏对企业的忠诚。由于外聘人员认为自己同企业仅仅是雇佣关系而已，因此，这类人的流动性也相对较高。③进入角色的时间较长。对一种文化的适应需要很长一段时间，因此，外聘人员往往很难同整个组织融为一体，真正进入角色的时间也就延长了。

三、选聘的程序和方法

选聘有一个复杂的程序，如图9-2所示。

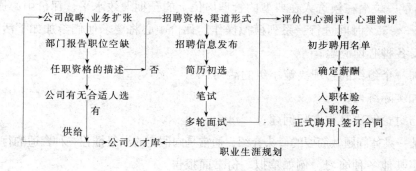

图 9-2 人员招聘与选拔程序

1. 在组织内实施

由组织自行选聘时，主要程序包括获取参考资料、面谈、举行测验以及上级管理部门批准、体格检查等。

(1) 获取有关参考资料

候选人参考资料可以通过两种途径来获得：一是从候选人提交的职位申请表中获得，或者从候选人的档案记录以及推荐信、证明书、工作鉴定等一些他人提供的资料中获得；二是面谈。面谈可以获得许多候选人的第一手资料。

(2) 面谈

面谈的目的在于初步了解候选人的情况，包括为什么应征，有什么期望，以及其他一些背景资料。通过面谈，可考察候选人的仪表举止，并可对其思维能力和表达能力做出初步的评估。

面谈的优点在于直接、简便，可以淘汰那些显然不符合要求的候选人；其不足之处则在于容易受表面现象的影响。

(3) 举行测验

通过测验，可以进一步了解候选人各方面的素质和能力。通常的测验包括：

① 智力测验。目的是衡量候选人的记忆力、思维的敏捷度和观察复杂事物相互关系的能力。

② 熟练程度和适应性测验。目的在于识别候选人现有的技术熟练程度、掌握这类技术的能力及其潜力。

③ 职业测验。目的在于识别候选人最适宜担任的职务。

④ 个性测验。目的在于识别候选人领导才能方面的潜力。

(4) 体格检查。

(5) 上级管理批准。

2. 组织外机构实施

组织外机构实施有评价中心、咨询公司等。这里我们主要介绍评价中心方法。

为了衡量一位潜在候选人在典型的管理岗位上的预期绩效水平，评价中心通常安排一组候选人花 3~5 天时间进行一系列模拟操作。评价中心将要求他们参加如下活动：

① 接受各种心理测验；

② 参加一个组织的管理决策小组的活动；

③ 参加实际练习；

④ 参与讨论解决某些实际问题；

⑤ 就某一具体问题做简要的口头介绍，通常是向假定的上级推荐一种合适的行动方针；

⑥ 从事其他各种演习，例如草拟一份书面报告。

演习期间，评审专家观察他们的表现并随时向他们提问。在活动结束时，评审专家要概括地对候选人的成绩做出鉴定，最后由专家组写出书面总结。

3. 选聘时应注意的问题

① 选聘条件要适当。对管理能力的要求因管理层次的不同而不同。在选聘管理人员

时要考虑候选人的长处是否与其所要填补的空缺职位的要求相适用，在全体管理人员中各个管理人员之间的长处与短处能否"互补"。

② 主持选聘的人应具有较高的素质和能力，并且具有伯乐式的慧眼。即使评价的依据相同，不同的评审专家仍然可能对同一候选人的评价不同。因此，有必要对评审专家进行专门的训练，以保证评价的客观性和准确性。

③ 注意候选人的潜在能力。劳伦斯·彼得（Laurence J. Peter）曾经发现"在实行等级制度的组织里，每个人都崇尚爬到能力所不逮层次"。他把自己的这个发现写成了著名的《彼得原理》一书。如果一个管理人员在其职位上有成就，那么，这种成就会使他的职位逐步上升，直到被提拔到一个自己不能胜任的职位上。彼得原理描述的是这样一种事实：某个人被提拔担任管理工作后，任职初期由于缺乏经验，只能表现平平，甚至有点不自在。但是随着工作时间的延长，管理经验不断丰富，能力不断提高，从而政绩不断改善。这时，组织便可能考虑将其提升。提升后可能经历与前阶段类似的过程，即逐渐从"表现平平"到"超越职务需要"，这样便可再度获得晋升的机会。这样一直延续下去，直到有一天，他被晋升到某个高层次的职位以后，能力不能继续提高，政绩不能继续改善，即彼得的所谓"爬到了能力所不逮的层次"。出现这种情况，对个人来说，失去了继续晋升的机会，对组织来说，则会引起效率的下降。公司若一直以内部升迁为用人制度，由彼得原理可知公司未来的老化、僵化、硬化是不可避免的趋势。在选拔管理人员时不仅要看他有无能力，成就如何，更重要的是看他有无胜任更高一级工作的潜能。只有这样，我们才能避免那"提过头"的危险，也不至于浪费人才。

第四节　管理人员的考评

一、管理人员考评的必要性和要求

1. 必要性

① 考评是评价管理人员绩效的必要手段；
② 考评是选拔和培训管理人员的需要；
③ 考评是完善组织工作和调整管理人员职位的需要；
④ 考评是奖励的合理依据。

2. 考评的要求

① 考评指标要客观；
② 考评方法要可行；
③ 考评时间要适当；
④ 考评结果要反馈。

二、管理人员考评的方式和方法

1. 考评方式

① 自我考评。自我考评就是管理人员根据组织的要求定期对自己的工作情况进行评价。自我考评的典型方式是述职报告。这种形式有利于管理人员自觉地培养和提高自己的政治素质、业务水平和管理能力。其不足之处是，管理人员可能过多地描述自己的成绩而很少涉及自己的不足。

② 上级考评。即由上级对下级的绩效进行考评。一般而言，当上级是管理人员的直接上级时，其考评结构比较真实、客观。

③ 群众考评。这里的群众包括除上级管理人员以外的所有人，如同级管理人员和下级管理人员。这种形式的优点在于彼此接触较多，了解深入，因此所做的评价比较客观可信。不足之处是管理人员的人缘好坏起很大作用。

2. 考评的方法

① 自我考评法。

② 考试法。考试法分口试与笔试两种。笔试方法简便易行，主要是考核管理人员对知识的掌握程度及其理论水平，但很难考核一个人的实际才能、创造才能和应变能力。

口试方法分"问题式口试"、"漫谈式口试"和"适应性口试"三种。"问题式口试"着重考察管理人员的知识水平；"漫谈式口试"着重考察管理人员的潜在能力；而"适应性口试"通过提出一些极端性问题，着重考察管理人员的思维能力、应变能力以及处理棘手问题的能力。

③ 成绩记录法。这是一种以管理人员的工作成绩记录为基础的考评方法。这种方法通常与目标管理结合在一起。

④ 对比法。一种相对考评方法。其基本方法是：事先规定好考评的具体项目；将同一级管理人员编为一组；按事先规定的考评项目，人与人一项一项地进行对比。

第五节　管理人员的培训

一、管理人员培训的作用

1. 有利于实现组织的发展目标

在现代科学技术飞速发展、市场竞争空前激烈的情况下，知识技能更新和市场情况变化已是司空见惯的事情。任何组织都必须正视这一事实，运用现代科学技术成果，把握市场机遇，谋求组织的生存和发展。

2. 有利于实现员工个人的发展目标

员工个人也有自己的发展目标，如希望掌握新的知识和技能，希望获得较高的报酬和待遇，希望晋升，希望得到符合个人志趣的工作岗位等等。这些也同样离不开培训，通过培训，可以直接或间接地满足员工个人的上述愿望，实现员工个人的发展目标。

3. 作为普通学校教育的补充和延续

普通学校对学生的教育，主要是基础教育，包括基础性的专业知识与技能的教育。当学生进入企业，成为工作岗位上的员工，他们必然面临着如何适应新环境、掌握实际工作技能，又如何将已有的基础知识运用到实际工作中去等问题。解决这些问题的途径，是对员工进行有效的培训。而且，从现代"终身教育"的观点出发，员工培训应贯穿于员工的整个职业生涯。

4. 完善企业文化

通过员工培训，能够使员工逐步地理解并且接受企业的文化，理解并且能够有效地贯彻组织的战略意图。通过培训，可以调整员工的观念，使其行为有利于组织的运转，并使企业组织和企业员工融为一体，共同求得生存和发展。

二、管理人员培训的目标

旨在提高管理队伍素质，促进个人发展的培训工作，必须实现以下四个方面的具体目标。

1. 传递信息

这是培训管理干部的基本要求。通过培训，使管理人员了解企业在一定时期内的生产特点、产品性能、工艺流程、营销政策、市场状况等方面的情况，熟悉公司的生产经营业务。

2. 改变态度

每个组织都有自己的文化、价值观念、行动的基本准则。管理人员只有了解并接受了这种文化，才能在其中有效地工作。作为对管理人员的培训，应着重强调对管理人员的企业经营理念教育，使管理人员能够深刻领会企业的远景目标，并通过管理人员的作用使企业的远景目标成为组织成员的共同愿景；强调管理人员的敬业教育，使管理人员做到敬业爱岗，将管理工作作为一种神圣的事业，作为自己的职业生涯；强调管理人员的自律教育，使管理人员做到操守端正，品行高尚；强调管理人员的团队合作教育。

3. 更新知识

作为一个管理人员，没有广博的知识是难以搞好工作的。管理人员所处的管理层次越高，需要的知识面越广泛，知识更新越发重要。管理人员必须掌握与企业生产经营有关的科技知识。这些知识，可以在工作前的学校教育中获取，更应该在工作中不断地补充和更新。

4. 发展能力

不同层次的管理人员要求具有不同的能力，要求有不同的培训方法。管理人员培训的一个主要目的，是根据管理工作的要求，努力提高在决策、用人、激励、沟通、创新等方面的管理能力。不同层次管理人员培训的重点是有差异的。基层管理人员培训的重点应是技术培训和管理基本理论与方法的学习；中层管理人员一般是部门负责人，信息沟通、人际交往、组织协调和决策在工作中占有重要地位，因此中层管理人员培训的重点是领导艺术和管理技能的提高；高层管理人员培训的重点应是提高战略分析、规划和决策的能力。

三、管理人员培训的方法

获取和维护能长期保持高绩效水平的杰出员工，是管理的重要任务。在知识快速更新的信息社会，组织必须向全体员工提供不断学习以便更新技能的条件。以前，人们强调在工作过程中学习，采用的方法如工作轮换、工作扩大化、工作丰富化等，这些方法侧重于员工在工作中自我摸索，具有很多的局限性，结果只是少部分员工受益。20世纪90年代后，为了迎接竞争的挑战，全员在职培训在企业界盛行起来。

复习思考题

1. 什么是人力资源和人力资源管理？
2. 人员配备应遵循哪些原理？
3. 简述管理人员的选聘方式有哪几种，及其各自的优缺点？
4. 简述管理人员考评的方式和方法有哪几种？
5. 简述管理人员培训的目标。

案例

案例 9-1　　　　　　　　　　神驼物资运输有限责任公司

蒋大奎和陆模1984年考入同一所大学管理工程系本科不久，就十分投契。这对密友成绩都很优秀，尤其英语成绩更为突出。他俩1988年又一起被同一家合资企业招聘，分别在营销和人力资源部门工作。之后他俩又都考入本地一家大学的工商管理硕士班，经过三年苦读，获得了MBA学位。1996年初，他俩觉得不能再为洋老板打工，自己应该出去闯天下，自立门户的条件已成熟，便一起递上了辞呈。

首先遇到的难题是资金不足。幸运的是，遇上一位对他俩才华很欣赏的大款李天霖，答应鼎力支持。蒋、陆二人分析了自己的长处与不足，又做过初步市场调研后，决定涉足中、短途公路物资运输。经过筹备，办起了"神驼物资运输有限责任公司"，李先生是大老板，任"董事长"，蒋、陆分任"董事兼正、副总经理"。董事会决定，先小规模试探，买下三台旧卡车，择吉开张。

蒋、陆两人既兴奋又不安，毕竟是头回下水，心中没底啊。但他们是 MBA，对管理理论是熟悉的，知道应该先务虚，再务实，即先制定公司文化与战略这些"软件"，再搞运营、销售、公关等这些"硬件"。他们观察本地公路运输服务业，觉得竞争者虽多，但彼此差异不大，不见特色，这正犯兵家之大忌。"神驼"必须创造自己独有的特色！经仔细推敲，决定"神驼"就是要在服务方面出类拔萃，这指的是货物运输的质量（完好率）、及时性和低成本。他们为公司拟定的企业精神是四个字——服务至上。但要做到这一点，需要适当的人来保证。蒋、陆二人觉得在这创业阶段，公司结构与人员都必须贯彻"少而精"原则，为此，组织结构只设两层，他俩都不要助理和秘书，直接一抓到底。分配上基本是平均的，工资也属行业中等，但奖金与企业效益直接挂钩，部分奖金不发现金，改取优惠价折算的本企业股票。基层的职工只分内、外勤，外勤即司机和押送员，内勤则是分管职能工作的职员，他们的岗位职责并不太明确，而是编成自治小组，高度自主，有活一起干，有福一同享，分工含混，可多学技能知识，锻炼成多面手。

这种设计会带来两个他们已预计到的问题：一是工作很累，忙起来简直不分昼夜，也没有周末休假，尤其是他们俩自己。但他们并不在乎，说："反正年轻，劲使不完，身体累不垮，创业维艰嘛。"二是职工们必须有极大自觉性，高度认同公司的价值观与目标。

为此，他们在选聘职工时十分仔细，精心考查，单兵教练，一定要文化高的，有理想主义色彩和创业精神的。好不容易选出了十个人，有刚毕业的大学生，有小学教师，共青团干部，还有个别是复员军人。蒋、陆两人轮流向他们介绍公司的宗旨和目标，说明这是一种值得一搏的尝试，不接受这些的请另觅高枝。

头大半年确实很辛苦，但似乎是得大于失的。这种团结一致、拼命向前的气势和决心，确实使"神驼"服务质量在用户中一枝独秀，口碑载道。本来是派人上门招引用户，半年下来，反是用户来登门恳请提供服务；用户们还辗转相告，层层推荐。"神驼"的业务滚雪球似的增长，蒋、陆二人已有些应接不暇了。

在开业将近一周年的某个晚上，夜阑灯尽，蒋、陆二人刚歇下来喘口气时，他俩都意识到公司必须扩大了。这本是求之不得的好事，但规模大了，业务量不仅增多，而且性质上复杂起来，原有的两级式扁平结构应付得了吗？但要招新人，去哪儿能找这么多有这种"书呆子傻劲"的铁哥儿们呢？若降低录取标准，新来的人还会吃这一套吗？再说，如果结构复杂化，分工细了，层次多了，原来那种广而不专的"多面手"们还能胜任吗？蒋"总经理"和陆"副总经理"默默地陷入了沉思。

（资料来源：http://course.cug.edu.cn/cug/man_resource/CASE/T2-1.HTM）

案例讨论：
1. 两位总经理在沉思什么？
2. 面对公司问题，如果你是总经理怎么做？

案例 9-2   **伟严为何要跳槽**

    伟严从大学时代起就是一个成绩突出、有自信和抱负的学生，他的老师和同学都对他日后的发展作了充分的估计，对他十分看好。他的专业是工程设计，但不知何故，毕业后被一家电器公司招为销售员了。刚开始，他对这岗位挺满意，不仅工资高，而且尤其令他喜欢的是公司给销售员发的是固定工资，而不采用佣金制。好强的他担心自己没有这方面的实际工作经验，如果比不过别人，拿的佣金少了该多丢脸啊。

    刚上岗位的头两年，伟严虽然工作兢兢业业，但工作成绩只属一般，可是随着他对业务的逐渐熟练，又跟那些客户们搞熟了，他的业务量终于渐渐上升。到第三年年底，他觉得自己已在全公司技术业务员中大概属于中等了，至少在全公司几十名销售员中不会是末尾。下一年，根据和同事们的接触，他估计自己当数业务员的上等水平了。由于这公司的政策是不公布每人的销售额，也不鼓励互相比较，所以伟严对自己的成绩究竟如何没有多大把握。不过，这几年里，伟严日子过得很舒坦，同事之间关系一团和气，大家拿一样的工资奖金，没有激烈的竞争，几个老员工还把自己的技术传授给他。

    然而，这种一团和气的日子不多了，去年公司实行改革，打破大锅饭，改固定资金为佣金制，再也不能干多干少一个样，还要实行末位淘汰制。公司制定的报酬制度使伟严的抱负与好胜心被激发出来，而且此时他在技术业务方面也已经老道成熟了，只要坐上了业务量的第一把交椅，就可以拿到最高的销售奖金。从去年开始，伟严干的特别出色，尽管定额比前年提高了15%，可到9月初他就完成了全年定额。虽然他对同事们仍不露声色，不过根据公司的业绩公布，他发现没有谁已接近或完成自己的定额了。10月中旬时，公司刘经理特地召他去汇报工作，听完他做的汇报后，经理对他说"咱公司要再有几个像你一样棒的销售业务明星就好了。"伟严只微微一笑，没说什么，不过他心中思忖，这不就意味着承认他在销售员队伍中出类拔萃、独占鳌头么？果然，不久就风传他快要被提升为部门主管了。为此他一马当先，比过去干得更好，他觉得不能辜负公司头儿对自己的信任。不过，近来他心情并不舒畅。一是部门经理经常要他干一些管理工作，过去他总是愉快地完成，可是现在销售奖和绩效挂钩，伟严便觉得这些都成了负担。最令他烦恼的是大家之间的关系开始变味了，从过去的亲密无间，到现在的防范冷漠，彼此不通报信息，特别是有一个过去关系不错的同事，对伟严更是虎视眈眈，没个笑脸，后悔不该把销售的高招和关系客户给他，现在倒成了竞争对手了，还说早知今日，何必当初。

    随着销售额的提高，伟严的佣金在公司销售人员里已经是遥遥领先了。不过公司人员流动也越来越大，除了被末位制淘汰下来的员工被辞掉以外，还有几个业务高手也酝酿着要跳槽，部门里人际关系挺紧张。五天前，就在伟严要被提拔为部门主管时，他也离开了公司，因为另一家公司看中了他，许以更高的佣金把他挖走了。

（资料来源：郁阳刚主编. 组织行为学. 北京：清华大学出版社，2010年版）

案例讨论：
1. 伟严为何要跳槽？
2. 绩效竞争和企业员工的满意度之间的关系如何？
3. 你对伟严公司的绩效管理和绩效文化建设有何意见和建议？

第十章 组织变革与组织文化

> 管理的特点就是变革——迅速的、不断的、根本的变革。惟一不变的事就是变革。
> ——弗里蒙特·H·卡斯特
>
> 一个企业的基本哲学对成就所起的作用，远远超过其技术和经济资源、组织结构、发明创造和时机选择等因素所能起的作用。
> ——IBM 公司总裁 小托马斯·沃森
>
> 我们必须把生命力注入一个组织，不仅给它一个心脏和一个大脑，还要给它一个灵魂。
> ——罗伯特·卡森

案例导入

杨元庆变革的联想

杨元庆 1989 年加盟联想，最初只是一名普通的销售人员，在计算机销售过程中事必躬亲，甚至包括用自行车给客户送货。后来，柳传志慧眼识英才，把杨元庆提升为 PC 业务部门掌门。杨在 2001 年成为联想总裁，现在他必须带领联想这个中国科技代表企业进行自我变革。

"联想认为自己很传统，所以我们要通过变革转型的方式，来使得自己更加适应互联网时代的要求。"尽管在今年的联想誓师大会上，杨元庆已经公开向全体员工喊话"彻底改变自己，推动彻底快速转型"，但在随后的采访，杨元庆显示了谦逊的一面，他更尖锐地指出，联想应该把自己看成是一个传统企业，只有传统企业才要转型。

杨元庆仍认为联想的转型还"不够快"。他在 TechWorld 大会的演讲中表示，现在的联想需要快速、彻底地转型，"包括我们的销售模式要变，服务模式要变，甚至是我们的生态制造模式都要转变。"

杨元庆这番喊话体现杨式变革之下的诸多联想。

变革之一：以用户为中心

"各种互联看似错综复杂，但它就像一棵大树，再枝繁叶茂、盘根错节，也只有一个根、一个主线，那就是用户……从以产品为中心的公司，向以用户为中心的公司转变，从销售产品向经营客户转变，这就是我们新的使命。"杨元庆在TechWorld大会的演讲中说道。

从以产品为中心到以用户为中心，联想之前在产品研发等诸多流程中其实早已贯彻，但这一次，杨元庆从整个公司战略层面再次明晰联想的价值观坐标，联想将是一家"以用户为中心"的公司，联想的"为"与"不为"都将围绕着这个坐标前进。

杨元庆表示，在"以用户为中心"的转变中，联想要在产品和业务模式上实现彻底的转型。

变革之二：硬件＋软件＋服务平台的"三位一体"

"无论你是安卓，还是Windows的用户，联想提供的设备都不再仅仅是硬件，而将是硬件＋软件＋服务平台的结合，是'三位一体'的设备。"这一次，联想站在用户的角度确立了转型的方向——用户需要的是整合后的卓越体验，不再只是单一的设备，所以联想要提供的也是组合好的"三位一体"的设备。

此前，杨元庆曾提出过优势三叠加的战略路线，第一步，从PC领域拓展到整个移动领域；第二步，从前端的智能设备，拓展到后台基础设施；第三步，为全部的硬件设备插上软件的翅膀，打造云服务业务，构成完整的联想产品体验。

但这些优势叠加，是从联想角度出发的，而这一次"三位一体"的优势叠加，则是从用户角度思考的结果。一个视角的变化，也可以看出联想这次的变革，开始深入骨髓。

变革之三：业务模式迈向"多点接触"

"从与用户的单点接触转向多点接触，将每一个用户转化为关系型客户。"在业务模式上，杨元庆则提出要在与用户接触的每一个环节与用户建立互动，把每一个用户转化为关系型客户。

杨元庆提出了从"单次购买"迈向"多点接触"，真正拥有每个接触点，与用户建立更加紧密的联系。"如果过去与用户的关系至多是个'点头之交'，现在则是恨不得要与用户谈一场恋爱。"他说道。

杨还在演讲中多次提到"社交媒体"，甚至杨元庆还在微博上秀出了自己的照片。在誓师大会现场，杨元庆要求联想经理层以上的员工在社交媒体中"开张迎客"，为联想产品代言，跟用户展开互动。

变革之四：组织架构调整，化大兵团为小分队

一直以来，联想按照业务功能将公司部门划分成研发、产品、供应、市场销售等部门，这样的结构下，用户反馈的链条很长。

为此，杨元庆说："我们要对客户进行细分，打破大兵团的疆界，建立起快速反应，快速决策，快速行动的小分队。"

在日前公布的新联想组织架构中,兰奇任职联想集团总裁,Gery Smith 负责个人电脑业务集团和企业级业务集团;刘军负责联想移动业务集团,贺志强则负责联想云服务业务。

这样的组织架构调整仅仅是第一步,杨元庆称,联想下一步还需要深入思考,让组织架构更灵活,也更加专注于各个用户细分市场。

变革之五:新双拳战略

联想在上一个财年中表现不俗,但在新财年中,联想集团制定了更为激进的策略,各条产品线的业绩目标都有了大幅度提高。其中,PC 目标是销售 7000 万台,全球市场份额达到 23%;服务器的市场份额要从现在的 21.5%提升至 25%;云服务实现月活跃用户 1 亿,营收翻番。尤其值得一提的是,今年联想手机业务要发动猛烈攻势,目标销量 1 亿台。

为了冲刺新的业绩目标,联想集团再次提出了"保卫+进攻"的双拳战略。

此前的双拳战略是杨元庆出任联想集团 CEO 以来,为联想制定的业务发展策略,主要围绕 PC 业务,并且主要保卫中国市场的地位,在其他区域市场进攻。

联想的新双拳战略也有全新的内容,联想的 PC 和企业级业务成为保卫型业务,以实现利润为重心;而移动业务和云服务业务是进攻型业务,成为联想未来要拿下的市场。

过去几年联想的业绩证明了双拳战略的成功,现在要在业务多元化之下再次成功,联想面临的挑战更大。尤其在联想需要进攻的市场上,在移动业务和云服务领域,竞争者众多,强手云集。

所以,杨元庆强调,联想应该把自己看成是传统企业,必须全面转型,而且杨元庆还对员工表示,变革不能只停留在口头上,而要在每一个团队的努力之中。

杨元庆关于"联想是传统企业"的定位,一语道出了联想的进取心态。

(资料来源:根据网络资料整理,http://www.time-weekly.com/html/20150602/29934_1.html)

第一节 组织变革

组织变革(Organization Change,简称 OC)是组织发展过程中的一种经常性活动。美国著名的组织学者、哈佛大学教授拉里·格雷纳(Larry E. Greiner)指出,组织变革伴随着企业成长的各个时期,组织变革与组织演变相互交替,进而促使组织发展。有的人甚至认为组织的正确名称应该叫做"再组织(Reorganize)"。组织变革是任何组织不可回避的问题,是否顺利地引导组织变革是衡量管理工作有效性的重要标志。组织变革就是组织为保证组织存续与发展,运用系统的观点,根据内外环境的变化,为了更好地适应未来组织发展的要求,及时对组织中的要素进行的调整和改革。

组织变革指组织面对外部环境和内部条件的变化而进行的组织自身改革和适应的过程。组织存在于一定环境中且都有其追求的目标，在不断协调外部环境与内部条件的过程中，组织才能实现其目标。组织的内部条件必须适应外部环境变化的要求，而组织的内部条件本身也是在不断地发展和变化的。在这一动态的过程中，当组织的内部条件与外部环境出现不和谐时，就产生了变革的需要。

环境对组织的影响程度是巨大的，外部环境因素作用于组织，对其管理活动及其生产经营活动都可产生影响；组织可以反作用于环境，可以改变甚至创造适应组织发展所需要的新环境，前提是组织必须已具备影响环境的实力。

现代组织面对的是一个动态的、变化不定的大环境，在这种环境条件下，一种组织结构、组织制度在当前是合适的，但是过一段时间，在新的环境因素下，可能它们就不适应了。为了适应环境的变化，为了更有效地利用资源，最大限度地实现组织目标，组织必须不断地进行变革。可以说，组织变革是组织保持活力的一种重要手段。从组织的发展历史看，每次组织变革都使组织的管理和效率发生一个飞跃。

一、组织的生命周期理论

组织像任何机体一样有其生命周期。格林纳（Greiner）认为一个组织的成长大致可分为创业、聚合、规范化、成熟、再发展或衰退五个阶段。每个阶段的组织结构、领导方式、管理体制和职业心态都有其特点。每一阶段最后都面临某种危机和管理问题，都要采用一定的管理策略解决这些危机以达到成长的目的。如图10-1所示。

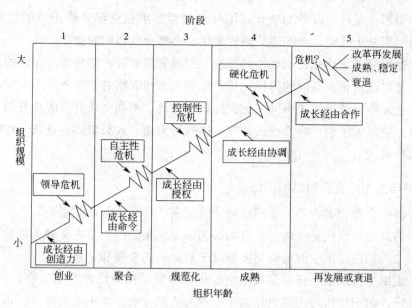

图 10-1　组织成长的五个阶段

一个组织并不一定都按上述的阶段顺序发展，但却说明了组织在不同的时期面临不同的问题需要采用不同的管理方式。任何组织要生存和发展都需要变革。

早在 1960 年，管理学家丹尼尔在调查中发现，美国 100 家最大的工业企业中至少有三分之二在三年内进行了重大的组织调整，并估计一些大的公司每两年至少进行一次重大组织变革。

二、组织变革的动因

在全球化和信息化日益发展的今天，由于组织面对的是一个动态的、不稳定的环境，一个组织要能够生存、发展、壮大，并不断地趋于成熟，不断取得成功，就必须根据外部环境和内部条件的变化而适时调整其目标与结构。从这个意义上讲，不仅老化的组织需要变革，实际上，处于每一个成长阶段的组织都需要考虑变革问题。促使组织变革的动因可以归纳为外部动因和内部动因。

（一）组织外部环境的变化

从系统的观点看，任何组织都是一个开放系统，它属于社会大环境中的一个子系统。因此，它无力控制外部环境，而只能主动适应外部环境。它通过与其所在的环境不断地进行物质、能量、信息的交换而生存与发展。组织外部环境的变化是组织变革的重要动因。例如，对于企业来说，主要包括以下几个方面。

1. 经济环境的变化对组织的影响主要是经济全球化所带来的影响

各国合作生产已经成为新的全球模式，"全球的相互依赖"的经济格局已经形成。

首先，引起企业经营战略的变化。国际化经营要求企业都要修正或制定新的发展战略。由于组织服从于战略，企业的战略的变化，必然导致组织的变化。

其次，世界经济全球化使远程协调控制工作越来越重要。如何将远距离的人员很好地协调起来，使之达到企业共同的目标，是企业组织工作面临的新任务。

最后，全球性经营导致了不同文化的接触与交流。不同文化背景的企业员工的思维方式、价值观念有很大区别，容易造成冲突。这些对沟通、人员培训、选拔、授权等组织工作提出了新挑战。

2. 知识与技术的进步对组织的影响

知识经济社会的到来为企业生产经营活动带来了持续而深远的影响。

首先，信息知识取代资本成为价值增长的决定因素。企业正在转变为以信息或知识为基础的组织，人们在组织中的地位更多取决于其知识的掌握和更新。

其次，组织工作的重要任务是战略性地开发和利用知识资源。由于信息自身时效性、真实性的要求，组织结构将变得更加扁平，权力更加分散，决策更加迅速。再次，知识经济加速了高科技企业的发展。高科技企业具有人才密集、产品生命周期短、竞争激烈、风险大等一系列新特征。

最后，信息技术的普遍应用正在改变传统的组织管理模式。计算机取代了企业大量中层管理人员的工作，减少了企业的组织层次。

3. 企业竞争优势的新来源

环境的剧烈变化，在很大程度上改变了企业传统的竞争方式，迫使企业本着创新的思想寻找新的竞争优势来源。企业竞争优势的新来源基础分别是：速度/时间、灵活性、质量/设计、信息技术、联盟/网络、技能更新、服务增值等。

另外，组织变革的外部动因还包括政府法律条文的变化、消费者市场对企业更直观的挑战等。

（二）组织内部条件的变化

内部条件的变化也会形成对变革的需要，这些内部条件可能最初产生于组织的内部运营，也可能产生于外部变化的影响。

1. 组织技术的发展

组织结构与组织的阶段性战略目标适时调整的要求。当一个组织的业务技术变得更加复杂时，它的专业化与协作水平要求就高，整个管理工作就变得复杂。主要表现在特别重视职能部门的建设，而对人员的要求最好是精而专，不在于人数多。

2. 内部运营机制的优化

横向协调机构和综合性的管理部门需要建立和加强，在组织运行的某些方面需要开放和放活，而另外一些方面需要综合和集中。保障信息畅通的要求。

3. 组织中人员与设备的调整

劳动力队伍的组织很少是静止的，在一个老年经理人员比例不断增大的平稳组织中，可能需要对职务进行重组，以便留住位居低层的、有进取心的年轻管理者。另外，组织中新设备的引进，可能需要对员工的工作进行再设计，还要对他们进行培训以操作新的设备，或者要求他们在正式的小组内形成新的相互协作方式。克服组织低效率的要求；快速决策的要求；提高组织整体管理水平的要求。

除此之外，组织变革的内部动因还包括组织运行政策和目标的改变、组织成员对工作的期望与个人价值观念的变化等。

三、组织变革的阻力

组织内的变革需要一种催化剂，把起催化剂作用的并承担变革过程管理责任的人称为变革推动者。作为变革推动者的管理者，应当有动力去变革，以使组织的效果得到改进。然而，变革可能对组织成员构成一种威胁，促使其反对改革现状，从而形成阻力。

(一) 变革中的阻力

组织的变革会因为以下方面的原因产生阻力。

1. 个体层次

在集权组织中,个人受到控制的程度越高,就会对变革表现出越强的抵制,这是因为,他们会觉得自己缺乏对所遇到的事情的控制。变革中个体阻力来源于人类的以下基本特征。

① 习惯。个体往往依赖于习惯和模式化的反应做出决策,习惯成为变革的一个阻力。

② 安全。变革可能给个体带来不安全感,因而会对变革产生阻力。

③ 经济因素。变革必然导致新的工作岗位和规范产生,工作任务和规范的改变可能引起经济收入下降。

④ 对未知的恐惧。变革会产生未知的事物,可能导致个体的不适应性。

⑤ 选择性信息加工。个体会有意对信息进行选择性加工,以保持自己以往对世界的整体性认识,而忽视那些会成为组织变革动力的信息。

2. 群体层次

在群体层次的分析上,强调维持现状的群体在群体结构、组成和工作关系方面的许多内在因素都能引起阻力的产生。这些因素具体包括群体的凝聚力、社会行为准则、决策参与程度和自主行为的独立性。此外,组织权力和权威的分配,也会影响不同环境下阻力产生的程度。主要的影响因素如下。

① 组织群体惯性。即使个体想改变他们的行为,群体规范也会成为约束力。

② 组织已有的专业知识。组织中的变革可能会威胁到整体的专业技术知识。

③ 组织已有的权力关系。任何决策权力的重新分配,都会威胁到组织长期以来形成的权力关系。

3. 组织层次

在组织层次的分析上,产生阻力的各种相互关联的因素,形成了复杂的、千变万化的状况,而且,还处于一种不断变化的过程之中,并根据个人优势地位的不同而表现出巨大的差异。主要因素如下。

① 组织结构惯性。组织有其固有的机制来保持其稳定性,当组织面临变革时,结构关系就充当起稳定的反作用力。

② 组织的变革点。组织由一系列相互依赖的子系统组成,一个子系统的变革必然会影响其他子系统。

③ 组织已有的权力分配。组织中控制资源的群体常常视变革为威胁,他们倾向于保持原本状态。

(二) 降低组织变革阻力的策略

① 教育与沟通。通过与员工们进行沟通,帮助他们了解变革的理由,澄清他们的错

误认识，这样会使阻力自然减退。

②参与。在变革决定之前，需要将持反对意见的人吸引到决策过程中来。如果参与者能以其专长为决策提供有益的意见，他们的参与就能降低阻力，使阻力变为动力。

③促进与支持。变革推动者可以通过提供一系列支持性措施减少阻力。

④谈判。为了降低潜在的阻力，以某些有价值的东西换取阻力的减少。

⑤操纵与合作。操纵是将努力转移到施加影响上，如有意扭曲事实而使变革显得更有吸引力，使员工接受变革；合作是通过"收买"反对派的领袖人物参与变革来降低阻力。

⑥强制。直接对抵制者使用威胁力和控制力。

四、组织变革的内容

组织变革是各类组织对管理理念、工作方式、组织结构、人员配备、组织文化等多方面进行不断调整、改进和革新的过程。组织变革的内容主要包括三个基本方面：组织结构、任务和技术、人员。

结构变革包括改变组织的复杂性、正规化、集权化程度、职务再设计及其他因素；任务和技术变革包括工作过程、方法和设备的改造等；人员变革是指员工工作态度、期望、认知和行为等方面的改变。

（一）以组织结构为重点的变革

即通过改变组织结构形态、信息沟通渠道和方式、管理的规章制度、成员的工作环境等途径实现组织变革。管理者要对组织的正式设计、分配职权、分权化程度及职务设计等活动负有责任，但这些决策不是一旦做出就一成不变的。变化的环境条件要求管理者作为变革的推动者，适时地根据需要对结构进行调整。

一个组织的结构是由其复杂性、正规化和集权化程度共同决定的。管理者可以对这些结构要素的一个或多个加以变革。例如，可将几个部门的职责组合在一起，或者精简某些纵向层次，拓宽管理幅度，以使组织扁平化和更少的官僚机构特征。为提高组织的正规化程度，可以制定更多的规章和制度。通过提高分权化程度，可以加快决策制定的过程。

另一个方案是对实际的结构设计做出重大的改变。这可能包括职能型向事业部制结构的转变，或者形成一种矩阵结构、混合型结构等。管理者可能考虑重新设计职务或工作程序，或者修订职务说明书、丰富职务内容或实行弹性工作制。以组织结构为中心的变革是人们采用较多的变革方式，其优点是操作起来相对容易，效果比较明显。

（二）以任务和技术为重点的变革

组织面临的周围大环境变化了，组织的任务也随之发生变化，其发挥的职能也要变化。这时的组织变革就是明确新任务、突出新任务，根据新任务调整职能，彻底转变职能和明确新职能。

管理者也可以对其用以将投入转换为产出的技术进行变革。今天，许多技术变革通常涉及新的设备、工具和方法的引进以及实现自动化与计算机化等。产业内竞争的力量，或者新的发明创造，常常要求管理者当局引入新的设备、工具或操作方法。近年来，最明显的技术变革来自于管理当局努力扩大计算机化和自动化的应用范围。现在有许多组织都安装有复杂的管理信息系统。

（三）以人员为重点的变革

即通过改变成员的态度、价值观念、需求层次和种类、行为方式等途径实现组织变革。这种方式的变革，要求组织的管理者针对员工的不同特点和所处的不同状态，有目标、有计划、有步骤地进行深入细致的教育、引导和培训，改变他们看问题的角度与方式，激发他们的工作热情，引导其需求的偏好和兴趣，提高他们的岗位技能和工作效率。因此，这种变革一般需要较长的时间，并对组织的管理者具有极高的素质要求，其效果迟缓但具有持久性。

组织发展有时泛指各类变革，但通常是指改变人员及人际间工作关系的方法或方案。贯彻这种变革方法的共同主线是，它们都设法带来组织人员内部或相互关系的改变，具体可参考以下方法。

① 敏感性训练。是通过非结构化的群体互动来改变人的行为的一种方法。该群体往往由一位职业行为学者和若干参与者组成，职业行为家为参与者创造表达自己思想和情感的机会。

② 调查反馈。是对组织成员的态度进行评价，确定其态度和认识中存在的差异，并使用反馈小组得到的调查信息帮助消除其差距的一种方法。

③ 过程咨询。是依靠外部咨询者帮助管理者对其必须处理的过程事件形成认识、理解和行动的能力。咨询者帮助管理者更好地认识他们的周围、其自身内部或与其他人员之间正在发生什么样的事情。

④ 团队建设。是使工作团队的成员在互动中了解其他人是怎么想和怎么做的。通过高强度的互动，团队成员学会相互信任和开诚布公。

⑤ 组织发展。试图改变不同工作小组成员之间的相互看法、认知和成见，各个小组考察存在差异的原因，并努力制定解决办法以改进小组间的关系。

五、组织变革的过程

（一）勒温的三步模型

库尔特·勒温（Kurt Lewin）认为，成功的组织变革应该遵循以下三个步骤：解冻现状，移动到新状态，重新冻结新变革，使之持久。

现状可以视为一种平衡的状态，要打破这种状态，必须克服个体的阻力和群体的压力，因而解冻是必要的。一旦变革付诸实施，要想成功，就需要重新冻结新形式，这样才能长时间维持它。如果不采取最后这个步骤，变革就可能是短命的。而员工也会试图回到以前的状态。重新冻结的目的是对推动力和约束力进行平衡，使新状态更为稳定。

（二）组织变革的过程

成功而有效的组织变革，通常需要经历解冻、改革、冻结这三个有机联系的过程。

1. 解冻

由于任何一项组织变革都或多或少地会面临来自组织自身及成员的一定程度的抵制力，因此，组织变革过程需要有一个解冻阶段作为实施变革的前奏。解冻阶段的主要任务是发现组织变革的动力，营造危机感，塑造出改革乃是大势所趋的气氛，并在采取措施克服变革阻力的同时具体描绘组织变革的蓝图，明确组织变革的目标和方向，以形成待实施的比较完善的组织变革方案。

2. 改革

改革或变动阶段的任务就是按照所拟订的变革方案的要求开展具体的组织变革运动或行动，以使组织从现有结构模式向目标模式转变。这是变革的实质性阶段，通常可以分为试验与推广两个步骤。这是因为组织变革的涉及面较为广泛，组织中的联系相当错综复杂，往往"牵一发而动全身"。这种状况使得组织变革方案在全面付诸实施之前一般要先进行一定范围的典型试验，以便总结经验，修正进一步的变革方案。在试验取得初步成效后再进入大规模的全面实施阶段。还有另一个好处，那就是可以使一部分对变革尚有疑虑的人们能在试验阶段便及早地看到或感觉到组织变革的潜在效益，从而有利于争取更多组织成员在思想和行动上支持所要进行的组织变革，并踊跃跻身于变革的行列，由此实现从变革观望者、反对者向变革的积极支持者和参加者转变。

3. 冻结

组织变革过程并不是在实施了变革行动后就宣告结束。涉及人的行为和态度的组织变革，从根本上说，只有在前面有个解冻阶段、后面又有个冻结阶段的条件之下，改革才有可能真正地实现。现实中经常出现组织变革行动发生了之后，个人和组织都有一种退回到原有习惯了的行为方式中的倾向。为了避免出现这种情况，变革的管理者就必须采取措施保证新的行为方式和组织形态能够不断地得到强化和巩固。这一强化和巩固的阶段可以视为一个冻结或者重新冻结的过程。缺乏这一冻结阶段，变革的成果就有可能退化消失，而且对组织及其成员也将只有短暂的影响。

六、组织变革的趋势

（一）组织内部变革的趋势

随着环境的变化，无论是组织，还是伴随组织发展而发展的管理理论，都会发生许多新的变化。对组织变革做出科学的预测是十分必要的，而且是具有现实意义的，因为它可以为变革提供科学的依据。

随着社会的发展和时代的变迁，传统的组织结构已经不能适应当今时代迅捷变化的经营环境，知识经济、知识管理、组织变革，已成为大势所趋。传统金字塔形的"命令—支配"模式，将被更有动态性和灵活性、创造力和快速敏捷应变能力的"网络模式"所替代。综观国内外企业组织架构已经或即将发生的变化，其变革的主要趋势可概括为：扁平化、小型化、弹性化、虚拟化、网络化。

1. 扁平化

就是减少中间层次，增大管理幅度，使一线组织直接向总部汇报，促进信息的更快传递与沟通，降低管理成本，权力适当下放，提高效率，开发员工的潜力。

2. 小型化

是指面对日趋复杂多变的信息时代，众多企业家对"船小好掉头"的认识越来越深刻，许多企业开始压缩企业规模，通过剥离、出售与自己的主业无密切关系的事业部或子公司，划小核算单位，实施集中化战略。不仅企业组织如此，就连国家机构也在走向流线型和灵巧化，小政府、大社会已经成为当今世界的一种潮流。

3. 弹性化

就是说企业为了实现某一目标而把在不同领域工作的具有不同知识和技能的人集中于一个特定的动态团队之中，共同完成某个项目，待项目完成后团队成员各回各处。这种动态团队组织结构灵活便捷，能伸能缩，富有弹性。随着知识经济的日益临近，企业内部知识共享呼声越来越高，知识共享、人才共用已经成为当今时代的重要性之一，传统的刚性管理已经不能适应现代企业的发展，弹性组织便应运而生。

4. 虚拟化

未来学家托夫勒说："在知识经济时代，经营的主导力将从经营力、资本力过渡到信息力和知识力。"到了知识经济时代，大量的劳动力将游离于固定的企业系统之外，分散劳动、职能部门外包、通过网络扩大合作范围等将会成为新的工作方式，虚拟组织将会大量出现。

5. 网络化

组织结构的网络化主要体现在四个方面。一是企业形式集团化。企业集团是一种新的利益共同体，这种新的利益共同体的形成与发展，使得众多企业之间的联系日益紧密起来，构成了企业组织形式的网络化。二是经营方式连锁化。很多企业通过发展连锁经营和商务代理等业务，形成了一个庞大的销售网络体系，使得企业的营销组织在网络化。三是企业内部组织网络化。由于企业组织构架日趋扁平，管理幅度加大，执行层机构在增多，每个执行机构都与决策层建立了直接联系的关系，横向的联络也在不断增多，企业内部组织机构网络化正在形成。四是信息传递网络化。随着网络技术的蓬勃发展和计算机的广泛应用，企业的信息传递和人际沟通已逐渐数字化、网络化。

（二）组织外部结构趋势：战略联盟

战略联盟，至今并没有一个公认的说法。把战略联盟理解为企业之间介于传统的合约关系和紧密的股权关系之间的一种形态，也许较为适宜。按照这种解释，战略联盟就是一种介于市场与企业之间的新的制度安排。现在，战略联盟的发展突破了这种思维方式。其理论含义是：如果市场与企业是严格替代的，那么，作为中间形式的联盟安排就没有存在的基础，而企业的发展也不会出现从一体化退回到准一体化的情况。但是战略联盟的形式说明，在科层组织与市场之间，也就是在一体化与完全商业关系之间，还存在着广阔的中间地带。企业之间可以通过并购建立内部化关系，也可以通过分拆从内部化回到市场关系，还可以形成一种既不是我们理解的一体化关系，也非市场关系的关系。它是商业合同关系，却存在着长期合作、协调行动、互惠互利、控制指挥的关系，这当然不是市场合同关系所能涵盖的；它是一体化关系，却又分明是两个互相独立的企业，从股权到财务都是严格分开的。这就是典型的战略联盟关系。它的出现旨在既消除纯粹市场关系的过高交易成本，又避免一体化科层组织的过高管理成本。

20世纪90年代进入了知识经济，企业发展的背景是经济全球化，企业所面临的竞争环境发生了重大变化，市场和科层的效率已不能满足环境变化的需要。为了应对知识的作用空前增长、技术竞争空前激烈的挑战，跨国公司率先建立了战略联盟。国际战略联盟的发展首先是为企业获得技术和知识的互补效应。由于知识经济下技术更新日益迅速，企业难以对其所在领域的所有技术优势形成垄断。针对技术优势分散的特征，通过建立战略联合关系可以形成技术互换和优势互补关系。而这种互换或互补，如果通过纯粹市场交易购买，则市场的交易成本依然存在；如果通过内部一体化组织自行开发，则必须承担一体化的成本，风险也无从分散。于是，现实中许多跨国公司都广泛地建立了准一体化形式的战略联盟，通过这种方法，大企业相互分享技术、互换利益、优势互补的成果，共同构成了对其他企业的技术优势地位。

除了技术互换和共同研发外，战略联盟也是低成本进入国际市场的模式。随着跨国公司全球竞争的加剧，销售网络也成为核心竞争力的关键因素之一。特别是随着互联网技术、电子商务的发展，拥有全球性销售系统就更重要。而建立销售网络往往需要投入巨资。然而，销售网络具有近似于公共产品的性质，因此，互相提供进入对方销售网络权利的战略联盟，使每一个伙伴都避免了一大笔沉没成本支出。

第二节 组 织 文 化

文化是人类历史文明的积淀，是整个社会的遗产，它具有非生物属性的人类遗传特性，包含着人类行为的经济、社会和政治形式。一般说来，我们在谈到文化的时候，总是指某一地域和与其相毗邻的地域之间的具体文化。管理者是在特定的文化价值准则构成的环境下，对机构进行管理的，受社会文化背景的影响。文化管理又称为基于价值观的管理，它是一种以人为中心、以塑造共同价值观为手段的管理模式，即通过企业文化来治理企业。正如有人指出的那样："如果说 20 世纪是由经验管理进化为科学管理的世纪，可以说 21 世纪是由科学管理进化为文化管理的世纪。"

一、组织文化的概念与内涵

"文化"一词在西方来源于拉丁文 Cultura，原义是指农耕及对植物的培育。自 15 世纪以后，"文化"一词逐渐引申使用，把对人的品德和能力的培养也称之为文化。在中国的古籍中，"文"既指文字、文章、文采，又指礼乐制度、法律条文等。"化"是"教化"、"教行"的意思。从社会治理的角度而言，"文化"是指以礼乐制度教化百姓。汉代刘向在《说苑》中说："凡武之兴，谓不服也，文化不改，然后加诛。"此处"文化"一词也为文治教化之意。"文化"一词的中西两个来源，殊途同归，今人都用来指称人类社会的精神现象，亦泛指人类所创造的一切物质产品和非物质产品的总和。历史学、人类学和社会学通常在广义上使用"文化"这一概念。对于"文化"两种有代表性的定义：其一，文化乃是人类创造的不同形态的特质所构成的复合体；其二，文化是人类中某一群体所拥有的一套价值观、信念、规范、态度、习性以及普遍的生活方式。文化具有民族性、多样性、相对性、沉淀性、延续性和整体性的特点。

组织是按照一定的目的和形式而建构起来的社会集团，为了满足自身动作的要求，必须要有共同的目标、共同的理想、共同的追求、共同的行为准则以及相适应的机构和制度，否则组织就会是一盘散沙。而组织文化的任务就是努力创造这些共同的价值观念体系，共同的行为准则。任何组织都有着自身特定的文化。

第二次世界大战结束后的几十年的时间内，日本以惊人的速度从战败的废墟中爬了起来，恢复和发展本国的经济实力。特别是 20 世纪 70 年代之后，日本企业在电子、汽车等生产领域和传统的工业部门对美国企业长期占据的优势地位提出了挑战，到了 80 年代，日本在很多方面都超过了美国。在对日本奇迹的探索中，美国研究人员意识到，形成日本企业巨大生产力、强大竞争能力的原因，不仅仅是发达的科学技术、先进机器设备等，而且包括了更为深刻的社会历史、文化传统、心理状态等文化背景因素，正是这诸多的因素融合，使日本企业独具特色，造就了日本人与众不同的企业精神。这种对日本企业成功奥秘的探究，引起了美国理论界对本国组织文化实践的深刻反思，并由此在美国拉开了企业文化理论研究的序幕。1980 年秋，美国《商业周刊》的一期报道中首先使用了"企业文化"，而后为企业界和理论界认同。对组织文化的界定比较经典的是西方学者希恩于 1984 年下的定义："组织文化是特定组织在适当处理外部环境和内部整合过程中出现的各种问题时，所发明、发现或发展起来的基本假说的规范。这些规范运行良好，相当有效，因而被用做教导新成员观察、思考和感受有关问题的正确方式。"

总之，关于组织文化的含义，有着多种不同的说法和意见。我们认为，组织文化是组织在长期的实践活动中所形成的并且为组织成员普遍认可和遵循的具有本组织特色的价值观念、团体意识、行为规范和思维方式的总和。

组织文化由三个层面构成：一是组织文化的显性层面，如组织标志、厂服、商标、工作环境等；二是组织文化的中间层面，如规章制度、经营管理行为等；三是组织文化的隐性层面，也是核心层面，如组织哲学、价值观、道德规范、组织精神等。

二、组织文化的特征

组织文化具有以下四方面主要特征。

① 超个体的独特性。每个组织都有其独特的组织文化，这是由不同的国家和民族、不同的地域、不同的时代背景以及不同行业特点所形成的。如美国的组织文化强调能力主义、个人斗和不断进取；日本文化深受儒家文化的影响，强调团队合作家族精神。

② 相对稳定性。组织文化是组织在长期的发展中逐渐积累而成的，具有较强的稳定性，不会因组织结构的改变、战略的转移或产品与服务的调整而随时变化。一个组织中，精神文化又比物质文化具有更多的稳定性。

③ 融合继承性。每一个组织都是在特定的文化背景之下形成的，必然会接受和继承这个国家和民族的文化传统和价值体系。但是，组织文化在发展过程中，也必须注意吸收其他组织的优秀文化，融合世界上最新的文明成果，不断地充实和发展自我。也正是这种融合继承性使得组织文化能够更加适应时代的要求，并且形成历史性与时代性相统一的组织文化。

④ 发展性。组织文化随着历史的积累、社会的进步、环境的变迁以及组织变革逐步演进和发展。强势、健康的文化有助于组织适应外部环境和变革，而弱势、不健康的文化则可能导致组织的不良发展。改革现有的组织文化，重新设计和塑造健康的组织文化过程就是组织适应外部环境变化，改变员工价值观念的过程。

三、组织文化的基本要素

组织文化是一个有着丰富内涵的系统体系，其中包括许多相互联系、相互制约的基本要素。美国学者彼德斯和沃特曼认为组织文化由七种要素组成：经营战略、组织结构、管理风格、工作程序、工作人员、技术能力、共同价值，这七种要素称为"麦金瑟 7-S 结构"，如图 10-2 所示。

如果从现代系统论的观点看，组织文化的结构层

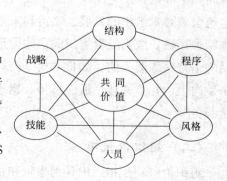

图 10-2　麦金瑟 7-S 结构

次有三个：表层文化，中介文化，深层文化。组织文化的表现形态有：物化文化，制度文化，管理文化，生活文化，观念文化。组织文化的构成要素有：组织精神，组织理念，组织价值观，组织道德，组织素质，组织行为、组织制度，组织形象等，由此构成一个有着内在联系的复合网络图，如图10-3所示。

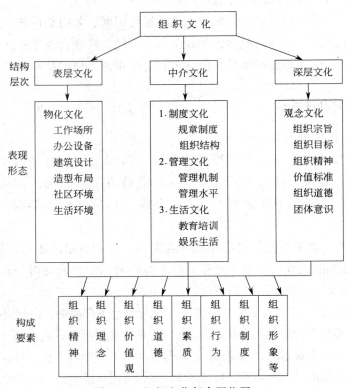

图 10-3 组织文化复合网络图

（一）组织精神

组织精神是指经过精心培养而逐步形成的，并为全体组织成员认同的思想境界、价值取向和主导意识。它反映了组织成员对本组织的特征、地位、形象和风气的理解和认同，也蕴含着对本组织的发展、命运和未来所抱有的理想与希望，折射出一个组织的整体素质和精神风格，成为凝聚组织成员的无形的共同信念和精神力量。组织精神一般是以高度概括的语言精练而成的，如日本松下公司的"七精神"："产业报国、光明正大、团结一致、奋发向上、礼节谦让、适应形势、感恩报国"。美国国际商业机器公司的精神："IBM 就是服务"。

（二）组织价值观

组织价值观是指组织评判事物和指导行为的基本信念、总体观点和选择方针。它的基本特征如下。

1. 调节性

组织价值观以鲜明的感召力和强烈的凝聚力,有效地协调、组合、规范、影响和调整组织的各种实践活动。

2. 评判性

组织价值观一旦成为固定的思维模式,就会对现实事物和社会生活做出好坏、优劣的衡量评判,或者肯定与否定的取舍选择。

3. 驱动性

组织价值观可以持久地促使组织去追求某种价值目标,这种由强烈的欲望所形成的内在驱动力往往构成推动组织行为的动力机制和激励机制。

(三) 组织形象

组织形象是指社会公众和组织成员对组织、组织行为与组织各种活动成果的总体印象和总体评价,反映的是社会公众对组织的承认程度,体现了组织的声誉和知名度。

组织形象包括人员素质、组织风格、人文环境、发展战略、文化氛围、服务设施、工作场所和组织外貌等内容,其中对组织形象影响较大的因素有五个方面。

1. 服务(产品)形象

社会公众主要是通过企业所提供的产品和服务来了解企业的,是在使用产品和享受服务的过程中不断形成对企业的感性化和形象化的认识。因此,那些能够提供品质优良、造型美观的产品和优质服务的企业,总是能够赢得良好的社会形象。

2. 环境形象

环境形象主要指组织的工作场所、办公环境、组织外貌和社区环境等,它反映了整个组织的管理水平、经济实力和精神风貌。整洁、舒适的环境条件不仅能够保证组织工作效率的有效提高,而且,它还有助于强化组织的知名度和信赖度。

3. 成员形象

成员现象是指组织成员在职业道德、价值观念、文化修养、精神风貌、举止言谈、装束仪表和服务态度等方面的综合表现,它是组织人格化的体现。组织成员整洁美观的仪容、优雅的气质、热情服务的态度,再加上统一鲜明的服装,既反映了个人的不俗风貌,也反映了组织的高雅素质,有利于在社会公众之中树立良好的组织形象。

4. 组织领导者形象

组织领导者的形象是指体现在领导者的领导行为、待人接物、决策规划、指导监督、人际交往乃至言谈举止之中的文化素质、敬业精神、战略眼光、指挥能力的综合体现。

5. 社会形象

社会形象是指组织对公众负责和对社会贡献的表现。组织要树立良好的社会形象，一方面有赖于与社会广泛的交往和沟通，实事求是地宣传自己的社会形象；另一方面在力所能及的条件下，积极参与社会公益活动，如支持教育事业，开展社区文明共建活动等。这样，就会使组织在社会公众的心目中更加完美，使之增加对组织的认同和理解。

为了更好地理解组织文化的整体内容，我们将组织文化具体分为三个层次进行分析研究，即物质层、制度层和精神层。

1. 物质层

物质层文化是组织文化中最直观、最表象的部分，它包括企业的产品，生产经营过程以及企业环境、企业容貌、企业广告等可以被人们直接看到、感受到的物化部分。企业的产品是企业文化物质层的首要内容，这种产品包括有形的物品和无形的服务。有形产品包括产品实体及其品质、特色、品牌和包装；无形服务包括给买主带来附加利益和心理上的满足感及信任感的售后服务、保障、销售声誉等。企业的象征物也直接代表着企业的形象，如日本三菱集团的象征物是由三个菱形组成的，它标志着三菱"人和"的企业理念。

2. 制度层

制度层文化是指具有本组织文化特色的各种规章制度、道德规范和员工行为准则等的总和。它是组织文化的中介层，表现在它是精神与物质的中介，是组织文化中人与物、人与组织运营制度的结合，它既是适应企业文化物质层的固定形式，又是塑造组织文化精神层主要机制的载体。

3. 精神层

精神层文化是指组织员工长期形成并共同接受的思想意识活动，包括基本的组织精神、生产经营哲学、价值观念、企业道德、管理思维方式等。精神层是组织文化的源泉，在整个组织文化的框架中，它处于最深层次，是组织文化的核心部分。企业精神不仅能动地反映与生产经营密切相关的企业本质特征，而且反映出鲜明的企业的经营宗旨和发展方向。例如，美国杜邦公司的企业精神是"通过化学为人们提供更好的生活"，表明了杜邦公司独特的经营宗旨。组织文化的精神层是最根本的，它决定着其他两个层次。因此，塑造组织文化要以精神层文化的确立为核心。

四、组织文化的功能

组织文化是一种先进的文化管理模式，是情感管理或人性化管理，是管理的最高境界。这种高层次管理具有以下几方面的功能。

1. 导向功能

组织文化反映了全体员工的共同追求、共同的价值观和共同的利益，对企业经营者和生产者的思想、行为产生导向作用，使全体成员为实现企业的目标而共同奋斗。组织文化对员工行为的引导，是通过组织整体的价值认同进行的，员工在本组织价值观念的熏陶下，能够自觉地按照它来行动，即使在没有各种硬性的规章制度约束的时候，也能自觉地朝着本组织的目标努力。也正因为如此，组织文化才可以将理性管理与情感管理有机地结合起来，将强制性行为转化为自觉行为，将消极的被动行为转化为积极的主动行为，并在共同的组织目标下将组织成员的行为协同起来。

2. 凝聚功能

在特定的文化氛围之下，员工们通过自己的切身感受，产生出对本职工作的自豪感和使命感，产生对企业目标、准则和观念的认同感和对本企业的归属感，使员工把自己的思想、感情、行为与整个组织联系起来，从而使组织产生一种强大的向心力和凝聚力，发挥出巨大的整体效应。

3. 整体功能

从管理"硬"的方面扩展到管理"软"的方面，通过制度文化和道德规范对全体成员的行为产生约束作用，使其符合企业的价值观念和企业发展的需要。

4. 激励功能

组织文化创造一种"人人受重视，人人被尊重"的文化氛围，在这种尊重人、理解人、关心人的氛围中，激发和调动全体成员的积极性和创造性。每个人的贡献都会及时受到肯定、赞赏和褒奖，而不会被埋没。这样，员工就时时受到鼓舞，处处感到满意，有了极大的荣誉感和责任心，自觉地为获得新的、更大的成功而瞄准下一个目标。这就应了一句西方谚语："没有什么比成功更能导致成功的了。"

5. 调节与自我延续功能

将企业人格化为"文化人"，在企业文化的作用下，全体成员间有共同的价值观，有共同的语言、理解，能进行充分的交流，在工作中形成良好的人际关系，能很好地调整自己的心理状态去适应外界环境的变化。另外，组织文化的形成是一个复杂的进程，往往会受到社会的、人文的和自然环境等诸多因素的影响。因此，它的形成和塑造不是一朝一夕就能一蹴而就的，必须经过长期的耐心倡导和精心培育以及不断地实践、总结、提炼、修改、充实、提高和升华。

五、组织文化的塑造途径

组织文化的塑造是个长期的过程，同时也是组织发展过程中的一项艰巨的、细致的系统工程。许多组织致力于导入 CIS 系统（Corporate Identity System）颇有成效，它已成为一种直观的、便于理解和操作的组织文化塑造方法。从路径上讲，组织文化的塑造需要经过以下几个过程：

1. 选择合适的组织价值观标准

组织价值观是整个组织文化的核心，选择正确的组织价值观是塑造良好组织文化的首要战略问题。选择组织价值观要立足于本组织的具体特点，根据自己的目的、环境要求和组成方式等特点选择适合自身发展的组织文化模式。其次要把握住组织价值观与组织文化各要素之间的相互协调，因为各要素只有经过科学的组合与匹配才能实现系统整体优化。

在此基础上，选择正确的组织价值标准要注意以下四点。

① 组织价值标准要正确、明晰、科学，具有鲜明特点；

② 组织价值观和组织文化要体现组织的宗旨、管理战略和发展方向；

③ 要切实调查本组织员工的认可程度和接纳程度，使之与本组织员工的基本素质相和谐，过高或过低的标准都很难奏效；

④ 选择组织价值观要发挥员工的创造精神，认真听取员工的各种意见，并经过自上而下和自下而上的多次反复，审慎地筛选出既符合本组织特点又反映员工心态的组织价值观和组织文化模式。

2. 强化员工的认同感

在选择并确立了组织价值观和组织文化模式之后，就应把基本认可的方案通过一定的强化灌输方法使其深入人心。具体做法如下。

① 利用一切宣传媒体，宣传组织文化的内容和精要，使之家喻户晓，以创造浓厚的环境氛围。

② 培养和树立典型。榜样和英雄人物是组织精神和组织文化的人格化身与形象缩影，能够以其特有的感召力和影响力为组织成员提供可以仿效的具体榜样。

③ 加强相关培训教育。有目的的培训与教育，能够使组织成员系统地接受组织的价值观并强化员工的认同感。

3. 提炼定格

组织价值观的形成不是一蹴而就的，必须经过分析、归纳和提炼方能定格。

① 精心分析。在经过群众性的初步认同实践之后，应当将反馈回来的意见加以剖析和评价，详细分析和比较实践结果与规划方案的差距，必要时可吸收有关专家和员工的合理意见。

② 全面归纳。在系统分析的基础上，进行综合化的整理、归纳、总结和反思，去除那些落后或不适宜的内容与形式，保留积极进步的形式与内容。

③ 精练定格。把经过科学论证的和实践检验的组织精神、组织价值观、组织伦理与行为，予以条理化、完善化、格式化，再经过必要的理论加工和文字处理，用精练的语言表述出来。

4. 巩固落实

要巩固落实已提炼定格的组织文化首先要建立必要的制度保障。在组织文化演变为全体员工的习惯行为之前，要使每一位成员在一开始就能自觉主动地按照组织文化和组织精神的标准去行动比较困难，即使在组织文化业已成熟的组织中，个别成员背离组织宗旨的行为也是经常发生的。因此，建立某种奖优罚劣的规章制度十分必要。其次，领导者在塑造组织文化的过程中起着决定性的作用，应起到率先垂范的作用。领导者必须更新观念并能带领组织成员为建设优秀组织文化而共同努力。

5. 在发展中不断丰富和完善

任何一种组织文化都是特定历史的产物，当组织的内外条件发生变化时，组织必须不失时机地丰富、完善和发展组织文化。这既是一个不断淘汰旧文化和不断生成新文化的过程，也是一个认识与实践不断深化的过程。组织文化由此经过不断的循环往复以达到更高的层次。

六、跨文化管理

管理具有"开放系统"的特点，受到社会文化背景的影响。20世纪90年代以来，伴随着知识经济全球化进程，跨国公司以及企业国际化经营蓬勃兴起。可是不同民族文化之间的世界观、价值观以及伦理法规都存在很大的差距，因而人们的消费模式与行为方式和管理思想也不尽一致。企业的经营管理超出了原有的文化边界，企业在从事跨国跨地区经营活动时都不约而同地遇到了同样的问题——跨文化管理。

跨文化管理又称交叉文化管理，就是在跨国经营中对不同种族、不同文化类型、不同文化发展阶段的公司所在国的文化采取包容的管理方法。在不同形态的文化氛围中，企业设计出切实可行的组织结构和管理机制，克服异质文化冲突，在管理过程中寻找超越文化冲突的企业目标以维系不同文化背景下成员共同的行为准则，创造公司独特文化，从而最大限度地发挥企业资源与潜力，形成卓越有效的管理过程，实现企业目标。

复习思考题

1. 为什么要进行组织变革？
2. 组织变革会遇到哪些阻力？这些阻力来自何处？如何克服？
3. 简述组织变革的内容。
4. 什么是组织文化，有哪些方面的特征？
5. 简述组织文化由哪几个层次构成？
6. 组织文化的功能有哪些？

案例

案例 10-1　　　　　　　　组织流程再造

坐落于美国康涅狄格州老格林尼治市的 IBM 信贷公司是蓝色巨人 IBM 的全资子公司，其主要业务是为 IBM 公司的计算机销售提供融资服务，这是一个很营利的项目,而且融资的风险很小,但是,这种小额信贷的经济效益则主要取决于人均业务量。

早期,公司的经营状况并不好。他们按传统的劳动分工理论进行设计了生产流程。如图1所示。

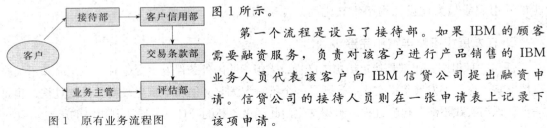

图1　原有业务流程图

第一个流程是设立了接待部。如果IBM的顾客需要融资服务,负责对该客户进行产品销售的IBM业务人员代表该客户向IBM信贷公司提出融资申请。信贷公司的接待人员则在一张申请表上记录下该项申请。

第二个流程是设立了客户信用部。申请表被送到楼上的客户信用部,专业人员通过计算机系统审查申请人的资金信用情况,并签署审查意见。

第三个流程是设立了交易条款部。根据申请人的具体情况对公司的标准贷款协议进行补充和修改,把一些特殊条款附加在申请表上。

第四个流程是设立了评估部。评估部根据以上信息,借助计算机系统初步确定向客户征收的贷款利率,确定建议利率后呈交给业务主管审批。

第五个流程是业务主管把所有的信息综合起来,形成最终的报价单。

第六个流程是报价通过销售业务代表通知客户。

使用这个流程设计每份贷款申请表无论业务大小、贷款金额多少,完成整个业务流程平均需要一周的时间,甚至有时需要两周时间。而且,在申请表进入流程后就完全与销售业务代表无关,销售业务代表也就无法清楚了解其流程。从市场销售的立场来看,这样的流程需要的时间实在太长了。客户可能会去寻找其他融资渠道,致使IBM信贷公司失去一笔贷款业务。更为严重的后果是,客户可能因为对融资服务的不满而放弃与IBM的合作,转而与竞争对手公司进行交易,尤其是小订单的客户。

IBM信贷公司在发现流程设计存在的问题后,取消按劳动分工设立的业务流程部门,设立"交易员"岗位,每笔业务从头到尾的全部工作都由一个"交易员"负责。同时,开发出适应新要求的计算机支持系统和专家小组支持"交易员"的工作。在绝大多数情况下,"交易员"在计算机系统的支持下完成工作,在"交易员"遇到确实很棘手的问题时,则可以从专家小组那里得到帮助,或者将这些特殊项目移交给专家解决。IBM信贷公司为了支持交易员的工作,还开发了一套新的、内容复杂的计算机系统。在多数情况下,这套系统能向交易员提供所需要的工作上的指导。在遇到问题时,交易员还能得到审核信用、核定利率等方面专家的帮助。即使在这种情况下,也不需要公文履行,因为交易员和专家是在一起工作的。

在业务流程重组后,IBM信贷公司为普通客户提供融资服务的平均周期缩短了90%(由原来的一周压缩到4小时),他们的业务量增加了几十倍。流程再造后的业务流程如图2所示。

在原有的业务流程中可以发现，公司每一个工作人员在处理分工业务范围内每一份申请所需的时间都不长，整个一份申请的累计实际处理设计，即使加上各个部门重复花费计算机系统输入和查询上的时间，总共也只需要一两个小时，其他的时间都消耗在了部门之间的表格传递和等待传递上。可以清楚地看出：问题不在于单一的任

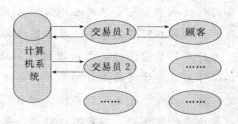

图 2　流程再造后的业务流程图

务和执行这些任务的工作人员，而在于流程本身。原先的流程设计是建立在传统的劳动分工理论之上，并假设每一次交易请求既独特而又复杂，因而需要 4 个训练有素的专业人员分工进行处理，实际上，这种假设在现实应用中是错误的，因为大多数客户贷款申请是简单和明确的，当 IBM 信贷公司的高级管理人员仔细观察各专业人员所从事的工作时，他们发现其中的大多数人员都是不同程度的例行手续。比如，在一个数据库中查找借方的信用等级，在一张标准表格中填上数字，从一份文件中抽出几条特殊的条款等。这些任务的绝大多数并不需要训练有素的专业人员分工进行处理，只要一台使用方便并能够提供全部所需数据与工具的计算机即可，在计算机系统的帮助下，只要一个经过一定程度系统训练的人就可以单独完成整个流程的工作。

重新设计业务流程，要求企业决策者和全体员工彻底摆脱原有的思维方式，要不受现有部门和工序分割的限制，把流程设计得简单和直接。新的流程设计从根本上节约了贷款核实与发放的整个流程，大大提高了工作效率。

（资料来源：于斌编著. 组织理论与设计. 北京：清华大学出版社，2012.5）

案例讨论：

1. 为什么流程再造会给 IBM 信贷公司带来更高的效率？
2. 请了解建筑信息模型（BIM），将导致建筑业产生怎样的变革？

案例 10-2　　　　　　　　Zara——时尚的潮流

　　Zara（飒拉）是西班牙 Inditex 服装公司 9 个子品牌中最出名的旗舰品牌，堪称"时装行业中的戴尔电脑"，在世界各地 56 个国家内，其设立两千多家的服装连锁店。Zara 深受全球时尚青年的喜爱，设计师品牌的优异设计、低廉价格让平民拥抱 High Fashion。

　　Zara 的设计师们不断地追踪顾客的偏好并向内部和外部供应商订货。他们每年大约设计 11000 种独特的款式，数以千计颜色、质地和尺寸有别的产品种类，相比之下它们的主要竞争对手只有 2000~4000 种。该公司的生产是以小批量进行的，对新潮最敏感的款式采用垂直统一生产。Zara 公司采取"快速、少量、多款"的品牌管理模式，在保持与时尚同步的同时，通过组合开发新款式，快速地推出新产品，以实现快速设计、快速生产、快速出售、快速更新。

　　Zara 的高层管理部门强调设计部门并非由一些艺术大师来主导，而是根据很大众化并关注适合大众市场日常生活中的潮流文化来设计。Zara 每年创造基本的产品系列，主

要针对秋冬季和春夏季的旺销期。Zara 的设计师们出席巴黎、纽约、伦敦和米兰的商品展览会和成衣时装发布会，参考高档品牌产品目录，在每年开始前 9 个月就与店长一起着手进行产品草图设计，之后设计师们选择布料和其他材料，同时确定产品系列的基本价格，作为下一步样品设计的基础。样本被加工后送至原料采购和产品推广人员手中，之后进入筛选过程。等系列产品汇集过来，原料采购人员要判断生产需要，决定某个款式需要内包还是外包生产，制定时间计划以保证最新的产品系列能在销售期开始就摆到店里。

Zara 在西班牙拥有 22 家工厂，其所有产品的 50% 是通过自己的工厂来完成的，但是产品究竟是由自己生产还是外包出去，这个决定是由生产计划和采购人员共同做出的。选择的标准有：产品需求的速度和市场专家的意见，成本效益原则，工厂的生产能力，Zara 自己裁剪原材料，缝制工作全部交给承包商。承包商通过与 Inditex 集团下属的公司合作，自己去收集、运输裁剪后的布料。承包商把衣服缝制好以后，再送回原来的裁剪工厂，在那里烫平并接受检查。产品最后用塑料袋包装好，贴上相应的标签，然后送到物流中心。

所有的产品都是通过拉科鲁尼亚的物流中心发送出去的，该中心有 5 层楼高，建筑面积超过 50000 平方米，运用非常成熟的自动化管理软件系统，这个系统大部分是由 Zara 或 Inditex 的员工开发出来的。中心的员工有 1200 人，每周通常运作 4 天，运送的货物的数量依需求而定。通常在订单收到后，8 个小时以内就可以装船运走。

Zara 的产品包括服装、鞋、箱包、围巾、珠宝和最新的护肤品和化妆品，在重要地段的高端商店以相对较低的价格出售，吸引了大量关注时尚的老顾客。大约四分之三的陈列商品每三四周更换一次，这期间的平均时间间隔也符合 Zara 顾客平均每年光顾连锁店 17 次的估算值，而竞争对手的连锁店顾客光顾次数的平均值为每年三四次。

Zara 公司独特、创新、追求效率和高度动态的企业文化使公司成员形成了较为统一的价值观和行为方式，从而形成了良好的资源整合及核心能力，获得了持续的成功。

(资料来源：于斌. 组织理论与设计. 北京：清华大学出版社，2012.5)

案例讨论：
ZARA 文化有哪些特点？对公司自身成功起到什么作用？

第十一章

领导

千军易得,一将难求。　　　　　　　　　　　　　　　——元朝 马致远

其身正,不令而行;其身不正,虽令不从。　　　　　——孔子《论语·子路》

没有垮不了的企业,没有沉不了的船。一切要靠人的努力,职工要付出3倍努力,干部要付出10倍努力。　　　　　　　　　　　　　——日本东芝总经理　土光敏夫

视卒如婴儿,故可与之赴深溪;视卒如爱子,故可与之俱死。　　——《孙子·地形篇》

杰出企业家——张瑞敏

张瑞敏,全球著名企业家,创建了全球家电第一品牌海尔,现任海尔集团董事局主席、首席执行官。因其对管理模式的不断创新而受到国内外管理界的关注和赞誉。世界一流战略大师加里·哈默评价张瑞敏为互联网时代CEO的代表。

1984年,张瑞敏临危受命,接任当时已经资不抵债、濒临倒闭的青岛电冰箱总厂厂长。30年创业创新,张瑞敏始终以创新的企业家精神和顺应时代潮流的超前战略决策引航海尔,持续发展。2014年,海尔集团全球营业额2007亿元。根据世界权威市场调查机构欧睿国际(Euro monitor)发布2014年全球大型家用电器调查数据显示,海尔大型家电零售量第六次蝉联全球第一,并首次突破两位数的市场份额增长。

在海尔持续创新不断壮大的过程中,张瑞敏确立的以创新为核心价值观的企业文化发挥了重要作用。在管理实践中,张瑞敏将中国传统文化精髓与西方现代管理思想融会贯通,"兼收并蓄、创新发展、自成一家",从"日事日毕、日清日高"的OEC管理模式,到每个人都面向市场的"市场链"管理,张瑞敏在管理领域的不断创新赢得全球管理界的关注和高度评价。"海尔文化激活休克鱼"案例被写入美国哈佛商学院案例库,张瑞敏也因此成为首位登上哈佛讲坛的中国企业家。

> 张瑞敏认为，没有成功的企业，只有时代的企业，所谓成功只不过是踏准了时代的节拍。在互联网时代，张瑞敏的管理思维再次突破传统管理的桎梏，提出并在海尔实践互联网时代的商业模式——人单合一双赢模式，让员工在为用户创造价值的过程中实现自身价值；通过搭建机会公平、结果公平的机制平台，推进员工自主经营，让每个人成为自己的CEO。西方管理界和实践领域对海尔和张瑞敏的创新给予了较高评价，认为海尔推进的创新模式是超前的。2012年12月，张瑞敏应邀赴西班牙IESE商学院、瑞士IMD商学院演讲人单合一双赢模式，收到热烈反响。因其在管理领域的创新成就，张瑞敏获得"全球睿智领袖精英奖"、"IMD管理思想领袖奖"，并荣获"亚洲品牌永远精神领袖奖"。2015年，作为唯一受邀的中国企业家，在第七届德鲁克全球论坛上发表演讲；2015年11月，张瑞敏荣获Thinkers50杰出成就奖之"最佳理念实践奖"（Ideas into Practice），并入选了"2015年度Thinkers50榜单"，是唯一同时获得两个奖项的中国企业家。
>
> （资料来源：根据网络信息整理）

管理的组织职能，是对组织的资源进行配置。但如何让它们运作起来，需要通过管理的领导职能完成。管理中的领导职能是关于组织中人的问题的基本职能。组织是由人组成的，组织目标的实现要依靠组织全体成员的努力。一个有效的领导者能够影响其属下，使他们在现有的技能、才智和技术的水平下做出最高水平的成效。而配备在组织机构各种岗位上的人员，由于各自的个人目标、需求、偏好、性格、素质、价值观及工作职责和掌握信息等方面存在着很大差异，在相互合作中必然会产生各种矛盾和冲突。因此就需要有权威的领导者进行领导，指导人们的行为，沟通人们之间的信息，增强相互的理解，统一人们的思想和行动，激励每个成员自觉地为实现组织目标共同努力。在这一章中，我们将分析和介绍领导的性质和作用；领导方式及其理论，以及如何提高领导艺术。

第一节 领导概述

一、领导的含义

"领导"一词，有两种词性含义：一种是名词属性的"领导"，即"领导者"的简称；二是动词属性的"领导"，即"领导"是"领导者"所从事的活动。

作为名词，领导（Leader）即领导者，是指在实现目标的过程中，能够影响他人、引导他人、获得他人信任和忠诚并拥有管理权的人或集团。领导者可以分为领导个体和领导团队。从毛泽东、拿破仑、邓小平到韦尔奇、比尔·盖茨、李嘉诚、柳传志、张瑞敏这些人都可以称之为领导个体；从政治局常委到企业的领导班子再到高校的学生会，这些都可以称之为领导团队。

作为动词,领导(Leading)即领导工作或领导职能,它是一个工作过程。关于领导职能,国外心理学家和管理学家各有不同见解。加里·约翰斯认为领导出现于特殊个人对他人施加影响的时候,既包含地位差别,也包含角色差别;斯托格第尔则认为,领导是对组织内群体或个人施加影响的活动过程;卡恩则解释为,在机械地服从组织的常规指令外额外施加的影响力;海曼和施考特认为,领导是一项程序,使人在选择目标及达成目标过程中接受指挥、引导和影响;孔茨认为,领导的本质就是被追随。

如果用一个简单的表述来概括,领导就是在权力支撑的基础上实施引导、激励、沟通和营造氛围的工作,以便能够影响员工的行为,促使他们共同努力去完成组织的目标。这一概念包括以下三层含义。

① 领导活动是基于领导者和被领导者之间的不平等身份而形成的领导——被领导关系,这种关系的基础是组织中的等级制度,即组织层次。

② 领导的基础是权力。即拥有权力的人领导没有权力的人,权力大的人领导权力小的人。

③ 领导活动的目的是实现组织目标,即为了实现目标才需要领导。

二、领导的要素

领导是一种活动,是领导者领导被领导者实现组织目标的活动过程。这一活动过程由三个基本要素构成,即领导者、被领导者和权力。

(一)领导者

领导者是构成领导活动的第一要素,在领导活动过程中居于主导地位,起主导作用。领导者不是站在群体的后面而是前面,是引导者和带领者。领导活动的质量有赖于领导者自身的能力与素质。成功的领导首先靠的是领导者有效地运用权力的能力及能够了解并去激励人们。"火车跑得快,全靠车头带";"兵熊熊一个,将熊熊一窝",都是对领导者作用的生动写照。

(二)被领导者

被领导者在领导活动中居于从属的地位,受领导者的领导。但他绝不是完全"被动的"。被领导者在领导活动中也是一种能动的要素,它是领导活动的基础。被领导者自身素质和水平制约着领导活动和领导目标的实现。一个乐队的水平不仅表现在指挥的水平同时也表现在乐手的水平。"水可载舟,亦可覆舟",在一定条件下,被领导者也可能成为领导活动的决定因素。领导活动是被领导者对领导者的一种追随关系。人们之所以追随某人,是因为他能帮助人们实现欲望或满足需要或能为人们提供实现目的的手段。当人们的愿望改变或领导不能再提供帮助时,这种追随关系即行消除,因而也就不再存在领导活动。

（三）权力

权力是领导关系形成和存在的基础。领导之所以能够领导被领导者，是因为他手中有权。领导者的权力来源有两种：一是正式的、组织授予的职权，包括法定权力、奖励权力、强制权力，这种权力是与职位相联系的；二是来源于领导者个人的权力，包括专长权和个人影响权，这种权力是与领导者个人相联系的，它既是获得职权的基础，又是加强职权的保证，是真正的领导者不可或缺的。

三、领导与管理

从表面上看，领导与管理似乎没有什么差别，人们也常常容易将二者混淆。实际上，两者是有本质区别的。

（一）二者的共性

① 从行为方式看，领导和管理都是一种在组织内部通过影响他人的协调活动，实现组织目标的过程。

② 从权力的构成看，两者也都是组织层级的岗位设置的结果。

（二）二者的区别

① 从本质上说，管理是建立在正式的、组织授予的职权基础上，即建立在法定权力、奖励权力和强制权力基础上；领导则是建立在非正式的权力基础上，即靠专长权和个人影响权引导下属。

② 从行为方式的作用对象来看，行使管理职权的人称为管理者，但管理者的本质是被任命的。相比之下，作为行使领导职权的领导者，则既可以是任命的，也可以是从某个群体中产生出来的。如梅奥20世纪30年代在霍桑实验的研究中指出的非正式群体的头领。所以，领导者也可以不运用正式权力来影响他人的活动。

③ 可能存在领导和管理两者相分离的情况。领导发挥作用，离不开被领导者的追随和服从，它取决于追随者的意愿。因此，有些具有职权的管理者可能没有部下的服从，也就谈不上真正意义上的领导者。同时，并不等于说所有的领导者必然具备完成其他管理职能的能力，一个人能影响别人这一事实，并不表明他具有组织运行及其岗位要求的管理能力，如计划、组织、控制以及创新等。管理学意义上的领导者，是那些能够影响他人并拥有管理的制度权力的人。表11-1概括了领导和管理之间的区别。

表 11-1 领导和管理的区别

领 导	管 理	领 导	管 理
注重人	注重制度和组织	有远见卓识	理性
喜欢变革创新	喜欢守成	从变化莫测的问题中理出头绪	把复杂问题秩序化、程序化
激发潜能	依赖控制	指明目标和方向	很强的执行力迅速完成目标

四、领导者与管理者

实施领导行为的人称为领导者,而管理活动的主体是管理者。那么,领导者与管理者之间有什么区别与联系?按照人们一般的观念,领导者是与权力及在组织中的地位联系在一起的。领导者与被领导者之间,是上级与下级之间的关系。而管理者却是与组织中的分工不同联系在一起的。管理者与被管理者之间,只是组织中分工不同的协作劳动关系而已。这种认识实际上只正确了一半。即领导者除了以其在组织中的地位和所拥有的权力从事领导活动外,还应以其个人的能力和素质为基础从事领导活动。所以领导者与被领导者之间,并不只存在着上级与下级之间的关系。而管理者所从事的活动固然是组织的各种专业化活动中的一种,但是,管理者所从事的管理活动除了要以管理者本人的能力和素质为基础外,更多的还要以其所拥有的各种合法的奖惩权力为基础。

从以上分析可以看出,领导者必然是管理者,而管理者却不一定是领导者。如企业中的厂长、车间主任,学校中的校长,政治运动的领袖,他们都是领导者,也都是管理者;而企业中各个职能管理部内的管理人员(如计划部门的管理人员)、学校中各个职能管理部门的管理人员(如教务处的教学管理人员),他们是管理者,但却不是领导者。

菲德勒对这个问题也提出了自己的看法:"领导是管理的一部分,而不是其全部。例如,要求管理者进行计划与组织,而要求领导者的全部工作则是他们要影响别人来跟随他……领导是一种说服别人热忱地追求已确定目标的能力。它是把群体团结起来,并把它推向目标的人的因素…它是把组织及其人们的一切潜力发挥出来使之成功的最终行动。"

五、领导的地位和作用

我国有句古话:"千军易得,一将难求。"领导者对于组织如此重要,原因在于两方面:一方面领袖的魅力、预见力和洞察力是组织成长、变革和发展最关键的因素之一;另一方面领导职能在管理的各项职能中也起着核心作用,领导的好坏直接关系着组织的生死存亡。我国历史上著名的"贞观之治"、"康乾盛世"都分别与唐朝李世民、清朝康熙和乾隆的卓越英明的领导能力有着直接的关系;而晚清统治者的昏庸无能则直接导致了中国近代百余年的忍凌受辱的历史。1984年青岛电冰箱厂曾经年亏损百万余元,濒临倒闭,张瑞敏临危受命,如今的海尔集团已经成为蜚声海内外的国际知名企业。这方面的实例举不胜举,充分说明了领导和领导职能对于一个国家、一个企业的健康发展所起到的举足轻重的作用和贡献。

领导的作用归纳起来主要有以下三个方面。

(一)指挥作用

在组织活动中,为保证组织正常运行,围绕组织目标实施情况,需要有头脑清醒、胸怀全局、能高瞻远瞩、运筹帷幄的领导者,帮助成员认清所处的环境和形势,指明组织活动的目标和达到目标的途径。领导者只有站在群众的前面，用自己的行动带领人们为实现企业目标而努力，才能真正起到指挥作用。

（二）协调作用

在组织系统中，即使有了明确的目标，但由于组织成员中，个人的才能、理解能力、工作态度、进取精神、性格、作用、地位等不同，加上外部各种因素的干扰，人们在思想认识上发生各种分歧，行动上出现偏离目标的现象是不可避免的。因此，就要求领导者来协调人们之间的关系和活动，把大家团结起来，朝着共同的目标前进。

（三）激励作用

组织中，领导者要研究和采纳各种激励手段、方法，最大限度地组织成员的个人目标与组织目标基本趋同一致，充分调动组织成员的工作积极性。

六、领导者的权力构成

领导和权力之间有着非常密切的关系，权力是影响领导者与被领导者之间的一种重要力量。

领导者的权力，根据其来源划分，主要由两方面构成：一种是正式权力；另一种是非正式权力。

（一）正式权力

正式权力来源于组织中的地位，通常与职位有关，并由法律、规章制度明文规定，因此往往也被称为职权。一旦领导者失去了在组织中的正式职位，这种权力就会随之消失。正式权力包括：法定权力、奖赏权力和惩罚权力。

1. 法定权力

法定权力是由组织机构正式授予领导者在组织中的职位所获得的，领导者享有依权发布指示、命令，指挥他人并促使他人服从的权力。法定权力的作用基础是职位的权威性，凡是拥有正式职权的领导者都拥有一定的法定权力。例如，在封建制度和奴隶制度下，奴隶主和皇亲贵族依法享有奴役他人、不劳而获的权力；在现代企业中，一个经理远比一个车间主任、班组长说话有威力、有分量，这些都是以法定权力为基础的。

2. 奖赏权力

奖赏权力是一种建立在良好希冀心理之上的权力，是领导者为了肯定和鼓励某一行为，而借助物质或精神的方式给予员工强化和刺激。奖赏的方式很多，包括工资、奖金、晋升职务、分配理想工作、改善工作条件、提供培训机会、给予各种荣誉称号等。奖赏权力建立在利益性遵从的基础上，当下属意识到服从领导的意愿可以得到更多的物质或者非物质利益的满足时，往往会自觉自愿地接受领导，领导者因此也就享有了一定的权力。

3. 惩罚权力

惩罚权力又叫强制权力，是领导者对下属在精神或者物质上施加威胁、强行要求下级服从的权力。这种权力更多地表现为负强化和惩罚。惩罚的方式也有很多种，包括降薪、扣发奖金、降低待遇、降职、免职、调换工作岗位等。当下属意识到违背领导的意愿会导致精神或物质利益的损失时，往往会被动地服从领导指挥和调度。

（二）非正式权力

非正式权力不是外界授予的，与正式职位无关，它主要与领导者的个人条件和特质有关，来源于领导者的人格魅力、独特的吸引力、丰富的经验和专长等。非正式权力包括专长权和感召权。

1. 专长权力

专长权力是指由于领导者具有较高的智力、渊博的知识或杰出的专业技能而获得下属的尊重与佩服，从而在工作中引发下属的信任和依赖，产生一言九鼎的影响力。

2. 感召力

感召力是指由于领导者高尚的品德修养、超凡的个性魅力、优良的品格作风等在组织成员中形成的亲和力、感染力和向心力。领导者的这种品质特征会引发下属的敬佩、信赖、支持，而领导者的个人魅力往往会赢得下属的忠诚、效仿、追随。

第二节 领导方式及领导理论

自从19世纪30年代以来，西方的很多学者从不同角度研究了有关领导的理论，从此，对领导的研究成为管理理论的一个重要组成部分。领导理论的发展和管理理论的发展是密切相关的，管理理论从传统的、封闭的思想发展到现在权变的、开放系统的思想，使领导理论从简单的性格研究发展到以菲德勒为代表的权变理论。按照提出这些理论的时间顺序，现有的领导理论大致可以归纳为三种典型的领导理论，即特质理论（或称性格理论）、行为理论和权变理论。

一、领导特质理论

特质理论（Trait Theory）又称性格理论，主要是通过研究领导者的个性特征、生理、智力及社会因素等方面来研究领导者特有的品质，或预测具有怎样性格特征的人才能成为有效的领导者。特质理论研究从19世纪末开始，到20世纪六七十年代，形成了众多理论观点和假设。

领导者在领导过程中应如何才能做好本职工作呢？或者说一个好的领导者应该具备哪

些条件呢？从古至今一直有人做出种种尝试。他们的逻辑是，个人品质或特征是决定领导效果的关键因素。通过比较和分析，可以确定哪些品质或特征是一个好的领导者所必备的。当判断或预测一个人能否是一个好领导时，只要看他是否具备哪些特定的品质和特征。根据这些品质和特征的来源不同，可以分为传统的领导特性理论和现代的领导特性理论。前者认为领导者的品质是天生的，与后天的培育、训练和实践无关，因而传统的特性理论也称为伟人说；后者认为领导者的品质和特征是在后天的实践环境中逐步培养、锻炼出来的。

（一）传统的特质理论

究竟哪些品质是一个好的领导者所必须具有的呢？早期一些管理学家和心理学家试图区分领导者与被领导者，从而分离出领导特质。他们以领导者的个性、生理或智力等因素为观测点，企图制定出有效领导者的标准，以之作为选拔领导者的依据。该研究一般从以下5个方面入手。

① 生理特质，如领导者的高度、体重、体格健壮程度、音容笑貌和仪态举止等；
② 个性特质，如自信、热情、外向、正直、负责、勇敢、魅力、独立性和自制力等；
③ 智力特质，如领导者的记忆力、判断力、逻辑能力及反应灵敏程度等；
④ 工作特质，包括责任感、首创性和事业心等；
⑤ 社会特质，包括沟通能力、指挥能力、协调能力、控制能力、人际关系等。

传统特质理论认为，领导者的素质是与生俱来的，不具备天生领导素质的人不能当好领导者。古希腊亚里士多德就持这种观点，循着这种思路进行研究的有美国心理学家吉伯（C. A. Gibb）等。吉伯于1869年提出天才的领导者应具备以下7种天生的素质：善言辞、外表英俊潇洒、智慧过人、具有自信心、心理健康、有支配他人的倾向、外向而敏感。

在早期众多的理论和假说中，下面主要介绍斯托格迪和巴纳德的特质理论观点。

1. 斯托格迪的特质理论

斯托格迪认为，与领导才能有关的品质有很多，包括5种身体特征（精力、外貌、身高、年龄、体重），4种智能特征（果断性、说话流利、知识渊博、判断分析能力强），16种个性特征（如适应性、进取性、自信心等），6种与工作有关的特征（职业成就、创造性等），9种社会特征（如合作性、人际关系等）。

斯托格迪通过大量调查总结研究领导者的品质特征。他发表的第一个调查研究（1904—1948年）报告中，通过分析研究124个特质，确定了一组重要特质，他认为各种群体中的某些人为什么会成为领导者与这些重要特质有关。其研究结果表明，担任领导角色的人与一般人在以下几个方面表现出很大的差异：智力水平、应变能力、洞察力、责任感、创新精神、坚韧性、自信心、社会交往能力。斯托格迪的第一个调查结果同时也说明，一个人能不能成为领导者，并不仅仅取决于他（她）是否具备某些特质，同时还要看这些人所具备的某些特质是不是与当时的情境有关。

斯托格迪在1974年发表了他的第二个调查研究（1948—1970年）报告。他的第二个调查研究报告又分析了163个新的研究，并与第一个调查研究报告进行了比较。第二个调查研究报告对领导行为和领导者的特质做了比较均衡的描述。他曾在第一个调查研究中指出，领导行为主要是由情境因素决定的，而非个人因素。但是在第二个研究结果中，他则认为特质因素和情境因素两者都与领导行为有着十分重要的关系。从根本上讲，第二个调查研究证实了前面提出的特质理论，即领导者的特质的确是影响领导行为的一个重要因素。

与第一个调查研究相似，斯托格迪的第二个调查研究也确定了与领导行为具有密切联系的特质。他认为领导者应有10个方面的素质：才智、强烈的责任心和完成任务的内驱力、坚持追求目标的性格、大胆主动的独创精神、自信心、合作性、乐意承担决策和行动的后果、能忍受挫折、社交能力和影响别人行为的能力、处理事务的能力。

2. 巴纳德的特质理论研究

巴纳德认为，环境和组织对领导者影响极大，但领导者的个人品质毕竟是第一位的，起决定作用。他提出作为领导者应该具备的基本品质有以下几点。

（1）活力和忍耐力

这是领导者应具备的基本品质。活力和忍耐力不应同身体健康混为一谈，许多人身体健康，但缺少活力——充沛的精力，机警的头脑，能动精神或忍耐力；反之，有的人健康不佳，甚至疾病缠身，却有惊人的活力和忍耐力。活力和忍耐力之所以成为领导者必备的重要品质，其理由是显而易见的：第一，这种品质有助于获得难能可贵的经验和知识；第二，活力是产生个人魅力不可或缺的因素，如西奥多·罗斯福总统的艰苦奋斗精神以及富兰克林·罗斯福总统在竞选活动中所表现出的巨大毅力，都曾对公众产生极大的吸引力和影响；第三，领导者有时需要长时间地连续工作，经历紧张的时刻，缺少活力和忍耐力将意味着领导的中断。

（2）当机立断

做出决定的能力是领导的重要因素。决断有时被看作是不恰当地使用权威，甚至与滥用权威相提并论，这是错误的。领导需要及时做出正确的决断。犹豫不决，丧失时机，一环失灵，会影响更重要的决策过程，使整个组织的行动归于失败。

（3）循循善诱

要说服人首先要理解人。这包括理解别人的思想观点，设身处地考虑别人的利益和有关情况。作为领导者，如果缺乏这种素质，他身上的其他优点和特点也很难得到充分的发挥。

（4）责任心

责任心是领导者应具有的基本的、重要的品质。领导者是否具有强烈的责任心，对被领导者的影响极大。马马虎虎、反复无常、不负责任的人很少能取得成功。

(5) 智力

巴纳德有意识地把智力排在领导各因素的第五位，即列在活力、决断、循循善诱和责任心之后，这是因为许多重要品质，如精力充沛、当机立断的能力、强烈的责任感和使命感，都属于非智力和下意识的范畴。领导人对自己是否具有这些品质也不很清楚，正如一个人听不见自己说话的声音，看不见自己脸部的表情一样。但是，作为成功的领导人，对于自己身上的这种品质又必须要有强烈的自我意识，这样才能充分地发挥这些优点和特点。当然，这绝不是说智能不重要。当一个人已经具备充任领导的其他条件时，他的智能高低就显得重要了，特别是在现代技术条件下。可以预见，未来的领导者必须是在智能上胜任的人。

这些研究表明，作为一名优秀领导人必须在多个方面具有比常人更强的能力和更好的品格。这些标准可以用于领导者的选拔和考核。然而，特质理论单纯从领导的特质来解释领导者的行为有效与否显然具有片面性，理由也不充分，所以很难得出令人信服的结论。具备恰当的特质只能使个体更有可能成为有效的领导者，但他还必须采取正确的领导行为。

(二) 现代特质理论

20世纪70年代以来，人们逐步认识到领导者的个性特征是在实践中形成的。因此，现代特质理论家的研究一般从两个方面着手：一是采用心理测量法对领导者的气质、性格、行为习惯进行测验，并通过心理咨询得以矫正或治疗；二是根据现代企业的要求提出评价领导者素质的标准，并通过专门的方法训练、培养有关素质。一般认为，前一种研究主要注意领导者素质与遗传因素的关系，因而比较注重领导者素质的测量和改善；后一种研究主要注意后天的环境因素对领导者素质的作用，因而比较重视领导者素质的培养。

1. 美国心理学家吉赛利的研究

吉赛利（E. Chiselli）在20世纪60年代指出领导者特质与领导效率有关，凡自信心强而魄力大的领导者，成功几率较大。70年代，他采用语义差别量表测定领导者的素质，并对结果进行因子分析。他得出的领导者素质可分为管理能力、智力、创造力三大类，共十三种特性，以及这些特性在领导才能中体现的价值，他的研究结果如表11-2所示。括号中的A表示能力特征，P表示个性特征，M表示激励特征。其中，重要性价值：100＝最重要，0＝没有作用。

表11-2 领导个人特征价值

重要程度	重要性价值	个人特征
非常重要	100	督察能力(A)
	76	事业心、成就欲(M)
	64	才智(A)
	63	自我实现欲(M)
	62	自信(P)
	61	决断能力(P)

续表

重要程度	重要性价值	个人特征
中等重要	54	对安全保障的需要少(M)
	47	与下属关系亲近(P)
	34	首创精神(A)
	20	不要高额金钱报酬(M)
	10	权利需求高(M)
	5	成熟程度(P)
不重要	0	性别(男性或女性)(P)

2. 美国管理学家德鲁克的研究

德鲁克在《有效的管理者》一书中指出了可以通过学习掌握的五种有效领导者的特性：①知道时间该花在什么地方，时间永远是短缺的，领导者支配时间常处于被动地位，所以有效的领导者都善于系统地安排与利用时间；②致力于最终的贡献，确定自己的努力方向。他们不是为工作而工作，而是为成果而工作；③善于发现和用人之所长，包括重视发挥自己的、同事的、上级的和下级的长处；④集中精力于关键领域，确立优先次序，做好最重要的和最基本的工作；⑤能做出切实有效的决定，坚持决策"从贤不从众"的原则。

二、领导行为理论

从 20 世纪 40 年代后期开始，研究者开始把目光从领导者的内在特征转向对领导行为、领导环境的研究上。行为理论（Behavioral Theory）认为，领导效能的高低关键取决于领导者的行为方式，而不是领导者的个人品格。该理论主要研究领导者的行为及其对下属的影响，以期寻求最佳的领导行为。行为理论中最有影响力的是领导作风理论、领导连续统一体理论、领导行为的四分图理论、管理方格理论等。

（一）领导作风理论

领导作风理论最早由德国心理学家勒温（Kurt Lewin）提出的，他以权力定位为基本变量，把领导者在领导过程中表现出来的工作作风分为三种基本类型：专制作风、民主作风、放任自流作风（见图 11-1）。

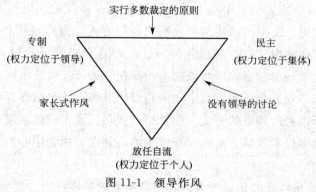

图 11-1　领导作风

1. 专制作风

权力定位于领导者个人手中，靠权力和强制命令让人服从的领导作风。领导者独断专行，不考虑别人的意见，所有决策由领导者自己做出，亲自拟订计划，安排谁来干、怎样干，下属没有参与计划、决策的机会，组织中的工作往往是根据领导者的指示一步一步地进行的，没有长远的工作计划。领导者与下属保持一定距离，没有感情交流，靠行政命令、规章制度严格管理，且以惩罚为主。

2. 民主作风

权力定位于集体，即决策由集体讨论做出。领导者根据下属的能力、兴趣特长安排工作，下属在工作上有较大的选择性和灵活性；领导主要以鼓励和说服方式，而不是单纯用权力和命令方式管理，且以表扬为主；领导者经常与下属进行交流，与下属无心理距离。这种民主型的领导方式能在组织中培养集体的精神，有利于调动组织成员工作的积极性。

3. 放任自流作风

采取这种领导方式的领导者在工作中十分重视下属人员的作用。权力定位于每个人。让下属人员在工作过程中有充分的决策自主权。领导者只是为下属人员提供各种信息资料，而很少对下属人员的工作进行控制和检查。

勒温认为，在实际工作情境中，三种极端的工作作风并不常见，大量的领导人采用的工作作风往往是两个极端类型之间的过渡型或混合型。

为了分析不同领导工作作风的效果，勒温于1939年对一群儿童分别用三种典型的工作作风做实验。其结果是：放任自流的领导作风工作效率最低，只达到社交目标，没有达到工作目标；专制作风虽能完成工作目标，但群体成员的消极态度和对抗情绪较严重，成员间争吵多；民主作风的工作效率最高，不但完成工作目标，而且达到社交目标，成员表现得主动，并显示出较高水平的创造性。

（二）领导连续统一体理论

美国管理学家坦南鲍母（R. Tannenbaum）与施密特（W. H. Schmidt）1958年在《如何选取一个领导模式》论文中提出了领导连续统一体理论，也称为领导情境理论。坦南鲍母和施密特认为，民主与独裁两种极端的领导方式，很难说哪种领导方式是正确的，领导者应当根据具体情况，综合考虑各种因素，如图11-2所示。他们认为领导方式存在着连续性，成功的领导者依据管理对象的不同而在一条延长线的不同点上运作。从完全以领导为中心的低点趋向完全以职工为中心的高点。这种运动、运作存在着一种灵活性，领导者对一些员工可以采取独裁的方式，而对另一些员工则采取民主或参与的方式。他们指出，领导包含多种多样的作风，从以领导者为中心到以下属为中心的各种作风，民主与独裁仅是两个极端的情况。

图11-2的左端是独裁的领导行为，右端是民主的领导行为。之所以形成这两个极端，

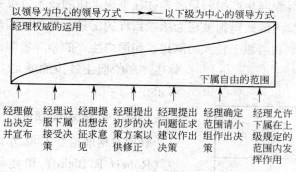

图 11-2 领导连续统一体示意图

首先是基于领导者对权力的来源和人性的看法不同，独裁的领导者认为权力来自于职位，人生来懒惰而没有潜力，因而一切决策均由领导者做出；而民主型的领导者则认为，权力来自于群体的授予和承认，人受到激励能自觉、自治、发挥创造力，因此决策可以公开讨论，集体决策。其次，独裁型领导者比较重视工作，并运用权力，支配影响下级，下级的自由度较小。而民主型领导者重视群体关系，给予下属以较大的自由度。

领导行为连续统一体从左至右，领导者运用职权逐渐减少，下属的自由度逐渐加大，从以工作为重逐渐变为以关系为重。图的下方依据领导者把权力授予下属的程度不同，决策的方式不同，形成了一系列领导方式。因此可供选择的领导方式不是民主与独裁两种，而是多种。

坦南鲍母与施密特认为说不上哪种领导方式是正确的，哪种方式是错误的，领导应当根据具体情况，考虑各种因素选择图中某种领导行为。在这个意义上，领导行为连续统一体也是一种情境理论。

领导连续统一体理论从权力的来源和应用、部属参与决策的程度，来划分出多种领导行为，这对我们研究领导方式是有益的。但是，在图中把独裁和以工作为重，将民主和以关系为重联系在一起并且等同起来；将以工作为重与以关系为重、领导的职权与下属的自由度互相对立起来，而且仅从领导的决策过程、群众的参与程度来划分领导方式，这是不全面的。

（三）领导行为四分图理论

领导行为四分图理论是1945年美国俄亥俄州立大学的学者提出的，他们将领导行为的内容归纳为两个方面，即依赖制度与体谅精神。所谓依赖制度，是指领导者规定他与领导群体的关系，建立明确的组织模式、意见交流渠道和工作程序。所谓体谅精神，是指建立领导者与被领导者之间的友谊、尊重、信任关系。以依赖制度和体谅精神作为两个坐标轴建立平面坐标系来表示4种类型的领导行为：高体谅与高制度、低体谅与低制度、低体谅与高制度、高体谅与低制度。

继俄亥俄州大学之后，密执安大学的管理心理学家也提出了领导行为的两大方面：面向职工与面向生产。面向职工的领导者，重视人与人之间的关系，重视下级的需要，并承认成员的个别差异；而面向生产的领导者，往往重视工作的技术，重视任务，他们主要关心的是完成任务，组织内的成员则被视为达成目标的工具。此外，面向职工的领导者倾向于较高程度的集体生产和给职工较大的满足，而面向生产的领导者则倾向于较低程度的集体生产和给职工较少的满足。其示意图如图11-3所示。

（四）管理方格理论

管理方格理论是1964年由美国管理学者布莱克（Robert R. Blake）和莫顿（Jane S. Moaton）研究提出的是人们最熟悉、最引人注目的领导理论。他们以四分图理论为基础，以企业为例研究组织的5种领导风格。他们用纵坐标表示"对人的关心"，横坐标表示"对生产的关心"，并将两个坐标轴划分为9等份，从1（低）到9（高）的等级来衡量，于是便形成了81种领导方式的"9·9图"。因此，管理方格图适应性较强，准确性也较高。管理方格理论的示意图如图11-4所示。

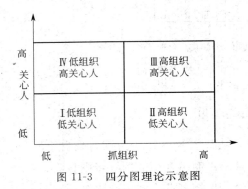

图11-3 四分图理论示意图

在这81种不同的领导方式中，有5种典型的领导方式。

1·1型方式：表示对工作和人都极不关心，这种方式的领导者只做一些维持自己职务的最低限度的工作，也就是只要不出差错，多一事不如少一事，因而称为"虚弱型的管理"。

9·1型方式：表示对工作极为关心，但忽略对人的关心，也就是不关心工作人员的需求和满足，并尽可能使后者不致干扰工作的进行。这种方式的领导者拥有很大的权力，强调有效地控制下属，努力完成各项工作。因而称为"任务型的管理"。

1·9型方式：表示对人极为关心，也就是关心工作人员的需求是否获得满足，重视搞好关系和强调同事和下级同自己的感情。但忽略工作的效果。因而被称为"乡村俱乐部型的管理"。

5·5型方式：表示既对工作关心，也对人关心，兼而顾之，程度适中，强调适可而止。这种方式的领导既对工作的质量和数量有一定要求，又强调通过引导和激励去使下属完成任务。但是这种领导往往缺乏进取心，乐意维持现状。因而被称为"中间型管理"或者"中庸之道管理"。

9·9型方式：表示对工作和对人都极为关心。这种方式的领导者能使组织的目标与个人的需求最有效地结合起来，既高度重视组织的各项工作，又能通过沟通和激励，使群体合作，下属人员共同参与管理，使工作成为组织成员自觉自愿的行动，从而获得高的工作效率，因而被称为"协作型管理"。这种管理方式充分显示在管理过程中，指导与领导工作的作用表现为使组织更有效、更协调地实现既定目标。也就是说，充分调动组织成员的积极性，把个人与组织目标结合起来，形成人人为组织目标的实现而努力的生动活泼的局面。其关键在于如何协调个人与组织的目标。

在这5种类型的管理形态中，布莱克和莫顿认为9·9协作型的领导方式是最理想的，是最有效的管理，其次是9·1型，再次是5·5型、1·9型，最次是1·1型。

管理方格理论给组织的领导提供了理想的模式，具有指导意义。

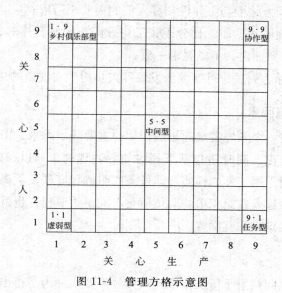

图11-4　管理方格示意图

三、领导权变理论

领导的特质理论和领导的行为理论隐含着一个假设：只要能寻找到或确定一种最佳的领导人性格或最好的领导方法，就能提高领导的成效，即某一理想的领导方式在所有的情况下都有效。上述理论都没有考虑最佳的领导是否适应于所有类型的组织、不同环境下的组织。正是由于对上述领导理论的不足的认识，产生了领导权变理论。

（一）菲德勒的领导权变理论

领导权变理论（Contingency Theory）是由美国著名心理学家和行为学家弗雷德·菲德勒（Fred E. Fiedler）提出的。菲德勒1912年出生于奥地利的维也纳，在美国伊利诺斯大学工作期间发表了《领导效果理论》，菲德勒认为："领导是一种过程，在这个过程中，领导施加影响的能力取决于群体的工作环境，取决于领导者的风格、个性和领导方法对群体的适合程度。换句话说，人们之所以成为领导者，不仅仅由于他们的个性，而且还由于各种环境因素以及领导与环境之间的相互作用。"1967年，菲德勒经过长达15年之久的研究，把人格测验与情境分类结合起来，创建了权变式的领导模型理论。领导权变理论集中研究特定环境中最有效的领导方式和领导行为。该理论认为，没有一成不变、普遍适用的最佳领导方式与方法，在企业管理中领导者应该结合所处的环境特点，采取与之相适应的领导方式与方法，即权变相宜。领导权变理论对后来的领导方式产生了重大影响。

1. 权变领导理论的要点

① 人们参加组织的动机和需求是不同的，采取什么理论应该因人而异；

② 组织形式与管理方法要与工作性质和人们的需要相适应；

③ 管理机构和管理层次，即工作分配、工资分配、控制程序等，要依工作性质、管理目标和被管理者的素质而定，不能强求一致；

④ 当一个管理目标达到后，可继续激发管理人员勇于实现新的更高目标。

2. 三个重要的环境因素

菲德勒总结出了对一个领导者最起影响作用的重要环境因素：①上下级关系，指的是下属对领导人的信任程度，同时还包括下属对领导表现的忠诚以及领导者对下属的吸引力；②任务结构，是指下属工作的性质，即任务的明确程度以及下属对这些任务的负责程度；③职位权力，即领导人在组织中的职位所具有的正式职权，也就是我们在对影响力分类中指出的强制权、法定权和奖励权。

3. 领导方式

菲德勒研究的是不同情景下所应采取的最佳领导方式。为了得出结论，他对领导方式进行了两分法——任务型和关系型领导方式。按照领导者对"你最不喜欢的同事（Least preferred co-worker，LPC）"的回答来测定领导者的风格。若某领导者对其最难共事的同事仍给以好评，则其LPC得高分（即73分以上），那他会被认为是关心人或宽容性的领导者，又叫关系型领导；相反，那些对其最难共事的同事给以较低评价的领导者，LPC得低分（即64分以下），则被认为是以工作为中心的领导者，又叫任务型领导；若LPC得分在64分与73分之间，则为中间型领导。

4. 菲德勒的随机制宜式的模式

利用三维变量、LPC标准和一些研究成果，菲德勒确定出了适用于不同环境的领导风格的类型。菲德勒模型指出，当个体的LPC分数与三项权变因素的评估分数相匹配时，则会达到最佳的领导效果。菲德勒研究了1200个工作群体，对八种情境类型的每一种，均对比了关系取向和任务取向两种领导风格，他得出结论：任务取向的领导者在非常有利的情境和非常不利的情境下工作得更好。也就是说，当面对Ⅰ、Ⅱ、Ⅲ、Ⅶ、Ⅷ类型的情境时，任务取向的领导者干得更好；而关系取向的领导者则在中度有利的情境，即Ⅳ、Ⅴ、Ⅵ类型的情境中干得更好。具体见图11-5。

5. 菲德勒理论的意义

菲德勒区别于以往的研究学者，没有指出一个领导者应该用哪种理想的领导风格，而是指出在哪种情况下某种领导风格能起最好的效用。也就是说，需要因地制宜地来判断哪

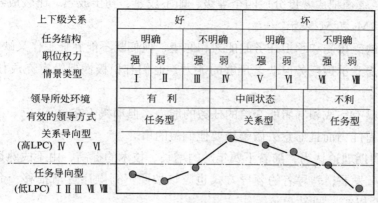

图 11-5　菲德勒的随机制宜式的领导模式示意图

一种领导方式最有效，离开环境因素是无法判断的。

费德勒通过对 1200 个小组的研究，调查了 1200 个团体的领导者，收集了将领导风格与对领导的有利条件或不利条件的三维情境因素联系起来的数据，得出如下结论：在组织情况极有利或极不利时，任务导向型是有效的领导形态；在组织情况一般时，关系导向型是有效的领导形态。

这一理论对怎样补缺与选择领导人员、怎样进行领导者的轮职与调职、怎样操作领导情境因素（调整主管与下级的关系、调整工作结构、调整职权等）、怎样使领导方式与情境因素有效匹配，以及提高领导效能等都有重要意义。

菲德勒又认为，一个领导者的风格是恒定的，不太可能因环境的变化、接受再培训等而有所改变，所以应该改变或创造一种适宜某一领导的环境，建立一个使领导者能够在其中很好地发挥作用的组织环境。他对此还提出了一些建议，如改组下属的组成来改变上下级关系，详细说明工作内容来使任务结构更明确等。

（二）领导生命周期理论

领导生命周期理论由卡曼（A. K. Korman）于 1966 年首先提出，其后由赫塞（Paul Hersey）和布兰查德（Kenneth Blanchard）予以发展。卡曼把俄亥俄州立大学的管理四分图理论和阿吉里斯（Chris Arggris）的"不成熟—成熟"理论结合起来，创造了三维空间领导效率模型。该理论认为，有效的领导行为，应该把工作行为、关系行为和被领导者的成熟程度结合起来考虑，要根据下级不同的年龄、成就感、责任心和能力等条件，采取不同的领导行为。

赫塞和布兰查德认为，成熟度是指人们对自己的行为承担责任的能力与愿望的大小。它包含两个方面的内容：任务成熟度和心理成熟度。任务成熟度是相对于一个人的知识和技能而言的，若是一个人具有无需别人的指点就能完成其工作的知识、经验和能力，那么他的工作成熟度就高，反之则低。心理成熟度与做事的愿望或动机有关，如果一个人能自觉地去做工作，而无需外部的激励，则认为他有较高的心理成熟度。

赫塞和布兰查德把成熟度分成四个等级，即不成熟、初步成熟、比较成熟、成熟。分别用 M_1、M_2、M_3 和 M_4 表示。

M_1：下属缺乏接受和承担任务的能力和愿望，他们既不能胜任工作又缺乏自信。

M_2：下属愿意承担任务但缺乏足够的能力，他们有积极性但没有完成任务所需要的技能。

M_3：下属具有完成领导者所交给的任务的能力，但动机不充分。

M_4：下属有能力而且愿意去做领导要他们做的事。

领导生命周期理论认为，随着下属年龄的增长、技术的提高，由不成熟逐渐向成熟发展，即 M_1 向 M_4 发展，领导者的领导方式也应该按照下列顺序逐渐推移：命令式—说明式—参与式—授权式，见图 11-6。

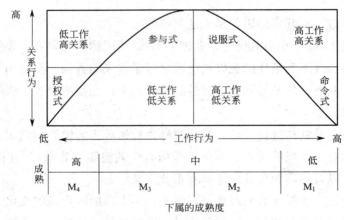

图 11-6　领导生命周期理论示意图

命令式（高工作、低关系）：在下属不成熟的情况下，领导者必须给予下属明确而具体的指导和严格的控制，具体指导下属干什么、如何干和何时干等，强调直接指挥。

说明式（高工作、高关系）：当下属稍成熟时，领导者需要采取高工作、高关系的方式。即领导者自己做出决策，但在决策下达过程中采用说明的方式让被领导者了解所做出的决策，并在决策任务执行中给予指导和帮助。高工作可以弥补下属能力上的不足；高关系可以保护、激发下属的积极性，给下属以鼓励，使下属领会领导者的意图。

参与式（低工作、高关系）：当下属较成熟时，由于下属能胜任工作，但没有动机，或不希望领导者有过多指示和约束，因此领导者的主要任务是做好激励工作，了解下属的需要动机，通过提高下属的满足感来发挥其积极性，为下属提供便利条件，搞好沟通协调。

授权式（低工作、低关系）：当下属成熟时，下属既有能力又愿意承担工作、担负责任，因此领导者可以给下属明确目标、提出要求，提供极少的指导或支持，授予下属一定的权力，由下属自我管理，独立地开展工作、完成任务。

领导生命周期理论告诉我们，领导者应把组织内的工作行为、关系行为和下属的成熟度结合起来考虑，随着下属成熟度的不同，领导行为也要随之加以调整，才能达到有效的领导。

四、领导方式的综合考察

领导者通过自己的领导行为对下属人员的行为进行影响，目的是为了调动组织成员的积极性，使组织目标能更有效地实现。从上面的分析可以看出，领导者应该根据不同的具体情况来选择自己的领导方式。从领导者的领导行为与下级人员的行为关系来看，领导者的领导行为影响了下属人员的行为，但下属人员的行为又反过来会对领导者的领导行为，即对领导者的领导方式产生影响。图 11-7 给我们展示了与领导方式有关的几个因素之间的关系。

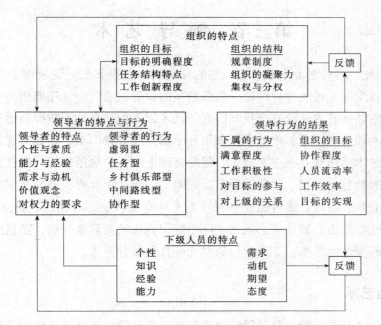

图 11-7 领导方式综合分析图

从图 11-7 可以看出：①领导者的领导行为受组织的各种因素的影响。这些因素主要与组织的目标和组织的任务有关，包括组织目标的明确程度、组织中工作的相似程度、组织中工作的创新程度、组织结构的设计情况、组织中规章制度的规定情况、组织中集权与分权的程度等。组织的目标规定得越是明确，组织中工作的相似程度越高，组织中工作的创新程度越低，组织的外部环境越是确定，组织的结构形式和规章制度、程序、政策支配下级人员的程度越高，领导者就越是倾向于采取以工作为中心的领导方式。②领导者的领导行为还与领导者个人的因素有关。领导者自己的个性、知识、能力、经验、态度及需求等都会影响到领导者对自己领导方式的选择。③领导者的领导行为还受其下属人员的特点的影响。领导者在选择一定的领导方式的时候，要考虑下属人员的个性、知识、经验、能力、需求、动机、态度及期望等方面的特点。④领导者的领导行为影响下属人员的行为。领导者通过采取一定的领导方式,使下属人员对自己的工作成就满意或不满意,从而会直接影响到他们对组织目标的参与程度和与上级领导者之间的关系,影响到他们为完成组织目标而努力工作的积极性。⑤组织目标的实现程度对组织特点的形成会产生反馈作用,也会对领导者的领导方式产生影响。⑥下属人员的行为会对下属人员的特点的形成产生反馈作用,也会对领导者的领导行为产生影响作用。

以上的分析说明了领导者的领导行为与组织的特点、下属人员的特点、领导者个人的特点及下属人员的行为、组织目标的实现程度等因素之间呈相互依存、相互影响的关系。

第三节 领 导 艺 术

进入21世纪,各行各业的领导者面临的环境更加复杂多变,这就要求我们的领导者不仅需要掌握科学而先进的领导理论、具备较高的领导素质,而且还要依靠丰富的实践经验,需要高超的领导艺术。只有把科学因素与艺术因素相结合,不断提高运用各种科学领导方法和原则的能力和技巧,才能率领和引导下属克服各种困难,顺利实现预定目标。

所谓领导艺术是指建立在一定知识、经验基础上的,非规范化的。有创造性的领导技能,是领导者的智慧、学识、才能、胆略、经验的综合反映。有关领导艺术的内容,基本上因人、因事而异,因地、因时而变,领导艺术具有随机性、经验性、特殊性、多样性、灵活性、创造性等特点。领导者必须从实际出发,具体问题具体分析,随机应变,灵活运用,以适应不断变化的形势。下面我们简要介绍几种领导艺术。

一、决策艺术

决策是领导的基本职能,是领导活动的灵魂,它是领导者众多活动中最频繁、最主要同时也是影响最大的一种活动。著名经济学家赫伯特·西蒙指出:"决策是管理的心脏;管理是由一系列决策组成的;管理就是决策"。这充分说明,决策在管理活动中的重要地位和作用,也充分说明了决策对领导者的重要意义。

决策有广义和狭义之分。狭义的决策是指决策者对行动方案的最终选择,即人们通常所说的"拍板";广义的决策是指决策者制定、选择、实施行动方案的整个过程。所以作为一个领导者不仅要懂得如何选择方案,而且还必须了解决策活动的整个过程。

正确而科学决策应遵循以下几个原则。

① 客观原则。客观原则是科学决策的首要原则。决策应符合客观事物发展变化的规律,在操作过程中,充分考虑有利条件与不利因素,理性地估量机会,正确地确立决策目标,选择较为合理的、最优的实施方案。

② 信息原则。信息是决策的基础，科学决策不仅要求掌握决策所需的充足的、可靠的、高质量的信息，而且还要求决策者必须善于发现可供利用的信息。

③ 民主原则。与决策科学化紧密联系的是决策民主化。在决策实施的过程中间，领导者充分听取各方面的意见，尤其是专家、学者的意见，是决策科学化、最优化的重要保证。

④ 效益原则。决策必须以提高效益为中心，通过科学决策，实现经济效益与社会效益、长期效益和短期效益、全局效益和局部效益的最佳结合。

二、授权艺术

随着经济的快速发展，管理问题越来越复杂，再高明的领导者也不可能包揽一切，什么事都由自己亲自过问、亲自处理。因此作为一个领导者必须采用授权这一分身术，使自己摆脱具体事务的缠绕，去专心致志地处理组织的重大事务。

1. 授权的含义

授权是指领导者给予员工和下属一定的权力和责任，提供一定的自主权和决定权，以此达到组织目标的过程。

2. 授权的原则

授权是一种领导艺术，不同的领导者其授权效果各不一样。如何做到科学授权，必须遵循一定的原则：

① 因事择人原则。这是领导者授权最根本的一条准则，即一切以被授权者的才能大小和工作水平的高低为依据。"职以能授，爵以功授"，这是古今中外的历史经验，而"因人设事"、"以功授权"，必然贻误工作。

② 明确权责原则。授权必须明确交待所授权力的性质、目的、范围、限度、责任以及完成任务的时间和质量，不可含糊其辞、模棱两可。同时要做到权力与责任相一致，即有多大的责任就有多大的权，下级所承担的责任不能越过或少于所拥有的职权，只交任务，却不交给执行任务所加有的权力，下级就无法履行自己的职责。

③ 适度授权原则。领导者在授权时，必须牢记不能过分授权，否则就等于放弃权力；一般来说领导者要掌握好这个"度"，应做到凡是下级职责范围内的权力，都要放还给下级；对于那些虽属自己的工作范围，但下级也能办好，或比自己办得还好的事情，也可授权与他们；凡是涉及有关组织全局的问题，如组织的发展方向和目标，干部的任命和变动等，不可轻易授权，一般应由领导层集体讨论研究，慎重决策。

④ 有效控制原则。对于授权者来说，权力虽然下放了，但责任还在，切不可放任自由，而要健全控制制度，制定工作标准和报告制度、考核办法，还要加强监督、检查，发现问题及时指导、及时纠正，但也不能过多地干预。

⑤ 公开授权原则。被授权者在什么范围内执行什么任务、履行什么职责，授权者必

须及时在相应范围内宣布他的职责权限，这样才能有利于下级开展工作，也便于各部门、各方面相互配合。

三、用人艺术

人力资源是企业的第一资源，人力资本投资是企业获得持久竞争力和永续发展的根本原因和决定性因素，美国斯坦福大学两位管理学教授詹姆斯柯林斯和杰里波拉斯所著的《远景公司长春妙方》，揭示了全美18家百年企业成功的秘密在于强调"以人为中心"的管理。日本索尼公司董事长盛田昭夫说："如果说日本式经营真有什么秘密的话，那么，我觉得人就是一切秘诀最根本的出发点。"被我们誉为"经营之神"的松下幸之助也曾说，松下公司的口号是"企业即人"，并多次宣称"要造松下产品，先造松下人"，美国的管理家亚科卡以自己在美国福特和克莱斯勒两大公司长期管理的实践经验总结出，"管理就是发动其他人一起做工作"，认为"企业的成功在于人，在于那些富于激情和敬业精神的管理人才"。

因此，人力资源管理是管理活动的主旋律。那么，怎样使用人才，怎样激发人的创造力，使平凡的人也能干出不平凡的事情就成为领导艺术的关键。

1. 用人艺术的含义

用人艺术就是领导者在管理活动中，识别人才、选拔人才和使用人才等一系列方法与技巧的总称。用人艺术在领导艺术中占有十分重要的地位，毛泽东同志曾将领导者的职责归结为"出主意"和"用干部"两点，将领导的决策艺术与用人艺术置于同等地位。一个成功的领导者，无不是精通用人艺术者。

2. 用人艺术的原则

合理地使用人才，是现代领导用人之道的中心环节，现代领导者在用人时，要有爱才之心、识才之眼、求才之渴、用人之能、容才之量、护才之魄、举才之德、育才之责。在现实生活中，领导者用人境界的高低往往能折射出一个人是否具有高超的领导艺术。

① 选用贤能，惟才是举。"外举不避贤，内举不避亲"，只有挑选到优秀、合格的人才，才能使一个组织得到更大的发展。

② 大度用人。大度用人是指领导者在用人的过程中，从最大限度地调动人才积极性的大局出发，具有容才纳贤的雅量和气度。具体来说主要是四个方面：一是容人之短。领导者既要用人所长，也要善于容人之短，能容忍人才的缺点和过失。二是容人之长。美国钢铁大王安德鲁·卡耐基在他的墓碑上镌刻着这样一句墓志铭："一个知道选用比自己更强的人来为他工作的人安息于此。"这句话非常形象地刻画出了领导者用人的最高境界。领导者不是万能的，领导者之所以会成为一个领导者，一个重要的原因就是不在于其无所不知、无所不晓，而在于他能够通过组织、协调以及用人使人类社会有限的资源通过一定的规则聚合在一起，释放出更大的效用。三是爱护人才。领导者要有护才之心、护才之

胆，让人才在你的领导下工作有一种安全感，能将聪明才智用于工作上。四是容才冒犯。容许人才冒犯自己，优秀的领导者应该开诚纳谏，善于接受各种不同意见，敢于正视问题和失误，与人才一起想法补救，从而保证工作的顺利进行。

③ 用人不疑。用人不疑是领导者在使用人才时，应该放手使用，大胆信任，不无端猜疑；假如怀疑人才，在没有弄清情况之前，不要轻易使用。这就是古人常说的用人艺术之一："疑人不用，用人不疑"。领导者用人不疑，会对下属产生极大的精神鼓励作用。下属因为得到了领导者的信任，工作起来就会尽心尽力、全心全意，运用自己的聪明才智去克服所遇到的种种困难，发挥自己工作的积极性、主动性和创造性，从而提高工作效率。

四、会议艺术

会议是领导者实施领导的重要形式，作为一个组织或部门的领导者，必然会经常召开各种各样的会议来研究、讨论许多问题，传达政策、沟通思想、征求意见、做出决定、指导下属的工作。即使在当今社会，各种先进的通讯手段如电话、电传、电子计算机等进入人们日常生活领域，人们相互之间的信息交流、意见交换变得方便、快捷，但会议仍有不可替代的作用。

1. 会议的作用

① 会议是一个组织活动的重要表现形式，也是与会者在组织中、在社会上的身份、地位、影响力及所起作用的表示。会议的信息往往对人们的心理产生较大的影响。如中共十七大等。

② 会议是统一意识、集思广益的重要场所。与会者通过充分交换意见，深入讨论研究，往往会产生一种相同的见解、价值观和行动指南，从而保证组织目标的实现。

③ 会议可以对每一个与会者产生一种约束力。会议经过大会发言，小组讨论，最后形成的决议，一旦被会议通过，不管你赞成与否都将对全体与会者产生约束力。

④ 会议可为人们施展才华，为领导发现人才提供了难得的机会。许多政治家、理论家，往往是在各种会议上使大家发现他的才华，从而走上领导岗位，成名成家的。

2. 开会的艺术

① 准备充分。开会以前必须充分准备，确定开会的议题和出席的对象，议题不宜多，参加会议的人也不宜太多。一个会议解决一两个重大的问题，形成决议就是非常成功的会议。

② 时间适度。时间对于领导者来说是非常宝贵的，领导者必须树立科学的时间观，因此，会议时间不宜太长，否则会引起与会者的反感。发言者发言的时间应有限制，禁止夸夸其谈，作无准备的"随便讲几句"之类发言。

③ 会风端正。准时开会，不拖拉。不少人开会经常迟到，而会议主持者不批评，还等待他们，久而久之，准时到会者也不准时，会风渐差。

④ 安排合理。注意会议议题的先后次序。根据人的心理、生理、精力等特点，会议的前半部分，宜讨论需要与会者开动脑筋、集中精力的议题，便于提高会议决议的质量。

3. 提高开会的效率

开会是交流信息的一种有效方式。领导离不开开会，但开会也要讲求艺术。领导者每年都要开很多次会，但重视研究和掌握开会艺术的人却不多。有许多领导者整天沉沦于文山会海之中，似乎领导的职能就是开会、批文件，而开会是否解决了问题、效率如何，却全然不顾。其实，不解决问题的会议有百害而无一利，因此，组织管理者一定要做到不开没有效率的会，不开没有准备的会，不开可开可不开的会，不开没有主题的会，借以提高开会的效率，节约领导者与与会者的宝贵时间。

综上所述，只有充分了解、娴熟运用上述领导艺术（当然还包括其他领导艺术如激励、沟通艺术等），领导者才可充分利用自身的良好素质，取得比较理想的领导效果。

复习思考题

1. 领导的含义，领导与管理的区别是什么？
2. 领导作风分为几种？它们分别有什么特点？
3. 管理方格理论的内容是什么？
4. 菲德勒的领导权变理论的内容是什么？
5. 如何理解领导生命周期理论？
6. 你认为应当如何提高领导艺术？

案例

案例 11-1　　　　　　　　　　　　　**年轻副镇长**

年轻的章明从某农业大学研究生毕业后，主动要求下基层，被分配到城郊白云镇工作。他充分发挥自己的专业特长，大胆引进国外先进品种，手把手地教农民种菜，使白云镇很快成为城市高档宾馆定点蔬菜采购基地，章明也被称为农民致富的"财神爷"。由于政绩突出，群众公认，一年后章明被选为副镇长，分管农业工作，成为新一届镇党政领导班子中年纪最轻、学历最高的一员。然而，新班子不久就出现了一些问题。书记是县里派下来的，年轻有为，熟悉党务工作，缺点是家长制作风较突出；镇长是当地人，熟悉农村工作，但年龄较大，宗派主义较浓，组织纪律性不强。镇上要建农贸市场，虽然由章明分管，但书记事无巨细都要"一支笔"把关，章明因此工作积极性受到影响。有些小事他认为可以自己做主，结果却受到书记的严厉批评。镇长对书记不满，想拉章明联手对付书记，章明思量再三，还是以党性为重，把精力投入到实际工作中。这样导致书记、镇长对他均不信任，致使他的工作难以开展。农贸市场最终成了半拉子工程，基层干部群众对此很有意见。年底市委组织部对班子进行考评时，书记、镇长和部分群众的意见对章明都不利，使组织上对他产生了看法。对此，章明十分委屈，觉得镇里人际关系复杂，自己有力用不上，向组织请求调离，却被认为是怕基层艰苦，不予同意。章明左右为难，不知该怎么办。

（资料来源：潘宁：《处于"夹缝"中的年轻副镇长》，载于《领导科学》，2003年第1期）

案例讨论：

1. 试分析"章明现象"形成的原因？
2. "章明现象"对年轻的领导者有哪些启示？

案例 11-2　　　　　　　　闲可钓鱼与无暇吃鱼

"闲可钓鱼"的王业震

新港船厂是中国船舶工业总公司下属一家较为大型的企业。1982年11月，46岁的高级工程师王业震出任该厂厂长。当时，该厂有职工6500人，固定资产1.2亿元。在技术上和管理上，该厂借鉴日本三井造船、大阪造船等企业的经验，锐意改革。

企业内部管理体制设两大系统：直线指挥系统和职能系统。日常工作中，上级不可越级指挥，但可越级调查；下级不可越级请示，但可越级投诉。该厂明确每个人只有一个直接上级，而每个上级直接管辖的下属为3~9人，该厂长王业震本人直接领导的只有9人。此外，专设3个"厂长信箱"，随时了解职工的意见和建议。一次，某车间工人来信反映某代理工段长不称职，王业震于第二天收阅后批转有关部门查处，经调查属实，随即作出人事调整，前后仅用了5天时间。

"一个厂长如果不能时时想到为工人服务，他就没有资格当厂长。"一次，中国香港和美国的两艘货轮在渤海湾相撞，该厂承担抢修业务。在夜以继日的抢修中，王厂长让后勤部门把馒头、香肠、鸡蛋送到现场。任务提前完成后，该厂盈利80万。王业震和厂领导班子决定破例发给参加抢修的职工加班费和误餐补助费8600元。

新领导班子对会议做了改革。对于全厂必须召开的15个例会，时间、地点、出席人员都通过制度固定下来。一般会议不超过2小时，每人发言不超过15分钟。王厂长本人每周仅召集两次会议：厂长办公会和总调度会。

王业震基本上按时上下班，很少加班加点。每逢出差，他就委托一位副厂长代行职权。厂里曾经委派一位中层管理人员去日本监造主机，行前又明确授权让他一并购买主机控制台用的配件。那人到日本后，却接连就价格、手续、归期等事项挂国际长途电话向厂里请示。王业震的答复是："将在外，君命有所不受。你是厂里的全权代表，可以自己做主，不要遇事请示，那里的事你相机定夺嘛。今后再打电话来，电话费由你自己付。"

仅仅一年光景，新班子和王业震初试锋芒即见成效。1983年，新港造船厂造船4艘、修船137艘，工业总产值、利润、全员劳动生产率分别比上年增长25.6%、116%

和20%。

"无暇吃鱼"的步鑫生

海盐衬衫总厂坐落在浙江省海盐县武原镇。该厂的前身是成立于1956年的红星成衣社——一个仅有30多名职工的合作社性质的小厂。自1976年起，该厂由门市加工为主的综合性服装加工转为专业生产衬衫。此后，该厂陆续开发出了双燕牌男女衬衫、三毛牌儿童衬衫和唐人牌高级衬衫等产品。到1983年，该厂已拥有固定资产净值107万元，600多名职工，当年工业总产值1028万元，实现利润52.8万元。步鑫生遐迩闻名。

成功容易却艰辛。步鑫生为厂里大大小小的事情操心，可谓"殚精竭虑"、"废寝忘食"。他性喜吃鱼，却忙得连吃鱼也顾不上了。有一次，食堂里没有别的菜，只有鱼。鱼颇鲜美，正合口味，可是他只吃了几口，因为太费时间，张口将未及咀嚼的鱼连肉带刺吐了出来，三口两口扒饭下肚，急匆匆的走了。他每天工作十五六个小时，从不午睡，每次出差，都是利用旅途小憩，到达目的地立即投入工作。

步鑫生对厂里职工说："上班要拿出打老虎的劲头。慢吞吞，磨磨蹭蹭，办不好工厂，干不成事业。"他主持制定的本厂劳动管理制度规定：不准迟到早退，违者重罚。有位副厂长从外地出差回来，第二天上班迟到了3分钟，也被按规定扣发工资。以1983年计，全厂迟到者仅34人次。步鑫生本人开会、办事分秒必争，今天要办的事绝不拖到明天。在他的带动下，全厂上下形成了雷厉风行的作风。只要厂内广播一通知开会，两分钟内，全厂30名中层以下干部凡是在厂的全都能到齐。开会的时间一般不超过15分钟。

进入1984年，一阵风在全国刮起了"西装热"。步鑫生先是不为所动，继而办起了一个领带车间。最后终于做出了兴办西装分厂的决策。副厂长小沈闻讯提出异议："不能这样匆忙决定，得搞出一个可行性研究方案。"然而，这一意见被步厂长一句"你懂什么，老三老四"否定了。一份年产8万套西装、18万美元的估算和外汇额度的申请报告送到了省主管部门，那里又加大了倍数，8万套成了30万套，18万美元成了80万美元，层层报批、校准，6000平方米的西装大楼迅速进入施工，耗资200万元。

无奈好景不长，宏观经济过热急剧降温，银根缩紧，国家开始压缩基建规模。海盐厂的西装大楼被迫停工。与此同时，市场上一度十分抢手的西装也出现了滞销迹象。步鑫生是靠衬衫起家的，年产120万件的产量和"唐人"、"三毛"、"双燕"三大牌号的衬衫令他引以为豪，但代表本厂水平的"唐人"牌高级衬衫在全国同行业产品评比中落选了。

1985年入秋，步鑫生被选送浙江大学管理专业深造，但他并不因此而稍有解脱，企业严峻的经营状况令他放心不下，他频频奔波于厂校两地，在厂的日子远多于在校。半年之后，他退学回厂，决心以3年时间改变企业的颓势。

仍然是精明强干的步鑫生，他的助手多数也很能干，只是当他从早到晚忙着处理厂里的大事小事时，他的助手似乎插不上手。步鑫生备尝创业的艰辛，终因企业濒临与破产窘境而被免去厂长之职。

"我没有预料到会有这个结局。"步鑫生这样说。他进而补充了一句:"我是全心全意扑在事业上的。"副厂长小刘也不讳言:"直到现在为止,我敢说步鑫生仍是厂里工作热情最高的人。"

案例讨论:

1. 同为一厂之长,为什么王业震和步鑫生两人忙闲如此悬殊?试从领导方式和管理措施上分析原因?
2. 作为厂长或经理,"从早忙到晚"意味着什么?试评述其得与失?
3. 试分析致使组织中领导者和管理者的时间经常被无效利用的主要原因有哪些?

第十二章

激励理论

凡将举事,令必先出。日事将为,其赏罚之数,必先明之。　　——《管子·立政》

激励是应用于动力、愿望、需要、祝愿以及类似力量的整个类别。　　——哈罗德·孔茨

华为双重激励建设艰苦奋斗的团队

目前,华为是全球领先的信息与通信解决方案供应商。在华为,文化口号非常多,如"胜者举杯相庆,败者拼死相救"、"狭路相逢勇者胜"、"烧不死的鸟就是凤凰"、"以客户为中心,以奋斗者为本",……但艰苦奋斗的核心理念始终未变。华为的核心价值观是扎根于每个华为人内心深处的核心信念,是华为走到今天的内在动力,更是华为面向未来的共同承诺。

华为作为我国高科技领域的领先者,无疑是中国当前最优秀、最成功的标杆企业之一。华为是如何获得令世人瞩目的成就呢?其中的原因很多,但华为独特的员工激励方式也算是华为一大法宝。

(1) 物质激励:增强员工归属感

华为在物质激励方面采取的是薪酬激励与股权激励相结合的方式,员工的收入构成包括基本工资、奖金、股票分红。华为是目前中国员工收入最高的公司之一,一方面使得优秀人才聚集,另一方面调动了人才的积极性。

华为推行的全员持股制度,是对员工长期激励的有效办法。全员持股制度的推行使企业与员工的关系得到了根本改变,由原来的雇佣关系转变为合作伙伴关系,公司的发展与自身的利益息息相关,员工对公司的归属感进一步增强,员工的工作积极性进一步提高。

多年来,华为秉承"以奋斗者为本,不让雷锋吃亏"的理念,建立了一套基本合理的评价机制，并基于评价给予激励回报。公司视员工为宝贵的财富，尽力为员工提供优越的工作、生活、保险、医疗保健条件，为员工提供业界有竞争力的薪酬，只要员工在某方面取得了进步就能得到一定的奖励，做到"内外公平"。

(2) 精神激励：为员工提供动力之源

华为的精神激励主要有荣誉激励和职位激励。华为曾经专门成立过荣誉部，负责对员工进行考核、奖评，对员工的点点滴滴进步给予奖励。另外，员工的晋升制度也颇具吸引力，晋升看能力，不看资历，只要你有能力，就有可能在华为大显身手。李一南就是一个很好的例子。他在进入华为两周后一跃成为高级工程师，半年后升任中央研究部副总经理，两年被提拔为华为公司总工程师、中央研究部总裁，27岁坐上了华为公司的副总裁宝座。精神激励使员工的内部因素得到满足，为员工提供了真正的动力之源，因为华为带给他们的不仅是高薪，而且是更加宽广的发展舞台以及自由发挥的空间。而这些正是刚刚大学毕业、怀揣着远大理想的年轻人所需要的，他们需要一个舞台来证明，为了证明自己，他们可以奋不顾身、不屈不挠。

物质和精神上的双重激励，激发了员工的创业热情，为华为建设一支团结、高效、艰苦奋斗的团队提供了保障，也对华为"狼性文化"的形成发挥了关键作用。

（资料来源：根据网络资料整理，http://www.gedahk.com/2014/qiye_1124/4796.html）

亚当·斯密说："每个人为改善自己的境遇而不断进行的恒常的努力，是社会和国家以至私人富裕从中产生的源泉。"人在社会上生存，承担社会角色，都有自我的追求，当自我追求与社会和组织对其要求一致的时候，人的积极性就受到激发，人会努力地、投入地承担起社会赋予的角色任务，这时，社会的繁荣、组织的发展和个人的追求会同时实现。但要实现这样的理想，需要的是对激励这一管理工具的把握。

第一节 激励概述

在古典管理理论阶段，泰勒就已经发现"有能力又愿意干"的"一流工人"对组织效率的重要性。但是个人虽然由于种种原因需要加入组织，但他对组织目标实现所做出的贡献则需要通过有效的激励。这意味着激励是领导者的重要职责之一，见表12-1。

表12-1 如何让人做事并且将事情做好

让人做事可能出现的情况	原因分析	希望的结果	解决途径
不做	不会	会（能力）	培训
	不明	明（信息）	沟通
	不愿	愿（动机）	激励
做	被动消极（不得不做）	积极主动（尽心尽力）	激励

下面阐述有关激励的含义、要素、作用。

一、激励的含义

激励（Motivate）来自拉丁语，有两方面含义：一是指提供一种行为的动机，有诱导、驱使之意；二是激发、促成，如通过特别的设计来激发学习者的学习兴趣。相应地，其名词激励包括三种含义：一是指提供动机或提供动机的行为或过程；二是指一种驱动力、诱因或外部的奖励；三是指受激励的状态。

激励的中文含义有两层：一是激发、鼓励；另一种是训导、斥责。中国古语对正反两方面的激励都有使用，如在汉朝司马迁所著的《史记·范雎·蔡泽列传》中，便有"欲以激励应侯"之语，意思是激发使其振作，其中"激励"指激发、鼓励；在《后汉文·袁安传》中"司虞改义从安，太尉郑弘、司空皆恨之。弘因大言激励虞曰：'诸言当生还口者，皆为不忠'"，句中"激励"即为斥责、训导之意。

管理学中的"激励"是指影响人们的内在需求或动机，从而加强、引导和维持行为的活动或过程，为满足自己的某些需要而努力实现组织目标的工作内驱力。

心理学家认为，人类的一切行为都是受到激励而产生的。不管他们是否意识到这一点。每种行为都包含一系列的连锁反应：从需要出发，引起欲望，未得到的需求产生一种不安和紧张的心理，从而推动人们去从事某种活动以达到目标，使欲望得到满足。激励过程是一个循环过程，这一过程包括了这样几个阶段：第一阶段，刺激人的需要产生；第二阶段，在需要的作用下产生动机；第三阶段，在动机作用下引发行为；第四阶段，比较行为的结果，如果行为的结果与期望的目标一致，就会产生一种满足感，从而产生新的需求。如果行为未能满足目标期望，行为者就受到挫折，其反应通常有两种：一是调整目标，二是调整行为，在较低的程度上获得满足，然后产生新的需要。如图 12-1 所示。

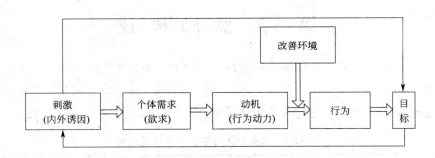

图 12-1 激励过程示意图

二、激励的要素

从上述激励过程可以看到，激励的要素主要包括：需要、动机、目标等。

1. 需要

(1) 需要的概念

需要是激励的起点和基础。在管理心理学中,需要是指当人们因生理或心理上缺少某种东西时产生的主观体验。这种主观体验通常表现为不安、紧张、焦虑等。例如,当某人缺乏营养或者热量时,其器脏机能活动会因此发生变化,引起头晕、心慌等感觉,进而引起不安情绪,产生进食念头,这种复杂的内心体验就是一种需要表现。当某同学因为外语水平有限而失去了一个梦寐以求的就业机会时,他就会痛悔上学时没抓住机会好好学习,因此产生强烈的求知欲望,这也是一种需要表现。

(2) 需要的特点

① 需要是一种心理体验,常常以欲望、愿望、要求的形式表现出来。

② 需要有时是由机体与环境之间的不平衡状态引起的,它反映了人对客观环境的依赖性。

③ 需要与人的生存和发展相关,因而有"欲不可去"和"欲不可尽"的特点。

④ 需要是行为的动力源泉,没有它的存在,行为(尤其是有意识目的的行为)就不会发生。

⑤ 人的需要是多种多样的,而且有轻重缓急之分。

2. 动机

(1) 动机的概念

动机是推动人从事一定活动的心理动因,是构成激励的核心要素。个人的一切活动都是由一定的动机所引起的,并指向于一定的目的。动机是个人行为的直接原因,它是一种内部的刺激。例如,某职工月月出满勤,尽最大努力提高优等品率,为的是增加收入、贴补家用。这种希望通过在工作中的优秀表现增加个人收入的心理活动就是一种动机。

(2) 动机的含义

① 动机是个人行为的动力、原因。

② 动机为个人行为提出目标。

③ 动机为个人行为提供力量以达到体内平衡。

④ 人的动机是由需要、外在条件和对它们之间关系的认识所决定的,因而动机使人明确其行为的意义。

⑤ 动机对人的活动起着发动、调节、维持和终止的作用,它还影响着活动的性质和水平。同样的目的,由于动机的差异,其行为的方式、方法可能有很大的差异。

3. 目标

(1) 目标的概念

目标是人在活动中所预期和追求的客观标准在主观上的超前反映,它是人们为了满足需要而产生的一种期望。

(2) 目标的含义

目标的含义可从以下几个方面理解。

① 目标是人对能满足主观需要的诱因和刺激的主观映像。

② 因为目标的实现能满足人的需要,所以目标一旦形成便成为一种诱因并引起人们的行动。正因为目标对行为的推动作用,因而在一切管理活动中都非常重视目标的激励问题。

③ 由于人们需要和活动的多样性,目标也是多元的。

④ 人们对目标的选择一般要受到个人兴趣爱好、价值观念、理想追求等心理因素的影响。

三、激励的作用

1. 激励是调动职工积极性的主要手段

随着脑力劳动在现代生产和经营活动中的比重增加,传统的"萝卜加大棒"的管理手段显然已经严重落后,激励成为调动职工积极性的主要手段。据哈佛大学教授威廉·詹姆斯的统计研究,在缺乏激励的环境中,人员的潜力只发挥出一小部分,即20%～30%;而在良好的激励环境中,同样的人员却可发挥出其潜力的80%～90%。

2. 激励是提高人员素质的有力杠杆

提高人员素质可以选择的途径有两个:培训或者激励。任何值得奖励的行为都是人员素质优异的表现,奖励这种优异的行为表现,相应地就进一步鼓励了员工要自觉地提高各方面的素质。反之,任何受到惩罚的行为都是人员素质低下的表现,惩罚这种低劣行为,相应地就警告了员工要痛改前非,提高自身素质,特别是积极改正不良行为。

3. 激励是形成良好的组织文化的有效途径

奖励优异的服务行为、高尚的道德准则、先进的经营理念,同时也促进了优秀的企业文化的形成;批评恶劣的服务行为,冷落不良的道德准则,抵制落后的经营观念,同样反过来强化了人们的高尚行为和价值观念,可以有力地促进良好企业文化的形成。

第二节 激励的理论

对激励问题的研究可以分为激励内容型理论、激励过程型理论和激励行为改造型理论三大类:激励内容型理论主要包括:马斯洛的需要层次理论、赫茨伯格的双因素理论、麦克利兰的激励需要理论、阿尔德弗的ERG理论;激励过程型理论包括弗鲁姆的期望理论、亚当斯的公平理论、波特和劳勒模式;激励行为改造型理论包括斯金纳的强化理论和韦纳的归因理论等。见表 12-2。

表 12-2 激励理论

激励类型	激励理论	激励模式
激励内容型	马斯洛的需要层次理论	需要激励模式
	赫茨伯格的双因素理论	
	麦克利兰的激励需要理论	
	阿尔德弗的 ERG 理论	
激励过程型	弗鲁姆的期望理论	动机—目标激励模式
	波特和劳勒模式	期望激励模式
	亚当斯的公平理论	权衡激励模式
激励行为改造型	斯金纳的强化理论	强化激励模式
	韦纳的归因理论	因果激励模式

一、激励内容型理论

20 世纪 50 年代是激励理论发展的黄金时代，在这一时期出现的三种有重大影响的理论是：马斯洛的需要层次理论、赫茨伯格的双因素理论和麦克利兰的激励需要理论。这些理论基本上都属于激励内容型理论。激励内容型理论集中研究到底是什么引起人们的行为这一问题。

（一）需要层次理论

需要层次理论是亚伯拉罕·马斯洛（Abraham Maslow）提出的，是流传最广、争议也最持久的激励理论之一。他认为人的需要影响人的行为，但是一个已经满足的需要并不能成为行为的动因，唯有尚未得到满足的需要才能刺激行为的发生；人类的需要是以层次的形式出现的，由低级的需要开始逐级向上发展到高级需要，只有在较低层次的需要逐渐实现后，高层次的需要才会出现并寻求满足；满足高层次需要的方法比满足低层次需要的方法要多。马斯洛按照层次顺序把人的需求分为五大类。如图 12-2 所示。

① 生理需要。生理需要是人的最基本的需要。包括觅食、饮水等各种身体需要。在组织情境中，这一需要体现为对维持生存所需要的基本的工资的需要。

② 安全需要。指人们对安全的生理和情感的需要，或不受威胁的需要。包括保护自己免受生理和情绪伤害的需要。在组织情境中，这一需要体现为

图 12-2 马斯洛的需要层次理论

人们对安全的工作、工作场所的安全保护以及对附加的安全福利的要求。如企业内相对稳定的工作机会、工作场所的安全防护措施、对安全可能受损的经济和精神补偿等。

③ 社交需要。体现为人们希望被周围人接受，享有友谊，归属某个群体，为人所爱等。在组织中，这种需要影响着人们与同事形成良好的关系，参加团队工作，并与上级友好相处。

④ 尊重需要。指人们需要得到他人的注意、肯定、欣赏以及建立良好的自我形象。包括内在的对自尊、自主和成就感的需要和外在的对地位、认可和被关注的需要。在组织中体现为希望受到肯定，增加其所承担的职责，地位提高，并对组织有所贡献。

⑤ 自我实现的需要。自我实现的需要是人的需要的最高阶段。是指人希望成为他可以成为的人的需要。包括对自我发展、自我价值实现、自我兴趣理想的实现等的需要。在组织内，自我实现的需要可以通过为人们提供成长和富有创造力的机会，使人们获得培训的机会，迎接新的工作任务的挑战，按照员工的兴趣和理想为其提供工作和学习机会等来获得。如表 12-3 所示是马斯洛需要层次理论与相应的管理措施。

表 12-3　马斯洛需要层次理论与相应的管理措施

需要层次	诱因（追求的目标）	管 理 措 施
生理需要	足以满足温饱的工资、健康的工作环境等	身体保健、工作时间、住宅、福利设施等
安全需要	职位保障、意外事故的防止、各种保险等	职业保证、退休金、医疗保险、失业救济等
社交需要	友谊、家庭、团体接纳、和谐的组织关系等	协谈制度、团体活动、娱乐活动、互助活动、工会组织等
尊重需要	自信、地位、名誉、权力、责任、赏识等	绩效考核制度、晋升制度、奖惩制度、民主管理制度等
自我实现的需要	能发挥个人特长的组织环境、具有挑战性的工作等	决策参与制度、提案制度、研发计划等

根据马斯洛的理论，低层次的需要应首先得到满足，这些需要的满足应按顺序进行。即生理需要要先于安全需要，安全需要要先于社会需要，等。一个安全需要未得到满足的人会首先将其精力放在赢得一个安全的工作环境上，他不会关心是否受尊重或能否自我实现。当然，如果安全需要和尊重需要等高层次的需要能同时获得满足，人也会去追求，但他首先要的是安全。一旦某一层次的需要得到满足，这种需要的重要性就降低了。同一时期，一个人可能有几种需要，但每一时期总有一种需要占支配地位，对行为起决定作用。任何一种需要都不会因为更高层次需要的发展而消失。各层次的需要相互依赖和重叠，高层次的需要发展后，低层次的需要仍然存在，只是对行为影响的程度减小。

马斯洛还把五种需要分为高级和低级两个级别。生理需要和安全需要是较低级需要，社会需要、尊重需要和自我实现的需要被称为较高级需要。区分这两个层次基于这样的基础：较高层级的需要通过个体内在的内容使人得到满足，是内在性需要，较低层次的需要则主要通过外部使人得到满足，是外在性需要，如报酬、任职时间、安全福利等这些内容是通过外部的给予使人得到满足的。马斯洛和其他的行为科学家都认为，一个国家多数人的需要层次结构，是同这个国家的经济发展水平、科技发展水平、文化和人民受教育的程度直接相关的。在不发达国家，生理需要和安全需要占主导的人数比例较大，而高级需要占主导的人数比例较小；而在发达国家，则刚好相反。在同一国家不同时期，人们的需要层次会随着生产水平的变化而变化。

马斯洛的需要层次理论得到了普遍认可，尤其是在从事实际工作的管理者当中。这一点，应归功于该理论的直观逻辑性和易于理解的内容。但总体上说，该理论缺乏实证研究的证据检验。马斯洛是离开社会条件、离开人的历史发展以及人的社会实践来考察人的需要及其结构的。实际上，几乎没有证据表明需要的结构是向马斯洛提出的纬度那样组织起来的。

（二）双因素理论

双因素理论是美国心理学家赫茨伯格（Frederick Hertzberg）于1959年提出来的，全名为"激励、保健因素理论"。通过在匹兹堡地区11个工商业机构对200多位工程师、会计师调查征询，调查了这样一个问题：一个人对工作的态度在很大程度上决定着工作任务的完成，"人们想从工作中得到什么？"他让人们详细描述自己感到工作中特别好和特别差的情境。然后对调查结果进行分类、制图和分析。赫茨伯格发现，受访人员举出的不满项目大都与他们的工作环境有关；而感到满意的因素，则一般都与工作本身有关。据此，他提出了双因素理论。如图12-3所示。

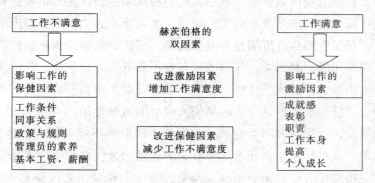

图12-3 赫茨伯格的双因素理论

马斯洛模式与赫茨伯格模式的比较，如图12-4所示。

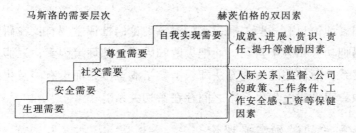

图12-4 马斯洛模式与赫茨伯格模式的比较图

赫茨伯格发现，一些因素始终与工作满意有关，而另一些因素则总是与工作不满相关。他认为，两种完全不同的因素影响着员工的行为。对工作不满的员工，常常倾向于抱怨外部因素，如公司政策、监督管理、薪金水平、人际关系和工作条件等。而内部因素，如获得进步、受到认可、责任大小、取得的成就等似乎都与工作满意相关。根据赫茨伯格的理论，在调动员工积极性方面，可以分别采用以下两种基本做法：一种是直接满足，又称为工作任务以内的满足。另一种是间接满足，又称为工作任务以外的满足。前者可以使员工受到内在激励，产生极大的工作积极性。这种激励的措施虽然有时所需的时间较长，但是员工的积极性一经激励起来，不仅可以提高生产效率，而且能够持久。后者与员工所承担的工作有一定的联系，但它毕竟不是直接的，因而在调动员工积极性上往往有一定的局限性，常常会使员工感到与工作本身关系不大而满不在乎。这种满足虽然也能够显著地提高工作效率，但不容易持久，有时处理不好还会发生负作用。

赫茨伯格指出，与传统的看法不同，这些研究数据表明满意的对立面不是不满意，消除了工作中的不满意因素并不一定会让员工满意。满意的对立面是没有满意，不满意的对立面是没有不满意。

他把第一类称为保健因素，这些外部环境因素只能安抚员工，却不能激励他们，管理者若努力在工作中消除不满意因素，只能给工作场所带来和平，却未必具有激励作用。即良好的外部环境仅仅只能消除不满意，其本身并不能促使人们感到满意并激励他们工作。他把第二类因素称为激励因素，要想激励人们积极从事工作，必须重视这类与工作本身相关的因素或是可以直接带来结果的因素。缺乏这类因素，人们对工作持无所谓态度，但存在这种因素时，员工会感到高度满意并受到激励。因此，保健因素和激励因素体现着在激励中起截然不同作用的两种因素。保健因素只对不满意生效，例如，危险或嘈杂的工作环境会引起员工的不满，但解决了这些问题并不能保证员工得到激励。而一些激励因素，如挑战性的工作、责任和被人承认等则起到使人满意的激励作用。

对管理者来说，运用保健因素能消除人们的不满但并不能激励人们达到更高的业绩。另一方面，赏识、认可、赋予责任等是强有力的激励因素，它们会带来高度的满意感并提高业绩。管理人员的任务就是消除不满意因素，既提供保健因素以满足人们的基本需求，又使用激励因素以满足人们高层次的需求并推动员工做出更好的业绩，获得更高的满足感。管理中，就应特别注意处理好物质鼓励与精神鼓励的关系，充分发挥精神鼓励的作用。

当然，双因素理论也有一些欠缺，人们对该理论的批评主要有：在研究方法上具有局限性，人们容易把功劳归因于自己，而把失败归因于外部环境因素；只假定了满意度与生产率之间存在关系，而使用的研究方法却只考察了满意度，而没有涉及生产率，要使结论有意义，就必须肯定满意度与生产率之间存在密切关系。

（三）麦克利兰的激励需要理论

美国哈佛大学教授麦克利兰（Mcclelland）是当代研究动机的权威心理学家。从20世纪40年代开始，他就致力于研究人的需要、动机和如何激发人的潜力。当时，马斯洛的需要层次论风靡一时，被普遍认为对管理工作有相当丰富的启迪意义和实用性。但是，麦克利兰在1955年对马斯洛理论的普遍性提出了挑战，对该理论的核心概念"自我实现"

有无充足根据也表示怀疑。麦克利兰认为，人类的许多需求都不是生理性的，而是社会性的；很难从单个人的角度归纳出共同的、与生俱来的心理需要；时代不同，社会不同，文化背景不同，人的需求当然就不同，所谓"自我完成"和"自我实现"的标准也不同；马斯洛的理论过分强调个人的自我意识、内省和内在价值，忽视来自社会的影响，失之偏颇。

麦克利兰和其他心理学家经过 20 多年的研究得出结论，认为人的社会性需求不是先天的，而是后天的，来自于环境、经历和培养教育；特别是在特定行为得到报偿后，会强化该种行为模式，形成需求倾向。麦克利兰等人使用主题知觉试验（TAT，人们对一系列模糊或其他图画的特点描述）等心理学方法进行定量及定性分析，归结出三大类社会性需要：对成就的需要、对权力的需要和对社会交往的需要。

1. 对成就的需要

成就需要即争取成功、希望做得最好的需要。麦克利兰认为，具有强烈的成就需要的人渴望将事情做得更为完美，提高工作效率，获得更大的成功。他们追求的是在争取成功的过程中克服困难、解决难题、努力奋斗的乐趣，以及成功之后个人的成就感，而并不看重成功所带来的物质奖励。个体的成就需要与他们所处的经济、文化、社会、政府的发展程度有关，社会风气也制约着人们的成就需要。高成就需要者的特点是：他们寻求那种能发挥其独立处理问题能力的工作环境；他们希望得到有关工作绩效的及时、明确的反馈信息，从而了解自己是否有所进步；他们喜欢设立具有适度挑战性的目标，不喜欢凭运气获得的成功，不喜欢接受那些在他们看来特别容易或特别困难的工作任务。高成就需要者事业心强，有进取心，敢冒一定的风险，比较实际，大多是进取的现实主义者。高成就需要者对于自己感到成败机会各半的工作，表现得最为出色。他们不喜欢成功可能性非常低的工作，这种工作碰运气的成分非常大，那种带有偶然性的成功机会无法满足他们的成就需要；同样，他们也不喜欢成功可能性很高的工作，因为这种轻而易举就取得的成功对于他们的自身能力不具有挑战性。他们喜欢设定通过自身的努力才能达到的奋斗目标。对他们而言，当成败可能性均等时，才是一种能从自身奋斗中体验成功的喜悦与满足的最佳机会。

麦克利兰还坚信，人的需要和动机是后天形成的，是由环境决定的，因而也是可以改变、可以培养的。因此，自 1960 年以来，在麦克利兰的领导下，一批心理学家在哈佛大学以企业经理为主要研究对象进行了大量试验，创造了一种所谓"全压"训练班的办法来提高参加者的成就需要。统计数字表明，受过训练的人在两年后取得的成就明显高于条件类似但未受过训练的人，表明受过训练的人的主动性和创业精神普遍有所提高。为此，麦克利兰指出，要在全社会形成风气，鼓励人们表达对成就的需要，鼓励人们建功立业，取得成就。

2. 对权力的需要

权力需要即影响或控制他人且不受他人控制的需要。不同人对权力的渴望程度也有所不同。权力需要较高的人喜欢支配、影响他人，喜欢对别人发号施令，注重争取地位和影响力。他们喜欢具有竞争性和能体现较高地位的场合或情境，也会追求出色的成绩，但这样做并不像高成就需要的人那样是为了个人的成就感，而是为了获得地位和权力或使自己与已具有的权力和地位相称。

麦克利兰认为，成就和权力这两种激励机制之间有着明显的区别。一般来说（至少美国社会是这样），人们都以富于成就感为荣，但不喜欢被人指为有强烈的权力需要。如果你总想把工作做得更好些（即有成就需要）或者总想多交朋友（即有社会交往需要），那是好事；但是如果你总想向他人施加影响或控制（即有权力需要），那就招人讨厌了。

进一步的研究表明，有两种不同的权力观念。一种是"个人化权力"，头脑里充满个人权力观念的人一心想击败对手，他们眼里的生活就是"零和赌博"，胜者为王，败者为寇，被推上统治地位而又感到备受威胁的人往往具有这种心理。其行为表现往往是炫耀权力，征服他人，要求特权，靠运气下赌注。如果这种原始的"权力狂"特征附着在政治领导人身上，其后果将是不祥的。另一种是"社会化权力"，通过竞选获胜取得公职的人往往具有这种特质。他们行使权力要以众人的利益为依归，而且经常处于矛盾心理之中——怀疑自己的个人力量，意识到每次取胜都意味着某些人的失败。这种人很适宜于正式组织的领导工作和非正式场合的成员角色。前者以实现个人统治为核心；后者则以影响他人为核心，但出发点在于为他人着想，二者的行为表现大不相同。

3. 对社会交往的需要

对社会交往的需要又称亲和需要，即建立友好亲密的人际关系的需要。高亲和动机的人更倾向于与他人进行交往，至少是为他人着想，这种交往会给他自己带来愉快。高亲和需要者渴望友谊，喜欢合作而不是竞争的工作环境，希望彼此之间的沟通与理解，他们对环境中的人际关系更为敏感。有时，亲和需要也表现为对失去某些亲密关系的恐惧和对人际冲突的回避。亲和需要是保持社会交往和人际关系和谐的重要条件。

在此基础上，把对不同需要有所侧重的人划分为三大类：高成就需要者、高权力需要者和高社交需要者。

高成就需要者追求成功，喜欢挑战，强烈的内驱动力促使他们把事情做得更为完美，使工作更有效率，对待风险采取现实主义的态度（不以投机、赌博作为做或不做某件事情的标准，而是建立在对问题的客观分析和估计的基础上）。高社交需要者追求友好亲密的、融洽的人际关系，设法避免被别人拒绝在门外带来的痛苦，渴望友谊，喜欢合作而不是竞争的环境，强调理解的重要性。高权力需要者喜欢承担责任，喜欢去影响、指挥别人，同时尽量避免被别人指挥和控制。

麦克利兰的早期研究主要集中在成就需要方面，指出高成就需要往往可以通过学习获得。这一点，从他的 76 个印度小企业的管理人员的高成就需要的培训结果可以得到验证。他的后期著作以权力需要为中心，提出出色的管理人员和出色的创业者受的是不同的激励。优秀的管理者对权力或影响他人有很高的要求，权力需要超过成就需要和社交需要。

总而言之，麦克利兰提出：①人们的成就需要是可以通过传授的方式获得的，而且这种传授不因地理、文化背景的不同而有所区别；②高成就需要的人适合成为一个创业家，而高权力需要的人则很有可能是优秀的管理者。创业家不是优秀的管理者为很多企业的成败提供了一种解释。

（四）ERG 理论

ERG 理论由克莱顿·阿尔德弗（Clayton P. Alderfer）提出，它是对马斯洛的需要层次理论的重组与完善。阿尔德弗把马斯洛的五个需要层次进一步概括为三个层次，由低到高分别是生存的需要（Existence）、人际关系的需要（Relatedness）和成长的需要（Growth），ERG 理论的名称也就由此而来。

在此基础上，阿尔德弗提出三个基本观点：一是某一层次的需求满足的越低，人们对它期望的程度则越高，即越是没有满足的需要越是希望得到满足；二是低层次需要的满足程度越高，对高层次需要的期望也越高；三是高层次需要满足的越低，对低层次需要的期望就会越高。

ERG 理论与马斯洛需要层次理论的主要不同点在于：马斯洛需要层次理论是建立在"满足—前进"的基础之上的，即低层次的需要满足后产生高层次需要；而 ERG 理论是建立在"满足—前进"和"受挫—倒退"的基础之上的，即高层次需要得不到满足时会增加对低层次的需要。

二、激励过程型理论

激励内容型理论使人们了解哪些是激发人们工作积极性的特定因素，但并不能对人们为什么选择某种特定的行为方式来完成工作目标做出透彻的分析。激励过程型理论则试图解释，说明人们的行为是怎样引起的，是怎样向一定方向发展的，是怎样持续下去的以及是怎样终止的整个过程。

（一）弗鲁姆的期望理论

期望理论是美国心理学家弗鲁姆（Victor H. Vroom）于 1964 年提出的。弗鲁姆是美国著名的心理学家和行为科学家。早年于加拿大麦吉尔大学先后获得学士及硕士学位，后于美国密执安大学获博士学位。他曾在宾州大学和卡内基梅隆大学执教，并长期担任耶鲁大学管理科学"约翰塞尔"讲座教授兼心理学教授。

弗鲁姆认为激励是评价、选择的过程，人之所以能够从事某项工作并达成组织目标，是因为这些工作和组织目标会帮助他们达成自己的目标，满足自己某方面的需要；人们采取某项行动的动力或激励力取决于其对行动结果的价值评价和预期实现目标可能性的估计。换言之，激励力的大小取决于效价与期望值的乘积。用公式表述为：

$$激励力(M) = 目标效价(V) \times 期望值(E)$$

其中，激励力量是直接推动或使人们采取某一行动的内驱力，是指调动一个人的积极性、激发人的潜力的强度；目标效价，是指达到目标对于满足他个人需要的价值。同一目标，由于各个人所处的环境不同，需求不同，其需要的目标价值也就不同。同一个目标对每一个人可能有三种效价：正、零、负。如果个人喜欢其可得的结果，则为正效价；如果个人漠视其结果，则为零值；如果不喜欢其可得的结果，则为负效价。效价越高，激励力量就越大；而期望值则是指根据以往的经验进行的主观判断，达到目标并能导致某种结果的概率，是个人对某一行为导致特定成果的可能性或概率的估计与判断。

显然，只有当人们对某一行动成果的效价和期望值同时处于较高水平时，才有可能产生强大的激励力。弗鲁姆的期望理论辩证地提出了在进行激励时要处理好三方面的关系，这些也是调动人们工作积极性的三个条件。

(1) 努力与绩效的关系

人们总是希望通过一定的努力达到预期的目标，如果个人主观认为达到目标的概率很高，就会有信心，并激发出很强的工作力量；反之，如果个人认为目标太高，通过努力也不会有很好绩效时，就失去了内在的动力，导致工作态度消极。

(2) 绩效与奖励的关系

人们总是希望取得成绩后能够得到奖励，当然这个奖励是综合的，既包括物质上的，也包括精神上的。如果他认为取得绩效后能得到合理的奖励，就可能产生工作热情，否则就可能没有积极性。

(3) 奖励与满足个人需要的关系

人们总是希望自己所获得的奖励能满足自己某方面的需要。然而由于人们在年龄、性别、资历、社会地位和经济条件等方面都存在着差异，他们对各种需要得到满足的程度就不同。因此，对于不同的人，采用同一种奖励办法能满足的需要程度不同，能激发出的工作动力也就不同。

期望理论实质上是把个人是否接受激励这一问题具体分解为四个小的问题：第一，个人对效用的理解。效用是个人在完成所要求达到的目标后获得的结果。这些结果可能是积极的，如加薪、奖金、提升及同事的友谊和信任等，也可以是消极的，如疲劳、挫折、严格的监督与约束等。第二，个人对效用的评价。第三，个人对为获得所想要的效用应该采取的行动的理解。第四，对采取这些行动的难度、成功的可能性或概率的预估。如果这四个小问题的答案都是肯定的话，那么我们就可以肯定该人受到了很大程度的激励。

期望理论启示管理者不要泛泛地采用一般的激励措施，而应当采用多数组织成员认为效价最大的激励措施，还要适当控制期望概率。因为期望概率过大，容易产生挫折；期望概率过小，又会减少激励力量。因此，为了激励职工，管理者应当一方面提高职工对某一成果的偏好程度，即效价；另一方面帮助职工提高实现目标的可能性，即提高期望值的概率。

与马斯洛需要层次理论和赫茨伯格双因素理论不同的是，弗鲁姆的期望理论强调协调个人目标与组织目标的结合，根据员工的差异化要求设计一个合适的工作环境。

（二）公平理论

公平理论又称社会比较理论，是由美国行为科学家斯达西·亚当斯（Stacey Adams）提出的。公平理论主要是研究报酬的公平性、合理性对个人积极性的影响，既研究报酬的绝对数，更重要的是报酬的相对比例的公平与否影响个人受激励的程度。如表 12-4 所示。

表 12-4 公平理论

情 况	人（A）	比较	参照对象（B）	人的感受
公平	$\frac{报酬}{投入}$	=（等于）	$\frac{报酬}{投入}$	工程师认为相对于他的参照物他的投入（努力和时间）多，相应地他的报酬（高报酬和选择工作安排）也多
报酬过低的不公平	$\frac{报酬}{投入}$	<（小于）	$\frac{报酬}{投入}$	工程师认为他投入多，但是和他的参照物得到相同的报酬
报酬过高的不公平	$\frac{报酬}{投入}$	>（大于）	$\frac{报酬}{投入}$	工程师认为他与他的参照物有相同的投入，但是他得到更多的报酬

员工在一个组织中对自己是否受到公平的待遇往往选择以下几个"参照物"："他人"、"制度"和"自我"。"他人"包括同一组织中同一部门、不同部门、同一等级、不同组织层次的组织成员，也包括不属于同一组织的其他人，如邻居、朋友、同行等。"制度"是指组织中的报酬政策、程序以及其运作。"自我"是指员工对自己努力和所得到的报酬的比率。

在工作过程中，员工通过口头交谈、经验、报刊和杂志、职业中介机构等渠道获得有关工资标准、报酬等方面的信息，并在此基础上常常自觉或不自觉地把自己在工作中所付出的代价与取得的报酬同其他人进行比较，比较的结果影响其以后的行为。代价包括工作时间、资历、教育、经验、努力程度和负责精神等，报酬包括工资、奖金、提升、职位、组织对其承认和尊重的程度、人际关系等。

权衡比较的结果出现三种情况，见表 12-5。

表 12-5 个人对公平评价的三种情况

运用的比较公式	员工的评价
$\frac{报酬（自己）}{付出的代价} < \frac{报酬（参照物）}{付出的代价}$	不公平（报酬过低）
$\frac{报酬（自己）}{付出的代价} = \frac{报酬（参照物）}{付出的代价}$	公平
$\frac{报酬（自己）}{付出的代价} > \frac{报酬（参照物）}{付出的代价}$	不公平（报酬过高）

当员工感到不公平时，通常可能采取以下几种做法：①曲解自己或他人的付出或报酬；②采取某种行动以使公式相等；③选择另外一个参照对象；④辞职。所有这些可能的行动都可能会导致降低或提高生产效率，改善或降低产出质量，降低或提高缺勤率、员工流动率。

公平理论提出公平与否与员工的激励的相关性，这是研究激励的一个很好的角度，但是跟期望理论一样,不太具有可操作性。员工对公平的评价以个人判断为基础,没有一个统一的标准。公平理论在这些关键的问题上没有充分的说明,影响了该理论的有效性。

(三) 波特和劳勒模式

波特和劳勒主要在弗鲁姆的期望理论基础上引申了一个更为完善的激励模式。该模式简括为如图 12-5 所示。

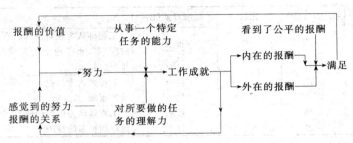

图 12-5 波特和劳勒的激励模式示意图

从这个模式图中,我们可以发现:努力(激励的强度和发挥出来的能力)取决于报酬的价值和人们所感觉到的努力与报酬之间的关系。员工实现组织目标与否则主要取决于努力程度、具备从事某一特定任务的能力(知识和技能)和正确理解所要完成的任务的能力(对目标和任务的理解程度)。员工的工作成绩决定其报酬水平(包括内在的报酬和外在的报酬),同时员工在实际工作中取得的成绩使他能更好地了解努力与报酬之间的关系。报酬和报酬的公平性又决定了员工满足的程度。满足与否同样也会影响他对报酬价值的理解。

该激励模式以努力——成绩——报酬——满足链,更充分地描述了员工受激励的整个过程,进一步完善了弗鲁姆的期望理论。

三、激励行为改造型理论

激励行为改造型理论是从分析外部环境入手来研究如何改造并转化人的行为,包括强化理论、归因理论等。

(一) 斯金纳的强化理论

强化理论是美国心理学家斯金纳(B. F. Skinner)提出的。他通过研究发现:人的行为可以分成两类,一类是应答行为,它是与生俱有、不学就会的本能行为;另一类是操作行为,是必须通过学习而发生的行为。从反应与环境之间的关系来说,应答行为是环境对人起作用而引起的反应,例如医生轻叩病人膝关节,小腿就会跳动;操作行为是人们为了达成某种目的而作用于环境的行为,例如病人选择医生。斯金纳认为:人们可以通过为他们适当设计的工作环境以及对他们的绩效加以表彰而受到激励;而通过对绩效差的加以惩罚可以产生负面的效果。

人们作用于环境的结果，对自己有利或能满足自己的需要，这种行为的出现频率就会增加，这就称为强化刺激。凡能增加反应强度的刺激物，称为强化物。当行为的结果对其不利时，这种行为就会减弱或消退。人们通过控制强化物来控制行为，达到改造行为的目的。

人们可以用这种正强化或负强化的办法来影响行为的后果，从而修正其行为，这就是强化理论，也叫做行为修正理论。"强化"是心理学术语，是指通过不断改变环境的刺激因素来达到增强、减弱或消失某种行为的过程。斯金纳认为可以采用四种强化类型来改变人们的行为。

1. 正强化

正强化就是奖励那些符合组织目标的行为，以便使这些行为得以进一步加强、重复出现，从而有利于组织目标的实现。正强化的方法包括奖金、对成绩的认可、表扬、改善工作环境和人际关系、提升、安排担任挑战性的工作、给予学习和发展的机会等。例如，对于成绩优异的学生给予奖学金，对于"神州六号"飞行员给予荣誉称号等精神上的奖励等，这些均属于正强化。正强化的最佳措施是：应使强化的方式保持间断性，间断的时间和数量也不固定，即管理人员应根据组织的需要和职工的行为状况，不定期、不定量地实施强化。

2. 负强化

负强化就是预先告知某些不符合要求的行为会造成令人讨厌的后果，员工为了避免这种令人不愉快的后果，会尽力避免不符合要求的行为发生，从而使这些行为削弱，甚至消失，进而保证组织目标的实现。例如，在表现好的员工得到奖励的同时，对表现较差的员工不奖励或降低奖励等级。负强化的最佳措施是：要维持其连续性，对每一次不符合组织目标的行为都应及时地给予处罚。

3. 消除

消除是指对某种行为不予理睬，以表示对该行为的轻视或否定，使这种行为长期得不到正强化而逐渐消失。

4. 惩罚

惩罚是指用某种带有强制性的、威胁性的结果来消除某种行为重复发生的可能性。惩罚的方法包括批评、处分、降级、罚款、降职、开除等。

从以上分析可以看出，不同的强化手段对行为的作用力度有很大的不同。因此，在管理实践中，一定要针对不同的行为恰当地选择强化手段，也就是强化理论在具体应用时应注意几项原则。

① 经过强化的行为趋向于重复发生。所谓强化因素就是会使某种行为在将来重复发生的可能性增加的任何一种"后果"。例如，当某种行为的后果是受人称赞时就增加了这

种行为重复发生的可能性。

② 要依照强化对象的不同采取不同的强化措施。人们的年龄、性别、职业、学历、经历不同，需要就不同，强化方式也应不一样。例如，有的人更重视物质奖励，有的人更重视精神奖励，应区分情况采用不同的强化措施。

③ 小步前进，分阶段设立目标，并对目标予以明确规定和表述。对于人的激励首先要设立一个明确的、鼓舞人心而又切实可行的目标，只有目标明确而具体，才能进行衡量和采取适当的强化措施。同时还要将目标进行分解，分成许多小目标。完成每个小目标都及时给予强化，这样不仅有利于目标的实现，而且通过不断激励可以增强信心。如果目标一次定得太高，会使人感到不易达到或者说能够达到的希望很小，这就很难充分调动人们为达到目标而做出努力的积极性。

④ 及时反馈。及时反馈是通过某种形式和途径，及时将工作结果告诉行动者。要取得最好的激励效果就应该在行为发生以后尽快采取适当的强化方法。一个人在实施了某种行为以后，即使是领导者表示"已注意到这种行为"这样简单的反馈也能起到正强化的作用；如果领导者对这种行为不予注意，这种行为重复发生的可能性就会减少以至消失。所以，必须利用及时反馈作为一种强化手段。

⑤ 正强化比负强化更有效。在强化手段的运用上，应以正强化为主；同时必要时也要对坏的行为给以惩罚，做到奖惩结合。

（二）归因理论

归因理论是关于人们如何解释自己或他人的行为，以及这种解释如何影响他们的情绪、动机和行为的心理学理论，始于20世纪70年代早期，代表人物是伯纳德·韦纳（Bernard Weiner）。该理论认为，成就动机的本质是认知过程而不是情绪预期。具体来讲，个体怎样解释其先前的成功与失败决定了他下一次对任务的选择、持续努力的时间、热情程度等。也就是说，归因是成就动机的决定因素。其基本观点是：人们的行为获得成功还是遭受挫败可以归因于4个要素，即努力、能力、任务难度、机遇。这些因素可以按以下3个维度来划分：控制点、稳定性和可控性。根据控制点维度，可将原因分成内部和外部；根据稳定性维度，可将原因分为稳定和不稳定；根据可控性维度，可将原因分为可控的和不可控的。人们把成功和挫败归因于何种因素，对以后的工作态度和积极性有很大影响。

韦纳通过一系列的研究，得出一些归因理论的最基本的结论。

① 个人将成功归因于能力和努力等内部因素时，他会感到骄傲、满意、信心十足；而将成功归因于任务容易和运气好等外部原因时，产生的满意感则较少。相反，如果一个人将失败归因于缺乏能力或努力，则会产生羞愧和内疚，而将失败归因于任务太难或运气不好时，产生的羞愧则较少。而归因于努力比归因于能力，无论对成功或失败均会产生更强烈的情绪体验。努力后成功，体会到愉快；不努力而导致失败，体验到羞愧；努力而失败也应受到鼓励。这种看法与我国传统的看法一致。

② 在付出同样努力时，能力低的应得到更多的奖励。

③ 能力低而努力的人受到最高评价，能力高而不努力的人受到最低评价。因此，韦纳总是强调内部、稳定和可控性的维度。

归因理论对管理有重要的指导意义。根据归因论，一个人对过去工作中的成功与失败、得与失、兴与衰是归因于内部原因还是外部原因，是归因于稳定性因素还是不稳定性因素，这是影响今后工作、成功预期和坚持动力行为的关键之一。领导者要注意树立通过改变人的思想认识来改变人的行为的工作方针，注意对成功者和失败者今后行为的引导，尽可能地把成功与失败的原因，归因于不稳定性因素。

著名企业家、索尼公司创始人盛田昭夫如何对待犯错误的员工呢？他曾经说过："我并不怕对我所做过的任何一个决策承担责任，但如果一个人犯了错误就受到污辱，就被剥夺了晋升的机会，那他在今后的企业生涯中就将失去动力，也就不可能在今后再向公司提出任何建议。但是，要是采取另一种方法，澄清错误的原因，并将它公诸于众，那犯错误的人将会记住它，其他的人也不会再犯同样的错误。我对公司里的人说：'放手干吧，你认为是对的事就去干吧。如果你出了错误，你可以从中学到东西，只要不再犯同样的错误就行了。'重要的是要找出原因，这样你就能避免将来再犯同样的错误。如果你追查原因不是为了要毁掉某个人的前途，而是让全体员工从中吸取教训，那结果将不是一次损失而是一次有价值的教训。"这就是运用归因理论的一种表现，可以说归因理论的运用对人事激励是有很大作用的。

第三节 激励的方法

激励是组织调动员工工作积极性从而改进工作绩效的重要手段，它是对行为的驱动，贯穿于组织行为的整个过程之中。在一般情况下，激励表现为个体将外界所施加的推动力或吸引力内化为自身的自动力的过程。激励手段的运用，赋予了管理活动以主动性的特征。使人由消极的"要我做"转化为积极的"我要做"，即产生了某种行为的动机。动机越强烈，行为就越积极。人们的行为意愿在外界作用下由被动转化主动的过程完成了由量变到质变的转化，它能焕发出极大的力量，促使人们向着既定目标前进。

人力资本的激励之所以不可或缺，就是因为人力资本的增值与企业生产构成的其他要素如土地资本等不同，非激励不能调动其积极性。晋商和徽商的实践反复证明了这样一个事实：人力资源价值最大化的实现需要在管理中正确地实施激励原则。

一、激励原则

管理中应用激励原则，是由人的行为规律决定的。需遵循的激励原则一般有：目标化原则、适度性原则、明确性原则和多样化原则。这些原则在晋商和徽商的经营活动中都有不同程度的应用和体现，充分表明人员激励在两大商帮发展中发挥了一定作用。

（一）目标化原则

在激励机制中，设置目标是一个关键环节。目标设置必须同时体现组织目标和员工需要的要求。只有把组织的目标内化为个体的目标，激励才会取得应有的效果。但个体目标与组织目标的关系很复杂，人是多种多样的，人的目标也是多种多样的。个人目标与组织目标并不是完全一致的。在现实激励中一定要努力寻找各层次利益和目标的结合点。

晋商的人员一般由财东、掌柜阶层和一般管理人员（伙计、学徒等）三部分组成。财东一般都不直接参与商号的经营，而是委托自己信任且精明能干的掌柜放手经营。所有权与经营权分离，充分调动了各号掌柜的积极性、主动性，使他们放手开展经营业务。通过身股和银股的结合实现了财东、掌柜和伙计的三方的共同利益，将员工的个人利益、财东利益与商号利益联系在一起。晋商实行人身顶股制利用物质利益原则激励员工，通过承认他人的利己动机，有效地协调了劳资关系，而且把这种利己动机和企业发展联系起来，形成团结一心，同舟共济的经营局面，对员工和企业都起到了重要作用。

徽商宗族观念极重，宗族制度十分严密。员工和商人首先是亲戚关系，然后才是经济关系。徽商在致富后，不仅把它视为个人的成就，而且把它看成是祖宗神灵保佑和宗族群体支持的结果，所以通过建祠堂、修族谱、兴书院、立学校、置祠田（族田、学田、义田等）来回报其宗族群体，在这方面不惜花费巨资。由此可以看出徽商把个人目标和组织目标结合起来的方式是和晋商不同的。晋商的员工通过完成组织目标实现个人目标，目标明确而且两个目标结合紧密。而徽商侧重实现宗族目标，全面展示个人在本族中的作为，依靠宗族的血缘关系把个人目标和宗族利益联系在一起，而不是激励本身。

（二）适度性原则

激励的适度性原则包括两层含义，其一，激励的措施要合适要根据所实现目标本身的价值大小确定适当的激励量。激励不足就不能充分调动人的积极性；激励过度，会增加人的激励期望，就给下一次激励造成一定的阻力。其二，奖惩要公平。

晋商根据财东、掌柜、伙计在企业中的职能和地位不同，实施不同的激励机制。财东作为投资者，商号经营得好，他就能得到更多的剩余收入；掌柜的在获得充分信任的基础上得到远高于员工的薪金和剩余收入；员工可以通过动态的有差别的物质奖励调动其工作积极性。不同商号的财东之间、掌柜之间、伙计之间是有比较的。不同的人员完成的职能不同，其权利和义务也是有差别的，体现了责权利的对等，因而这种激励是适度的，做到了公平激励，没有平均化，引导了相关人员的价值取向。但在晋商发展的后期身股数超过了银股数，票号的利润都以身股的形式被瓜分了，而没有再投入扩大再生产，这时的激励是不恰当的。

徽商的伙计是财东聘用的商业管理人员，他们以其经营能力受聘于财东，享有较为优厚的待遇，在人格上也与财东处于平等的地位。平均主义思想在儒学中占有重要的地位。

徽商在这一思想的支配下，多以"好善乐施"、"积而能散"为美德。所谓"积而能散"，就是把商业利润用于扶贫济困和修桥补路等公益设施上。就是说徽商求富的目的应该是为了理义，做到因义而用财。在合理性激励原则中，徽商更看中的是自己为宗族所做的一切，得到了族人多大程度的认可，相比晋商而言，主观性更强。

（三）明确性原则

激励的明确性原则包括三层含义，第一，明确。第二，公开。第三，直观。晋商以顶身股制为特征的激励机制全面阐释了激励的明确、直观、公开。晋商的阶层之间的产权明晰且有效率。晋商通过清晰的产权有效地激励和约束着其掌柜和伙计。由此可以看出晋商对奖励什么，如何奖励都具体物化了，让人一目了然。人身股制度的收益的无限性必然产生激励的无限性，从而极大地增强了这一激励机制的可持续性。还为职业经理人设置了责任和压力，使之不能随便应聘或者退出，有利于职业经理人水平的提高和整个队伍的成长。

明清徽州的乡规民约一般都有明确而具体的奖惩规定，对能认真遵守并履行乡规民约所赋予的义务和责任的，一般都列有专门的奖励条款。同样，对不能履行甚至违反乡规民约的则规定了具体的惩罚措施。徽商的明确性原则不如晋商制度化。

（四）多样化原则

激励的起点是满足员工的需要，但员工的需要因人而异，因时而异，并且只有满足最迫切需要（主导需要）的措施，其效价才高，其激励强度才大。因此，必须深入地进行调查研究，不断了解员工需要层次和需要结构的变化趋势，有针对性地采取激励措施，才能收到实效。

晋商的激励机制是一种基于长期的、动态的激励办法。激励的本质就是要满足个人的需要，而人的需要是多种多样、不断变化的，不同的人有不同的具体需要，即使同一个人在不同时候的需要也可能是不一样的。所以，要使激励达到最佳效果，就必须针对不同的人采用不同的激励方式，而且对同一个人，也不要拘泥于一种形式，应视情况不同，灵活运用多种激励方法，有时应同时运用多样化的激励方式。比如说在奖励形式上做到物质奖励与精神奖励相结合，物质激励是基础，精神激励是根本。在两者结合的基础上，逐步过渡到以精神激励为主。财东作为投资者，商号收益的好坏直接与其经营状况挂钩，获取剩余收入和承担风险构成了他的压力和动力，促使其有效行使所有者职能。在当时缺少外部市场制约力，所以存在将利润分光吃尽的现象。掌柜的激励来自财东的充分信任，来自更优厚的待遇（包括享有部分企业剩余索取权），来自年终时公开增减的薪金。但并不要求其对企业承担任何财产风险责任，造成权利与责任不对等，财东虽然可以以减少报酬和精神折磨来惩罚不合格的掌柜，但这种非财产形式的制约力量是薄弱无力的。

徽商的激励机制也包含了物质上的"较为优厚的待遇"和精神上的"人格与财东处于平等的地位"。徽商一向注意"择人任时"的原则，因此，一些聪明的徽商都十分注意善待伙计,并发挥他们的才干。在多样性原则上晋商的层次更深,但在使用的度上徽商是成功的。

二、激励方法

有效的激励,必须通过适当的方式与手段来实现,常用的具体方法可划分为三类:物质利益激励、社会心理激励和工作激励。如表 12-6 所示。

表 12-6 激励方法

激励类型	特点	具体形式	包含内容
物质利益激励	以物质利益为诱因,是一种外在激励形式,可以保证职工的物质生活需要,所以物质奖励是必不可少的	奖酬激励	工资、奖金、各种形式的津贴及实物奖励等
		福利制度激励	从住宅、休养、娱乐、医疗保健、伙食、生活设施、保险、结婚、生育、伤病、死亡等各方面都给予职工物质关怀
		股票期权激励	主要用于对高层主管、优秀技术人员等高层次经营和技术人才的激励,以达到长期激励的功效
		处罚	一种管理上的负强化,属于特殊形式激励
社会心理激励	运用各种社会心理学方法,刺激被管理者的社会心理需要,以激发其动机的方式与手段	目标激励	工作目标、个人成长目标和个人生活目标
		表扬与批评	荣誉是贡献的象征,每人都有强烈荣誉感
		感情激励	以感情作为激励的诱因,调动人的积极性
		尊重激励	尊重下属人格、满足下属的成就感、支持下属自我管理、自我控制
		参与激励	通过一系列制度和措施,使职工在管理和决策中发挥作用,以激发人的工作动力,提高热情,调动积极性
		榜样激励	先进典型、管理者自身的模范作用
		企业文化激励	组织特有的价值观、行为规范
工作激励	对工作内容、工作职能和工作关系等进行满足职工个人需要的设计,工作设计有利于提高职工的工作兴趣、激发工作热情、增强责任感、降低缺勤率和离职率、改善人际关系,从而提高生产率	工作设计的形式主要有工作轮换、工作扩大化、工作丰富化、增加工作的意义和工作的挑战性、工作群体自治和弹性工时制等	

晋商和徽商在其发展过程中都建立了相对有效的激励机制,不同程度地促进了两大商帮的繁荣。针对人员的物质和精神需求,相对徽商而言,从激励的形式上看晋商更多地采用了直接的激励方式;从激励的内容上看晋商涉及了更深的层面;从激励的效果上看晋商更注重经济的因素。

晋商的激励机制内容丰富、形式多样,包括收入、社会地位和福利制度;而且是一种分层次进行的长期的动态的激励制度。票号对普通员工实行顶身股制,为晋商的发展注入了强大的活力,提高了竞争力,增强了凝聚力。在员工的劳动能满足自身不断增长的生活需要的同时激发了人们的劳动热情,并且把票号和伙计的利益紧紧联系在一起,促进了票号事业的发展。在浓厚的宗族色彩中的徽商也需激励,但徽商的激励内容和形式相对而言要单纯一些。

（一）薪酬和福利激励

晋商对于员工在薪酬和福利方面的待遇是比较优厚的，但在高级和低级之间有比较悬殊的级差。这种级差既能形成有效的激励，能有效地稳定高级管理人员，保持晋商企业稳定发展。高级差也间接地反映出晋商对人力资本价值的衡量和估值，合理的人力资本估值和定位促使低级人力资本向高级的自我提升，达到有效的激励目标。徽商的薪酬中缺少了对剩余索取权的分配，由于要把一部分利润回馈于宗族，所以对徽商人员而言福利具有间接性。

（二）职业机会激励

"崇商"的区域文化特点为这一区域内人员的职业选择提供了思想导向，使得选择从商的人员具有职业的优越感，晋商充分利用和强化了这种思想，同时在企业内部对员工进行职业细分和职业设计，然后通过学徒遴选和出班难度的提高既优选了人才，又强化了职业优越性，形成职业机会激励。徽商经商多源于生活的贫困和业儒无望，徽人有崇儒的价值取向，暴富之后，则可以"弃贾归儒"。"崇儒"的价值取向构成对徽商的激励。

（三）产权激励

晋商通过"身股"的形式将人力资本产权化。"身股"既与员工的自身利益联系，也与员工的荣誉度相联系。通过顶"身股"数量的增加，员工利益得到提高，荣誉感得到增强，从而有效激励员工努力地工作，进而影响人力资本绩效的发挥。晋商的身股制类似于分成地租，这种激励是动态的，随着员工努力程度的提高，激励幅度也在增加。徽商相对晋商而言，所处的经济环境要好一些，在分配上采用的是定额工资制，这源于定额租制。徽商在产权激励上更多的是采取间接形式，且趋于平均化。

（四）人格激励

晋商总店大多会出巨款为分店经理人捐一候补道之官衔，以增高经理人之人格，且万一遇诉讼，出入官衙较占便利。晋商通过抬高经理人的人格，一方面方便经营，另一方面，当这种捐官形成惯例后，会对后来者产生极大的诱惑力，并形成强烈的晋升欲望，这种欲望会对推动人力资本绩效发挥积极作用。晋商对任何一般的伙计都给予了顶身股和升迁的机会。徽商一方面认为伙计是财东聘用的管理人员，因其能力而得到聘用，在人格上与财东具有平等的地位，有时又是合伙人，有直接的利益联系，必然使这些人员能完全服务于企业绩效的最大化；另一方面，徽商在使用奴婢上则没有更多地考虑到这些。这种双重性体现了徽商在人格激励上的宗法制特点。

（五）责权的匹配

晋商总号及分号责权的匹配使得因事用人成为可能，同样也能克服人性的惰性，不能人浮于事。精简的机构使得大掌柜之责权能够有效匹配，使大掌柜能够有精力总理全号内外事务。徽人经商依靠宗族、得益于宗族，一旦发达，又会回利于宗族。晋商的责权匹配是源于经济的原因，而徽商却不是。也就是说晋商的激励制度是完善的，而徽商的这一制度有一定的随意性。

激励与考核其实是对应的，激励是通过差别化来实现的，差别化正是考核的核心内容。晋商的人力资本考核通过制定严格的号规，在规范员工行为的同时，也明确了利益的级差分配，也就明确了考核标准。晋商在进行业绩考核同时又加强了对人员的日常行为考察，对于人格优良、才能出众者，将会委以重任。对于业绩优良的，则会给予格外的礼遇。通过对员工全方位的考核和考察，使得晋商能够持续保持人力资本的含量，保证企业的发展。徽商的人力资本考核体现在徽商在用人上择人任时，把对人力资本考核转化为事前的控制。同时十分注意善待伙计，充分发挥他们的才干。区域文化的不同使晋商和徽商在人力资本的激励和考核上有差异，这种差异适应两大商帮不同的经营模式，促使了个人绩效和企业绩效的最大化。

约束（即负激励）与激励是相辅相成、缺一不可的，建立有效的约束机制是保证经营者健康成长的必要条件。晋商和徽商约束机制包括内部约束和外部约束，在内部约束上，晋商着重体现为号规而徽商则是族规。在外部约束上也就是非正式约束上，由于缺少国家制度的约束，更多的是以行业协会为主的集体惩戒机制。

（一）内部约束

内部约束即企业所有者与经营者之间形成的约束关系和约束机制。这种内部约束主要来自如下方面：公司章程约束、契约约束、治理结构约束。

1. 公司章程约束

"没有规矩，不成方圆。"明清时期，在国家没有制定企业法的情况下，商人是以各自企业的情况，制定章法管理，晋商通过号规来体现而徽商则表现为族规。

晋商的号规内容丰富，徽商的族规内容广泛。晋商号规涉及商号管理的方方面面，而且随着形势发展不断修订；徽商族规的内容也是从管理到礼仪。

晋商的号规和徽商的族规执行起来都是十分严格的。晋商的号规对票号业务经营管理与培养职工精神的确是重要的。号规的实施，加强了对职工和商号的自我约束，使山西商人树立了良好的商业形象，赢得了广泛的赞誉。徽商的族规是封建宗族制约族人的行为规范，强化了族众对祖宗的信仰、崇拜。

号规和族规有内部法律效力。两大商帮都重视规章的制定工作。票号号规也有其封建性、奴隶性和落后性的东西。有些条款，未免对人过于不信任，例如不经总号不能直接回家和寄物，对号事没有发言权，也不准写信等等，限制了职工的基本自由。徽州宗族族规家法实质上就是将封建伦理道德法律化，变成了人们必须遵守的行为规范。

2. 契约约束

徽商的契约文书数量更丰富，徽商的契约文书内容更全面，既有土地山林等买卖和租佃契约、土地户口册、公私告示禁约、宗法家族文书、宗教祭祀文书，也有商业合同、借据、会票等文书，另外还有地方官府的公务文书特别是各种法律诉讼文书，教育文书等；徽商的契约文书横跨时间长，地区广；而晋商只在开设企业之时，对其聘请的掌柜和重要员工，事先言定人力股若干、以合约的形式规定下来，或计入万金账。相比之下，晋商在契约约束上远弱于徽商。

契约约束是一种法制约束，明清时期徽商大量的契约文书一方面反映了徽商的契约在徽商经济活动中的影响力和使用范围广泛，同时也反映了徽商的法制观念，尽管在当时条件下，法制具有极强的封建性，但徽商通过对法的应用，有效地保证了其商业利益和降低可能的信用缺失带来的风险，促使其在商业上能够取得巨大的成功。法制观念的习惯化，化解了宗族血缘关系可能带来的经济关系不清的问题，使得徽商能够明确了解自己的财力，能够有效地运作自己的资本，而不必劳神于个人资本与宗族资本的界定和纠缠之中，同时能够通过一定的形式有效调动宗族资本，互为依托、互为扶持，契约关系成为徽商致富发达的一个不可或缺的手段。徽商的契约约束在具体的商业活动中起作用，其前提条件是对政府法律、法规的遵守，契约才能受到法律、法规的保护。

3. 治理结构约束

晋商和徽商都是通过建立严密的管理体制加强对商业集团内部的控制来进行约束。晋商有三个层次即财东、掌柜和伙计；徽商的人员一般分为商人、代理人、副手、掌计、店伙或雇工五个层次。晋商财东对掌柜施加压力和动力，其效力是明显的。因为只有财东才有权利监督和评价掌柜的，同样掌柜也要对伙计在调动其工作积极性的同时实施有效的控制。徽商的商人相当于晋商的财东，但他却集经营权、所有权于一身，直接参与经营管理。代理人受商人的委托经营商业，从表面上看似乎相当于晋商的大掌柜，但他们多为族人充任，经营上相对独立。但实质上他只是借用商人资本（或族人的资本）重新独立经商者。只是一种集资形式，与晋商大掌柜根本不同，代理人与出资者只是一种松散的宗族内部的借贷关系。副手是商人的助手，常常由商人的直系亲属或较近亲属充任，起协调、参谋与监督和应酬作用。掌计，即各店铺的管理人员，担负销售和采购业务，相当于晋商分号经理人员的职能，也多为族人充任。店伙、雇工与晋商的伙计、学徒的职能基本相同，处理店中日常事务。各层次的伙计基本上是族人乡党。徽商用宗法制度这一法宝，以加强对各级伙计的控制。徽商如此重视尊祖敬宗，其目的在于收族，即以宗子的身份来管理约束族众，并以血缘亲疏尊卑关系来维护等级森严的管理层次。徽商为了最大限度地提高利润率，还利用宗族制度下保留的奴隶制残余——佃仆制，驱使佃仆从事运输。

（二）外部约束

外部约束主要来自外部市场约束和政府法律约束。为了更好地约束经营者行为，还应辅助以其他约束方式，如行政约束和社会约束等。明清时期的晋商和徽商缺少政府法律约束也没有行政约束，更多的是市场约束和社会约束。面对市场经过多次博弈选择，晋商和徽商在经营行为上都选择了诚信，在当时的社会条件下由于文化等方面的原因两大商帮都选择了集体惩戒机制。

晋商主要是通过外部的非正式约束，诸如传统、道德、文化、价值等所实施的集体主义惩戒，这样节约了因监督、惩罚而产生的交易费用。明代中叶，随着商品经济的繁荣，商业竞争更为激烈。家庭作为社会最基本的经济单位。商人在经营活动中紧紧依靠家庭的力量，已不足以参与较大规模的竞争。宗族血缘圈是家庭的扩大，具有极强的凝聚力。因此，借助宗族势力经商，能大大增强商人的竞争力。可以获取资金和人力上的支持，建立商业垄断。

徽州的乡规民约涉及到某一特定地域乡村社会、民间组织和不同人群在社会、文化、教育和法律等不同领域的内容。就其形式而言，一般都规定有明确而具体的应当遵守的条款和违犯条款的处罚措施，亦即规定了乡民的权利、义务和违约责任，作为国家法的必要补充和延伸，其本身具有民间法的性质，本质是为了维护既有的社会秩序和乡村社会的稳定。

复习思考题

1. 简述需要层次理论的主要内容。
2. 简述双因素理论的主要内容。
3. 简述麦克利兰的三种基本激励需要。
4. 如何理解波特和劳勒模式？
5. 期望理论的内容是什么？这一理论对我们有什么启示？
6. 公平理论的内容是什么？列举公平理论在现实生活中的实例，并予以分析。

案例

案例 12-1　　　　　　　　　　八成职场人愿意拿自由换高薪

天津北方网讯：日前，微博上一则关于"普华永道25岁女硕士死于过劳"的帖子，短时间内被大量转载。普华永道方面证实确有审计部门入职半年的新员工最近不幸病逝，但否认"过劳死"一说。而逝者小潘生前在微博上时常抱怨工作忙、没有时间休息。其校友在微博上悼念"天堂里不会再有日复一日的深夜加班"。其实要高薪还是要自由、要健康的问题一直被职场人关心。2011年，前程无忧网站发布的一项调查显示——近8成职场人愿意拿自由换高薪。

1. 网友多愿"为钱折腰"

"如果一份工作月薪10000元（税后），但是压力巨大，每天需要你持续工作至少10

小时，晚上睡觉的时候你经常从梦中哭醒。这样的工作，你做不做？"有71%的受访者果断的选择"当然做，只要待遇好"。

"用500万元换你10年，你换不换？"有52%的受访者坚决的表示："我换，最好拿现金"。

"当高薪的工作和自由的生活发生了冲突，你会选择什么？"有79%的受访者在心里纠结一番后，选择的天平倾向高薪。

前程无忧论坛日前做过的以上三项调查，接受调查的大多数网友都愿意"为钱折腰"。不管是个人健康，还是生命中的10年或是自由的生活，似乎这一切都不及钱在我们生活中的份量。

选择"高薪"的人群过于庞大。79%的数据似乎比任何解释都更具有说服力。前程无忧网站调查发现，选择"高薪"的人多是为现实所迫。"看看现在的房价吧，看看现在的物价吧……如果要在城市中生存，挣扎中的职场人还可以拿什么交换？除了我们仅有的青春、健康、自由。"一位网友表示。

2. 仅两成人为自由选低薪

调查显示，当高薪的工作和自由的生活发生了冲突时，仅有21%的人会选择薪水低的工作，他们认为能掌控自己的生活更重要。网友"钟小妍"发帖说"我经历过这种因为高薪而来丧失自由的生活。也许有些人会拿着'拼命工作，一切为了家人'的理由当借口，可他们并不明白家人真正需要的是什么。孩子需要的是高档玩具吗？老婆需要的是名牌衣服吗？父母需要的是高级补品吗？这一切的一切都抵不上你能和他们在一起其乐融融的共享天伦之乐。"

（资料来源：http://news.sohu.com/20110419/n306049180.shtml）

案例讨论：

1. 你对"愿拿自由换高薪"有何感想？你是否愿意拿自由换高薪？为什么？
2. 假设你是企业组织的管理者，看到这篇报道后，结合本章内容，针对目前中国员工的这一处境，请你对此做出一个合理的员工激励计划。

案例12-2　　　　　　　　　　小吴揭榜的积极性有多高？

厂里正式张榜招贤，宣布谁能解决三车间工艺上那个老大难的技术问题，就发给奖金8000元，决不食言云云。小吴看了，在心理捉摸开了：这问题正巧是他在大学里写毕业论文时选的题目，来厂后自己对它又很感兴趣，私下搜集了一些数据，查过一些参考文献，对解决它有了一些初步的设想。当然把握并不太大，别人已干了好几年没解决，人家就是"废物"？所以只能说有一半把握吧！可是，就算我解决了又怎么样呢？不错，既然出了告示，这8000元奖金大概跑不了，可是自己并不缺钱用，不稀罕这奖金。当然解决了它是对国家建设的一个贡献，但跟他的抱负比，只能算小事一件罢了。去钻研这问题，要费一番脑筋，倒是有点吸引力的，还能接受锻炼、长知识。不过，估计这方面的收获也不会太大……对了，最要紧的是这事的成功与否，对于他和组里同事的关系会有什么影响，对这一点小吴是十分关心的。啊呀，真要搞成了，那人家会不会说我"好出风头"、"财迷心窍"？坏了，多半会有人妒忌我、讥讽我、暗自给我一下子，那就得不偿失了。不过，我真攻下了这一关，全厂闻名，广播站也会报道。但这又有啥了不起呢？切不可图虚名而惹实祸呵！何况，若失败了，多么丢脸，人家会笑话我"不自量力"的……他反复推敲斟酌，拿不定主意：去揭榜，还是不揭？

现在根据他这一番考虑，用期望理论模型的术语和概念来加以表达，归纳在下表中。

奖酬 R	取值范围	给国家建设做贡献	工作本身兴趣与挑战	荣誉	同事关系	奖金
绩效期望 E_1	0~1		0.5			
奖酬期望 E_{2I}	−1~+1	0.2	0.3	0.5	−0.8	1
奖酬效价 V_I	0~1	0.8	0.5	0.2	1	0.2

案例讨论：

小吴到底会不会揭榜？积极性有多高？请用期望理论加以分析。

第十三章

沟通管理

人之相识，贵在相知；人之相知，贵在知心。　　　　　　——《孟子·万章下》
管理就是沟通、沟通再沟通。　　　　　　——通用电气公司总裁　杰克·韦尔奇
企业管理过去是沟通，现在是沟通，未来还是沟通。　——日本松下创始人　松下幸之助
不善于倾听不同的声音，是管理者最大的疏忽。　　　　——美国女企业家　玛丽·凯
人有两只耳朵却只有一张嘴巴，这意味着人应该多听少讲。
　　　　　　　　　　　　　　　　——（英）联合航空公司总裁兼总经理　L·费斯诺
一个说明得很清楚的问题，就是一个解决了一半的问题。
　　　　　　　　　　　　　　　　　　　　　　　——（法）管理学家　凯特灵

德国的银行

2008年9月15日上午10：00，拥有158年历史的美国第四大投资银行——雷曼兄弟公司向法院申请破产保护，消息瞬间传遍地球的各个角落。

令人匪夷所思的是，上午10：10，德国国家发展银行居然按照外汇掉期协议，通过计算机自动付款系统向雷曼兄弟公司即将冻结的账户转入了3亿欧元。此时引起了德国社会各界的大为震惊，普遍认为，这笔损失不应该发生，此事惊动了德国财政部，财政部长佩尔·施泰因布吕克发誓，一定要查个水落石出，并严厉惩罚相关责任人。

几天后，调查员向国会和财政部递交了一份调查报告，调查报告并不深奥，只是一一记载了被询问人员在这10分钟忙了些什么，然而答案就在这里面。

首席执行官乌尔里奇·施罗德：我知道今天要按照协议预先的约定转账，至于是否撤销这笔巨额交易，应该让董事会开会讨论决定。

董事长保卢斯：我们还没有拿到风险评估报告，无法及时做出正确的决策。

董事会秘书史里芬：我打电话给国际业务部催要风险评估报告，可那里总是占线，我想还是隔一会再打吧。

国际业务部经理克鲁克：星期五晚上准备带家人去听音乐会，我得提前打电话预定门票。

国际业务部副经理伊梅尔曼：忙于其他事情，没有时间去关心雷曼兄弟公司的消息。

负责处理与雷曼兄弟公司业务的高级经理希特霍芬：我让文员上网浏览新闻，一旦有雷曼兄弟公司的消息立即报告，现在我要去休息室喝杯咖啡了。

文员施特鲁克：10：03，我在网上看到雷曼兄弟公司向法院申请破产保护的新闻，马上就跑到希特霍芬的办公室，可是他不在，就留了一张便条，他回来后会看到的。

结算部经理德尔布吕克：今天是协议规定交易的日子，我没有接到停止交易的指令，那就按照原计划转账吧。

结算部自动付款系统操作员曼斯坦因：德尔布吕克让我执行转账操作，我什么也没问就做了。

信贷部经理莫德尔：我在走廊里碰到施特鲁克，他告诉我雷曼兄弟公司破产的消息，但是我相信希特霍芬和其他职员的素养，一定不会犯低级错误，因此也没有必要提醒他们。

公关部经理贝克：雷曼兄弟公司破产已经发生，我想跟乌尔里奇·施罗德谈谈这件事，但上午要会见几个客人，等下午再找他不迟，反正不差这几个小时。

（资料来源：南国都市报．http：//ngdsb.hinews.cn/html/2011-05/27/content_359631.htm）

沟通是一个动态的人际过程，在管理工作中占有非常重要的地位。有效地沟通不仅有利于人及关系的建立与维持，而且对提高组织绩效也必不可少。管理学大师彼得·德鲁克曾经说过，沟通是管理的基础。从一定意义上讲，管理过程就是沟通过程。一项研究表明：在经营不善的企业中，75%以上的企业衰落案例都是由于疏于沟通。现在，企业界、学术界、教育界越来越多的有识之士已开始关注和注重管理中的沟通问题，并逐步认识到沟通已成为管理者的一项基本技能，高效的沟通不仅能解决因个体差异而带来的问题，也能解决组织变革中遇到的障碍，从而实现组织内和组织间的合作，保证组织的可持续发展。

第一节 沟 通 概 述

沟通在人们的生活中几乎无处不在。面对日益复杂的社会环境和经济环境，有效的沟通不仅成为现代组织能否成功的关键因素，同时也是个人在社会生活与工作中能否成功的关键。

一、沟通与组织沟通

沟通（Communication）一词来源于拉丁语的动词 communicare，意为"分享、传递共同的信息"。英文的"沟通"一词也可以翻译为"交际"或"社交"，是指人与人之间使用语言等媒介进行思想、观念、感情的交往、联系和相互作用的一种行为。

我们把沟通定义为：沟通是指信息从发送者到接受者的传递和理解的过程。根据这一概念，沟通有以下方面的含义。

① 沟通是涉及两个及以上的行为或活动，人与人之间的沟通不仅仅是信息的交流，而且包括感情、思想、态度、价值等，即人的主观能动性和创造性都翻印在沟通活动中，这在某种程度上会影响沟通的效果和作用。

② 沟通是一个传递和理解的过程。如果信息没有被传递到对方，则意味着沟通没有发生。而信息在被传递之后还应该被理解，一般来说，信息经过传递之后，接受者感知到的信息与发送者发出的信息完全一致时，才是一个有效的沟通过程。

③ 沟通要有信息内容，并且这种信息内容不像有形物品一样由发送者直接传递给接受者。在沟通过程中，信息的传递是通过一些符号来实现的，例如语言、身体动作和表情等，这些符号经过传递，往往都附加了传送者和接受者一定的态度、思想和情感。

④ 沟通的目的是促进人们之间的了解和合作，但是沟通会出现障碍，这种障碍不仅是由于信息渠道的失真或错误，还包括人特有的心理障碍。良好的沟通不仅要正确理解沟通信息的含义，还要最大限度摒弃主观偏见。

组织沟通是在组织结构环境下的知识、信息以及情感等的交流过程。它不仅包括组织信息的交流，还包括人员、群体间的情感互访。沟通是技术性的，但比技术更有意义的是因此而建立起来的相互了解、相互尊重、使人能彼此坦率地讨论个人情感和个人问题的信心和信任。组织沟通具有明确的目的，即影响组织中的每个人的行为，使之与实现组织的整体目标相符，正如查尔斯在他的《管理沟通——理论与实践的交融》一书中指出的："沟通是组织的生命线。"

组织沟通有别于一般的人际沟通，它是个体沟通能力和技能在组织特定沟通形式中的综合体现，组织中任何形式的沟通都基于个体，而这会对组织沟通造成很大的影响。首先，在组织系统内的个体都有自己在组织中的职位，在与人沟通过程中，角色与地位的差异比较明显，这种差异客观上会造成沟通的障碍；其次，组织系统内的个体有不同的工作任务和职责，对同样的信息会产生不同的理解；再次，组织系统是个体成员进行沟通的环境，组织规模、组织结构、组织文化、管理理念等都会影响个体的沟通。

二、沟通与管理

① 成功的沟通需要有效的管理。成功的沟通应该是一种有意识的沟通，要有计划、有准备、分阶段地进行沟通，要决定何时、何地、与谁、怎样进行沟通，因此，对沟通活

动要实施有效的管理，以保证沟通目标的实现。

② 沟通是管理的基础。对管理者来说，管理者所做的每件事中都包含着沟通。管理者没有信息就不可能做出决策，而信息只有通过沟通才能得到。一旦做出决策，又要进行沟通，否则，将没有人知道决策已经做出，也不会知道决策的有关内容。最好的想法、最有创见的建议、最优秀的计划，不通过沟通都无法实施。因此，良好的沟通会促进有效的管理，而低效的沟通会使管理者陷入无穷的问题和困境之中，管理者需要掌握有效的沟通技巧，有效沟通已成为管理者的一项基本技能。

③ 管理过程就是沟通过程。通常管理职能被划分为四大类：计划、组织、领导和控制。这四大职能也体现了管理的过程。计划提出了管理者追求的目标；组织提供了完成这些目标的组织结构、人员配备与各自的责任；领导提供了激励员工的氛围；控制是根据拟订的计划对实现目标的进程进行精心评估与校正。这四项职能的执行与实现都与沟通休戚相关，同时，计划、组织、领导和控制又是不可分割的有机整体，四项职能的相互衔接和相互协调也离不开沟通。

三、沟通的意义

沟通的核心内容是信息交流，通过信息交流，使组织成员相互之间交换信息、观点、意见、情感和态度，以达到共同了解、信任与互相合作的目的。英国作家萧伯纳指出：假如你有一个苹果，我有一个苹果，彼此交换以后，我们每个人都只有一个苹果；但是，如果你有一种思想，我有一种思想，彼此交换以后，我们都有了两种或两种以上的思想。

关于沟通在管理中的重要意义，很多管理学家都有论述。美国著名管理学家哈罗德·孔茨认为："管理就是设计和保持一种良好环境，使人在群体里高效率地完成既定目标。"由此，为了设计和保持一种良好环境，为了使个体能在群体中协调的发展，就需要沟通。无论在企业中、在家庭里，还是在朋友之间，和谐共处、提高工作和生活质量都不能离开沟通。

在知识经济时代，沟通能力已经成为 21 世纪人才竞争的重要素质之一，沟通是事业发展与成功的决定性因素。甚至有人认为，一个职业人士成功的因素 75% 靠沟通，25% 靠天才和能力。哈佛大学就业指导小组 1995 年调查结果显示，在 500 名被解职的人中，因人际沟通不良而导致工作不称职者占 82%。可见，沟通无论对于组织还是个人都具有十分重要的意义。

同时，随着管理层次的递增，管理者用于沟通上的时间也就越多。一项研究表明，一个基层管理人员工作时间的 20%～50% 用于言语沟通；而中层和高层管理人员工作时间的 66%～87% 用于面对面和电话形式的沟通，这些数字还没包括其他沟通形式，例如阅读、书写文件和报告等。因此，沟通成为许多管理人员的主要工作内容。

1. 沟通是协调人际关系，增强组织凝聚力和吸引力的重要途径

从高层来说，沟通加快了信息交流，促使决策者了解企业的现状，从而为进一步安排生产和经营提供了依据。对下级来说，通过与上级的沟通可以了解该干什么、该怎么办、现在成绩如何；通过与同级的沟通可以获得必要的支持与配合，交流工作经验；对个人来说沟通还可以学习适应增长技能，同时加强交流，增进感情。

2. 沟通是领导者实现领导职能的一个基本途径

沟通不仅是一个人了解他人思想、感情、见解、价值观的一种途径，而且是一种重要的、有效的影响他人的工具和改变他人的手段。越是在以人为本的管理中，沟通的地位越重要。这主要表现在以下4个方面：一是沟通能够满足员工的社会交往与被尊重的需要，从而提高员工的满意度；二是通过沟通发布指令、动态指导和追踪下属开展工作，可以提高整个组织的运转效率；三是沟通促进了双向的反馈，从而产生了上下级间的互动，能够把工作的结果及对工作的评价及时传递出去，从而起到良好的激励作用；四是沟通便于全面收集信息，使决策能更加合理和有效。

3. 沟通是企业与外部建立联系的桥梁

如前所述，组织要存在和发展就必须保持与外部利益相关者之间和外部环境之间的协调互动，沟通正是实现这种协调互动的重要桥梁和纽带。

4. 沟通是解除误会、化解矛盾和冲突，创建和谐的组织环境，提高工作绩效的重要保证

在古城邯郸至今流传着"将相和"的著名典故。赵王提拔了年轻的宰相蔺相如，老将廉颇很不服气。蔺相如顾全大局，屈尊让驾，志在精诚团结，一致对外。通过沟通，老将廉颇"负荆请罪"，终于将、相结成生死之交，携手辅政，为赵国的繁荣与强大做出了不朽的贡献。古城邯郸至今保留着"回车巷"景点，这个广为流传的典故很好地说明了沟通、领导班子协调对于提高工作绩效的重要意义。

所以，沟通是管理者开展工作的重要手段，良好的沟通是组织内部协调一致的重要基础，是组织贯彻、落实、完成其目标的必要条件。

四、沟通的条件和过程

1. 沟通的条件

假设有一条船在海上遇难，留下三位幸存者。这三个幸存者分别游到三个相隔很远的孤岛上。第一个人没有无线电通信设备，他只有高声呼救，但在他周围两里以内都没有人。第二个人有无线电通信设备，但已受潮，一架从他头上飞过的飞机虽能听到声音，却无法听清他的呼叫内容。第三个人有一架完好的无线电通信设备，他通过无线电通信设备向外报告自己受难的情况和目前所处的方位，救援飞机收到他发出的呼救信号后迅速前往救他。虽然三个人都在呼救，都在向外联系，但由于各自联络的手段不同，效果截然不同。沟通是指信息从发送者到接受者的传递过程，上面三个人中，第一个人未能联络上接

受者;第二个人虽进行了联络,但发出的信息不清,对方无法辨认;只有第三个人才实现了沟通。

由此可以看到,要进行沟通,就必须具备三个基本条件,一是要有信息发送者和信息接受者;二是要有信息内容;三是有传递信息的渠道或方法。即除了要有信息外,还要有信息的发送者、信息传递的渠道和信息的接受者。而要进行有效的沟通,则还要求满足以下的条件:发送者发出的信息应完整、准确;接受者能接收到完整信息并能够正确理解这一信息;接受者愿意以恰当的形式按传递过来的信息采取行动。

2. 沟通的过程

沟通是一个过程,它始于主体发出信息,终于得到反馈。任何复杂的沟通均遵循一个基本的沟通过程模型,如图13-1所示。

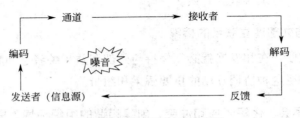

图13-1 沟通过程基本模型

这一模型包括7个部分:信息源、编码、通道、解码、接受者、反馈和噪音。信息发送者首先将信息转化为信号形式(编码),然后通过媒介物(通道)传送至接收者,由接收者将收到的信息转译过来(解码),再返回给发送者(反馈)。这整个过程易受到各种干扰因素(噪音)的影响。

① 信息源:信息产生于信息的发送者,它是由信息发送者经过思考或事先酝酿策划后才进入沟通过程的,是沟通的起始点。

② 编码:发送者将信息以相应的语言、文字、符号、图形或其他形式表达出来就是编码过程。为了有效地进行沟通,这些符号必须能够符合适当的媒体。例如,如果媒体是书面报告,符号的形式可选择文字、图表或者照片。通常,信息发送者会根据沟通的实际需要选择合适的编码形式向接收者发出信息,以便其接受和理解。

③ 通道:也称渠道,是指传送信息的媒介物或方式。随着通信工具的发展,信息发送的方式越来越多样化。人们除了通过语言面对面的直接交流外,还可以借助电话、传真、电子邮件来发送信息。一般将沟通渠道划分为口头与书面渠道、正式与非正式渠道、个体渠道与群体渠道。

④ 接收者:接收者是信息发送的对象,接收者不同的接收方式和态度会直接影响到其对信息的接收效果。常见的接收方式有:听觉、视觉、触觉以及其他感觉等活动。如果是面对面的口头交流,那么信息接收者就应该做一个好的倾听者。掌握良好的倾听技能,是有效倾听的基础,积极地倾听有助于有效地接收信息。

⑤ 解码：接收者对所获信息的理解过程称为解码。接收者的文化背景及主观意识对解码过程有显著的影响，这意味着信息发送者所表达的意思并不一定能使接收者完全理解。解码与编码一样，也受到沟通者的技能、态度、知识和社会文化的限制。在美国曾经有一个著名的案例，来源于解码对沟通的影响。在美国的口语里"别动"这个词是"Frozen"，它的书面意思是冷冻，警察经常用这个词来大声呵斥罪犯，并用枪指着他。但对于很多初到美国的留学生来说，他们有可能不理解这个意思。有一个日本留学生在晚上外出时，警察拿着手枪对他喊："Frozen!"这个留学生就犯疑惑了："什么意思呢，冷冻？雪糕？"这个警察是不是要吃雪糕啊？他根本不了解这是不许动的意思，结果他就动了，于是警察对他开了枪，解码系统不同闹出了一条人命。

沟通的目的就是要使信息接收者尽可能理解发送者真正的意图。信息发送者和接收者采取一种共同语言进行沟通，是正确解码的重要基础，当然这是一种理想状态，因为每个人都具有自己独特的视角，这些个体的差异必然会反映在编码和解码过程中。但是，只要沟通双方以诚相待、精诚合作，沟通就会接近理想状态。

⑥ 反馈：信息接收者对所获信息所做出的反应就是反馈。当接收者确认信息已收到，并对信息发送者做出反馈，表达自己对所获信息的理解时，沟通过程便形成了一个完整的闭合回路。反馈可以折射出沟通的效果，它可以使信息发送者了解信息是否被接收和理解，反馈使人与人之间的沟通成为双向互动过程。例如，在教学过程中，作业就是一种反馈形式。教师把知识通过编码和解码这种渠道最后传到学生的脑子里，到底学生掌握得怎么样就需要用作业或考试的形式来反馈。而教师本身的讲课效果怎么样，也需要学生把意见反馈上来。良好的反馈是提高沟通质量的重要手段。

在沟通过程中，信息接收者应该积极做出反馈；另一方面，信息发送者也可以主动获取反馈。例如，直接向接收者发问，或通过察言观色来捕捉接收者对所获信息的反应。

⑦ 噪音：对信息传递过程产生干扰的一切因素都称为噪音。噪音可能在沟通过程的任何环节上导致信息失真。噪音的主要来源如下。

➢ 价值观、伦理道德观、认知水平的差异会阻碍相互理解。
➢ 健康状态、情绪波动以及交流环境会对沟通产生显著影响。
➢ 身份地位差异会导致心理落差和沟通距离。
➢ 编码与解码所采用的信息代码差异会直接影响理解与交流。
➢ 信息传递媒介的物理性障碍。
➢ 模棱两可的语言。
➢ 难以辨认的字迹。
➢ 不同的文化背景。

在沟通过程中，噪音是一种干扰源，它贯穿于整个沟通过程。因此，为了确保有效沟通，通常要有意识地避开或弱化噪音源。

应该指出，图 13-1 描述的沟通过程模型是对实际情况的一种抽象，是对人际沟通中最简单、最具代表性的一对一沟通过程的描述。沟通并非是一条从信息发送者（沟通主体）到信息接收者（沟通客体）的直线，而是一个产生互动作用的循环过程，其中，沟通客体的反应是关键的因素之一，并且，这一次的沟通会影响到下一次的沟通。在沟通过程中，编码、译码和通道是沟通取得成功的三个关键环节。

五、组织沟通的基本类型

组织沟通中所传递的信息涉及组织层面，是基于组织框架下的人与人之间的沟通；所传递的信息一定与组织运作相关联。因此，我们根据组织管理的特性将其分为口头沟通与书面沟通、正式沟通与非正式沟通和电子媒介沟通。

（一）口头沟通与书面沟通

在组织活动中沟通的形式可以是口头的，也可以是书面的，根据沟通的形式可将沟通分为口头沟通与书面沟通。通常在小公司中，大量的沟通都是口头和面对面进行的。然而一个组织结构复杂、传递信息量大、员工人数众多的大公司就不能单靠口头沟通来管理公司，大量的沟通将会采用书面形式进行，如备忘录、报告、公告和简报等。

① 正式的一对一讨论或小组讨论、非正式的讨论以及传闻或小道消息的传播。这种形式无论是在人际沟通还是在组织沟通中都发挥着重要的作用。这是因为口头沟通有许多的优点：在这种方式下，信息可以实现快速传递和快速反馈；由于是一种面对面的沟通，可减少误解发生的可能性，即使有误解也可以迅速加以澄清；能使双方从面部表情和语音语调等的变化上分析对方对信息的可能的反馈结果，以及时调整策略，从而提高沟通效果；情感的传递更及时，能强化积极的人际关系。

但是，当信息经过多人传递时，口头沟通的主要缺点就会暴露出来，在此过程中卷入的人越多，信息失真的潜在可能性就越大。如果组织中的重要决策通过口头方式在权力金字塔中上下传送，则信息失真的可能性相当大。

② 书面沟通。基于组织本身的特性，书面沟通这种形式在组织活动中所占的比例是非常大的。公告、记录、传真、信件、合约、报告、规则、协议书、备忘录、组织内发行的期刊等等均属于书面沟通形式。书面沟通虽不具备口头沟通的优点，但方便、经济、准确、有形、可以核实、易于传递和长期保存。书面沟通更为精确，但会耗费沟通者更多的时间，要求沟通者在沟通前做好精心准备，并对可能出现的后果保持高度的敏感性。因为，信息一旦传递出去就会成为公开事实，想澄清、更改、解释是非常困难的。书面沟通与口头沟通相比缺乏及时反馈。但无论如何，从组织沟通层面上来讲，书面形式是不可或缺的。在组织活动中，书面沟通的比例达到 90%。因此，提高写作技能对管理者在组织活动中取得成功非常重要。

（二）正式沟通与非正式沟通

根据信息在组织内的流动方式，组织沟通可划分为正式沟通与非正式沟通。

1. 正式沟通

正式沟通又称为正式渠道沟通，即信息通过组织内的正式渠道传递。信息通常都是通过组织的正式结构或层次系统传递的，例如组织内的文件传达、上下级之间的定期信息交流、决策的执行命令、工作分配、工作汇报等。在正式沟通中信息大致沿着三个方向进行沟通：下行、上行和水平。

① 下行沟通。是指信息由上到下的传递，即信息从包括 CEO 和经理人员在内的决策层处发出，沿着管理指挥链传向员工。这些信息包括工作计划、政策、指令、工作程序以及经理人员对员工工作业绩的反馈意见等。一般而言，下行沟通一直是组织沟通的主体，组织管理所涉及的种种职能的运作，如计划的实施、组织的指挥、协调、控制、授权和激励等，基本上全依赖于下行沟通来实现。

下行沟通为员工提供了奋斗的目标和行动的指南，培养了员工实现组织目标的使命感，使组织成为一个运行一致的整体，是组织的有序特征的充分体现。但下行沟通存在着一个主要问题：当下行沟通涉及若干个管理层面时，太长的沟通链会导致信息的丢失和扭曲，而且传递链越长，信息发生扭曲的可能性越大。国外一份对 100 多家公司的研究报告表明，信息经过五个管理层次的传递后，到达最后一个接收者时，只剩下 20% 的内容。80% 的信息由于这样或那样的原因被过滤或丢失了。

② 上行沟通。是指信息由下到上的传递，即信息从包括所有下级在内的员工处发出，沿着执行链传向决策层。这些信息主要包括工作汇报、问题反映、请求支持、建议书等等。上行沟通开辟了一条让管理者听取员工意见、想法和建议的通路，使得管理者能及时得到员工的多种工作反馈意见，达到有效管理的目的。理想的沟通状态应是将丰富的有用的信息从员工处持续不断地传递给决策者，以保证其做出及时的响应与调整。

然而，多年来，一直困扰管理者的一个问题是如何创造成功、有效的上行沟通。尽管有很多途径，诸如意见箱、小组会议、反馈表等，但这些途径能否真正发挥作用与组织环境、氛围直接相关，其关键在于营造上下级之间良好的依赖关系。在参与式管理和民主式管理的组织中通常可以看到，除了指挥链系统外，会专门设置上行通道，如意见反馈系统、员工座谈会和巡视员制度，让高层能够听到来自底层的声音。

③ 水平沟通。是处于同一组织层次上的人员之间的沟通，它包括同一层面上的管理者或员工进行的跨部门、跨职能沟通，最常见的有不同部门之间的沟通协调。如技术部门的经理与生产部门讨论有关新产品的试制问题或批量生产的工艺问题。这种沟通有助于部门之间或员工之间任务的协调、信息的共享、问题的解决和矛盾的化解以及误解的消除，以增强部门间的合作，减少部门间的摩擦，并最终实现组织的总体目标，这对组织的整体利益有着重要的作用。水平沟通大多采取个人接触、电子邮件、备忘录和会议等形式。在实际中，当部门或员工之间为了共同利益进行协调时，沟通比较容易，但当双方需要维护各自利益时，则比较容易发生冲突。

随着组织结构越来越趋于扁平化，这种跨部门、跨职能的水平沟通已成为组织成功的关键，正受到大多数组织的关注。

2. 非正式沟通

非正式沟通又称为非正式渠道的沟通，即指正式沟通之外的信息传递和交流，是通过正式系统以外的途径而进行的。在组织活动中，并不是所有的信息都是通过正式渠道传递的，有一些信息常常是在被称为"小道"的非正式渠道中传播。之所以称之为"小道"，是因为它不依赖组织内的正式层级结构，其信息传递的媒介和路线均未经事先的安排，有较强的随意性和自发性。非正式的沟通传递速度快，形式灵活，由于它是以人们的社会关系为基础，因而能提供一些正式沟通所不能传递的内幕消息，也是了解员工士气和现存问题的有效渠道。国外有项研究表明，员工的信息有2/3是从非正式渠道获得的。这说明小道消息在某些情况下可以成为组织内的主要信息来源，同时也从另一侧面反映出管理者没有通过正式渠道传递出足够的信息。一般而言，在非正式沟通中，无论是沟通对象、时间还是沟通内容，均存在很大的不确定性和偶然性。

非正式沟通有其优势，但也存在着不少缺点，最突出的是传递的信息容易失真，容易引发矛盾，控制也比较困难。如何看待小道消息，是摆在管理者面前的一个极为重要的问题。事实上，由于小道传播比正式渠道传播更加快捷，因而，非正式沟通不能不用，但也不能滥用。一个明智的管理人员有必要通过正式沟通渠道提供比小道消息更加完整的信息。

（三）电子媒介沟通

随着科学技术的发展，电子媒介在信息传递过程中的作用越来越大，除了常用的电话、传真、电报、闭路电视等手段外，计算机和网络技术及无线通讯技术在人们生活中扮演的重要的角色。电子媒介、电子商务和电子邮件的使用越来越普遍，不仅组织的沟通离不开现代信息传递方式，即使是在人类的生活方式中，这种沟通也成为主要形式。一项研究表明，在一个大型办公设备公司，由于使用电子邮件，打电话的时间减少了80％，办公之间的信件减少了94％，复印件减少了60％，备忘录减少了50％。IBM公司拥有31.6万名员工，有75％的员工经常现代信息网络技术实现无纸化办公。信息技术的出现和应用，从根本上改变组织成员的沟通方式，使电子媒介称为当今社会基本的沟通手段。

利用电子媒介进行沟通的方式具有传递信息快、信息容量大、信息可以同时传递多人的特点。而且在沟通过程中，不仅大大降低沟通成本，有效地缩短沟通时间，沟通的信息失真、无法面对面等问题都得到了很好的解决。电子信息技术从根本上改变了组织内部的沟通模式，也使团队管理、协调能力有机结合，为员工提供了更多地加强合作和共享信息的机会。

1. 计算机网络系统

计算机网络系统通过把组织内的电脑连接在一起，形成组织内部的计算机网络，以实现组织范围内的成员随时随地的沟通与联系，组织在管理中应用计算机系统主要有电子邮件、即时信息、音频邮件、视频会议、内部互联网、博客（Blog）。

电子邮件是通过互联网的计算机发送书面信息的一种邮件瞬时传递方式，由于信息可以较长久存在计算机中，可以随时阅读，而且成本极低。对组织成员来说，是一种快捷、便利的实现信息共享和沟通的渠道。

为了解决沟通阻塞问题和快速交换信息，一些人越来越多地使用即时信息（微信、QQ、MSN、Skype、电子名片等）的沟通方式，实现集文字、声音、图片、视频于一体的效率高、成本低的全面综合的"通讯平台"，在计算机使用者之间实现互动的实时沟通。在即时信息沟通中，组织成员可以在瞬间得到信息。

组织内部互联网是运用互联网技术在组织内部建立的沟通网络，只由组织内部的成员才能用该网络。目前，许多组织将内部互联网作为员工分享信息和实现不同地点的资料交换和项目合作的重要手段。

视频会议系统是可以通过网络通信技术，开展虚拟会议的全新网络沟通系统。即使组织参会人员身处各地，视频会议系统也能消除彼此的地理距离，通过语音、视频、图像等多种方式交流，实现资源共享。视频会议独特的支持远距离实时信息交流与共享、开展协同工作，方便了组成成员之间直观、真实的交流。

博客（Blog）是一种可供传播观点、见解等内容的网络信息发布形式。博客尤其自身的优势，即个性化的自我展示平台、公开化的个人日志、以及聚集的网络平台。组织可以开展自己的博客，展示自己的个性化特点，如果员工和其他人浏览了自己的博客，交流沟通的目的就达成。

2. 无线通讯技术

无线通讯技术是指借助于微波信号、通信卫星、无线电波和天线及红外线等技术，通过太空或空气传递信号的沟通方式。笔记本电脑和便携通讯设备的发展，实现了管理者和员工及员工和员工全新的沟通方式，可以提高管理者和员工的工作能力。无线电技术的发展已经成为企业内部和企业之间沟通的最好模式。

第二节　组织沟通策略

一个完整的沟通过程离不开沟通主体、沟通客体、沟通信息、信息通道等基本沟通要素。在组织沟通中，由于沟通主体、沟通客体的复杂性和差异性，组织沟通的整个过程更为复杂。为实现成功的沟通，必须深入、细致、有针对性地分析沟通的主体、客体，然后才能选择沟通的信息内容以及沟通渠道和方式。因此，成功的组织沟通要求沟通主体和沟通客体（尤其是沟通主体）从战略高度来思考沟通的策略。

一、基于沟通主体的沟通策略

沟通主体策略，即沟通主体为达到某一目标，通过自身的特点、身份背景、地位、素质等的分析，采取相应的策略去实现沟通目标。沟通主体策略要解决沟通者沟通目标的确定与沟通方式的选择问题，而这是建立在沟通主体正确且清晰地自我认知与自我定位的基础上的。沟通者分析"我是谁"的过程，就是自我认知的过程；分析"我在什么地方"的过程就是自我定位的过程。概括而言，要弄清楚"我是谁"，关键在于解剖自身的物质认知、社会认知和精神认知，分析自身内在动机和外在动机之间的统一程度。分析"我在什么地方"，就是要对自身的地位、能力、个性特点、价值观和形象等方面要有客观的定位。

（一）沟通主体的自我认知

沟通主体自我认知的内容非常广泛，它涉及有关人的物质条件、精神生理状况以及人的需要、动机、态度、行为的方方面面，在此，针对沟通的情境，将主要阐述自我动机、自身可信度的认知。

1. 沟通主体自我动机的认知

沟通主体对自我的认知，首先要理性地审视自己的沟通动机。从心理学的观点来看，人因为有需要才引起了动机，从而产生行为。在心理学中，动机被定义为由需要而引起的个体行为倾向。动机可以分为内部动机和外部动机。内部动机是指个体从自身需要出发而产生行为，外部动机是根据社会环境的需要而产生行为。内部动机和外部动机是一个相互作用的过程，如果内部动机与外部动机发生冲突，但仍按内部动机去发生外部所不需要的行为，往往会演变成不纯的动机；相反，如果外部动机所需要发生的行为与内部动机不吻合，就会缺乏内在的激励力量从而导致行为发生强度的减弱。在管理沟通过程中，对自我动机的认知，就是要客观地评价动机的社会性、纯正性和道德性。如果内部动机和外部动机发生冲突，就要修正自身的动机，因为，只有内部动机和外部动机得到了统一，才能被沟通对象所接受，并提升自身的形象。

2. 沟通主体对自身可信度的认知

所谓可信度是指沟通对象在每一次沟通情境中对沟通者的信任、信心以及依赖的程度。简单说，就是你如何让对方感觉到自己是值得为大家所信任的。可信度是他人对沟通主体的一种反映评价。沟通主体分析自己在群众心目中的可信度，就是分析受众对自己的看法，以决定与受众的沟通方式。

可信度可分为初始可信度和后天可信度。初始可信度是指在沟通情境发生之前，沟通对象对沟通者的看法，它往往与沟通主体的身份地位以及沟通对象与沟通者以前的接触有关。后天可信度是指沟通情境发生之后，沟通对象对沟通者形成的看法，它往往与沟通者在沟通情境中表现出来的沟通能力有关。

根据福兰契（French）、莱文（Raven）和科特（Katter）的观点，沟通者的可信度受到沟通者的身份地位、良好意愿、专业知识、外表形象、共同价值等五个因素的影响。

① 身份地位。身份地位建立于职位和权力等级。在沟通的过程中，可以通过适当地强调你的头衔或地位来增强初始可信度。在沟通的情境中，你也可以通过与某些地位很高的人联系起来以增强后天可信度。例如在沟通的过程中展现与某个领导或公众人物的照片或签名来介绍自己等。

② 沟通者的良好意愿。这是指沟通主体对沟通对象利益的关注程度。如果沟通主体的沟通风格给人的印象是专制独裁，那么这将影响到他的初始可信度。在这种情况下，他可以通过在沟通情境中尽可能指出或考虑沟通对象的利益来增强自身的后天可信度；如果利益上有冲突，确实无法顾及他人，沟通主体也应该做出合理的评估、中肯的解释，这样就不会对你的可信度产生消极影响。

③ 沟通者素质和知识能力。在沟通的过程中，沟通主体可以通过讲述自己的经历或呈现自己的简历来强调初始可信度，也可以引用专家、权威说过的话来证明自己的观点以增强后天可信度。

④ 沟通主体的外表形象。这主要是指沟通者的外在形象表现是否为沟通对象所接受、所欢迎。当沟通者有良好的外表形象时，能强化听众喜欢他的欲望。

⑤ 沟通者和沟通对象的共同价值，包括道德观、行为标准方面的共性。这是沟通双方进行良好沟通的基础。如果沟通主体在沟通情境开始的时候就建立双方的共同点或相似点，将所传递的信息与共同价值联系起来，就可迅速提高自身的可信度。

沟通者通过对自身这五个因素的分析和提升，不但可调整自己的初始可信度，而且还可增加后天可信度，增强沟通者在受众心目中的整体可信度。

（二）沟通主体的自我定位

自我定位是建立在明确的自我认知基础上的。与自我认知类似，自我定位的内容也涉及有关个体的地位能力、个性形象及价值观等方方面面。针对沟通的情境，沟通主体要做好自我背景的测试、自我价值的定位、自我角色的定位。

1. 沟通主体的自我背景测试

沟通者自我背景测试的内容包括：你在组织中的地位、可获得的资源、组织传统和价值观、人际关系网络、领导者的利益和偏见、沟通渠道、你和竞争者之间的经营现状、文化环境等。以下是沟通者自我背景测试的框架。

① 我的沟通目标是否符合社会伦理、道德伦理？
② 在现有内、外部竞争环境下，这些目标是否具有合理性？
③ 我就这个问题作指导性或咨询性沟通的可信度如何？
④ 是否有足够的资源（如信息、资料等）来支持我的目标的实现？
⑤ 我的目标是否能得到那些我所希望的合作者的支持？
⑥ 我的现实目标是否会与其他同等重要的目标或更重要的目标发生冲突？

⑦ 目标实现的后果如何，能否保证我及组织能够得到比现在更好的结果？

2. 沟通主体的自我价值定位

自我价值的定位要求沟通主体在沟通过程中，从社会认同和社会道德的高度来修炼自身的价值，把自身价值的实现建立在他人和社会利益满足的基础上。自我价值的定位直接影响着沟通主体对沟通对象的沟通方式。只注重个人价值的实现，全然不顾他人利益的定位是一种狭隘的自我价值观表现。如果一个领导者有这样的定位，必将导致极强的自我主导意识，他会认为自己与下属的沟通是一个发表自己见解和发布命令的手段，沟通的目的在于"输出信息"，当沟通发生问题，下属不能较好地接受信息时，他不会思考自己的原因，而会批评下属。成功的管理沟通者，要能从对方的价值观出发，考虑对方的需要，并分析自己能给对方以怎样的帮助，要能使自我价值判别和社会价值衡量得到统一。

3. 沟通主体的自我角色定位

所有的沟通者在组织沟通的过程中都扮演着一定的角色。研究人群关系的学者 E. M. Rogem 将组织沟通的各种角色的定位分成了四种形态，即"守门者"、"联络者"、"孤芳自赏者"、"五湖四海者"。

① "守门者"，顾名思义，是组织内正式沟通的掌管者。他负责将信息由一方传递给另一方，并控制信息的内容、传递时机与通道等。常被称为"守门者"的组织成员往往是高层管理者（如总经理）的机要秘书，他在组织沟通中发挥着承上启下的作用，许多重要的信息都要经过他来传递。

② "联络者"起到的是沟通桥梁的作用，他可以是连接组织内部人与人的桥梁，也可以是连接部门与部门之间的桥梁，还可以是连接组织内部与外部的桥梁。"联络者"的存在可以使沟通更为畅通。

③ "孤芳自赏者"是指在组织内部与他人沟通的频率低、时间短、内容少的人。当一个组织的文化趋于高度官僚僵化，只有少数人讲的话算话、其他人仅能充当应声虫时，该组织就会有越来越多的人变成"孤芳自赏者"。

④ "五湖四海者"是指组织内部积极从事沟通且将沟通的渠道多方延伸的人。他是"传言"的发动者与传播者。此外，他也是组织内部与外部环境进行沟通的主要角色。"五湖四海者"通常具有"沟通窗口"的功能。

二、沟通主体目标的确定和策略的选择

（一）沟通主体目标的确定

组织沟通的目的性很强，它总是为了达到一个具体的结果，而这个结果又总是和组织密切相关的。任何一个管理者在沟通行为发生之前，都必须明确自己沟通的目标。

沟通主体的目标由三个层次组成，即总体目标、行动目标和沟通目标。

总体目标，是指沟通者希望实现的最根本的结果，它往往和组织密切相关。总体目标

往往体现为一种意图和方向，不具有可操作性。

行动目标，是指沟通者为了实现总体目标而制定的用以指导具体行动的具体目标。行动目标不再是一种意图和方向，它明确地规定了沟通者应该做什么、应该怎么做。

沟通目标，是指沟通者在具体的沟通情境中，期望达到的沟通效果。沟通目标的确定以行动目标为基础，行动目标的实现是无数个沟通目标实现的结果。

例如，营销部门的目标是保持并扩大市场份额，这也是每个业务员工作的总体目标。本着这个宗旨，每个业务员都要求在每个月内，至少与7位客户签订合同，这就是业务员的行动目标。为了完成这个任务每个业务员每月要与很多的客户联系、洽谈。对于每一个与客户沟通的情境，业务员都希望对方能够表现出合作、接纳的意向，最终签订合同，这是业务员的沟通目标。

（二）沟通主体策略的选择

1. 沟通的四种策略方式

一旦确定了沟通目标，就需要选择合适的形式达到目标。在沟通的过程中，根据沟通对象对沟通内容的控制程度和沟通对象参与程度的不同，可以采取四种不同的沟通方式，即告知、说服、征询、参与（如图13-2所示）。

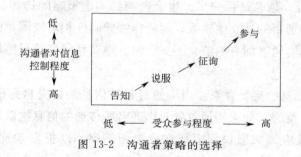

图 13-2　沟通者策略的选择

① 告知策略。从图中可以看出，当沟通者对沟通内容的控制程度很高，而沟通对象的参与程度很低时，应采用告知策略。告知策略的方式重在叙述和解释，沟通的目的是让沟通对象接受、理解。这种策略强调传送沟通者本身的意愿，而忽略沟通对象的反应。当沟通者处于权威的地位，或是对信息处于完全控制地位的状况时，往往采取这种策略。

② 说服策略。当沟通者对沟通内容的控制程度较高，沟通对象的参与程度较低，而沟通对象对沟通内容的接受与否对沟通者来讲又非常重要时，应采用说服策略。如销售人员向客户推销产品、技术部门主管向预算委员会提出增加研发经费的建议时，客户与预算委员会的态度对销售人员和技术主管来讲是至关重要的。沟通者属于权威或在信息方面处于主导地位，但受众有最终的决定权，沟通者只能向对方建议做或不做的利弊，以供对方参考，沟通者的目标在于让受众根据自己的建议去实施某种行为时，一般采用说服策略。

③ 征询策略。当沟通者对沟通信息的控制程度较低，而沟通对象对沟通情境的参与度较高时，应采用征询策略。征询策略不仅强调信息传送者本身的意愿，也强调信息接收

者的反应。征询策略一般发生在沟通者希望就计划执行的行为得到受众的认同，或者沟通者希望通过商议来共同达到某个目的。双方都要付出，也都有收获。如下属在执行任务的过程中，对行动方向的把握不自信，他会采用征询式的沟通策略来得到上司的认可或指导。

④ 参与策略。参与策略具有最大程度地合作性。沟通者尚没有形成最后的建议，需要通过共同讨论去发现解决问题的办法。其特点是：它并不强调信息传送者本身的意愿，而非常强调信息接收者的反应。信息传送者往往简要表达自己意愿的重点，而留出足够的空间与时间让对方对信息做出充分的反馈。如在头脑风暴法中，每一个与会者采用的都是参与策略。参与策略相对于征询策略来讲，更讲究沟通双方的协作性。

2. 影响沟通策略选择的因素

以上四种策略的划分是按沟通者对沟通内容的控制程度与沟通对象的参与程度来划分的，而这两方面又受到具体沟通情境的限制与影响。归纳起来，有以下四个影响因素。

① 时间的紧迫性。在时间紧迫的情境下，沟通者急于向沟通对象传达信息，无暇与沟通对象作双向互动，因此，告知策略应是首选。时间的紧迫性是一个相对的概念，这需要视任务的性质以及外在的压力等因素而定。

② 信息的充分性。信息是否充足，也会影响到沟通策略的选择。在沟通者拥有足够信息的情境下时，沟通者的独立性较强，而协作的倾向性相对较弱，此时往往采用告知与说服式沟通策略。当沟通者拥有的信息不充分时，强调共同商议与协作的征询与参与式则是较好的选择。

③ 沟通对象对信息的接受意愿。当沟通对象对信息的接受意愿很强时，告知策略往往能产生好的效果。反之，如果沟通对象对沟通者所传递的信息抱以怀疑、排斥甚至敌对的态度时，沟通者就应该采取说服、征询或参与策略，以提高沟通对象对信息的接受程度。

④ 沟通双方的沟通能力。一般来讲，如果沟通双方的沟通能力都较强，则宜采用强调协作的征询或参与策略；如果沟通者的沟通能力强，而沟通对象的沟通能力弱，则宜采用告知策略；反之，如果沟通对象的沟通能力强，而沟通者的沟通能力弱，则应采用征询策略，尽可能让沟通对象来调节沟通气氛，引导沟通者进行有效的沟通。

三、组织中的沟通渠道网络

组织中的沟通渠道网络是组织内成员之间交流信息的真实模式。组织沟通网络分为正式沟通网络和非正式沟通网络，正式沟通网络是通过组织正式结构或层次系统运行，非正式沟通网络则是通过正式系统以外的途径来运行的。

（一）正式沟通渠道网络

正式沟通渠道网络的优点是：沟通效果好，比较严肃，约束力强，易于保密，可以使信息沟通保持权威性。重要的消息和文件的传达、组织的决策等一般都采取这种方式。但其缺点在于层层传递的沟通渠道过于刻板，沟通速度很慢，此外也存在着信息失真或扭曲的可能。

正式沟通网络一般有五种：链式沟通、环式沟通、Y式沟通、轮式沟通和全通道式沟通（如图13-3所示）。

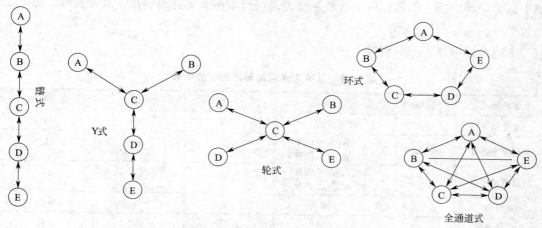

图13-3 正式沟通渠道网络

① 链式沟通。这是一个平行网络，其中居于两端的人只能与内侧的一个成员联系，居中的人则可分别与两人沟通信息。在一个组织系统中，它相当于一个纵向沟通网络，具有五级层次，逐层传递，信息可以自上而下或自下而上进行传递，属控制型结构。在这个网络中，信息经层层传递、筛选，容易失真，各个信息传递者所接收的信息差异很大，平均满意程度有较大差距。如果某一组织系统过于庞大，需要实行分权授权管理，那么，链式沟通网络是一种行之有效的方法。

② 环式沟通。此形态可以看成是链式形态的一个封闭式控制结构，表示组织成员之间依次联络和沟通的关系。其中，每个人都可同时与两侧的人沟通信息。在这个网络中，组织成员具有比较一致的满意度，如果在组织中需要创造出一种高昂的士气来实现组织目标，环式沟通是一种行之有效的措施。

③ Y式沟通。这是一个纵向沟通网络，其中只有一个成员位于沟通的中心，成为沟通的媒介。在组织中，这一网络大体相当于组织领导、秘书班子再到下级主管人员或一般成员之间的纵向关系。此网络适用于主管人员的工作任务十分繁重，需要有人选择信息，提供决策依据，节省时间，而又要对组织实行有效的控制时的情况。但此网络易导致信息曲解或失真，影响组织中成员的士气，阻碍组织提高工作效率。

④ 轮式沟通。属于控制型网络，其中只有一个成员是各种信息的汇集点与传递中心。在组织中，大体相当于一个主管领导直接管理几个部门的权威控制系统。此网络集中化程度高，解决问题的速度快，但组织成员的满意程度低，士气低落。轮式网络是加强组织控制、争时间、抢速度的一个有效方法。如果组织接受紧急攻关任务，要求进行严密控制，

则可采取这种网络。

⑤ 全通道式沟通。这是一个开放式的网络系统,其中每个成员之间都有一定的联系,彼此了解。此网络中组织的集中化程度及主管人员的预测程度均很低。由于沟通渠道很多,组织成员的平均满意程度高且差异小,所以士气高昂,合作气氛浓厚。这对于解决复杂问题、增强组织合作精神、提高士气均有很大作用。学习型组织及高效、自治性团队均属于这类沟通形态。但是,由于这种网络沟通渠道太多,易造成混乱,且又费时,影响工作效率。

上述沟通网络形态的利弊比较见表 13-1。

表 13-1　五种沟通网络形态的利弊比较

评价标准	链式	轮式	Y式	环式	全通道式
集中程度	适中	高	较高	低	很低
信息传递速度	适中	快(简单任务) 慢(复杂任务)	快	慢	快
信息精确度高	高	高(简单任务) 低(复杂任务)	较高	低	适中
控制力	适中	很高	高	低	很低
员工满意度	低	低	较低	高	很高

(二) 非正式沟通渠道网络

尽管正式沟通网络在组织中占据重要地位,但它并不是组织沟通形式的全部,组织内的非正式网络也起着不容忽视的作用。所谓非正式沟通渠道网络是指通过正式组织途径以外的信息流通程序,它一般由组织成员在感情和动机上的需要而形成。大体上非正式沟通网络均具有下列共同特点:不受管理层控制;被大多数员工视为可信;传播迅速;关系到人们的切身利益。非正式沟通能够发挥作用的基础是组织中良好的人际关系。但其缺点在于:沟通信息难于控制,传递的信息不确切,容易失真,而且,它可能导致小集团、小圈子,影响组织的凝聚力和人心稳定。

非正式沟通不是根据组织结构、按组织规定程序进行的,其沟通途径繁多,且无定型,具有更大弹性,它可以是横向流向,或是斜角流向,因此,非正式沟通形式也因其无规律性而被形象地比喻为"葡萄藤"(如图 13-4 所示)。正是由于非正式沟通网络在形式

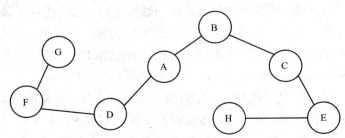

图 13-4　非正式沟通网络的葡萄藤形态

上的这一特点，它能够及时、快捷地获得一般正式沟通渠道难以提供的"小道消息"。

在非正式网络客观存在的情况下，组织各级管理者应该使小道消息的范围和影响限定在一定区域内，并使其消极影响减少到最低，以下是管理者可采取的几项措施。

① 公布进行重大决策的时间安排。
② 公开解释那些看起来不一致或隐秘的决策行为。
③ 对目前的决策和未来的计划，强调其积极一面的同时，也指出其不利的一面。
④ 公开讨论事情可能的最差结局，减少由猜测引起的焦虑。

第三节　沟通的障碍

所谓沟通障碍，是指信息在传递过程中的失真或中断。造成沟通障碍的主要因素包括沟通过程中和沟通环境两个方面。

一、沟通过程中的障碍

1. 个人因素

个人因素包括两大类：一是自卫性过滤或称有选择地接受；二是沟通技巧的差异。

（1）自卫性过滤

自卫性过滤实际上是一种片面的接受，指人们拒绝接受他们不期待的东西，而片面地接受他们期待的东西。研究表明，人们往往能够听到或看到他们情感上愿意听到或看到的东西，很多正确的意见是与个人的认知或情感背离的，这时接受者往往就不愿意去听，或者在潜意识里就把它拒绝了。这就是常说的"忠言逆耳"。再例如，下级在向上级汇报工作时，往往只强调上级爱听的信息或对自己有利的信息，而对上级不爱听的、对自己不利的信息往往一带而过甚至干脆省略不谈，对自己的过失文过饰非，巧以掩盖。所以，有人曾经说过，人并不能看到所有的东西，而只能看到心里已经看到的东西；人们也不能听到所有的东西，而是只能听见心里已经听到的东西。这说明初始的态度对沟通有着重大的影响。因此，一个好的沟通者一开始就应该保持良好的心态，即使听到与自己态度相反的意见或建议，也要认真地去分析，看看它到底有没有道理，这样才能提高沟通的有效性。"兼听则明，偏听则暗"就是这个道理。

（2）沟通技巧的差异

不同的人在沟通技巧的运用上也很不相同。这跟个人的能力与个性有关，有的人擅长口头表达，有的人擅长文字描述，有的人擅长用动作，还有的人擅长借助环境随机应变。周恩来总理就非常擅长沟通的技巧，正因如此，他才一次又一次的在外交活动中化解尴尬，甚至"化干戈为玉帛"，为我国的和平与发展大业争取了机会，创造了机遇。如果一个人的沟通技巧比较差，没有自己的想法和创意，又不能进行学习和锻炼，那么往往容易在沟通中产生障碍，为小问题三言两语就引发冲突。

2. 人际因素

人际因素主要包括沟通双方的相互信任、信息来源的可靠性和沟通双方的相似程度等。发送者发出的信息只有被接受者正确理解，才能形成沟通。因此，沟通双方的相互信任和理解，双方在身份、成长经历、性格和爱好等各方面的接近程度就显得非常重要。在传递技术性或者复杂的信息时、在商务谈判时、在推销活动中、在沟通双方信息的不对等情况下，人际因素更加重要。

3. 结构因素

结构因素主要包括沟通双方在地位上的差别、组织规模与层次、工作的专业化程度、空间因素等。

（1）沟通双方在地位上的差别造成的影响

研究表明，地位的高低对沟通的方向和频率有很大的影响，地位悬殊越大，信息越是倾向于从地位高的个体向地位低的个体流动，而信息由地位低的个体流向地位高的个体时往往存在障碍较多。

（2）组织规模与层次的影响

一般来讲，组织规模越大，组织层次越多，沟通越困难。

（3）工作的专业化程度的影响

俗话说："隔行如隔山。"一般来讲，工作领域越专业，越不容易找到与他人沟通的共同语言，沟通的难度相对越大。因此，管理者要适当考虑工作内容丰富化或岗位轮换制，就是这个道理。

（4）沟通双方在空间上的距离造成的影响

沟通双方的空间距离越短，交往的可能性越大，沟通就有可能越容易。俗话说："远亲不如近邻。"说的就是这个道理。

4. 技术因素

技术因素主要包括语言表达技巧、信息传递量的大小和非语言的暗示、媒介的有效性等。

（1）语言表达技巧

大多数沟通的准确性都依赖于语言，然而人们的语言表达能力、文辞修养存在很大差异。同样的思想、观点，有的人言简意赅，表达充分、准确；有的人却词不达意，冗长啰嗦，沟通效果较差。同样的道理，每个人的理解能力也有很大差异，同样的话，有的人能准确地抓住要点，有的人却往往曲解甚至误解递送话语的本来含义。

（2）信息传递量的大小造成的影响

传递信息、交流情感需要有一定的信息量。然而，并非信息量越大越好，有时是"此时无声胜有声"。一般来讲，一次传递的信息量越多，到达目的地的时间越长，信息失真的可能性就越大。尤其电脑和因特网的普及，信息超负荷的现象比较普遍，过量的信息传递往往会干扰视听，甚至会引起混乱。

（3）媒介的有效性

沟通介质、沟通渠道的选择对沟通的效果起着至关重要的作用。因此，沟通媒介的有效性也是需要认真考虑的技术性因素。不同的沟通目的、不同的沟通内容对应着不同的行之有效的沟通媒介。每一种沟通媒介都有各自的优缺点，在实际运用中要选择恰当的形式。

二、沟通环境方面的障碍

1. 社会环境的影响

社会环境指的是社会中的生活方式、价值观、态度体系方面要素对沟通的影响。例如在美国的社会文化背景下，组织中的上下级沟通显得较为民主，下级可以向上级直接提出自己的建议。而在日本的公司中则是等级森严，沟通一般是逐层进行的。在中国组织中，员工的非正式沟通更多的受社会关系的影响。

2. 组织结构的影响

组织内部正式沟通在很大程度上取决于组织的结构形式，所以，结构形式对有效的组织往往就有决定性的作用。传统的组织结构具有严格的等级概念，所以组织中的命令和信息都是沿着正式的组织渠道层层传递的。在这种信息传递过程中，每一层次的信息传递都伴随着过滤现象，过多层次必然导致信息过滤的增加，信息传递的失真，减缓信息传递的速度。而在现代组织结构形式中，以网络为代表沟通渠道，极大地改变了沟通的速度和方式，较好地克服了传统组织结构给沟通带来的信息过滤和信息延误的问题。

3. 组织文化的影响

组织文化是一些组织所创造和形成的、以一定的价值观为核心的一系列独特的制度体系和行为方式的总和。组织员工的价值观和态度体系、行为方式在很大程度上要受组织文化的约束或影响，因而对组织的信息沟通有着不可忽视的作用。例如，在一个崇尚等级制度、强调独裁式的官僚组织中，信息通畅被高层管理者垄断，而且人与人之间的沟通过程互动性和开放性，自下而上的沟通行为常常不受重视。另外，在一些组织缺乏一定的物质文化，没有员工进行沟通所必要的物质场所，也不利于组织的有效沟通。

第四节　改善沟通的途径

沟通对于提高领导效能无疑起着至关重要的作用。改善沟通可以尝试很多种办法，关键要靠人们细心体会和总结，下面介绍几项关键的途径与措施。

一、注意培养敏感性

改善沟通的重要方法是提高对沟通者的内在需求和感觉的敏感性。在与沟通对象面对面交流时，既要善于察言观色，还要学会观察体态语言。在与他人语言沟通时，听话更要听音，要能正确判断和解释各种暗示的准确含义。

中国人讲究委婉含蓄，在与下属或同行、客户沟通时，要注意培养敏感性。例如，当你拜访客户时，你会说："对不起，打扰了。"此时，客户一般会很客气的回答："没关系，快请坐。"当你真的坐定后，如果发现客户心神不宁，身体向座椅外侧倾斜，眼神游离不定，这说明客户确实有紧急或者重要的事，他已经被你打扰了，只是碍于情面，不好意思直说，你应该知趣地告辞，另约时间再谈。

二、加强语言修养

言是管理沟通的基本手段。能否正确、有效地使用语言，对沟通的效果影响极大。因此，管理者要讲究语言艺术，加强语言修养，注意语法、词汇、修辞、语气和语调的作用，提高语言表达的简练性、准确性、幽默性和趣味性，提高沟通的有效性。

① 要言之有物，言之有理，并有足够的信息量。

② 选择对方感兴趣或擅长的话题作为沟通的开端。

③ 多说商量、尊重、宽容、体谅、关怀、赞美和鼓励的话。注意语气语调和说话时的神情，同时态度一定要真诚，实事求是，切忌言过其实。这样容易使沟通对象的心理需要得到满足，尽快缩短彼此的心理距离，融通感情。

④ 注意回避忌讳的、令人尴尬的话题。在沟通时要注意保守他人秘密，避免触及他人隐私。注意回避忌讳的话题，特别是不可涉及国家、民族、宗教等方面的禁忌。

⑤ 要善于运用体态语言，例如表情、手势等。

⑥ 要善于运用幽默。幽默对于调节谈话气氛、排除尴尬局面、迅速消除隔阂、拉近双方心理距离都具有良好的促进作用。此外，要注意说话不要过多，声调不要过高，速度不要过快，并注意抑扬顿挫。

⑦ 注意选择语言沟通的环境和时机。要善于营造良好的沟通环境，尽量做到环境嘈杂时不说，环境与己方不利时不说，对方心情不好时不说，对方专注于其他事情时不说。

三、运用心理规律，促进情感融通

从社会心理学角度来看，人们之间的感情，在本质上受喜欢与吸引心理规律的支配。把握并自觉运用相关的心理规律，可以在沟通中有效地促进情感融通。与沟通效果联系密切的、比较典型的心理规律包括以下三点。

① 相似性原则。相似性原则是指交往过程中，存在某些相似或相同属性和特征的人们之间容易相互喜欢与吸引。这一规律说明在与他人沟通时，要善于寻求共同点或相似点

作为沟通的切入点，往往可以起到良好的沟通效果，如老乡、同龄人、共同的经历和共同的爱好等。

②互补性原则。互补性原则是指人们在交往的过程中，愿意寻找那些与自己具有不同属性或特征的人相处，以寻找某种互补效应。例如，一个具有强烈支配欲的人，比较愿意寻求缺乏主见、服从性的人为伴。人们要善于利用这一心理规律，创造在个性方面的互补机会，增进感情融通。

③报答性原则。报答性原则是指交往过程中，一方对另一方的态度与看法直接影响另一方对这一方的态度与看法。当一方受到另一方的尊重与肯定时，就会自然地产生一种报答心理，也会反过来尊重对方，并对其产生好感，这样双方的感情逐步加深。因此，细心发现对方的长处，恰到好处地给予称赞，或一句发自内心的感谢、诚恳地邀请等，往往会得到相应的回报，加深彼此之间的感情，增进交流的机会与深度。

四、学会倾听，适时反馈

一个善于沟通的人，首先必须善于倾听，因为这是掌握信息、理解信息的先决条件，而且倾听往往比说话还要耗神，它需要全神贯注。管理者要特别注意掌握倾听的技巧。

① 在沟通前，首先明确倾听的目的和理由，集中主要精力抓住对方叙述的关键内容。

② 在倾听过程中要显示出你的兴趣，多提问题，少插嘴。在倾听时，多保持沉默，保留一定的时间进行互相的交流和辩论，要注意对方的非语言暗示；当没有听清时可以以疑问的方式重复一遍；当发现遗漏时要直接问，不要从事与谈话无关的活动，不要草率地做出结论，不要打断或进行争辩，也不要让交谈者情绪直接影响你；要展现出赞许的目光，适当地点头表示认同，适时提问和回应，以表示你在听，并确保自己完全理解。

③ 保持注意力集中，抵御一切干扰和噪声，保持大脑的高度警觉状态，将注意力集中于叙述者及其发出的信息上。

④ 保持真诚的态度倾听，并运用体态语言"恭听"。在沟通时，要设身处地考虑对方的想法和处境；要有耐心，不乱发脾气；体态端正，保持目光接触决不能游离或旁视，表情认真，听到精彩之处甚至入神，表明受到吸引，鼓励对方畅所欲言。

第五节 组 织 冲 突

一、冲突的含义

冲突（Conflict）是指人们由于某种抵触或对立状况而感觉到的不一致的差异。冲突与差异是否真实存在并没有关系。只要人们感觉到差异的存在，则冲突状态也就存在。冲突的两种极端情况是：一端为微妙、间接、高度控制的抵触状况；另一端为明显、公开的活动，如罢工、骚扰和战争。

冲突可广义地理解为人与人之间的任何争议、争执、矛盾和纠纷。在这个意义上，冲突是人类生活不可缺少的内容。它出现在社会生活各个层面上，如政治冲突、经济冲突、法律冲突、文化冲突、思想观念冲突以及个人之间的冲突等。可以说，冲突无时不在，无处不有。社会就是在各种冲突的发生与解决过程中不断变迁和发展的。没有冲突就没有社会的进步。在组织的运作过程中，管理者必然会面对各种各样的冲突，而管理过程实际上也可以说是一个解决矛盾的过程。在这个意义上，不善于进行冲突管理的管理者是无法有效实现管理目标的。在某种意义上，冲突管理更能体现管理者的水平和技巧。

处理冲突的能力对于管理者的职业成功和提高管理绩效具有重要意义。1976年，在美国管理协会（AMA）的赞助下，托马斯等曾进行了一项调查，该调查的目的是"了解管理人员是否对防止和管理冲突的知识和能力越来越有兴趣"。调查人员共调查了116名执行总裁（首席执行官）、76名副总裁和66名中层管理人员。调查结果表明：①执行总裁、副总裁和中层管理人员处理冲突问题的时间，分别占他们工作时间的18%、21%和26%；②被调查人员感觉到，在过去的10年中，冲突管理能力变得越来越重要了；③他们认为冲突管理与计划、沟通、激励和决策同样重要，甚至比后者更为重要；④他们对冲突产生根源的主要兴趣在于心理方面，如误解、沟通失败、人际冲突以及价值观的不同等；⑤他们普遍认为，在自己的组织中，冲突水平是适当的，不会太高，也不会太低。

对于管理者认为在管理发展中什么方面的技能最为重要的一项调查发现，冲突管理排在决策、领导或沟通技能之前。这些证明了冲突管理的重要性。

二、冲突的类型

（一）按照冲突的主体来划分

按照冲突的主体来分，冲突分为：个人冲突、群体内部冲突、群体间冲突和组织间冲突。

① 个人冲突。个人之间的冲突指由于不同的目标或价值观引起的组织成员个人之间的冲突。当两个经理在保护环境方面存在不同的意见时就会产生冲突。其中一个主张组织只要遵循法律即可，另一个却主张这样还不够，组织应该引进先进设备以减少废气排放，尽管组织目前的排放水平已经低于法律规定的限度。

② 群体内部冲突。群体内部冲突是指一个群体、团队或部门内部发生的冲突。当营销部门的成员在如何为其新生产的男式牛仔做广告产生不同意见时，他们正经历着群体内部冲突。一些成员想把所有的钱都用在杂志广告上，另外一些人则希望把一半的钱投放在城市公汽和地铁的广告牌上。

③ 群体间冲突。群体间冲突指群体、团队或部门之间存在的冲突。比如，研发部门和生产部门之间就常存在群体间冲突。研发部门认为他们开发的新产品生产部门可以利用现有设备生产，而生产部门却认为制造新产品的成本很高。部门经理在处理群体间冲突中

起着关键作用。

④ 组织间冲突。组织间冲突是发生在组织之间的冲突。当一个组织的管理人员认为另一个组织没有遵循商业伦理，从而危害了相关利益团体的利益时，就会产生组织间冲突。

（二）按照冲突的结果来划分

按照冲突的结果来分，冲突分为建设性（功能性）冲突和破坏性（失能性）冲突。

① 建设性冲突。建设性冲突是指支持组织目标并增进组织绩效的冲突。建设性冲突具有以下效果：激发员工的才干和能力；带动创新和改变；学习有效解决或避免冲突的方法；为组织的问题提供诊断资讯；带来整合和同心协力。

② 破坏性冲突。破坏性冲突是指妨害组织绩效的冲突。破坏性冲突具有以下效果：浪费时间；过度展现自利倾向，妨碍组织整体的发展；持续的人际冲突带来个人情绪上和身心健康上的损害；转移及消耗组织的时间和能量；可能要付出极高的经济和情绪上的代价；导致信息错误和事实真相的扭曲；制造对立，破坏组织团结。

三、冲突水平与组织绩效之间的关系

美国学者布朗曾对冲突与组织绩效之间的关系进行过考察，他发现在冲突水平与组织效率之间有一定的关系：冲突水平太低，组织革新和变化困难，组织难以适应环境，其行为受阻；冲突水平太高，将导致各种混乱，危及组织的生存。冲突与组织绩效之间并不是简单的线性关系，它们之间的影响呈现"倒U"形，两者之间的关系如图13-5所示。

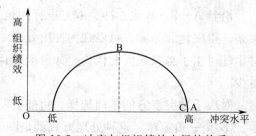

图13-5 冲突与组织绩效之间的关系

当组织中的冲突水平过高或过低时，冲突都将起破坏性作用，组织的绩效水平都不高；而冲突水平适中时，它才能起积极作用。

例：据说，盛田昭夫在任索尼公司副总裁时，田岛道治当董事长，两人常常意见不合。一天，田岛道治说："盛田，你我主张不同，既然我们想法不一致，又常常发生冲突，我不想再待在这样的公司里了。"盛田昭夫坦诚地说："如果我们在所有问题上意见都一致，那么这家公司确实没有必要有我们两个人拿薪水。那时，不是你就是我必须辞职。正是因为我们有不同意见，公司才会少犯错误。"这正应了威廉里格利的一句话："当两个人意见总是一致时，其中的一个必定是多余的。"

四、组织冲突处理的沟通策略

在对组织冲突客观认识的基础上，管理者通过沟通策略处理、解决冲突，对提高组织绩效、实现组织目标具有重要意义。

(一) 冲突处理的胜负策略模型

在冲突处理的过程中，双方都会考虑自己在冲突中的胜负得失情况。研究表明，冲突双方往往把自己的胜负看得比达到最终目的、解决冲突问题更重要，相对得益是冲突解决中影响决策者行为的重要因素。如两个原来想增加自己收益的冲突群体到后来他们所做的许多选择不是用以增加其个人的收益，而是在减少对方的收益。似乎彼此相对的地位比绝对的利益还重要。可见，冲突双方对冲突结果，特别是自己的胜负是非常关心的。考虑冲突双方的胜负情况，有学者提出了以下胜负策略模型（如图13-6所示）。

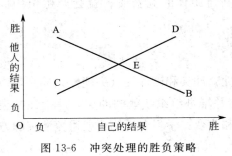

图13-6 冲突处理的胜负策略

由图13-6可知，双方冲突的结果有多种情形。通常情况下，双方均有两种可供选择的路径。

沿着C—E—D线，双方的满意度成正比，冲突给双方带来的是同样结果，可以视为冲突处理的整合方向。按照双方的胜负观，沿着C—E—D线（即整合方向）移动时，双方的相对地位是平等的，冲突双方是一种合作关系。越往D方向移动，解决的效果越好。优秀的管理者会努力沿这个方向提出解决方案。

沿着A—E—B线，冲突双方进行的是一场"零和游戏"，即双方的得失是此消彼长的关系，得失之和为零，可以视为冲突处理的分配式处理策略。当自己越来越满意的时候，对手却付出了越来越大的代价。如分配数目固定的奖金时，一方获得越多，另一方获得就越少。

对应于冲突双方的不同选择，可能有四种不同的处理策略。

① 负—负策略。这种处理方式就是图13-6中的C。冲突结果使双方都处于失败状况，任何一方都不能以牺牲对方的利益为代价获得自己的利益，结果双方都一无所获。但经过冲突后，双方的地位平等，并没有谁比对方更优越，处于一种低平衡状态，两败俱伤是这一类冲突解决方式的结果。

② 胜—负策略。这种处理方式就是图13-6中的A和B。双方的行动是一种"二选一"的选择——"不是你死，就是我活"。其结果是使一方完全满意，相应地另一方完全失意，即一方战胜另一方。

③ 胜—负均衡策略。这种处理方式就是图13-6中的E。该策略的采用使得冲突双方取得胜负均衡的结果，任何一方都没能战胜对手，但也没有负于对手，即处于无胜负状态。有时该结果是由于双方互不相让，相互对峙，使得问题悬而未决，没能找到好的解决办法，但更多的是双方相互让步，各自得到部分满足，进行妥协的结果。于是双方处于一种半满意的均衡状态。

④ 胜—胜策略。这种处理方式是图13-6中的D。胜—胜策略反映了一种"双赢"局

面，即双方均获得了自己的利益，同时没有牺牲对手的利益，故也是最受欢迎的策略。它不同于胜—负策略，而是鼓励对立的双方把他们的需要结合起来，以便两者都得到充分满足。

（二）冲突处理的沟通策略：整合性谈判

费希尔和尤瑞在他们1981年的著作《达成一致》一书中，指出每个人都是谈判者。无论什么时候与其他人发生冲突，我们都需要进行谈判。谈判技巧对于个人层次、团体层次和组织层次的冲突问题的处理都是必需的。

整合性谈判是解决冲突问题的重要途径。总体而言，整合性谈判优于分配性谈判。为什么？因为前者能建立起长期的关系，并能促使将来的合作。然而，分配性谈判中总有一方是输家，并最终导致扩大分歧。

要使整合性谈判成功，使冲突得到有效处理，必须做到以下几点。

① 把人和问题分开。如果谈判双方把注意力集中于实质性冲突而不是情感冲突，那么冲突问题更容易得到处理。在处理具体实质问题之前，人和问题必须相分离并分别处理。换言之，冲突双方必须共同合作而不是相互对抗，以有效处理共同的问题，这样有助于维持双方的关系。霍克和威尔建议人际冲突的双方"只有把人与问题区分开，才有可能使双方长期理智的实质目标占有主导地位，减少因为短期目标而造成的冲突"。

② 着眼于利益，而不是立场。所谓立场，就是在谈判中所提的要求或者说是想法；而利益是隐藏在要求背后的动机。利益驱动着人们提出各种要求，并坚持各种立场。简而言之，立场是决定的结果，而利益是决定的原因。由此可见，要取得立场上的一致，极容易使谈判陷入僵局。立场，实质上是一方为获得一定利益的特定的解决方法。而获得某种利益可以有多种可行方法。如果谈判双方一开始就以坚持自己立场为目的，那么，极容易忽略了满足双方需要的创造性选择方案。

③ 寻找互相得益的可行方案。谈判者似乎很少注意到为了双方获利而寻找并形成选择方案。当双方处于紧张的冲突阶段时，双方很难提出双方都能接受的创造性处理方案。只要双方共同努力，即使各方的利益互不相干，仍然有使双方互相得益的方案存在。

④ 坚持使用客观标准。费希尔和尤瑞发现，无论采用多么巧妙的技巧，谈判双方面临着某种利益冲突却是不争的事实，特别是在有些谈判中，不可能出现"双赢"的局面。这时，如果双方仍然以自己的意愿为基础来解决冲突，只能导致无休止的争论。费希尔认为，解决问题的办法在于以独立于双方意志以外的东西为基础，即以客观标准为基础。

如果谈判者为了有效地处理冲突而开始寻找客观标准，那么双方谈判的重点就从谈判地位转到不同的选择标准。"一旦标准达成一致，就没有必要对问题做进一步的谈判，因为解决条件已经暗含在客观标准之中。"

五、冲突的处理方式

按照冲突方合作的意图（合作性）和坚持自身立场的坚决性（坚持性），可以把处理

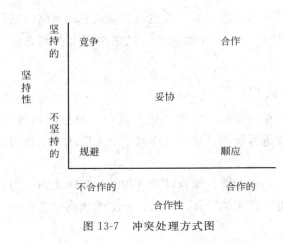

图 13-7 冲突处理方式图

冲突的意向分为五种（如图 13-7 所示）。

① 竞争：冲突方坚持己见，不愿意退让，也不愿意与对方合作。

② 合作：冲突方在坚持自己的意见的同时，显示了良好的合作意愿，双方希望共同协作找出双方都满意的方案。

③ 规避：冲突方不固守立场，也不愿与对方合作，对冲突采取忽略的态度。

④ 顺应：冲突方放弃自己的立场转而与对方合作。

⑤ 妥协：冲突方采取折中的态度，在自己的立场上适当让步，同时愿意在一定程度上与对方合作。当冲突双方有对等的权力时，一种重要的解决冲突的工具就是谈判。在谈判过程中，冲突各方考虑分配资源的各种可能方案，努力找出各方都能接受的解决方案。

复习思考题

1. 试分析沟通与管理的关系。
2. 简述沟通的过程。
3. 什么叫初始可信度和后天可信度？影响可信度的因素有哪些？
4. 沟通主体策略有哪些？举例说明如何运用。
5. 组织中的沟通渠道网络有哪些类型？
6. 请说明正式沟通与非正式沟通的区别及其利弊。
7. 简述电子媒介沟通包含的内容。
8. 造成沟通障碍的主要因素有哪些？如何克服？
9. 组织冲突处理的沟通策略包括哪些方面？

案例

案例 13-1　　　　　　　　**工作丰富化与员工的"消极怠工"**

健康食品公司是一个中型的保健食品企业，最近，总经理庞云一直在为员工工作兴趣的低下而担忧，因为这导致了包装质量问题的产生。如果质量问题在检查阶段被发现，袋装食品就被送回流水线，否则它们将最终被客户拒绝。在工厂经理的建议下，在重要工段设置了管理监督岗位，由他们进行随机检查，但是这样不仅增加了成本，而且对返回率的降低并没有起到预期的作用。

庞总召集职能部门管理者召开会议，来讨论形势并商讨有效对策。工厂经理李松称，一些问题是由策划引起的，他建议在设计阶段进行检查；人事部门遭到攻击，被指责没有精心招聘合适的员工，以致公司面临人员频繁流动及缺勤的问题。工程及人事部门的主管都为自己辩护；策划部门的主管周卓认为设计并没有什么问题，而提高标准则意味着要耗费更多的钱。

人事部门的主管王菲则觉得由于劳动市场上劳动力紧张，她无法在雇佣过程中提出更加严格的要求，她还说包装工作枯燥乏味，期望人们对此类工作产生更大的兴趣也不合理。王菲提出了一些建议，以便使员工对其所从事的包装线工作增加兴趣。建议之一就是要求扩大包装线个人的工作范围。在她的建议下，每个工人将与工作群体的其他工人一起处理几个操作程序，而不是只做单纯的一项工作。另外她还建议采取工作轮换，以使工人们的工作更具挑战性。

庞总非常赞赏这个建议，并想立即实施，但是在实施变革的一周内，工人们却对这些变革表达出许多不满，而且还存在着一种"消极怠工"的状况。工人们觉得他们要进行更多的作业，而工资却没有增加。

总经理和部门主管，包括人事部门主管，都对工人们的反应感到吃惊，王菲泄气地说："我被搞糊涂了，似乎他们并不想使自己的工作更有趣。"

（资料来源：康青. 管理沟通. 中国人民大学出版社. 2006）

案例讨论：

1. 你认为人事主管王菲在向员工沟通其建议时，存在哪些问题？
2. 你若是庞总，将采取什么补救方法？

案例 13-2　　　　　　　惠普的组织沟通

惠普公司非常重视为员工创造最佳沟通氛围，制定了很多相关的政策，不但增强了员工个人的满意度和成就感，更确保了公司能够进行有效的沟通，及时制定并执行解决问题的方案。同时，惠普公司通过与客户进行有效沟通，既与客户之间建立紧密的联系，更为其产品开发与推广提供了高价值的全面信息。

第一，实行"走动式管理"，进行走动式沟通。

这项政策是惠普公司的一个帮助经理们和监督者们了解他们手下的人和他们正在做的工作，同时使他们更加平易近人的办法。"走动式管理"是经理们同工厂工人一起致力于解决问题的办法，使管理者亲自参与，深入实际。

第二，实行"开放式管理"政策，保证公开沟通。

惠普公司制定了"开放式政策"，对员工、职能直线经理、人力资源经理、人力资源雇员关系等的作用和责任进行明确规定，用以确保惠普的开放式环境。例如在其员工的责任条款中规定：员工有责任提出问题，并表示关注；与直接上司讨论解决问题是最佳途径，如不可行可以向其他主管经理或人力资源管理部门寻求解决方案；一旦有问题就及时提出，寻求每个人的最佳解决方案。"开放式管理"政策在惠普公司是很重要的，因为它体现了惠普的管理风格。它意味着，经理们平易近人、坦诚、爽快。惠普的每个人，包括最高主管，都是在没有隔墙、没有门户的大办公室里工作的。

第三，比尔的"戴帽子过程"，惠普的高效沟通案例。

一些革新者经常会提出富有创造性的革新思路，但是，经别人仔细地进行观察分析以后，这些思路很可能被否决。处理这类问题的办法，被称为"戴帽子过程"。首先是认真地倾听。然后隔一段时间，对这些新思想提出质疑。最后是决定的过程。这一系列的过程，即让新思路的提出者认清了现实情况，又保持了他们的热情。

第四，亲密的情感沟通。

惠普的创造人在公司内部营造了浓郁的家庭氛围，并在早期的企业里也创造了对这种亲密的情感沟通方式的认同感。野餐被惠普的创始人们公认为重要的内容。随着公司的壮大，野餐这一传统被保留了下来，并开展了国际性的野餐。另外惠普公司采取了包括了会见所有雇员及其家属的多种多样的感情交流方式。

第五，有效地外部沟通——倾听客户。

惠普公司获得成功的基础，是努力满足顾客的需要。惠普鼓励公司的每一个经常考虑使自己的活动围绕为顾客服务这一中心目标，认真倾听顾客意见也是惠普之道的核心部分。在惠普公司，为顾客服务的思想，首先表现于倾听客户意见，并据此提出新的思想和新的技术，在这个基础上开发有用的重要产品。这些新的思想成为开发新产品的基础，而新产品将满足客户潜在的重要需要。除此之外，惠普公司还提供了许多不同种类的产品，以满足不同顾客的需要。

惠普公司成功与不断壮大的事实，验证了惠普沟通的有效性。

（资料来源：崔佳颖. 组织管理沟通研究. 首都经济贸易大学出版社. 2006）

案例讨论：

1. 你认为惠普沟通之道是什么？
2. 在惠普沟通中，对你触动最大的一点是什么？为什么？

第十四章

控 制

有效的管理者应该始终督促他人，以保证应该采取的行动事实上已经在进行，保证他人应该达到的目标事实上已经达到。

——斯蒂芬·罗宾斯

最有效并持续不断的控制不是强制，而是触发个人内在的自发控制。

——（日）社会学家 横山宁夫

哈勃望远镜

耗资15亿美元的哈勃太空望远镜最后终于在1990年4月发射升空。虽然经过长达15年的精心准备，美国国家航天局仍然发现望远镜的主镜片存在缺陷。由于直径达94.5英寸的主镜片的中心过于平坦，导致成像模糊。因此望远镜对遥远的星体无法像预期那样清晰地聚焦，结果造成一半以上的实验和许多观察项目无法进行。

更让人觉得可悲的是，如果有一点更好的控制，这些是完全可以避免的。镜片的生产商珀金斯—埃默公司，使用了一个有缺陷的光学模板生产如此精密的镜片。具体原因是，在镜片生产过程中，进行检验的一种无反射校正装置没设置好。校正装置上的1.3毫米的误差导致镜片研磨、抛光成了误差形状。但是没有人发现这个错误。具有讽刺意味的是，与其他许多NASA项目所不同的是，这一次并没有时间上的压力，而是有足够充分的时间来发现望远镜上的错误。实际上，镜片的粗磨在1978年就开始了，直到1981年才抛光完毕，此后，由于"挑战者号"航天飞机的失事，完工后望远镜又在地上待了两年。

美国国家航天局（NASA）中负责哈勃项目的官员，对望远镜制造中的细节根本不关心。事后航天管理局中一个6人组成的调查委员会的负责人说"至少有三次明显的证据说明问题的存在，但这三次机会都失去了"。

哈勃望远镜的例子说明了在一个组织机构中。如果没有控制将发生什么。一件事情，无论计划做得多么完善，如果没有令人满意的控制系统，在实施过程中仍然会出问题。因此，对于有效管理，必须考虑到设计良好的控制系统所带来的好处。

管理的控制职能是管理过程中最重要的职能之一，是管理过程循环的重要一环，管理工作始于计划的制定，然后是组织和领导计划的实施，但计划的实施结果如何呢？计划所确定的目标是否顺利得以实现？甚至计划目标本身是否制定得合理？要掌握这些情况并处理所出现的问题，就需要开展有效的控制工作。

控制是依据组织目标与确立的标准对组织内各种活动及其绩效进行衡量，提示偏差，予以纠正，以确保组织目标最终实现的过程。它存在于管理活动的全过程，贯穿于其他各项管理职能之中，与管理的其他主要职能既有紧密联系又有区别，具有与其他管理职能不同的性质、内容和方法。正确、有效地运用这些原理和方法是管理活动及其组成部分控制活动行之有效的重要保证。本章通过对控制的性质、控制的类型、控制的程序和控制的方法等内容的论述，使我们真正掌握在实践中如何有效地实施控制。

第一节 控制及控制过程

控制是管理工作的重要职能之一，它是保证组织的实际活动与计划活动动态一致的过程。控制工作的目的是要通过确立标准、衡量绩效和纠正偏差等过程来监督计划、组织、领导、创新等管理活动的效果，保证组织前进的方向。有效的控制系统是适应调整目标、纠正偏差、应对危机发生、提高组织效率的基础。

一、什么是控制

所谓控制就是监督组织各方面的活动，保证组织实际运行状况与计划保持动态适应的过程。控制好比是汽车驾驶员的方向盘，它把组织、人员配备、领导指挥职能与计划设定的目标联结在一起。控制工作定义中的动态一致有两方面的含义：既包括按照既定的计划标准来衡量和纠正计划执行中的偏差，还包括在必要时修改计划标准，以使计划更加适合于实际情况这一层的含义。

首先，在现实中，控制的必要性体现在管理工作只做好了计划、组织和领导仍然是不够的。这是因为组织的内外环境每时每刻都在发生着变化，它必然要求对原先制定的计划做出相应的调整；其次，由于组织成员认识能力不同和工作能力的差异，就会造成对计划要求的理解和执行发生差异，加强对成员的工作控制是非常必要的。最后，随着组织规模的变化，必然会出现组织内的分权。形成组织内委托—代理的管理层级结构，分权程度越高，控制就越有必要，控制系统可以提供管理人员的工作绩效的信息和反馈，以保证授予他们的权力得到正确的利用，与组织的目的和方向相统一。如果没有控制，没有为此而建立的相应的控制系统，对于出现权力的滥用或其他情况，也就无法发现，更无法采取及时的纠正行动。

控制与管理。要理解控制职能的含义，首先需要认识控制与计划之间的联系。事实上，计划和控制是同一个事物的两个方面。①计划工作为控制提供了标准。没有计划，控制丧失了方向，人们将不会知道要控制什么，也不会知道怎么控制。②控制是使计划工作得以实现的保证。没有控制，计划就会成为一纸空文。人们无法知道自己干得怎样，存在哪些问题，哪些地方需要改进。③计划与控制的效果互相依赖。计划越是明确、全面和完整，控制的效果也就越好；控制工作越是科学、有效，计划也就越容易得到实施。

在管理工作的实际过程中，很难区分出计划与控制究竟哪个是开始、哪个是结束。控制可以说既是一个管理工作过程的终结，又是一个新的管理工作过程的开始。现实中，上一阶段控制的结果就可能导致组织确立新的目标、提出新的计划，并在组织结构、人员配备和领导等方面做出相应的改变。正是在这种意义上，控制职能也可以说是下一阶段管理工作过程的起点。管理工作本质上就是由计划、组织、领导、控制等职能有机地联系而构成的一个不断循环的过程。

二、控制的重要作用

（一）控制对于管理活动的正常开展和目标的达成起着重要的作用

管理工作的任务，就是保证计划目标的实现。管理的动态性决定了在计划的执行过程中，由于各种内外因素的干扰，实际行动偏离计划的事情经常发生。管理的重要职能之一，就是实施有效的控制，及时发现实际活动偏离计划的情况、原因和责任者，以便及时采取纠正措施。因计划是目标的展开和具体化，目标是整个工作的出发点和归宿，没有切实的控制，目标的达成很难成为现实。

（二）控制是完成计划的重要手段

计划是实现目标的基础，是整个组织人员行动的纲领。尽管它有如此重要的意义，但实际执行者或因主观或因客观总是难免要违背或偏离计划要求的，要克服这一问题，就须有力的控制来使单位人员按计划所规定的要求从事活动。更何况在管理实践中常有这种情况，即使是在制定计划时进行了全面的、细致的预测，考虑到了各种实现目标的有利条件和影响实现的因素，但由于环境条件是变化的，主管人员受到其本身的素质、知识、经验、技巧的限制，预测不可能完全准确，制订出的计划在执行过程中可能会出现偏差，还会发生未曾预料到的情况。这时，控制工作就起到了执行和完成计划的保障作用，并且在管理控制中产生新的计划、新的目标和新的控制标准的作用。控制工作能够为主管人员提供有用的信息，使之了解计划的执行进度和执行中出现的偏差及偏差的大小，并据此分析偏差产生的原因。对于那些可以控制的偏差，通过组织机构，查究责任，予以纠正；而对于那些不可控制的偏差，则应立即修正计划，使之符合实际。

(三) 控制对保证工作方向的正确、提高工作效率有重要作用

目标实质上既是工作任务的凝聚，更是由此决定着的工作方向，控制是维系工作按目标和计划正常运转的保证，也对工作效率起着调节作用。

控制职能的这种作用，是通过它对决策、计划、组织、协调等职能的连接、促进和穿插而产生的整合作用所形成的。控制工作通过纠正偏差的行动与其他四个职能紧密地结合在一起，使管理过程形成了一个相对封闭的系统。在这个系统中，决策职能选择和确定了组织的方向，计划职能设计了目标和工作方案以及实现它们的程度。然后，通过组织、协调等职能去实现目标。为了保证目标能够实现，就必须在计划实施的不同阶段，根据由计划产生的控制标准，检查计划的执行情况。这就是说，虽然计划工作必须先于控制活动，但目标是不会自动实现的。一旦计划付诸实施，控制工作就必须穿插其中进行。它对于衡量计划的执行进度，揭示计划执行中的偏差以及指明纠正措施等都是非常必要的。所以，控制工作存在于管理活动的全过程中，它不仅可以维持其他职能的正常活动，而且在必要时，还可以通过采取纠正偏差的行动来改革其他管理职能的活动。虽然有时这种改变可能是很简单的，但在许多情况下，正确的控制工作可能导致确立新的目标，提出新的计划，改变组织机构，改变人员配备以及在协调方法上做出重大的改革。

三、控制工作的步骤

(一) 制定标准

1. 标准的含义

标准是一种作为模式或规范而建立起来的测量单位或具体尺度。对照标准，管理人员可以判断绩效和成果。标准是控制的基础，离开标准要对一个人的工作或一个制成品进行评估，则毫无意义。

标准的类型很多，它的建立取决于所需衡量的绩效和成果领域。例如，每场高尔夫球赛规定18洞打72杆的标准，这里的标准杆数是由权威建立的，并是公认的成绩衡量标准，用以衡量运动员的熟练程度与水准。

2. 企业中的标准

在可能的情况下，标准应尽量数字化和定量化，以减少主观性和个人对控制过程的影响。企业中常用的标准有以下几种。

① 时间标准：是指完成一定数量的产品，或做好某项服务工作所限定的时间。

② 生产率标准：是指在规定的时间内完成产品和服务的数量。

③ 消耗标准：是根据生产货品或服务计算出来的有关消耗。

④ 质量标准：是指保证产品符合各种质量因素的要求，或是服务方面需达到的工作标准。

⑤ 行为标准：是对职工规定的行为准则。对企业的活动来说，也应建立其业务活动

标准。美国通用电气公司在八个主要的成就领域中建立了标准：获利性；市场地位；生产率；产品的领导地位；人员发展；雇工态度；公共责任以及短期目标与长期目标间的平衡。

在服务性行业中，对经理和雇员的仪表、态度一般都有严格的标准，其工作人员必须穿着整洁的工作服，对顾客以礼相待，违反者则要受到纪律处分。例如，麦当劳制定的服务标准如下：①在顾客到达后 3 分钟之内，95% 以上的人应受到招待；②预热的汉堡包在售给顾客前，其烘烤时间不得超过 5 分钟；③顾客离开后，所有的空桌需在 5 分钟内清理完毕等。

3. 定额的制定

企业中生产部门工时定额的制定也是管理中的一项基础工作。制定这类标准时，一线管理人员在该部门工作的实践经验和知识可作为参考依据。例如，车间中的工长，一般对于其部门中某项工作耗时多长，需多少原材料，工艺水平的高低是心中有数的。因此，根据以前的预算、过去的产量及其他部门的记录，管理人员对各部门的作业标准是不难制定的。

用工时研究来制定工时定额常常会遭到工人的抵制和反对。制定绩效标准是为了建立一个现实的指标，这种指标不仅应是能达到的，而且也应是合理与公平的。因此，工人若能参与这些标准的制定，并认识到它的合理性与公平性，那么他们就更易接受这些标准了。

让工人参与制定标准的一个办法就是由管理人员、技术人员（工业工程师）和工人三者结合，组成一个集体班子（委员会），共同负责定额的修订工作。参加班子的工人代表，应是那些一贯表现良好的职工。

此外，管理人员和工业工程师应努力向所有职工解释清楚有关工时研究的实质、内容，同时，也应允许工人对所制定的定额提出异议。如果被认为不合理，必要时可重新对该工作进行研究和再测。只要管理人员有诚意，让工人理解这些标准，只要这些定额是合理的，绝大多数工人是能够接受这些绩效标准的。

（二）对照标准检查实际绩效

对照标准检查实际绩效是控制过程的第二步，管理人员通常可采取多种方式来完成这一步骤。

1. 个人观察

在检查职工的绩效时，直接观察和个人接触对一线管理人员来说是最为有效的方法。一线管理者较高层管理者有更多的机会深入基层作个人观察。高层管理者由于远离"火线"，所以常常不得不依靠下属的报告，而一线管理者则有大量的机会作直接观察，这正是他们所具有的优势。

当管理人员在观察中发现有偏离标准现象时，应持有一种分析态度，而不是去故意找岔或急于提出批评。当然,作为管理者并不应该忽视错误,但他们应对这些错误以谨慎的态度提出一些问题。例如,作为一线管理者,可以问问是否有什么方法能帮助其下属更容易、更安全或更有效地去完成工作?当有些标准在叙述中较为笼统时,则管理者应寻找一些具体的事例来加以说明究竟哪些情形不符合标准,如产品不对路、工作疲沓或不安全的做法等。要指出职工的错误并使之信服并不容易,管理人员如能举出具体的事例,则有助于职工认识到存在的差距。

用个人观察的办法来检查职工的绩效也有其局限性。首先,它十分费时,管理人员必须走出办公室深入基层,才能掌握一手资料。其次,管理人员有可能漏掉一些重要的活动,这些活动往往发生在关键时刻。最后,职工在被观察时,和检查过后的行为可能不相一致。但不管怎样,个人观察仍是检查职工绩效使用最为广泛,同时可能也是最佳的办法。

2. 口头与书面汇报

组织中部门较多,工作地点分散在不同地区,或按时间进行分班工作的那些单位,就有必要使用报告制度。例如,在很多需连续生产的企业中实行三班制(指早、中、晚三班),那么,管理者要了解评估各班绩效时,常常依靠下级提交的报告来了解和掌握情况。

管理者应要求报告力求做到简明、全面和正确。在可能的情况下,最好是把书面报告和口头汇报结合起来,报告中如能提供统计数据加以证明,则更为有效。

下属和职员能否如实地报告准确的情况,这往往取决于管理者对报告的反应及上下级之间现有的人际关系。假如管理者能以建设性的或帮助的姿态来对待那些反映存在问题的报告,对诚实的错误能表示谅解,而不是简单地定功过,那么下属职工即使在报告中涉及不利于自身的内容,也能真实地反映情况,提交可靠而又准确的报告。

在检查报告时,管理者通常会发现许多活动都是符合标准的,对于这些合乎标准的活动一般可快速带过,而集中于那些大大超过或低于标准的领域。管理人员甚至可要求下属对已合理达到标准的活动不必再加以报告,而只报告那些例外的、低于或高于标准的活动。显然,一旦绩效大大低于标准的话,就应转入控制的第三步,即进行纠偏,但如果绩效大大超出了原先的标准,管理者也应研究一下原因,这种突出的绩效是如何取得的,以便将来能应用这些方法。

3. 抽样检查

有些工作不适合采用报告形式汇报,则管理人员最好是应用抽样检查。例如,电话公司中修理部门的上级管理人员,因该部门是每天24小时服务,所以在不同的时间班次中,应时时地作抽样检查,看看该部门究竟运作得怎样。

在控制过程中,怎样对照标准检查实际绩效,应该认真思考和解决以下五个问题。

① 信息是适时的吗?
② 测量单位是适宜的吗?

③ 收到的信息是可靠的吗？可靠性多大？
④ 信息是有效的吗？
⑤ 信息是否送给了需要该信息的权力层面？

（三）采取纠偏行动

在衡量绩效后，若没有偏差发生，或偏差在规定的"误差"之内，则该控制过程只需前两个步骤就已完成——即设定标准及对照标准检查实际绩效。但是，如果通过个人观察、报告及抽样检查发现了偏差且超出允许范围，则管理者应考虑采取第三个步骤——纠偏行动，使绩效符合于标准。

在采取纠偏行动前，管理人员应记住，导致某项工作产生偏离标准的原因是多种多样的。因此，并非所有偏离标准的情况均需采取纠偏行动，有时则需要个人的判断。假如一位工人偶尔迟到了15分钟，当经理了解到迟到是不得已发生的，而原谅了他，也是完全正常的。

通常产生偏差的原因主要有：
① 因标准本身是基于错误的假设和预测，从而使该标准无法达成；
② 从事该项工作的员工不能胜任此项工作，或由于没给出适当的指令；
③ 和该项工作相关的其他工作出了问题；
④ 从事该项工作的员工玩忽职守。

因此，纠偏行动的第一步是分析事实，确定产生偏差的原因。只有对问题作了透彻的分析后，管理人员才能采取适当的纠偏行动。第二步是管理人员必须决定采取何种补救措施，来纠正员工偏离组织目标的行动。

通常，纠偏行动可采取两种不同的决策：一种是立即纠偏行动；另一种是根本性纠偏行动。所谓立即纠偏行动，是指立即纠正出现的问题，使业绩回到设定的轨道上来。而根本性纠偏行动则要求找出偏差是如何出现、为何出现等问题的答案，然后采取行动纠正偏差产生的根源。管理者常常据理力争，说他们没有时间采取根本性纠偏行动，因而只能满足于依赖立即纠偏行动去无休止地"扑火"。然而，有效的管理者总会去分析偏差，并在认为值得时，花时间对标准与实际业绩之间的重要偏差进行永久性纠正。例如，通过分析确认超出允许范围的偏差是由员工的原因造成，则必须采取立即执行的措施来解决问题，使员工的工作回到组织目标方向上来。否则必须考虑控制标准是否科学合理，通过标准的调整达到永久根治的目的。

四、有效控制的基本特征

管理人员所采取的控制方法必须根据预计的对象和具体任务来加以设计，有效的控制通常都具有以下基本特征。

（一）可理解性

所有的控制机制，无论是前馈控制、即时控制与反馈控制，对于应用它们的管理者和职工而言，必须是易于理解的。在较高的管理层次，控制机制有时需用到数学公式、复杂的图表和大量的报告，看上去似乎很深奥，但它对于较高层的管理者来说，仍应是可理解的。基层管理部门的控制相对较为简单。例如，一线管理人员仅用一页纸的简单报表作为控制手段，这报表只需显示某一天中某部门工人的工作小时数和产品产量就可以了。控制应是简单、直接和可理解的。无法被人理解的控制系统是没有价值的。

（二）精确性与客观性

控制系统必须是精确的，这道理似乎是显而易见的，然而，在现实生活中，许多管理人员的决策往往是基于不精确的信息，因而控制活动中掺杂了许多主观因素。销售人员在估计销量时说些模棱两可的话，以随时能迎合主管上司的看法；生产车间的管理人员为了达到上级制定的目标隐瞒生产成本的上升；一些管理者为了取得领导的青睐虚报成绩。上述各例都有可能使上层管理者收到错误的信息，从而使不深入了解情况的高层管理人员采取不适当的行动。

控制系统提供的信息应尽可能地客观。但是在管理中难免有许多主观因素。例如两个基层管理人员在汇报部门人员情况时，一个汇报说："成员的士气没问题，发牢骚也就是这些人，职工的离职情况已受到控制"；而另一个汇报说："职工缺勤率为0.4%，今年记录在案的投诉人次为16人（去年为24人），职工的离职率为12%"。这两份汇报中，前一份有些主观因素，而后一份就比较客观和准确。

当然，数字的客观性也不能代表一切，管理人员在作决策时还应看到数字背后的真正含义。例如，销售员每月提高销量多少，上层管理部门对这类报告显然会感到高兴，但是，在销量提高的背后，也许是销售员擅自提供了折扣；对产品的功效作了不切实际的保证；或答应较早的交货期等。尽管控制系统为管理人员的评估和行动理想地提供了客观的信息，但管理人员必须谨慎适当地去解释它。

（三）时效性

控制机制必须能及时地指出问题，并迅速地向管理人员报告。管理人员知晓偏差情况越早，就越能快速地采取纠偏行动。即便是最好的信息，一旦过时，也没有价值。

管理者希望及早地了解所发生的偏差，甚至它们只是根据近似的数字或预先估测。对管理者来说，知道事情即将会出问题，总比它们已经失控要来得强。例如，某个设备安装项目，假如工期较紧的话，那么管理人员应要求以天或周的基准汇报工程进度，以及时掌握工程的进展情况。报告中应显示那些潜在的障碍，如某零部件的缺失，某工作的工人缺勤等会导致项目完工的拖期等因素。管理者需要及早地了解这类信息，以便在形势失控前采取必要的纠正步骤。这并非说管理人员应仓促下结论或采取偏激的行动，这里管理者对一项工作的知识和经验常常会起很大的作用，以帮助确定何时一项工作进展出了问题。

（四）相对经济性

控制活动需要管理支出，因而控制活动必须比较控制的投入与效益。控制系统的相对经济性是一个限制因素,这在很大程度上决定了管理人员只能在他们认为是重要的问题上选择一些关键因素来加以控制。例如,医院中的护士长对于麻醉剂的供应控制是经常性的且十分谨慎的,而对于绷带、纱布的控制就较随意。又如,在一个小单位中,只有3个职工从事文秘工作,显然就没有必要配备专职人员来检查他们打字或誊抄工作中的错误,可安排由他们负责自检或互检。相反,在一个拥有数百名职工的生产大量小件产品的部门中,就有必要配备专职检验员或质量控制专家来检验产品,通常还得进行抽样检验,因为在整个生产过程中,要对数量巨大的每件产品逐个进行检验是不可能的。所以,控制技术和控制方法如能以最小的费用来揭示造成实际偏离和可能偏离计划的原因,则它们就是有效的。

虽然任何组织都需要控制,但控制系统的大小各异。控制所支出的费用必须要有所值。一个适合大公司的复杂控制系统很可能超出了一个小公司的控制需要。不管管理者应用怎样的控制,它必须与涉及的工作相适合并且是经济的。对于一项简单任务的控制不必像控制一个重大的资本投资项目那样精心设计和实施。

(五) 指示性

一项控制技术只是在偏差发生时揭示它们还不够,控制机制还必须指出谁应该对偏差负责以及偏差发生于哪一个确切的位置,假如在一项连续性的作业活动中涉及某一特定工作,那么管理人员就有必要在每一步骤结束后就检验各工作的绩效,并需在工作转向下一步作业前完成它。否则,等最终产品出来后,发现与标准不符,管理者就很难找准在哪里采取纠偏行动。

(六) 灵活性

灵活性是有效控制系统的又一明显特征,也就是说,控制系统在适应变化上应具有灵活性。当形势要求变化时控制机制必须允许变化,否则控制就会失败。例如,当一位职工在执行工作任务的早期,遇到各种情况发生了巨大的变化,那么管理者应能认识到这一点并随之调整计划和标准。如果该任务遇到了突发的困难,而情形又并非是职工所能控制的,则管理者又必须调整该职工的考绩标准。考虑了各种可能而拟订的计划,能使控制更具灵活性。

在总结了上述有效控制特征的基础上,我们能够分析出控制系统的有效性将受到其组织规模、个人在组织层级中的地位、组织的分权程度、组织文化和活动的重要性等因素的影响。

第二节 控制的类型

管理系统作为一种控制系统,由于管理对象不同,管理目标不同,系统状态不同,所运用的控制类型也不同。管理的控制类型是多种多样的,各种类型也并不相互排斥。因此，作为管理者，不仅应当正确认识每种控制类型的特点和作用，而且应当能够结合组织的特点对各种控制类型进行有效的运用和协调。

一、按控制的时点不同划分的控制类型

按控制的时点不同，控制可以分为事前、事中和事后控制（也被称为前馈、即时和反馈控制）。

（一）事前控制

事前控制主要是在事情发生前的计划阶段，对计划的可行性和计划执行过程中可能出现的各种问题给以事先充分的考虑，以保证计划对实施过程起到直接有效的控制作用。为了实现这一条，组织管理系统的所有职能，包括计划职能、组织职能、领导职能和控制职能都要积极给予配合，及时提供有可能导致计划修订的各种信息，并根据各方面的信息慎重地做好计划的重新修订工作和各项管理的调整工作。对计划所进行的动态调整既要依据组织的外部环境，又要依据组织的内部环境；既要在计划的抽象表现形式的各个层面上进行，又要在计划的具体表现形式的各个层面上进行。

(1) 事前控制的标准

一般来说，上一层次计划是下一层次计划的目的，而下一层次计划则是上一层次计划的手段。事前控制的对象是作为手段的计划，其标准就是在其之上的作为目的的计划，作为目的的计划可以是组织宗旨、组织使命和目标、组织政策等抽象计划，也可以是较高层次的具体计划。

(2) 事前控制的内容

事前控制的内容包括：①动态运用计划职能进行延续意义上的和非延续意义上的环境调查、分析和预测。在分析中特别要注重无先例事件和组织能动作用对计划的影响。②动态运用计划职能对其他各项管理职能提供的、计划落实和实施过程中的反馈信息。③计划修订方案的提出、论证、比较和选择等。④必要时调整已制定的计划，或者重新确定计划的各项前提条件。

(3) 事前控制的重点

事前控制的重点一般指组织各类要素在计划意义上的动态调整和各类偶然问题的发生。

(4) 事前控制的前提条件

事前控制的前提条件有：①对计划和控制系统的深入分析，并确定必要的输入变量；②建立事前控制子系统；③控制系统及时反映输入变量的变化情况；④定期收集和输入受控变量的数据和信息；⑤能够估计假设和实际之间的偏差；⑥事前控制的其他管理保障。

（二）事中控制

事中控制，又称即时控制或同步控制，是指在计划允许的范围内，必要时也可以超出

个别（局部）计划允许的范围，为保证整体计划的实施而对组织系统和外部环境进行协调。事中控制也包括为最大限度地减少无效劳动而对局部性的和阶段性的劳动成果进行筛选，反馈修订计划所需的各种信息。

（1）事中控制的标准

事中控制的标准包括组织活动正常开展所依据的各项具体计划在控制点上的预期结果，特殊情况下或紧急情况下也可以超越组织活动所依据的各项具体计划进行灵活控制。

（2）事中控制的内容

事中控制的内容包括：①针对实施计划的各项工作给工作人员予以指导；②针对计划实施过程进行仔细的检查和有效的监督；③运用整个控制系统尽可能系统化地及时发现和纠正偏差；④淘汰局部性和阶段性不合格的工作结果；⑤向计划部门提供修订计划所需的各种信息。

（3）事中控制的重点

事中控制的重点是在计划实施过程中所涉及到的各种因素，特别是直接涉及到的因素。

（4）事中控制的前提条件

事中控制的前提条件有：①完善的计划；②严密的组织；③精良的队伍；④有效的指导；⑤充分的激励；⑥通畅的沟通。

事中控制在活动进行的同时就对系统输出随时监控，发现或遇见大偏差，随时采取纠偏措施。相对于反馈控制来讲，事中控制造成的损失较小，纠正偏差也比较容易。一般来讲，事中控制有两种方法：一是驾驭控制，比较典型的例子就是司机驾驶过程，驾驶员要在车辆行进过程中，随时密切监控路况，针对即将出现的问题，及时调整方向和速度，避免发生交通事故；二是关卡控制，即规定某项活动必须经由一定的程序或达到一定的水平后才能继续进行。例如，在企业中资金使用、账目报销等的审批，在制品质量的分阶段检测等，都起着关卡控制的作用。

（三）事后控制

事后控制包括在计划实施过程的终点对输出的工作成果进行筛选控制、在整个计划完成以前，向计划实施的输入端和实施过程反馈偏差信息，以及在整个计划完成以后向下一轮计划反馈总结信息。

（1）事后控制的标准

事后控制的标准为计划实施过程终点上的预期成果，包括计划进度所要求的预期成果和总的预期成果。

（2）事后控制的内容

事后控制的内容包括：①对输出的劳动成果进行检验和筛选；②通过对偏差的分析，从输入端开始对计划实施过程进行动态的反馈控制；③全部计划任务完成以后，通过总结对下一轮计划进行反馈控制。

（3）事后控制的重点

事后控制的重点是对输出的工作成果进行计量、检验和筛选，以发现实际和预期是否存在偏差。

（4）事后控制的前提条件

事后控制的前提条件有：①明确的计划目标，包括进度目标、最终目标和各种单项目标；②有效的检验手段和检验方法；③科学的偏差分析技术；④快捷的信息传递通道；⑤有力的纠偏手段；⑥善于对总的计划实施情况进行概括和总结。

事后控制是指在活动完成之后，通过对已发生的工作结果进行测定，发现偏差，然后查明原因，并制定和采取纠正措施。实际上是一种"亡羊补牢"的管理思路。例如，在质量跟踪和质量调查过程中，新闻媒体曝光了一批质量不合格的食品和化妆品的名单，相关企业在十分被动的情况下，必须及时查明原因，制定整改措施，挽回名誉和经济损失，这就是事后控制。因此，事后控制往往比较被动，造成的损失较大，而且失去的部分经济利益已经无法挽回。当然，根据全面质量管理的理念，在产品和服务形成的过程中，企业必须做到随时动态控制品质，"不合格的产品不能流入下一道工序"，这样可以减少后续工序的不必要浪费。

二、按照对控制主体的素质要求的不同

按照对控制主体的素质要求的不同，我们可以把控制分成直接控制和间接控制。

（一）直接控制

所谓直接控制，是指通过对管理者的选择和培养，使其成为合格的管理者，使其在管理过程中不犯或少犯错误，从而直接地实现控制。采用直接控制的一个前提条件是：合格的管理者可以不犯错误或少犯错误。摩根认为有才能的经理所作的决策有 2/3 是正确的，这是该假设典型的支持观点。因此这种控制方法就把控制的重点放在对管理者的选择与培养上，使管理者成为合格的管理者，使他们能熟练地应用管理的原则、技术和方法，从而消除由于管理不善而造成的问题。

直接控制管理者的素质从而使其尽可能地减少决策失误，这种控制有以下几个优点。

① 有利于职务与人相匹配。通过选择合格的管理者，持续地评价管理者，揭示管理者在工作过程中的缺点，恰当地、有的放矢地对管理者进行培训，使管理者能与职务的提升同步发展。

② 减轻问题的严重程度，减少事后纠正行动的费用。直接控制从某种意义上来说，就是一种事前控制——前馈控制，是通过管理者的高素质或素质的提高来防止问题的发生。

③ 直接控制鼓励自我控制，可以加速纠正措施实施，并使之更有效。但是，直接控制的假设前提并不能经常成立，即使该前提成立，有一种现象也不容忽略：错误的性质与错误的数量并不是等同的。也就是说，尽管合格的管理者能做到少犯错误，但不能保证所

犯的错误的性质都是微不足道的，一旦这些错误的性质是致命性的、灾难性的，后果就不堪设想。所以采用直接控制的方法并不能保证对组织的有效控制，因而控制过程中还要采用间接控制的方法。

直接控制是由管理人员在工作过程中给予的控制活动，其主要内容类似于事中控制。直接控制要求管理人员有较高的业务能力和管理水平，业务能力帮助管理者及时发现问题，管理水平保证管理者能够纠正偏差和解决问题。直接控制是中、基层管理人员常用的管理控制方式，所以直接控制能力的培养对管理者的成功意义非常重大。

（二）间接控制

间接控制就是不在活动过程中直接执行该项活动的控制标准，而是利用控制标准对该项活动的结果进行衡量与评价来控制该类活动。间接控制主要为事后控制。间接控制是以这样一些事实为依据的：即人们常常会犯错误，且常常没有察觉到那些将要出现问题的错误，因而未能及时采取适当的纠正或预防措施。间接控制往往是根据计划和标准，采取对比和考核实际结果的方式，来追查造成偏差的原因和责任，然后才去纠正。

就管理工作本身来看，直接控制和间接控制的区别如下：①直接控制着眼于培养更好的主管人员，使他们能熟练地应用管理的概念、技术和原理，直接以系统的观点来进行和改善他们的管理工作，从而防止出现因管理不善而造成的不良后果。②间接控制着眼于发现管理者所管理的各项工作中出现的偏差，分析产生的原因，并追究其个人责任使之今后改进管理工作。

三、按照对组织正式机制来使行为和业绩分类

按照对组织正式机制来使行为和业绩得到控制进行分类，预算控制、财务控制和审计控制是三种常见形式。

（一）预算控制

预算就是用数字、特别是用财务数字的形式来表述的组织中短期活动计划，它预估了在未来特定时期内的收入，还规定了各部门支出的额度。预算控制是将实际和计划进行比较，确认预算的完成情况，找出差距并进行弥补，以实现对组织资源的充分合理地利用。预算还结合了前馈控制、同期控制和反馈控制，被广泛运用于组织的各个不同层次的控制中。

1. 预算的用途

编制预算主要有四种用途。

① 落实战略计划。战略是组织的长期发展计划，在战略制定中涉及很多不确定因素。预算则是考虑在年度内特定情况的约束下，组织以何种方式来落实战略计划，从而提高绩效。以货币形式表示的预算，往往传递了利润的获取、资本的使用等组织关键性资源的信

息。它可以使管理者了解组织状况的变化方向和组织中的优势部门与问题部门所在，从而为调整组织活动指明了方向。

② 指定责任。预算的编制明确了每个管理者的责任，预算还授权责任中心的管理者可以支配一定数额的开支。

③ 确定绩效评估的基础。由于预算用货币形式为企业各部门的各项活动编制计划，因此它使企业在不同时期的活动效果和不同部门的经营绩效具有可比性，用数量形式的预算标准来对照企业活动的实际效果大大方便了控制过程中的绩效衡量工作，也使之更加客观可靠。

④ 协调作用。通过为不同的职能部门和职能活动编制预算，不仅为协调企业活动提供了依据，更重要的是，预算的编制与执行始终是与控制过程联系在一起的，编制预算是为企业的各项活动确立财务标准，并在此基础上，很容易测量出实际活动偏离预期效果的程度，从而为采取纠正措施奠定了基础。

2. 预算的类型

财务报表用来追踪出入组织的商品和服务的货币价值。财务报表是组织监控三个主要方面的财务状况的基本工具：①流动性，将资产转变为现金以满足现期财务需要和偿债需要的能力；②总体财务状况，负债和股本之间的长期平衡（扣除负债后的资产）；③盈利能力，在长期内获取稳定利润的能力。财务报表被管理者、股东、金融机构、投资分析家、工会及其他企业利益相关者广泛用来评估组织的业绩。例如，管理者可以对组织现在的财务报表与过去的财务报表进行比较，还可以与竞争对手的财务报表进行比较，用以衡量组织在一定时期内的业绩。获得足够的信息后，他们就能洞察出变化趋势，并采取纠正措施。同时，银行家和投资分析家则根据财务报表来决定是否应该向某家公司投资。但是，财务报表并不能显示所有相关信息。例如，由于组织活动的特点不同，预算表中的项目则会有所不同。一般来说，预算内容包括经营预算、成本预算、现金预算、资产负债预算等，经营预算是由收入预算、支出预算组成的。

(1) 收入预算

收入预算是所有利润项目预算中最关键的，但也是最不确定的。它是由预期的销售价格和销售量的乘积来计算，用以衡量营销的效率。拥有大量的订单则比较容易做出准确销售预算。即使是波动的市场销售中也可以通过控制广告、服务、人员培训及其他因素来影响销售，对销售做出预测。

(2) 成本预算

传统的成本会计计量方法已经不适合今天的经济环境，因为它是以过时的组织层次划分为基础的。克莱斯勒和通用电气都开始采用以活动为基础的成本计量（ABC）方法。ABC法假设组织是由为满足客户需求的不同业务人员组成的集合，组织是由人力资源、采购，维护三个部分组成。ABC法就是对活动流程进行确认，并将成本匹配到特定的业务中去。通过要求员工将每天的活动进行分解以定义他们的基本活动。例如，公司质量控制部门的员工从事的活动包括统计销售订单、部件来源、工程变化和解决问题。这些活动形式就构成了 ABC 法的基础。用传统的方法虽然也可以得到相同的成本总额,但 ABC 法是根据业务活动的过程来配比成本的,它更直观准确地表现了成本在产品和服务中的分布情况;它还指出了哪些是浪费性的活动,或哪些活动发生的费用对这项活动能为客户提供的利益来说过高。通过提供这样的信息,ABC 法迅速成为一种监督企业业务流程的有效方法。

(3) 现金预算

现金预算是对企业未来生产与销售活动中现金的流入与流出进行预测。现金预算只能包括那些实际包含在现金流程中的项目,如赊销所得的应收账款在用户实际支付以前不能列为现金收入。企业的销售收入很大,即使利润相当可观,但大部分尚未收回,或收回后被大量的库存材料或在制品所占用,那么它也不可能给目前企业带来现金上的方便。通过现金预算,可以帮助企业发现资金的闲置或不定,从而指导企业及时利用暂时过剩的现金,或及早筹齐维持运营所短缺的资金。

(4) 资产负债预算

资产负债预算是对企业会计年度末的财务状况进行预测,它可以发现企业未来的财务安全性不高、偿债能力不强等问题;可能需要企业在资金的筹措方式、来源及其使用计划上做相应的调整,另外,通过将本期预算与上期实际发生的资产负债情况进行对比,还可发现企业财务状况可能会发生哪些不利变化,从而指导事前控制。

3. 预算的编制

如果组织有了战略发展计划和下一年的经济发展预测,编制预算的过程就开始了,因为组织的战略发展目标和经济发展预测是管理者制定预算的指导方针。一般而言,预算的编制是由主管人员来负责,预算部门和预算委员会负责提供预算信息及相关技术。预算部是由总会计师负责,设计预算系统和形式,把不同部门的预算整合成组织的总预算,并报告预算的实际绩效;预算委员会的职能是审查预算,协调不同的观点,修改和批准预算建议书。在计划实施中,预算委员会还要审查控制报告,以监督计划的实施过程,审核预算的变动。

有效的预算过程是"自上而下"与"自下而上"的结合。单纯的"自上而下"有可能会导致预算脱离实际,从而难以成功;单纯的"自下而上"如果控制不严,就会偏离组织的战略发展目标,在编制预算过程中,在对组织有限的资源进行分配时,有些管理者可能会担心分配不公。当管理者之间彼此竞争时,关系就会紧张起来、管理者们知道管理层将会根据其完成预算的情况来评价其绩效,因而他们也会对预算感到焦虑,因此,他们就会关心预算标准是什么,并夸大他们对资源的需求,以为自己留有一些余地。相反,他们的上级管理者关心的是建立具有进取性的预算目标。所以,高层管理者经常努力裁减这些下级管理者的费用申请或提高其收入目标,这就导致了彼此之间的不信任和焦虑,特别是在员工开始怀疑预算将不会满足他们的需要时,更是如此。扩大预算编制过程的组织成员参与范围，可以减少这些焦虑反应，当所有管理者都参与预算编制时，他们便可能会对资源分配感到满意。

（二）财务控制

财务报表是用来追踪出入组织的商品和服务的货币价值，它是组织监控资产的流动性、总体财务状况和盈利能力的基本工具。对组织整体绩效进行控制的两个主要财务报表是资产负债表和损益表。

1. 资产负债表

资产负债表反映的是企业在某一时点的财务结构。资产负债表分为三个部分：资产、负债、股东权益。资产是公司拥有的各种物品的价值，它包括流动资产和非流动资产。货币资金、短期投资、应收票据、应收账款、存货等部属于流动资产。长期投资、固定资产净值、无形资产则属于非流动资产。负债是公司所承担的债务数量，它包括流动负债（如应付账款、应付票据等）和长期负债。所有者权益是公司应付给所有者的数额。资产、负债和所有者权益三者关系如下：

$$资产＝负债＋所有者权益$$

2. 损益表

损益表反映了公司收入和支出的各项内容。它概括了公司在一定时期内的财务绩效。损益控制是公司最常用的控制手段，在多样化经营的公司中，主要是针对每个事业部。如果控制是由部门进行的，比如，在事业部中，部门经理必须对本部门的收入和费用、利润和亏损进行控制，各个部门的产出、成本，包括管理费用在内都由各个部门自身承担，预期的净收入是衡量一个部门绩效的标准。

3. 财务评价

利用财务报表提供的数据，并通过财务比率和经营比率，可以对组织整体绩效进行检查，这些比率可以说明公司运营的有利和不利之处。

① 偿债能力评价。衡量短期偿债能力大小的指标有：流动比率、速动比率和现金比率。流动比率是流动资产和流动负债的比率。这个比率表明企业用于偿还流动负债的流动资产的充足程度；反映长期偿债能力的指标有：资产负债率、负债权益率、利息保障率和长期负债与营运资金比率。资产负债率是负债总额与资产总额的比率。负债权益率是企业由债权人和股东提供的资金的相对数量，这一比率如果低于 1.5，就认为没有过度负债。

② 运营运能力评价。总资产运营能力可以用总资产周转率（次数）和总资产周转天数来衡量。总资产周转率（次数）是销售收入净值与平均资产总额的比率。总资产周转天数是从周转速度的角度来衡量企业全部资产的使用效率。总资产周转次数越多，说明企业资产分布结构越合理，运营能力越强。

③ 盈利能力评价。盈利能力是企业偿债能力与营运能力的综合体现。它可以直接由

资产结构、资产运用效率、资产周转速度以及偿债能力等方面表现出来。总资产报酬率是指企业一定时期内利润总额与资产总额的比率。在竞争比较激烈的情况下,总资产报酬率越高,说明总资产利用的效果就越好。

尽管财务比率既提供了绩效标准又提供了已完成任务的指标,但过度地依赖财务比率也是有负面效应的。因为比率总是基于某一时间段(月、季或年)的,它容易引起管理近视——管理者以牺牲长期战略目标为代价而过分注重短期收入和利润。此外。财务比率将其他重要因素都放在了次要位置。即研发、管理开发、人力资源管理及其他因素可能没有得到足够的关注。因此,比率的使用应辅以其他控制手段进行补充。组织可以通过市场份额、获得专利权的数量、新产品的销售、人力资源开发及其他绩效指标对管理者进行考核。

(三) 审计控制

从证实财务报表的诚实和公正,到为管理决策提供关键性的基础,审计有着许多重要的作用。审计是对反映企业资金运动过程及其结果的会计记录及财务报表进行审核、鉴定,以判断其真实性和可靠性,从而为控制和决策提供依据。审计控制分为三种主要类型:外部审计、内部审计和管理审计。

1. 外部审计

外部审计是由外部机构(如会计师事务所)选派的审计人员对企业财务报表及其反映的财务状况进行独立的评估。为了检查财务报表及其反映的资产负债的账面情况与企业的真实情况是否相符,外部审计人员需要抽查企业的基本财务记录,以验证其真实性和准确性,并分析这些记录是否符合公认的会计准则和记账程序。外部审计实际上是对企业内部虚假、欺骗行为的一个重要而系统的检查,而企业往往会掩盖那些可能会被发现的不光彩的事,因此外部审计起着鼓励诚实的作用。外部审计的优点是可以保证审计的独立性和公正性。但是,由于外部的审计人员不了解内部的组织结构、生产流程的经营特点,在对具体业务的审计过程中可能会产生困难。此外,处于被审计地位的内部组织成员也可能会产生抵触情绪,不愿积极配合,这也可能增加了审计工作的难度。

出于战略的考虑,企业也可以利用公开的信息对竞争对手或其他公司进行外部审计,这类审计包括:调查其他公司,寻找购并的可能性;对主要的供应商的信誉进行评估;发现竞争对手的长处和短处以保持或加强企业的竞争优势。外部审计常常作为发现和调查借贷欺诈行为的反馈控制手段。

2. 内部审计

内部审计是对公司本身的计划、组织、领导和控制过程所做的阶段性评估。它评估的是:公司为自己做了什么;为客户或产品和服务的其他接受者提供了什么。公司可以对很多因素做出评价:财务的稳定性、生产效率、销售效果、人力资源开发、盈利增长、公共关系、社会责任或其他有关组织效果的指标。审计涉及公司的过去、现在和未来。内部审计可以由财务部门指定人员作为一项独立任务来完成。在规模较大的组织里，也可以由一个专职的内部审计小组来进行。审计的范围与深度根据公司规模和政策的不同而有所不同，既可以做相对窄的调查，也可以除了对控制系统进行评价之外，还对公司的政策、程序、权力的使用以及管理方法的整体质量和效果等进行广泛而综合的分析。通过对现有控制系统有效性的检查，内部审计人员可以提供有关的改进建议以促使公司政策符合实际，工作程序更加合理，作业方法被正确掌握，从而实现组织的自我修正。

3. 管理审计

管理审计是一种对企业所有管理工作及其绩效进行全面系统的评价和鉴定的方法。管理审计既可以由内部的有关部门进行，也可以聘请外部的专家来进行。

管理审计的方法是利用公开记录的信息，从反映企业管理绩效及其影响因素的若干方面将企业与同行业其他企业或其他行业的著名企业进行比较，以判断企业经营与管理的健康程度。

反映企业管理绩效的影响因素主要有：①经济功能，即检查企业产品或服务对公众的价值，分析企业对社会和国民经济的贡献；②企业组织结构；③企业盈利状况，根据盈利在一定时期内的持续性和稳定性来判断；④研究与开发，管理者对待研发的态度如何，新产品的比重和企业的研发储备如何；⑤财务政策。评价企业的财务结构是否健全合理，企业是否有效地运用财务政策和控制来达到短期或长期目标；⑥生产效率；⑦销售能力，这方面的评估内容包括企业商业信誉、代销网点、服务系统以及销售人员的工作技能和工作态度；⑧对管理者的评估，即对企业的主要管理人员的知识、能力、勤奋、正直、诚实等素质进行分析和评价。

管理审计常常存在一些不良的现象：从事了不必要的工作；重复工作；不良的存货控制；机器设备的不经济使用；不必要的费用和资源的浪费等。尽管如此，管理审计仍然可以对整个组织的管理绩效进行评价，为指导企业在未来改进管理系统的结构、工作程序和结果提供了有用的参考。

第三节 危机管理

组织发展过程中潜伏着各种危机因素。虽然危机变幻莫测，但还是有一些规律可循的。为了阻止或减少组织危机所带来的损害，需要对危机进行缩减。做些有效的预备活动；还需要在时间紧迫、人财物资源短缺和信息不充分的情况下做出危机反应与恢复性活动以使组织恢复到正常的状态。

一、危机及其特征

所谓的危机是指具有严重威胁、不确定性和有危机感的情境，它会引发组织中的一系列负面影响，对组织及其员工在财务和形象上造成巨大的损害。危机具有突发性、破坏性、紧迫性、信息不充分和资源严重缺乏的特征。

1. 危机的特征

① 危机的突发性。危机事件常常会在人们注意不到的时间和地点发生。它会使原有的发展格局突然被打乱，从而使人们陷入混乱局面之中，人们不得不面临一个全新的、不熟悉的环境。正是由于危机的突发性从而导致了管理者几乎来不及行动或做出反应。于是，面对危机有些管理者会表现得束手无策。

② 危机的破坏性。危机造成的损失往往是严重的，例如，2000年10月国家药品监督管理局公布了对含有 PPA（苯丙醇胺）的药物禁止销售的通告，中美天津史克生产的康泰克为此损失高达6亿元人民币，企业的几十个产品一夜之间失去市场。组织的危机损失可能是有形的财务损失，如机器设备、房屋建筑等生产资料及原材料的损失。资金的流失，甚至人员的伤亡；也可能是无形的形象损失，如企业形象及个人信誉的破坏等。

③ 危机的紧迫性。不仅危机的发生是突然的，而且危机的发展也非常迅速，随着危机的扩展，危机所造成的损失会越来越大。对危机的反应越快速，危机的反应决策就越准确（决策的准确度与时间有一定的相关关系），从而损失就会越小。所以在危机中，时间非常紧迫，对时间的把握在很大程度上决定了危机事件管理的有效性。

④ 危机的信息不充分。在危机过程中，信息的不充分与危机的突发性和紧迫性有关。因为管理者对突发的危机情境缺乏认识，也没有时间去收集信息。此外，各种信息获取渠道的破坏，例如，通信基站已遭受破坏，从而造成内外部的信息交流无法有效地进行；在危机中，人们处于惊慌状态，人们因为过度紧张而造成信息失真的比率会大幅提高、使得管理者接收到的信息比正常情况下的信息更加复杂，此时，对危机管理有用的信息就显得非常不充分的。

⑤ 资源严重缺乏。一般来说，用于解决危机的资源是非常有限的。因为在危机中对资源的需求量非常大、使用速度非常快，即使有充分的资源准备，也难以满足危机反应和恢复的需要。特别是危机中的人力资源更加紧缺，训练有素的危机反应人员毕竟是有限的。那些未受过训练的人在危机中会惊慌和感到有压力，无法冷静地参与解决危机。因此在危机中，解决危机的人员会感到格外的短缺。

2. 危机发展的过程

危机的形成和发展可以分为四个阶段，即危机的前兆阶段、危机的爆发阶段、危机的持续阶段和危机的解决阶段。①危机的前兆阶段。危机前兆是危机向人们发出的警告。在危机的开始阶段，危机的各种征兆会不断出现。有时前兆不是十分明显，让人难以判断，人们往往也会忽视危机的前兆，认为不会带来什么危害，或者错误地认为为时尚早，从而缺乏采取相应的措施。②危机的爆发阶段。进入该阶段以后，危机的发生已经不可逆转。在危机的爆发阶段，危机的突发性、破坏性、紧迫性、信息不充分和资源严重缺乏的特点都会暴露出来。爆发阶段的主要任务就是减少危机继续造成的损失，阻止或延缓危机的蔓延，避免连锁反应。③危机的持续阶段。在这个阶段，危机已经不再继续造成明显的损失。管理者面对的是如何进行危机的处理，即进行危机的调查、自我分析和各种恢复工作。④危机的解决阶段。通过危机的解决使组织恢复到正常的状态。一般来说，组织的有形损失较为容易恢复，而无形的损失则需要很长的时间。

3. 有效的危机管理

危机管理就是根据危机的特征和发展阶段，在危机管理基础工作上，通过危机发生前的风险评估和预备活动、危机发生后的解决计划和决策以及恢复活动来避免或最大限度地减少危机的损害。

危机管理的基础工作包括组织沟通、媒体管理、危机管理组织的架构等活动。这些活动贯穿于危机管理的全过程，而不是哪个阶段所特有的。在危机发生前后，组织都面临如何进行组织沟通，以消除组织内外的冲突。在很大程度上，危机是组织冲突不断升级的结果；媒体管理也贯穿于危机管理的始终，无论是危机发生前还是危机发生后，组织的危机管理都要获得公众的认可，需要得到媒体的支持和利益相关者的帮助。有效的媒体管理可以帮助组织传递信息，改善组织的形象，为管理者提供社会支持和解决问题的外脑。

美国危机管理专家罗伯特·希斯将危机管理的过程概括为4R，即缩减（Reduction）、预备（Readiness）、反应（Response）、恢复（Recovery）。在危机发生前，缩减活动就是对危机发生的风险进行识别和评估，并对危机风险加以预防和控制；预备活动就是对如何应对各种危机风险发生所做的准备。它包括建立各种危机的预警机制、进行人员培训、组织演习等。在危机发生后，反应活动和恢复活动都是通过影响分析、计划、技能要求、审计来确定危机的恰当解决方法，以求减轻危机的损失，更好地从危机中恢复过来，见表14-1。

表14-1 危机管理者的五个主要工作

- 危机管理者对危机情境要防患于未然，并使危机影响最小化
- 危机管理要未雨绸缪，在危机发生之前就做出反应和恢复计划，对员工进行危机处理的培训并为组织或社区做好准备以应对未来可能出现的危机及其冲击
- 在危机情况出现时，危机管理者需要及时出击，在尽可能短的时限内遏制危机苗头
- 当危机的威胁紧逼，冲击在即时，危机管理者需要面面俱到，不能小视任一方面
- 危机过后，危机管理者需要对恢复和重建进行管理

二、危机的缩减

① 要识别各种危机风险，认清危机风险的来源，陷入危机情境往往是外部环境和内部管理两个方面共同作用的结果。外部环境因素主要有自然灾害、国家政策和经济环境变化的制约、市场波动的冲击、金融风暴、科技进步的负面影响、文化环境变迁的制约等；内部环境因素主要有经营管理观念与经营管理方式落后、管理基础工作薄弱、劳动生产率低下、技术进步缓慢、产品陈旧不能适应市场需求、管理行为失误、投资决策盲目等。外

部环境因素对组织来说大多是不可控因素,也是企业无法回避的。内部管理因素大多是可控因素,组织通过危机管理可以降低其危害。

② 要对危机风险加以评估。危机的风险评估既有定量的方法也有定性的方法。头脑风暴法、德尔菲法、电子会议法都可以运用到危机的风险评估上。常用的危机风险评估方法叫做"危机晴雨表",它由测定危机影响值和危机发生概率两个部分构成。①测定危机发生的概率和危机的影响值(CIV),对危机的影响从五个方面加以分析:假如危机升级,危机会加剧到何种程度;新闻媒体和政府的影响程度如何;危机在多大程度上影响正常业务的进行;企业的形象会受到何种程度的损害;企业的利润会受到何种程度的损害。②以危机影响值和危机发生概率为两个坐标,将潜在的危机因素划分成四种类型:红色区域(发生概率大于50,危机影响值大于5);灰色区域(发生概率大于50,危机影响值小于5);琥珀色区域(发生概率小于50,危机影响值大于5);绿色区域(发生概率小于50,危机影响值小于5)。如图14-1所示,当危机处于红色区域时已经相当危险,应当立即采取相应的措施。在危机的风险评估中应当考虑动态的因素和人的心理感觉对客观性的影响。

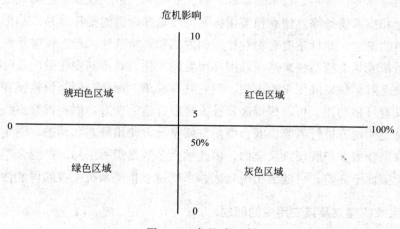

图 14-1 危机晴雨表

③ 对危机风险进行有效的预防和控制。预防和控制危机风险可以采用风险回避的方法、风险转移的方法、减少损失的方法。回避风险就是避免从事可能发生该种危机的活动。风险转移的常用方法有:通过购买保险来转移风险;将具有危机风险的财产与活动出售和分包给其他组织及个人以转移风险;签订免除责任协议,例如。医院在手术前与病人家属签署协议来规避手术过程中的风险;组织也可以通过期货的套期保值等财务型非保险转移的方法来转移危机风险。减少损失的方法就是降低各种危机源引发危机的能力,改善危机风险所处的环境,抑制危机源与环境之间的相互作用,做好各种措施。

三、预警系统

建立危机的预警系统是危机预备管理活动的一个重要方面。预警系统就是组织为了能够感知危机的来临，及时地向组织和个人发出警告而建立的危机信号监测系统。预警系统有利于组织进行快速的反应，因为预警系统可以及时地发出警告，减少判断危机是否发生所花费的时间，还可以弥补因人们的经验欠缺所导致的危机识别障碍。预警系统还可以减少危机监测成本和改善危机监测效果。

1. 危机预警系统的类型

预警系统可以从不同角度加以划分，从预警系统的状态角度可以分成动态或静态的预警系统、移动的或固定的预警系统。从系统的物质属性角度可以分成电子预警系统和指标预警系统，电子预警系统主要借助于电子手段来进行信息采集、分析、决策和发出警报。电子预警系统是自动的预报系统，它要求危机信息和危机之间有着比较明确的关系，如火灾中的烟雾和温度的关系。指标预警系统一般来说用于危机信号与危机的发生之间并没有明确的关系，不能简单地将信号与危机的发生直接联系起来。因此，需要对原始的危机信号进行加工，转化成一系列的指标，然后通过综合的指标体系来判定。例如，企业技术创新风险预警系统就是从环境因素、市场因素、技术因素、资金因素、管理因素五个方面来构造的综合指标体系。其中，技术因素就包括企业技术力量、技术的熟练程度、技术领先度、技术难度和技术前景等。建立预警指标系统要选择合适的指标体系，指标不仅要能及时地反应危机的发生，而且还要有相对稳定的内涵和可持续性。动态预警系统是可以通过激活周围的系统或其支持系统来巡视周围环境发展变化，对不利变化做出及时的反应；静态预警系统缺乏对系统发展变化的审视，但它具有简单、操作方便、价格便宜等优点。移动预警系统具有可移动性，可以根据需要被安排在合适的地方。固定预警系统则不可以移动，只能对特定的地方进行监测。混合型系统就是混合使用静态和动态、固定和移动的预警系统。混合型预警系统既便宜又全面，因此被大多数组织所采用。但混合型系统的不足之处在于：覆盖面不完整，可能会出现盲区；系统过多也使系统失灵的可能性加大。

2. 预警系统的建立及其应用中的问题

危机预警系统的建立过程一般可以概括为 7 个步骤。

①确定组织中哪些危机源的监控需要建立危机预警系统；②评估危机风险源、危机征兆、危机征兆与危机发生之间的关系；③根据评估结果确定危机监测的内容和指标，并确定危机预警的临界点；④选择危机预警系统的类型，确定采用的技术、设备、程序和需要配备的系统资源；⑤评估危机预警系统的性能。如系统的误差、准确性、可信度、稳定性、连续性、系统维护措施等；⑥确立预警系统的使用人员和维护人员，以及使用与维护人员的责任、权利和义务；⑦向利益相关者说明危机预警系统的功能，使他们能够理解危机警报，并在收到危机警报时能做出正确的反应。

在危机预警系统使用过程中也会存在以下问题：①危机预警系统由于在系统设计上的缺陷或维护不当，从而使系统在运行过程中可能会出现失灵，对即将来临的危机没有发出或不能及时地发出警报。②危机预警系统将不是危机发生的信号识别为危机发生的信号，在没有危机威胁时发出危机警报。③预警接收的不确定因素也会造成人们对危机警报的反应迟钝。这些不确定性主要来自：预警信息来源是否具有权威性；预警信息是否清晰、连贯；危机预警系统是否具有权威性；危机发生的频率；组织效率和社会文化的影响等。④警报过多，大量警报的刺激会带来许多不利的影响。危机管理的经验表明，被预警的区域中存在 20%的人去做出与预警相悖的选择。这 20%人员包括：未能接收到预警信息的人；喜欢自己亲自证实信息的人；害怕结果的人；自认为懂得更多的人；有其他原因的人，如其财产、文物处于危险区域等。管理者要采取合作策略来控制好这些人，并配有预备抢救方案来解决这 20%人员的实际危机。

四、危机反应与恢复管理

当危机事件一旦发生，危机管理的任务就是要减少危机所造成的损失，尽快地从危机中恢复过来，从而使组织能够继续发展。

1. 危机反应管理

危机反应管理的目标就是要阻止或减少人、财、物的继续损失，阻止或延缓危机的蔓延，避免或延缓连锁反应，减少或避免人员伤亡。因此，有助于管理者进行反应行动的技巧就是在处理危机时要反复思考三个关键性的问题：如何争取更多的时间，如何获得更多的信息，如何降低资源损失或耗费。这种思考可以使管理者集中精力，减少压力并有效地解决问题。有效的危机反应措施应当包括以下几个方面的内容：

① 迅速建立危机反应小组。迅速建立危机反应小组，可以使危机反应有统一的指挥中心，以协调、全面地展开危机反应的各项行动。危机事件反应小组是以 CMSS (Crisis Management Shell Structure) 结构为基础的。CMSS 包括危机反应信息部分的咨询系统和信息系统与危机反应决策部分的决策系统和操作系统四个大系统。

② 隔离危机。危机爆发所产生的巨大能量使危机具有向外扩张的强烈内在冲动。如果要避免或减少危机的连锁反应，就要采用有效的隔离机制，阻止危机的蔓延。在隔离危机时，组织要了解危机不能被有效隔离的各种原因，然后再有针对性地采取相应的措施。

③ 突出重点，有步骤地采取行动。危机反应人员不应该平均地使用力量，因为危机反应的资源和时间是有限的。如果平均地使用力量，危机反应就可能出现顾此失彼的现象，从而导致重大的损失。因此，危机反应行动应有主次之分。有效的行动需要对危机各部分进行评估：危机各部分继续造成损失的严重程度，危机各部分导致危机蔓延的可能性，危机各部分导致连锁反应的可能性，危机各部分中需要救治的人员，危机反应的有效程度，危机各部分在危机反应中的重要程度，危机中是否存在对危机恢复、组织的可持续发展，甚至对组织的生存有重要作用的方面。

④ 获取更多的信息。获取更多的信息是危机反应能有效进行的保证。如果危机反应中获得的信息不充分，就会浪费危机反应的资源和时间。当危机管理者向受害者收集信息时，应该用怀疑的眼光对待受害者提供的信息，不能盲目地接受，管理者要在综合众多的

信息之后，再做出对危机的判断。

⑤ 节约物质资源、做好后勤保障管理。危机中后勤保障工作需要获取和储备危机反应所需要的资源，合理地配置资源，并将资源提供给危机反应人员。

⑥ 做好人的管理。危机对受害者、反应者、旁观者的生理和心理都会产生影响。对危机爆发后的逃避反应、惊慌失措、回救反应和其他心理影响导致的异常反应要恢复其理智。危机对人体生理的影响应主要依靠医务人员来处理。现场的危机反应人员要根据医学要求处理和搬运伤员，以便伤员在交给医务人员之前能得到较好的料理。

2. 危机恢复管理

在危机已经得到基本控制以后，危机管理的重点就转向了危机恢复管理。危机恢复管理的目的是恢复危机所带来的损害以维持组织的生存，同时也要抓住危机所带来的机会进行重组，从而使组织获得新的发展。

一般来说，危机造成的损害都会打断组织的正常运营，影响组织运作的连续性，甚至威胁到组织的生存。危机恢复管理首先是要弄清危机事件的损害大小，评价恢复的价值和组织恢复能力，确定恢复工作的方向。当危机损害程度太大，组织恢复能力有限，组织生存出现困难时，恢复工作主要是维持生存，等待组织的重新崛起。斯图尔特研究发现，只有29%的小企业在大危机发生的两年后仍然可以维持经营，大量小企业由于直接的损坏、渠道的破坏、缺少维持运作的物质支持、劳动力的减少、客户的流失等原因而倒闭。当危机所造成的损失对组织生存有关键性的作用时，组织就要极力恢复危机造成的损失，维持组织的连续性，甚至可以牺牲组织未受危机影响的部分。如果危机造成的损失对组织生存没有太大的影响，其他部分则根据组织的能力而定，有能力恢复的就进行恢复，没有能力恢复的可以放弃恢复或进行剥离出售。

危机恢复管理并不是简单地再现危机前的局面，而是应该抓住时机力争使组织获得新的发展。危机往往会打破旧的均衡，给组织带来新的机会。如果企业能够以此为动机，按照社会的发展方向进行组织变革和再造，将会最大限度地减少危机所造成的损失；恢复危机管理也可以借组织同心协力、共渡难关之机，塑造组织内部的团结；恢复危机管理还可以利用组织内部自我反省的机会，对一些潜在的问题进行反思；危机往往会使组织受到新闻媒体、公众、利益相关者的更多关注。组织的良好表现可以向社会展现积极的形象，从而消除原有的一些偏见。

制定危机恢复计划用以指导具体的危机恢复行动。危机恢复计划一般包括：①危机恢复对象总论。危机恢复对象有哪些，危机恢复对象的重要性排序等。②每种危机恢复对象资源的分配。每种危机恢复对象可以得到哪些资源，资源如何进行储备，如何提供给危机恢复人员，供应的时间表如何制定等。③每种危机恢复对象的人员配置。每种危机恢复对象由哪些人负责，主要负责人的确立、权利和责任等。④补偿和激励。危机恢复人员的激励政策，额外付出可以得到的补偿等。⑤危机恢复的预算。各种危机恢复对象的预算约束、危机恢复的分阶段预算等。⑥危机恢复个人与团队之间的协调和沟通政策等。

复习思考题

1. 简述控制有哪些主要作用。
2. 叙述控制工作的步骤。
3. 简述有效控制的基本特征。
4. 控制有哪些基本类型？它们各有哪些特点？
5. 危机的具体特征有哪些方面？

案例

案例 14-1　　　　　　　　　咖啡筒公司的有效控制

在美国最大的咖啡集散码头新奥尔良市，有一家公司正以新的技术、新的管理方式使古老而又时尚的咖啡流向世界各地，这就是迭戈·帕克里尼的咖啡筒公司，一个全程由计算机控制的咖啡存储公司。它集搬运、存储、加工于一体，真正体现了传统与现代技术的交融。

咖啡筒公司建于1993年，起初仅仅是一家中转各种各样货物的小公司，即把货物从各地搞来，再发往需要货物的地方。现在，该公司仍然专营物流业务，但以咖啡为主，它运送咖啡的方式完全以高科技的方式完成。为什么咖啡筒公司愿意为一种看上去很简单的商品投入巨资呢？主要原因是消费者希望他们买的每一种每一罐咖啡都能保持相同的香味。然而，咖啡是一种自然生长的作物，含有杂质的缺陷，事实上每一茬咖啡豆都不相同，因此，要保持具有相同的香味的咖啡豆，就必须找到各种方式控制咖啡的混合，咖啡筒公司通过使用信息系统的技术和计算机控制技术从容地应对了这一挑战。

摩西·特马是公司的信息和资源部经理，他负责控制咖啡混合的过程。咖啡豆从世界各地源源不断运来，先存入咖啡筒公司自己的仓库，平均每星期约有1000磅的咖啡要混合（约每年400万袋），咖啡从来没有在咖啡筒公司的工厂里呆过一星期以上。一旦完成存储和混合阶段，咖啡就立即被打包成各种各样的规格，运送到咖啡烘焙公司，咖啡筒公司每一次在流水设备上的加工数目总在3500万～4000万磅。如果考虑到每一磅咖啡的价格，你可能会疑虑，该公司为存储这些咖啡得花多少钱？其实，咖啡筒公司从来就不是这些咖啡的货主，这些咖啡属于不同的咖啡烘焙公司和咖啡经纪人所有，而经纪人最终也把咖啡送到烘焙公司。

置于新奥尔良的所有设备均从意大利进口，那儿也是公司一开始发展这类技术的地方。迭戈·帕克里尼，这位公司创始人的儿子，同时也是新奥尔良工厂的经理。他认为，技术对于像他们这样的行业来说至关重要，因为它确保公司能生产出客户（即咖啡烘焙公司）所需的各种香型的咖啡，并且能最大化地如此组织生产，并能控制混合过程。对混合出来的每一种咖啡，公司员工收到连续的统计报告，报告使他们能够检查出同一等级的品种是否具有相同的指标，正是这一点保证了产品最终能达到消费者手中时，其香味没有变化。

你可能会认为公司如此控制，一定投资不小吧？并非如此。公司为应对咖啡混合过程中如何保持统一的纯度这一挑战而使用的技术相当简单。事实上，这些技术设备的投资额只占当初工厂总投资额的1%。

（资料来源：王毅捷. 管理学案例100. 上海：上海交通大学出版社，2003）

案例讨论：

1. 请详细叙述你在本案例中看到了哪些控制？
2. 你将如何使用案例论证计划和控制之间的联系？
3. 咖啡筒公司自己并不拥有它混合的咖啡，为什么控制却很重要？
4. 有效的控制一定投资很大吗？

案例14-2　　　　　　　权力分散的联合利华公司的控制

联合利华公司是家大型的跨国公司，在80多个国家拥有500多家公司。《财富》杂志将联合利华排名为第20家跨国公司。联合利华公司的大部分业务是消费品如食品、个人用品和洗涤剂。其母公司由英资和荷资组成，分别设在伦敦和鹿特丹。

为控制和协调整个公司的业务，最高管理层制定主要目标，而权力下放的各个子公司制定自己的战略性计划。为在这样一种公司结构中实行控制，只有最能干、最有经验的管理人员才被赋予营利和亏损的责任，而他们在决策上又有很大的灵活性。

但是，权力分散并不总是能奏效。联合利华的一家美国子公司——利华兄弟公司，曾经负责所有家用品和个人用品以及食品业务，并且有相当大的决策自主权。这家公司在美国业绩不佳的原因可能有如下几种：总部的放任不管，投资额不够，过于精打细算的推销。20世纪80年代末，变化开始出现了。首先，利华公司现在不仅经营干洗及香皂制品，其品牌包括维斯克（Wisk）、冲浪（Surf）、舒适（Snuggle）、多芬（Dove）和卫宝（Lifebuoy）等。1989年，舒适就占了美国市场20%多的份额。

联合利华在美国经营利华兄弟、彻斯布-旁氏（Chese-brough-Pond's）、伊丽莎白·雅顿（Elizabeth Arden）、卡尔文-克莱恩（Calvin Klein）化妆品、托马斯J. 立顿（Thomas J. Lipton茶，各类干果和其他食品）、冯登保（Vandenberg）食品和瑞固（Ragu）食品等公司。要控制美国公司的经营活动并使其同其他各国的经营活动结合起来需要进行协调。

在企业的协调工作中，委员会发挥着重要作用。要成为最高管理层的一员，一位管理人员必须证明自己很好地完成了委员会交给的特别任务。这对未来的管理人员来说，是某种类型的实习。总的来说，委员会都因延缓决策的制定而名声不佳，但在联合利华却并非如此。这些委员会有采取行动的紧迫感。

（资料来源：哈罗德·孔茨，海因茨·韦里克. 管理学. 北京：经济科学出版社，1998年版，391—392）

案例讨论：

1. 联合利华如何控制全球性的经营活动？
2. 控制应当采用什么样的标准？请提出你的建议。

第十五章

创新

苟日新，日日新，又日新。　　　　　　　　　　　　　　　——《礼记》

可持续竞争的惟一优势来自于超过竞争对手的创新能力。　——管理顾问　詹姆斯·莫尔斯

企业家精神的真谛就是创新，创新是一种管理职能。　　　——美国经济学家　熊彼特

创新是海尔的灵魂

近年来，"海尔现象"一直是我国企业界和经济学界的热门话题，几乎每天都有许多来自全国各地的人到海尔参观、考察。众所周知，海尔集团是在1984年引进德国利勃海尔电冰箱生产技术成立的青岛电冰箱总厂基础上发展起来的集科研、生产、贸易及金融等领域于一体的国家特大型企业。在张瑞敏总裁提出的创"海尔世界知名品牌"的思想指导下，海尔从一个亏空147万元的集体小厂迅速成长为拥有白色家电、黑色家电和米色家电的中国家电第一品牌，产品包括42大门类8600多个品种，企业销售收入以平均每年82.8%的速度高速、持续、稳定增长，产品批量出口到欧美、中东、东南亚等世界十大经济区域共87个国家和地区，1997年8月，海尔被国家经贸委确定为中国六家首批技术创新试点企业之一，重点扶持其冲击世界500强，这一切都源于创新。

海尔30年来的稳步发展，靠的就是"变化"加"速度"。沙尘暴来了，海尔几天内就推出了能够抵御沙尘暴的空调。世界杯足球赛来了，有的球迷看球正看得上瘾，有人敲门、打电话，精彩的场面漏掉。于是，海尔在很短时间内开发出了一款电视机，追时DTR，只要按一个按钮这台电视机转播暂停，再次按就可以接着转播。"非典"来了，海尔迅速开发出了一系列适应非典时期需求的产品，比如中央空调病毒防火墙、抗菌消毒洗衣机，等。这些都给海尔带来了高额的回报，也正是因为这样一种有效的创新机制，让海尔在世界经济如此激烈的竞争中占领了一席之地。

计划、组织、指挥和控制是组织保证目标实现的必不可少的管理职能，但从某种意义上讲，他们同属于管理的"静态"或"维持"职能，其任务是保证组织系统按既定的目标和流程运行。众所周知，事实上管理始终处于动态的环境之中，仅有"静态"和"维持"的职能显然是不够的，必须不断调整系统的活动内容、目标和流程，以适应环境变化的要求，这就是我们所要阐述的"管理创新"职能。本章旨在阐明管理创新职能的基本概念、特征、内容及内容间的相互关系，分析管理创新的背景和作用，管理创新方法及过程，以揭示管理创新的规律，指导管理创新的履行。

第一节 创 新 概 述

一、创新的含义与特征

（一）创新的含义

"创新"一词最早是由美国经济学家熊彼特于1912年出版的《经济发展理论》一书中提出，他认为"创新"就是把生产要素和生产条件的新组合引入生产体系，即"建立一种新的生产函数"，其目的是为了获取潜在的利润。现在人们对创新的理解已经超越了技术、经济层面。创新是指以现有的思维模式提出有别于常规或常人思路的见解为导向，利用现有的知识和物质，在特定的环境中，本着理想化需要或为满足社会需求，而改进或创造新的事物、方法、元素、路径、环境，并能获得一定有益效果的行为。创新是以新思维、新发明和新描述为特征的一种概念化过程，是一切事物向前发展的根本动力。

（二）创新的特征

一般认为，管理创新贯穿于组织的各项管理活动之中，通过组织的各项管理活动来表现自身的存在与价值。因此，管理创新具有以下特征。

1. 创造性

创新就是解决前人所没有解决的问题，不是模仿、再造，而是在继承中打破旧的思想、模式、框框和方式方法，从而创造新的事物。它是一件复杂的活动过程，其关键是要敢于打破常规，敢走新路，勇于探索，勇于实践。因而其成果必然是有创造性和新颖性的。

2. 价值性

现代经济学将利润划分成三部分：①隐含收益利润，是指企业所有者自己劳动和自己投资所获取的收益；②垄断利润，指在非竞争市场中居于垄断地位的企业所获得的收益；③创新利润，指由于承担风险和进行创新所获得的回报。我们可以清楚地看出，创新利润是最重要、最基础的部分。因为隐含利润可计入成本，垄断利润是特殊利润，是市场经济所不允许的，只有创新利润是相对稳定的。而从创新成果的社会效果看，都具有普遍的社会价值、或经济价值、或学术价值、或艺术价值、或实用价值。所以创新有它的价值性而且是高价值性。

3. 变革性

创新的实质就是改造旧事物，创造新事物。人们常说"穷则思变，变则是通"，即是说，当我们没有办法解决问题的时候，就得考虑一下"变"，就是要改变方法、思路、功能等等；"变"了问题就能得到解决，就"通"了。这个由"变"到"通"的过程，就是创造和革新的过程。不破不立，破旧立新，推陈出新，都是指对旧事物的变革，都是指创新的过程。

4. 动态性

在市场经济环境中，在知识经济条件下，唯一不变的就是一切都在变。创新也不例外，也是一个动态的过程，它不是一劳永逸的，而是不断创造和革新的过程。海尔集团正是由于在不断进行产品革新、技术革新、管理革新，不断地去适应市场，创造需求，形成了一种不断推陈出新、改革突破的机制，才能在市场竞争中始终处于领先的地位，立于不败之地。

5. 时间性

当今社会是一个快速变化的社会，网络技术的出现，使速度成为十分重要的因素。尤其对创新而言，其成功的显著特点之一就是快速创新，否则就会失去机会，而导致创新的失败。

6. 风险性

创新风险是指由于对外部环境变化估计不足或无法适应，或对创新过程难以有效控制而造成创新活动失败的可能性，这种不确定性就是风险。在创新过程中，无论是技术本身、技术前景、技术效果还是产品的生产、销售、售后服务，以及市场接受时间等等方面都存在着不确定性。因此，创新的风险是客观存在的，尤其是高新技术的创新更具有高风险。

创新的这些特征，归纳起来最根本的特征就是一个"新"字。"人类文明发展史实际上是一部生产力的发展史"，而推动生产力发展的最主要动因恰恰就是创新。一个现代企业也唯有锐意进取、与时俱进、不断创新，才能增强竞争力、保持旺盛的战斗力，在激烈的市场竞争中立于不败之地。

二、创新的方向

创新的内容极为广泛，涉及到不同的社会系统，涉及到目标、手段和方法，涉及到技术、经济和管理等。下面以企业系统为例，介绍创新的主要方向：技术创新、组织创新和制度创新。

（一）技术创新

技术创新是企业创新的重要内容，是指生产技术的创新，包括开发新技术，或者将已有的技术进行应用创新。

与企业生产制造有关的技术创新，其内容也是非常丰富的。从生产过程的角度来分析，可以将其分为以下几个方面。

1. 材料创新

材料既是产品和物质生产手段的基础，也是生产工艺和加工方法作用的对象。因此，在技术创新的各种类型中，材料创新可能是影响最为重要、意义最为深远的。材料创新或迟或早会引起整个技术水平的提高。由于迄今为止作为工业生产基础的材料主要是由大自然提供的，因此材料创新的主要内容是寻找和发现现有材料、特别是自然提供的原材料的新用途。

2. 产品创新

产品是企业的象征，它在企业经营中的作用决定了产品创新是技术创新的核心和主要内容，其他创新都是围绕着产品的创新进行的，而且其成果也最终在产品创新上得到体现。

产品创新包括新产品的开发和老产品的改造。这种开发和改造是指对产品的结构、性能、材质、技术特征等一方面或几方面进行改进、提高或独创。它既可以是利用新原理、新技术、新结构开发出一种全新型产品，也可以是在原有产品的基础上，部分采用新技术制造出来适合新用途、满足新需要的换代型新产品，还可以是对原有产品的性能、规格、款式、品种进行完善，但在原理、技术水平和结构上并无突破性的改变。

3. 工艺创新

工艺创新包括生产工艺的改革和操作方法的改进。生产工艺是企业制造产品的总体流程和方法，包括工艺过程、工艺参数和工艺配方等；操作方法是劳动者利用生产设备在具体生产环节对原材料、零部件或半成品加工的方法。生产工艺和操作方法的创新既要求在设备创新的基础上，改变产品制造的工艺、过程和具体方法，也要求在不改变现有物质生产条件的同时，不断研究和改进具体的操作技术，调整工艺顺序和工艺配方，使生产过程更加合理，现有设备得到充分的利用，现有材料得到更充分的加工。

4. 手段创新

手段创新主要指生产的物质条件的改造和更新，生产手段的技术状况是企业生产力水平的具有决定性意义的标志。

生产手段的创新主要包括两个方面的内容：一是将先进的科学技术成果用于改造和革新原有的设备，以延长其技术寿命或提高其效能；二是用更先进、更经济的生产手段取代陈旧、落后、过时的机器设备，以使企业生产建立在更加先进的物质基础之上。

上述几个方面的创新，既是相互区别，又是相互联系、相互促进的。材料创新不仅会带来产品制造技术的革命，而且会导致产品物质结构的调整；产品的创新不仅是产品功能的增加、完整或更趋完善，而且必然要求产品制造工艺的改革；工艺的创新不仅导致生产方法的更加成熟，而且必然要求生产过程中利用这些新的工艺方法的各种物质生产手段的改进。反过来，机器设备的创新也会带来加工方法的调整或促进产品功能的更加完善，工艺或产品的创新也会对材料的种类、性能或质地提出更高的要求。总之，上述各类创新虽然侧重点各有不同，但任何一种创新都必然会促进整个生产过程的技术改进，从而必然会带来企业整体技术水平的提高。

（二）组织创新

1. 组织创新的涵义

组织创新可以简单地定义为组织规制交易的方式、手段或程序的变化。这种变化可以分为两类：①组织的增量式创新。增量式创新不改变原有规制结构的性质，是规制方式、手段或程序的较小的变化，如控制制度的精细化，人事上的变更或组织一项交易的程序发生了变化等。②组织的彻底性创新。它是规制结构的根本性变化，发生的次数通常较少，如 U 型组织的出现、U 型组织向 M 型组织的过渡。

2. 组织创新的主要内容

（1）以人为中心的组织创新

以人为中心的组织创新就是指以改变人员的态度及人际间工作关系的性质来达到改进组织绩效的目的。以人为中心的组织创新具体包括敏感性训练、调查反馈、过程咨询、团队建设和组际发展等。贯彻这种创新方法的共同主线是，它们都设法带来组织人员内部或相互关系的改变。以人为中心的组织创新的最终目标将是通过内部成员的组织修炼，建立学习型组织。

（2）以结构为中心的组织创新

一个组织的结构是由其复杂性、正规化和集权化程度决定的。管理者可以对这些结构要素的一个或多个加以变革，例如，可将几个部门的职责组合在一起，或者精简某些纵向层次、拓宽管理跨度，以使组织扁平化和减少官僚机构特征。为提高组织的正规化程度，可以制定更多的规则和制度。而通过提高分权化程度，则可以加快决策制定的过程。

（3）以流程为中心的组织创新

流程创新是指技术活动或生产活动中的操作程序、方式方法和规则体系的创新。广义的流程创新，包括各种工作流程的创新，不仅局限于生产、工艺。在组织生产流程和服务运作中引入新的流程和要素，只是改变生产产品的过程，而不是结果。因此，可见度很低，实施起来难度更大，需要引发组织结构和管理系统的全方位变革。调查结果表明，大多数企业在生命周期的各个阶段，都较少引入流程创新。但在企业规模做大，结构复杂度增强时，流程变革能够带来更明显的效果。

（三）制度创新

制度创新是指引入一项新的制度安排来代替原来的制度，以适应制度对象的新情况、新特性并推动制度对象的发展。

相对于技术创新、产品创新、流程创新、市场创新、组织管理创新、金融创新、教育创新等，制度创新也许是最为根本的。从一个企业的范围来考察这一点就会看得非常清楚。企业制度规范的核心是企业的所有权问题，涉及到为调动企业经营管理者与企业职工的积极性而设计一种有效的体系框架。只有采用先进的企业制度安排，能够切实地调动人员的积极性之后，推进技术、管理、组织及产品等的创新才是有意义的，才能为企业的经营锦上添花，否则就只能隔靴搔痒，对企业的经营状况不能产生根本的、长期性的影响。

制度创新过程往往是从制度本身出现问题或出现潜在可能收益后开始的。那些预见到潜在收益的决策者会采取行动，选择可能的制度创新方案。在有了若干可供选择的方案后，决策者会按照收益成本比最大原则进行方案选择和确定。这时，会逐步形成新制度的执行者群体。他们将在新制度的实施中获得特定利益。时机成熟后，新的制度实施就会开始进行并最终解决原有制度的问题或增加制度收益，形成相对稳定的制度结构，开始新的一轮制度创新循环。

从我国改革开放后的经验来看，经济发展的过程也就是不断进行制度创新的过程。可以说，制度创新是我国三十多年来经济发展的主要推动力量。数量经济学的研究成果表明，我国三十年的经济增长除归功于资本和劳动力投入的增加外，制度创新对原有生产潜力的释放也是一个重要原因。据估计，经济增长中约有 20%～30% 的部分应归功于制度创新带来的经济体制效率的改进；而且，由于制度改进，才使等量的资本和劳动力投入比制度创新前发挥了更大的作用，创造了更多的价值。这些，都证明了制度创新对推进经济增长和社会进步的重大意义。

第二节 创新的过程

创新是一项高度复杂的活动过程，要受诸多方面因素的影响。因此，创新要获得成功，不仅要掌握特定的创新方法，还必须了解和掌握创新活动的程序，要有科学的管理。创新的内容不同，创新活动的过程也有所差异。就一般而言，创新应包括以下几个阶段：

一、准备阶段

创新性思维是人类智能活动的最高表现，它对创新者有很高的要求。一般说来，有四个方面的前提条件。

① 知识和经验的积累。知识和经验的积累是人们进行创新的基本条件。不管进行哪种创新或革新，都必须对创新对象有全面深入的了解。创新不是无中生有，而是在已有知识和经验基础上的升华。因此，没有知识和经验的积累，创新只能是空想。

② 客观压力。这里所说的客观压力就是社会的需要，以及组织生存与发展的需要等。所有成功的创新都是建立在需要基础上的，这个需要越迫切，它所产生的动力就越大，越能促使人们进行创新。

③ 主观压力。也就是创新者发自内心的创新愿望和动机，是主观意愿支配着人的行为，而主观意愿的迫切性在很大程度上决定着人们行为的积极性与坚韧性。没有创新主体的主动性、积极性、自觉性，就不会有持续创造性。只有有了主观的压力，创新者才可能在创新过程中不畏艰险，知难而上，不屈不挠地去争取成功。

④ 强烈的好奇心。好奇心是指引人们走向未知领域的一种重要力量，是发现机会、引发创新的重要因素。有了强烈的好奇心，人们才会关注生活、工作中出现的各种不协调现象，并深入研究这些不协调产生的原因，从而积累必须的知识和发现创新的机会。随着知识的不断积累，以及对某一领域的深入了解，好奇心又会引导人们想办法解决新的问题，从而引发创新。

二、寻找机会

创新是对原有秩序的破坏。原有秩序之所以要打破，是因为其内部存在着或出现了某种不协调的现象。这些不协调对系统的发展提供了有利的机会或造成了某种不利的威胁。创新活动正是从发现和利用旧秩序内部的这些不协调现象开始的。不协调为创新提供了契机。

旧秩序中的不协调既可存在于系统的内部，也可产生于对系统有影响的外部。就系统的外部说，有可能成为创新契机的变化主要如下。

① 技术的变化，从而可能影响企业资源的获取、生产设备和产品的技术水平；

② 人口的变化，从而可能影响劳动市场的供给和产品销售市场的需求；

③ 宏观经济环境的变化，迅速增长的经济背景可能给企业带来不断扩大的市场，而整个国民经济的萧条则可能降低企业产品需求者的购买能力；

④ 文化与价值观念的转变，可能改变消费者的消费偏好或劳动者对工作及其报酬的态度。

就系统内部来说，引发创新的不协调现象如下。

① 生产经营中的瓶颈，可能影响劳动生产率的提高或劳动积极性的发挥，因而始终

困扰着企业的管理人员。这种卡壳环节,既可能是某种材料的质地不够理想,且始终找不到替代品,也可能是某种工艺加工方法的不完善,或是某种分配政策的不合理。

② 企业意外的成功和失败,如派生产品的销售额使其利润贡献出人意料地超过了企业的主营产品;老产品经过精心整顿改进后,结构更加合理,性能更加完善,质量更加优异,但并未得到预期数量的订单……这些出乎企业意料的成功和失败,往往可以把企业从原先的思维模式中驱赶出来,从而可以成为企业创新的一个重要源泉。

企业的创新,往往是从密切地注视、系统地分析社会经济组织在运行过程中出现的不协调现象开始的。

三、提出构想

发现组织内外的不协调只是创新活动的开始,还必须在此基础上认真分析和预测不协调现象的未来发展变化趋势,估计它们给组织带来的积极影响或产生的消极后果,运用各种创新的方法来解决问题,这就要求人们提出创新的构想。

创新的思想方法多种多样,如头脑风暴法、特尔菲法、哥顿法、检查提问法等等都能够实现创新。提出各种解决问题的构想,并综合分析和评价各个构想的可行性与效益性,就可以从中选择出真正解决问题的办法。创新是一个复杂的过程,为了减少创新的投入(人力、物力、财力等的投入),必须对创新过程有一个合理的安排。

四、实施构想

构想只是一种行动方案,是对创新活动的内容、程序、人员安排等等所做的总体规划。由于创新活动具有很大的不确定性,有许多问题是我们无法事先预计的。所以,这种构想可能是不完善的,甚至是很不完善的,需要我们在实施过程中不断调整、修正。而且,这种构想也只有建立在行动的基础上才有意义。

创新成功一个重要的因素就是迅速行动。"没有行动的思想会自生自灭",这一句话对于创新活动具有十分重要的意义。一味地追求完善,以减少受讥笑、受攻击的机会,就可能坐失良机,把创新的机会拱手让给竞争对手,或丧失创新的大好时机,导致创新的失败。

五、坚持不懈

创新是一个非常复杂的过程,是一个不断尝试、不断失败、不断提高的过程,是有巨大风险的活动,马到成功的现象是极为罕见的。

因此,在开始进行创新活动之后,为了取得最终的成功,必须坚定不移地继续下去,不断总结经验教训,修正和调整自己的行动,绝不能半途而废,否则就会前功尽弃。正如伟大的发明家爱迪生所说:"我的成功是在一路失败中取得的。"一个创新者必须要有足够的自信心,具有坚忍不拔、永不放弃的精神,也许成功就在于"最后五分钟"的坚持。

第三节 管理创新的策略和方法

在创新的过程中，组织只有根据所处的环境来制定适当的策略和方法，才能减少创新的风险，提高创新的效果，促进创新取得最后的成功。

一、管理创新的策略

（一）根据创新的程度不同，分为首创型创新策略、改创型创新策略和仿创型创新策略

1. 首创型创新策略

首创型的创新是指观念上和结果上有根本突破的创新，通常是首次推出但对经济和社会发展产生重大影响的全新的产品、技术、管理方法和理论。这类创新本身要求全新的技术、工艺以及全新的组织结构和管理方法。首创型创新还常常引起产业结构发生变化，从而彻底改变组织的竞争环境和基础。

首创型创新是创新高度最高、难度最大的一种创新活动，其显著特征在于首创性。

首创型创新具有十分重要的意义，因为没有首创，就不会有改创和仿创。每一项重大的创新，都会引起相应领域的一系列连锁的改造创新活动，从而具有广泛而深远的创新效应。对于企业来说，进行首创型创新，可以开辟新的市场领域，提高企业的市场竞争力，获得高额利润。对于处于市场领先地位的企业来说，要想保持自己的领先地位，也必须不断地进行首创型创新。许多大型企业如微软、IBM等，都投入巨大的人力和物力来不断推出新产品，以保持在市场的领先地位。

由于市场复杂性和不确定性，使首创型创新活动具有较大的风险性。当然，如果首创成功，企业便会获得巨大的市场利益，首创失败，企业就会蒙受一定程度的经济损失。

正因为如此，首创型创新是一种高成本、高风险、高回报的创新活动，因此采用首创型策略时，创新者要根据本组织的实际情况，充分考虑到影响创新的各种因素，选择适当的创新时机和方式，及时进行创新。

2. 改创型创新策略

改创型创新是指在自己现有的特色管理或在别人先进的管理思想、方式、方法上进行顺应式或逆向式的进一步改进，现有的特色管理是自己所独有但尚未系统化或完全成型的管理方式。改创型创新就是在借鉴别人的先进管理的基础上进行大胆创新，探索出新的管理思路、方式、方法，简单地说，就是在别人已有的先进成果上进行有创意的提高。日本是采用这种管理创新策略的典型国家。日本的企业管理水平在"二战"后是很落后的，20世纪50年代日本派了大批人去美国学习企业管理技术，邀请许多美国的专家到日本讲学，并结合日本的传统文化和国民气质，创造出了全新的日本企业管理模式，最终使美国反过

来向日本学习其某些管理方法。同样在技术领域，日本在学习世界上最先进技术的同时，结合自己的创意加以改造，生产出日本特色的产品并畅销世界。比如，在20世纪50~60年代大多数家用电器是欧美国家企业创新的产品，但日本企业通过改创型创新，使这些产品的经济性、适用性、方便性和可靠性等方面得到了显著提高，受到了消费者的青睐。因此，有人说，日本民族不是最善于发明的民族，但却是世界上最善于改造的民族。日本恰恰是在采取了改创型创新策略的基础上，实现了经济的腾飞。

在政府的管理创新过程中，特别是发展中国家的行政改革，最现实的方案应该采取改创型创新策略：一方面要立足于本国的国情；另一方面，要借鉴西方先进的公共改革创新的实践经验和理论成果，进行行政改革和制度创新。

3. 仿创型创新策略

仿创型创新是创新度最低的一种创新活动，其基本特征在于模仿性。在创新理论的创始人熊彼特看来，模仿不能算是创新，但是模仿是创新传播的重要方式，对于推动创新的扩散具有十分重要的意义，没有模仿的创新的传播可能十分缓慢，创新对社会经济发展和人类进步的影响也将大大地减小。模仿可以分为创造性的模仿和简单性的模仿，创造性模仿就是我们上面介绍的改创型创新，而简单性模仿就是仿创造型创新。

仿创型创新者既不必率先创造全新的产品来占领市场，也不必对首创进行改造。仿创者既可以模仿首创，也可以模仿改创。一些缺乏首创能力和改创能力的中小型企业，往往采用模仿策略。一般来说仿创者所承担的市场风险和市场开发成本都比较小，虽然仿创者不能取得市场的领先地位，却可以通过某些独占的市场发展条件来获得较大的收益和竞争优势。但是从长远来看，仿创型创新策略只能作为权宜之计，而不能作为创新的主导策略。长期采用此种策略，不但会使组织完全失去创新能力，而且还会使自己在市场中处于被动地位。我国的VCD、DVD行业由于在核心技术上采用了仿创型策略，虽然短时间内占领了国内外市场，但是在出口时每年都要向其他国家支付大量的专利费用，企业的利润因此大大减少，市场份额也在逐渐缩减，这必然会影响到这些企业的长远发展。

（二）根据创新的过程是量变还是质变，分为渐进型创新策略和突变型创新策略

1. 渐进型创新策略

渐进型创新是指通过不断的、渐进的、连续的小创新，最后实现管理创新的目的。虽然单个的创新所带来的变化是小的，但它的重要性不可低估。因为，一是许多大创新需要与它相关的若干小创新辅助才能发挥作用；二是小创新的渐进积累效果常常促使创新发生连锁反应，导致大的创新出现。渐进式管理创新它说明组织的管理创新是从无数的小创新开始的，当大量的小创新不断地改善着企业的经营管理，并达到一定程度时就会产生导致质变的大创新。这种创新具有渐进性、模仿性，创新的周期一般较长，而创新的效果却不错。日本的企业多采用这种渐进式管理创新策略，日本政府在公务员改革过程中也采用了

这种策略，通过有计划地每年逐渐减少公务员数量的办法，加以编制法定化的配套措施，使日本的公务员改革取得了成功，值得我国在制定机构改革的方案时加以学习借鉴。

2. 突变式管理创新

它说明组织管理首先在前次管理创新的基础上运行，经过一段时间，创新的条件成熟后或组织运行到无法再适应新情况时，于是打破现状，实现管理创新质的飞跃。它具有突变性，创新的周期相对较短，而创新的效果相对较好。创新的实现通常由专业管理人员、企业家来实现。欧美企业和政府的管理创新多采用这种策略，如20世纪80年代初英国政府实现的"私有化运动"和90年代初由美国、英国、澳大利亚、新西兰等西方国家实行的"重塑政府"行动，在短时间内，政府的管理理论和管理实践都发生了重大变化。

（三）根据创新的独立程度，分为独立创新、联合创新、引进创新。

1. 独立创新策略

独立创新的特点是依靠自己的力量自行研制并组织生产，同时独立创新型创新的成果往往具有首创性。国外大型企业大多拥有自己的研究开发机构，因而其研究工作特别是涉及公司特色产品的核心技术，多以自身力量进行，这样可以做到技术保密，使自己处于行业竞争中的领先地位。但是独立创新要求创新者有足够的财力、物力和人力资源，以及先进的技术、生产和管理能力。采取独立创新策略的难度比较大，但它的创新成果可以拥有专利权，不受他人的控制。有时独立创新策略是在特殊情况下不得以采取的策略，比如我国在20世纪60年代在没有外部支援的情况下，自行研究开发了原子弹和氢弹，从此不再受制于别国的武力和政治威胁，屹立于世界大国之列。

独立创新策略也有一定的缺点：因为独立创新的保密性很强，信息的不对称导致每个创新者都不知道其他人正在从事的创新的内容和方向，那么就有可能出现这样的后果，自己投入巨资的研究项目已经或将要取得成功之时，发现同样的产品或发明已经被别人领先创新出来，自己只不过是步了他人的后尘，不但失去了占领市场的先机，而且造成人、财、物的巨大损失。

2. 联合创新策略

联合创新是若干组织相互合作进行的创新活动。联合创新往往具有攻关性质，可以更好地发挥各方的优势。但是这种创新活动涉及面广，组织协调及管理控制工作比较复杂。然而，随着科学技术的发展、高新技术的兴起，许多重大的创新项目，无论从资金、技术力量以及该创新项目内容的复杂性，都并非一个企业或组织所能承担，因此，联合创新就变得日益重要。联合不仅包括企业和企业之间的合作，企业和科研机构以及高校进行联合创新，甚至各国政府都开始采取联合创新的策略，并且这种企业和其他部门的合作以及政府的跨国的合作变得越来越普遍。比如中国政府和法国政府在外太空领域"伽利略"计划的开发研究上就采取了联合创新的策略，人类基因图谱的研究和绘制也是由各国科学家共同完成的。

3. 引进创新策略

引进型创新是从事创新的组织从其他组织引进先进的技术、生产设备、管理方法等，在此基础上创新。这种创新开发周期相对较短，创新的组织实施过程有一定的参照系，风险性相应降低。但是这种创新策略需要对引进的技术进行认真的评估和消化。组织在从事管理创新中，以上的各种策略可以并用，兼而有之。比如采取首创策略的同时可以采取联合创新策略，采取引进创新策略的同时可以采用改仿型创新策略。各种创新策略的恰当组合，不但可以加快创新的速度，还可以提高创新的水平。

二、管理创新的方法

创新的方法包括创新的思维方法和创新的具体方法。

（一）创新的思维方法

1. 逆向思维的方法

逆向思维也称为反向思维，是从众人考虑问题、认识事物的相反方向去思考认识事物，从而有所发现、有所创新、有所补充的一种思维方式。一般来说，反向思维可以突破正常思维困境，从不同的角度来发现解决问题的新的方法和新的思路，从历史上看，许多重要的管理创新的灵感都来自于逆向思维。

逆向思维不是标新立异，更不是唱反调，而是建立在理性思维和科学预测基础之上的大胆行动。市场起伏不定，价格潮起潮落。组织领导者若人云亦云，随波逐流，企业会遭到无情的淘汰，若能把握市场涨跌的规律，反其道而行之，往往能收到意想不到的效果。

2. 全方位思维的方法

全方位思维是和单向思维相对立的一种思维方法，是创新思维的一种重要方法。单向思维是指拘于一个方向、一个原因或一个角度思考问题。所谓全方位思维是指纵横交错地进行多角度、多元素、多方位的观察、探索和思考，发散思维和收敛思维互补，纵向思维和横向思维交叉，精确思维和模糊思维并重，力求把握事物的多样性和统一性的思维方式。全方面思维是获得创新思想的重要方法，在思考问题时要考虑思维对象的多因素、思维领域的多方位、思维目标的多选择、思维途径的多渠道，从诸多目标和方案中有所发现，有所创新。

3. 直觉思维的方法

直觉思维是相对于理性思维的一种思维方法。理性思维主要是逻辑思维，遵循严格的逻辑规则，理性思维在技术发明和科学发明中曾发挥过巨大的作用。在管理创新的方法中，在重视理性思维的基础上，我们要提倡直觉思维的方法。

直觉思维认知事物的特有方式，通常也被称为"灵感"，是指认识上一种突如其来的想法，它常出现在创新思维的高潮时期，具有很大的随意性、随机性和瞬时性，必须及时捕捉。

历史上的很多重大发明和创新就来源于这种灵感的爆发。那些能充分利用直觉思维方法的人，往往是最成功的创新者。在创新的过程中运用直接思维的方法并不是放弃理性思维，而是在逻辑和理性思维的基础上促使直觉思维向理性思维渗透，使创新者能够在自己丰富理性思维的基础上和敏锐深刻的直接思维的启发下，适应危机四伏、变幻莫测的外部环境，及时做出反应，进行管理创新。

4. 求异思维的方法

求同思维也叫做聚合思维、集中思维、符合思维，是指从已知的条件和目的中寻求一个共同的正确答案的思维方式。这种思维是利用已有的知识经验或传统方法来解决问题的一种有方向、有范围、有组织、有条理的思维，是对既有规范的遵从，是一种顺向的逻辑演绎。

求异思维是从多种假设和构想中，寻求答案的一种创造性思维方式。这种思维方式具有更大的主动性，是使自己的思想从固有的观念中摆脱出来，从新的角度观察和认识事物，从而使原本互不相关因素联结起来，产生新的构思。习惯于求异思维的人，不容易受既成理论的影响，不囿于旧的传统、观点和方法，善于和习惯于提出超常的构想和不同凡俗的观念。科学家的发明创造，艺术家的创作，理论家的新观点，领导干部的科学决策，主要是求异思维的结果。

（二）创新的其他具体方法

1. 头脑风暴法或智力激励法

头脑风暴法的主要作用是允许成员创新思维自由发挥，鼓励大胆表达创意，为创新的形成提供了一个发挥的空间和不受限制的平台。多年来，这种方法有了好多种变化形态，如直接畅谈会法、质疑畅谈会法、控制畅谈会法以及对策畅谈会法等。

2. 形态方格法

形态方格法是美国加州理工大学瑞士裔美国人茨维基（Zwicky）博士于1948年首创的一种创新方法。作为一种创新技术，其核心思想认为，许多发明创造的成果并非什么全新的东西，而只不过是旧事物的新组合。因此，如能对问题加以系统地分析和组合，便可大大提高创新成功的可能性。其具体步骤如下：第一，搞清所要解决的问题；第二，确定与问题相关的重要独立要素或方面，列出各要素方面的所有可能形态及属性；第三，将各独立要素及可能形态排列成矩阵形态；第四，从各要素及属性出中选取可能状态作任意组合，从而产生出解决问题的可能构想；第五，对各构想作比较、评价，并选出最佳构想。这种方法是产生大量构想的理想工具，对一些探索性的或寻求机会性质的问题最为适用。

3. 类比创新法

类比创新法又称综摄法（Synectics），它最初是由美国学者哥顿（Gordon）在心理学"垃圾箱理论"启发下发明的，后来由普莱因斯丰富和完善的一种创新技法，这种方法是以类比思考为核心的著名创新技术。哥顿认为，创新不是阐明事物间已知的联系，而是探明事物间未知的联系，因此，需要采用翻"垃圾箱"、采用非逻辑推理等方法，把那些看似无关的东西联系起来，即综摄起来。经过研究，哥顿发现，类比法是实现这种创新构想的最好方法之一。常用的类比法，主要如下。

第一，直接类比法。即将事物甲与事物乙直接相类比。即把某一领域的事实、信息、知识和技术应用于另一领域。如，把门比作开关；把两栖动物比作水陆两用交通工具；把建筑结构比作组织机构；把通信网络比作人脑结构等。

第二，象征类比法。是以事物的抽象的象征物来表述事物的本质。这种方法又称词汇类比。即先用简练的词汇来表达所探讨问题的关键。如，绿色会使人联想到生命，于是绿色就成为了生命的象征；用"集中的期望"来象征靶等。并非人人都有这样的类似感觉，但关键的是它有触发由此而引起的联想。

第三，自身类比法。也称情感输入或角色扮演。即将自己或自己的某一部分器官设想成问题的某物或某要素，并想像这个"某物"或"某要素"在给定条件下会有何种"感觉"，意欲采取何种"行动"，以及会带来何种后果等。

类比创新法作为一种创新技法，它的特点在于：由于两个或两类事物在某些方面具有相同的或相似的特点，因此期望通过类比把某类事物的特点复现到另一类事物上以实现创新，这种方法能在一定范围和一定程度上给人以某种新启示，这对创造性思维是非常有裨益的。但类比创新法也有其不足，它的运用受到一定程度的限制。类比创新法的正确运用，既需要利用心理学的许多理论，又要在很大程度上依靠人的想像、直觉、灵感等非逻辑思维，因此，必须花费相当多的时间和精力才有可能较好地掌握。

4. 特征列举法

特征列举法也称为属性列举法，是创新学常用的一种思维方法，它是美国的克劳福德（Crawford）在1954年提出的，这种方法的基本原理是认为世界上一切新事物都出自于旧事物，创造和创新必然是对旧事物某些特征的继承和改变。因此列举创新法就是列举现有事物的特征，针对其中需要改进的问题从功能、结构、材料、原理等方面相类似的属性加以置换，提出新的创新设想。

5. 组合法

就像分解法一样，组合法也是创新的一种重要方法。组合法是将现有的科学技术原理、现象、产品或方法进行分析、重配，从而获得解决问题的新方法、新思路或创新出新产品、新对策的过程。

6. 联想创新法

联想创新法是依靠创新者从一事物联想到另一事物的心理现象来产生创意，从而进行发明或革新的一种方法。善于联想就必须抓住两事物在外观上、功能上、结构上、本质上的相似之处，从已知推导未知，获得新认识，产生新设想。联想创新法可以分为以下几种：

第一，非结构化自由联想，是在人们的思维活动过程中对思考的时间、空间、逻辑方向等主要方面不加任何限制的联想方法。这种方法解决某些疑难问题很有效，往往能产生出新颖独特的解决办法，但不适合解决那些时间紧迫的问题。

第二，对比联想，它是指由某一事物想到与它相反特点的事物的联想方法。由大想到小，由上想到下，由长想到短，都是对比联想。

第三，相似联想，它是指由某一事物想到与其相似事物的联想方法。它包括形状、神韵、情景、原理、功能、方法等各方面相似的联想。比如人类通过模仿动物的外部形状和某些功能发明了雷达、直升机和潜水艇等。

第四，接近联想，是指从空间和时间等方面接近的事物进行联想的方法。

联想方法的应用范围很广，但联想并不是"乱想"、"瞎想"，要实现成功的创新，必须拥有跟创新对象相关的信息资料，必须抓住事物间的某种联系，进行认真思考。

7. 还原法

还原法就是打破现有事物的局限性，追索其形成现有事物的基本创新原点，改用新思路、新原理和新技术进行创新的思想方法。任何创新过程都具有创新的原点和起点。创新的原点是惟一的，而创新的起点则可以有很多。创新的原点是一个固定的点，而创新的起点则是带有方向性的射线的始端，比如洗衣机在发明的时候会受搓衣板、手搓、瀑布冲刷等创新起点的启发，设计出了搓板式、手搓式、瀑布冲洗式功能的洗衣机，但这些洗衣机的共同原点就是"去污能力"。海尔为四川农民生产的具有洗衣服和洗地瓜双重功能的洗衣机就是运用了这种创新方法。

在管理中，实行目标的手段是多种多样的，在当时的条件下，我们可能选择了一种合适的解决方法，但是随着环境的变化，原来的方法并不一定是最好的，这就需要回到最初的目标上来重新制定一种更为合适的新方法。还原法就是要求创新主体在管理创新过程中，不要就事论事，就现有事物本身去研讨其管理创新的问题，而应进一步地寻求源头，寻找其创新的原始出发点。只有抓住始发点，所产生的创意才不容易受现有事物的结构、功能等方面的影响，在管理创新上才会有所突破。

8. 交叉综合的方法

交叉综合的方法是指创新活动的展开或创新意向的获得可以通过各种学科知识的交叉综合得到。目前科学发展的趋势是综合和边缘交叉，许多科学家和管理者都从相关的交叉学科中获得创新的源泉。行政管理领域"新公共管理范式"的提出正是借鉴了企业管理的很多理论和方法，公共选择理论也是借用经济学中理性经济人的研究方法来对政治生活和行政管理中的行为进行研究，得出创新性的理论，进而导致了公共管理实践的管理创新。

从管理创新的历史来看，用新的科学技术，新的学科知识来研究分析现实管理问题进行创新是一种经常被采用的方法。用新的学科知识和技术来看待现实管理问题，即从一种新的角度来研究问题，可以得到不同于以往的看法、启示，这便是创新的灵感。而且随着科学技术和新学科的发展，它们向管理方面的延伸会更加广泛深入从而成为创新的重要源泉。

管理创新和其他工作一样，掌握了科学、恰当的方法就可以起到事半功倍的效果，反之只能是南辕北辙。

第四节 创新管理

一、企业文化孕育创新

企业文化是企业成员广泛接受的价值观念以及由这种价值观念所决定的行为准则和行为方式。这种价值观和行为准则可能未被明确宣布，但它们可能隐含于企业成员作为其行为前提的思维模式的假设中，是已经被企业成员无意识地普遍认可的。他们的行为会自觉地，甚至是不自觉地受到这些价值观和行为准则的影响。

企业文化对创新起到积极的孕育作用。只有建立起适应企业和市场变化的企业文化，才能在企业创新当中厚积薄发，蕴含着创新观念的企业文化的深厚底蕴也因此成为企业长期生存的原动力。

二、管理者推动创新

有效的创新工作需要管理者能够为部属的创新提供条件、创造环境，有效地组织系统内部的创新。

（一）正确理解和扮演"管理者"的角色

管理者是被任命的，他们拥有合法的权利进行奖励和处罚，其影响力来自他们职位所赋予的正式权力。他们认为组织雇用他们的首要目的是维持组织的运行，他们首要的任务是按预定的方式或方案圆满完成计划，顺利达到目标。而创新是制度的例外，制度是为过去管理的持续性、控制和效率而设计的，而创新是为未来发展、突变与新的效率实用的。管理人员往往扮演制度的守护者的角色，为了防止组织运行偏离制度的轨道，他们对创新人员往往要求苛刻，非常不容忍失败等。这往往导致创新被扼杀在摇篮中。为了适应竞争的需要，组织必须进行创新，管理者扮演什么角色就显得非常重要。这里所说正确扮演"管理者"角色是指管理者不仅要扮演制度守护者，更应该扮演"企业家"的角色。"企业家"是指具有自力更生、冒险进取和刻意创新等创新精神的创新者,也就是说管理者不仅要带头进行创新,而且应该为组织成员创造一个优良的氛围,鼓励和支持他们进行创新。

(二) 创造促进创新的组织氛围

心理学的研究成果告诉我们,每个人都具有发现和解决复杂问题的能力,当具有不同技能和判断力的人在一起进行创新造型活动时,又往往能取得非凡的成绩。

组织的管理者必须对未来发展具有远大的抱负和一个宏伟蓝图,并使企业的文化、价值观和气氛有利于支持创新。建立这种氛围的最好方法是在组织内大肆宣传创新,树立无创新就是没有成就的理念。组织不能把创新看成制度的例外,或仅仅看成是职能部门或研发部门的事情,应该把创新看作为一项重要的能力,并使组织成员明白创新不仅仅是职能部门或研发部门的事情,自己也是组织创新的重要组成部分。要树立积极创新的氛围,积极创新是营造一种对组织命运的关注,来自于释放所有员工的想像力,并且要教会员工怎样去发掘非传统创新的机会。关于未来方向的新思维往往不是少数几个为企业工作了多年的聪明人聚在一起想出来的,作为管理者,应该大量激发多样性的战略建议,激发出千百个新创意,从中找到新的重点和方向,在这一过程中,高层管理者应该扮演编辑的角色,从战略的创造者转为在潮涌般的新创意中寻找最佳的模式。

(三) 制定有弹性的计划

创新意味着打破旧的规则,意味着时间和资源的计划外占用,因此,创新要求组织的计划必须具有弹性。在这方面有三个具体建议。

第一,允许创新者拥有部分时间去思考和探索自己的想法。当然,这种结果是无法预料的。但如果每一天的工作都安排得非常紧密,每时每刻都在做现在的工作,没有自由支配时间,那创新者就没有思考的时间,创新也就难以付诸行动了。也正因为如此,包括IBM、3M和杜邦公司在内的许多大公司,都允许他们的员工利用工作时间的5%~15%来开发他们感兴趣的设想。

第二,在预算内提供一笔可自由支配的资金,用于开发新设想。设想的开发或者创新的探索都需要一定的物资条件,如简单仪器、原材料等,组织为创新者提供物质和资金支持,实际上就大大鼓励了创新行为。

第三,避免层层审批的官僚体系。层层审批一方面会造成信息的流失,以致到最后决策者都无法做出正确的判断;另一方面,层层审批会延误时间,推迟创新的成功,有可能会让竞争对手抢先。最好的做法是充分放权,创新者完全有权决定该项目创新的相关事宜。

(四) 正确地对待失败

创新的过程是一个充满着失败的过程。创新者应该认识到这一点,创新的组织者更应该认识到这一点。只有认识到失败是正常的,甚至是必需的,管理人员才可能允许失败,支持失败,甚至鼓励失败。当然,支持尝试、允许失败,并不意味着鼓励组织成员去马马虎虎地工作，而是希望创新者在失败中取得有用的教训，学到一点东西，变得更加明白，从而使下次失败到创新成功的路程缩短。美国一家成功的计算机设备公司在它那只有五六条的企业哲学中甚至这样写道："我们要求公司的人每天至少要犯10次错误，如果谁做不到这一条，就说明谁的工作不够努力。"

组织只有认识到失败是正常的，管理者才能允许尝试，支持失败。但这并不是放任失败，关键是我们要从失败中吸取经验教训，避免自己将来遭受同样的失败，使失败成为创新因子。

（五）建立合理的奖酬制度

要激发每个人的创新热情，还必须建立合理的评价和奖酬制度。创新的原始动机也许是个人的成就感、自我实现的需要，但是如果创新的努力不能得到组织或社会的承认，不能得到公正的评价和合理的奖酬，继续创新的动力就会渐渐失去。促进创新的奖酬制度至少要符合下述条件。

① 注意物质奖励与精神奖励的结合。奖励不一定是金钱至上的，而且有时是不需要金钱的，精神上的奖励也许比物质报酬更能满足驱动人们创新的心理需要。而且，从经济的角度来考虑，物质奖励的效益要低于精神奖励，金钱的边际效用是递减的，为了激发或保持同等程度的创新积极性，组织不得不支付越来越多的奖金。对创新者个人来说，物质上的奖酬只在一种情况下才是有用的：奖金的多少首先被视作衡量个人工作成果和努力程度的标准。

② 奖励不能视作"不犯错误的报酬"，而应是对特殊贡献，甚至是对希望做出特殊贡献的努力的报酬；奖励的对象不仅包括成功以后的创新者，而且应当包括那些成功以前，甚至是没有获得成功的努力者。对成功者报以鲜花和掌声固然重要，但是不应该忘记创新是一个充满失败的过程，组织也应该鼓励进取中的失败者。不能仅仅以成败论英雄，因为失败是成功之母。组织更应该让失败者感受到组织的温暖、组织的关心，以此来激发他们的创新激情，并从失败中汲取教训，从而走向成功。据报道，中国某企业推出"科技败将表彰会"，具体标准是："只要你是在奋力革新中去成功，失败照样奖励"。自从该企业奖励"败将"后，许多科研人员精神振奋，潜心于企业的研究开发活动之中。不久，"败将"变成胜将，失败造就了成功，单单该企业的"科技败将"就取得了30多项科技成果，其中有3项获得了国家专利，为企业增强市场竞争力提供了充足的后劲。就组织的发展而言，也许重要的不是创新的结果，而是创新的过程。如果奖酬制度能促进每个成员都积极地去探索和创新，那么对组织发展有利的结果是必然会产生的。

③ 奖励制度要既能促进内部之竞争，又能保证成员间的合作。内部的竞争与合作对创新都是重要的。竞争能激发每个人的创新欲望，从而有利于创新机会的发现、创新构想的产生，而过度的竞争则会导致内部的各自为政、互相封锁；合作能综合各种不同的知识和能力，从而可以使每个创新构想都更加完善，但没有竞争的合作难以区别个人的贡献，从而会削弱个人的创新欲望。要保证竞争与协作的结合，在奖励项目的设置上，可考虑多设集体奖，少设个人奖，多设单项奖，少设综合奖；在奖金的数额上，可考虑多设小奖，

少设甚至不设大奖,以给每一个人都有成功的希望,避免只有少数人才能成功的"超级明星综合征",从而防止相互封锁和保密、破坏合作的现象。

三、组织制度支持创新

扁平化的组织结构,减少了管理层次,增加了管理幅度,在工作的所有阶段利用监工、专家和自动控制程序实行严格的外部控制,为依靠半自治的工作小组和广泛的网状分工实行自我调节,有利于提高管理效率和信息的流通效率。扁平化组织对外部市场和顾客的变化更加敏感,并能将信息很快在组织中传递。在这种结构中,日常决策是与特定问题关系最密切的人的任务和责任,决策简化而迅速,组织柔性大,因此大大提高了组织对外界环境变动的适应能力和反应能力,有利于抵御外界的动荡。

灵活的企业网络打破了原有刚性组织结构的有形界限,通过与其他厂商分享有关的信息知识和硬件设施等资源而形成了一种动态的弹性网络。企业网络除了在生产方面的优越性,如共享组织内基础设施与资源而降低了进入成本、组合必要的核心能力以完成异常复杂的任务、运用计算机工具进行协调,使合作者在不同地点共同工作并获得高效率外,也大大增强了抵御动荡的能力。企业的联合避免了单个企业拥有昂贵的资源,如果某一项目没有按原计划顺利进行,企业也不必为未使用的设备承担义务,从而降低了风险;通过对不同核心能力的动态组合,企业网络能够更好地把握动荡起伏的市场趋势,在动荡中抓住机会。

复习思考题

1. 什么是创新?创新包括哪些内容?
2. 简述创新的过程。

案 例

案例 15-1   组合资源、不断创新的索尼公司

索尼公司是世界上生产视频设备的最大厂商,长期以来,它一直是日本文、理大学毕业生就业的首选目标企业。索尼之所以能够聚集人气,是因为在电子产品方面能够形成自己独特的竞争能力,反映在以下几个方面。

1. 及时调整发展战略

每当环境发生急剧的变化或企业发展面临新的转折点,索尼公司的最高管理层就会拿出应变措施,制定新的发展战略,为企业的发展指明方向。盛田在20世纪60年代初期访问荷兰的飞利浦公司,他对荷兰这么一个小小的农业国能够出现一个世界著名的电子企业飞利浦震动很大,从此,盛田把世界市场作为公司的市场。80年代初期,索尼公司出现了首次减少收益的情况,为了打破公司内部郁闷气氛,公司推出了包括录像机最强、磁产品最强、消费品的强化生产销售决策程序重组等六大重点方针。80 年代末,随着索尼国际化的发展,1998 年,盛田及时提出了新的发展战略,即"全球地方化战略",从根本上改变公司的思维定势,要根据全球经济一体化的变化制定自己的发展战略。90 年代初,在新的形势下,盛田又提出了 3C(Computer、Communication、Component)的发展战略,展示了索尼公司面向 21 世纪的新目标。进入 21 世纪,随着互联网的发展,索尼公司紧紧抓住消费者需求这个主题,不断调整自己的战略。索尼公司宣布将实行向"个人宽带网解决方案公司"全面转型,其目的是进一步加深与全球用户的互动关系,并为全球用户提供能够在宽带网社会享用丰富的产品与服务。

2. 技术引进

原公司总经理盛田说过,在技术进步这么快的今天,一个企业要全揽某一方面的技术是不可能的,要尽可能利用各种关系,引进自己所需的技术。在这种思想指导下,根据公司的发展需要,索尼公司不断引进新的技术。如与 IBM 联盟生产计算机用磁带;与飞利浦联盟共同开发 CD 光盘;与微软、苹果公司合作共同开发软件等等。

3. 重视独创性

索尼公司在引进技术、开发新产品之际,非常注重培养自己的核心技术。每当出现新的技术,只要与自己的研究、生产活动相关,就马上抓住机会,迅速应用到自己公司产品中来。有些技术在欧美刚刚出了实验室,索尼就开始考虑购买其专利,实现商品化,新产品不断打破日本或世界纪录,成为日本或世界首创的产品。在索尼发展史上,仅仅在 20 世纪 50 年代到 60 年代,就成功开发了 5 个日本首创、16 个世界首创的产品。研究员江崎还由于在半导体隧桥技术方面的突破,获得诺贝尔奖。

4. 致力于学习型组织的建立

为了及时收集最新技术信息和知识,使公司的技术始终保持领先地位,索尼公司内部举行各种技术学术交流活动,参加的成员从公司董事长到一般技术员,也有子公司和分公司的人员,或邀请学者参加,其目的是加强相关技术的交流,促进组织学习。通过各种不同人员的知识碰撞,产生新的知识和灵感,有利于组织的研究开发。通过举办各种各样的交流会和演讲会,索尼公司已成为一个真正的跨部门、跨专业的学习型组织。

(资料来源:韩中和. 组合资源不断创新——索尼公司建立核心能力案例分析,研究与发展管理. 2001 年第 6 期)

案例讨论:

1. 索尼公司在短短的 30 年时间里发展为国际化大企业,其依赖的基础和动力是什么?公司在创新方面表现出什么特点?有哪些积极的创新机制?

2. 信息时代,公司要保持未来的高速发展,应如何看待创新技术的引进和原创问题?

案例 15-2　　　　　　　　上海施贵宝公司的管理创新

管理创新涉及哪些方面?为什么许多企业不能在管理上有创新,而只有少数企业才有创新？什么是具有中国特色的管理创新？下面结合中美上海施贵宝制药有限公司（以下简称上海施贵宝公司）成功发展的情况来谈谈这些问题。上海施贵宝公司是中美两国在我国境内成立的第一家西药制剂合资企业，又是完全按照世界卫生组织"优良生产质量规范（GMP）"进行设计、生产和经营、管理的现代化制药企业。该公司先后通过美国、新西兰食品药品管理局（FDA）和加拿大卫生保健局（HPB）批准，成为我国第一家制剂产品可以出口北美和新西兰市场的制药企业。十几年来，该公司始终坚持企业管理创新，进行着卓有成效的经营管理，取得了令人瞩目的成就。

1. 管理思想上的创新

管理创新，首先要在管理思想上创新。这是其他一切创新的前提。没有这个前提，就谈不上创新。企业管理创新也有个机制，这个机制产生于企业内部环境与企业创新的氛围中。具有创新机制的企业，对管理创新具有推动和激发的作用，反之则不能有效推出管理创新。上海施贵宝公司已成立十多年，在合资企业中成立较早，由于当时许多经营法规并不完善，因此，在操作上有一定的难度，既没有照搬美国资方——美国施贵宝公司的做法，也没有采用国内国有企业的一套做法，而是坚持走学习型、创新型路子。该公司真正在认识上、观念上、措施上到位，以管理创新对变革做出反应，并把变革作为机会加以利用，把创新作为对付竞争环境的需要，作为企业本身发展的需要。该公司在管理思想上，主要在四个转变上下功夫：①从传统企业和管理目标多元化向管理目标单一化转变。每年企业都有明确的目标，公司的领导、公司的各项管理工作都围绕这一目标而展开，追求管理的卓越和创新，从而带来最佳的经济效益。②从企业被动型管理向企业自主型管理转变，让企业成为管理的主体。公司内部建立了GMP和质量、财务、安全等内部审计制度，形成了自我检查、自我整改、自我完善、自我发展的机制，调动了管理人员的积极性和主动性，发挥管理人员的智能和潜能，创造性地开展创新活动。③从企业内部管理的计划经济模式向市场经济模式转变。上海施贵宝公司将市场占有率作为衡量企业经营好坏的重要标准。只有提高市场占有率，才能保持企业的生存和发展。他们坚持各项经营管理工作都以市场为导向，一切为市场需要服务，在营销工作中，坚持加强市场研究，讲究市场策略，重视市场投资，完善营销机制。针对药品的特性及其特定的用户，确定了"自销与通过商业渠道销售并举"的原则，立足"用掉"，而不满足于"卖掉"，以形成销售、服务、消费、制造的良性循环。④从封闭型的企业管理向国际通行的现代管理转变，并密切注意吸收国外现代管理的信息，不断进行管理创新。如他们将处方药与非处方药分类管理，为我国实施非处方药提供了一些经验、建议和措施。该公司是国内第一家成立单独非处方药销售队伍的公司，大力开发非处方药（OTC）市场，扩大公司市场份额，积极开发医院和药房的销售，积极传播和促进药房的零售工作，努力塑造品牌，制定一个雄心勃勃的新产品上市计划，建立第一流的非处方药（OTC）销售队伍。

2. 以人为本是现代企业管理的重要创新

人的全面发展是在一个个具体的环境中实现的，由于分工的不同，每个人都有自己的工作岗位，在特定的工作岗位上创造性地工作，以达到企业目标，同时，把自己塑造成一个全面发展的人，这应是企业管理中对人的管理的最高目标，它也是应该以人为本管理的真正要旨。上海施贵宝公司的主要做法是：①公开择优招聘，促进人才合理流动。招聘工作严格贯彻"公开招聘、平等竞争、严格考核、择优录用"的原则。②实行绩效评估，发挥激励导向作用。③引进竞争机制，改革分配制度。每年都要在同行业内或委托咨询机构调查劳动力的市场价格，以此确定公司合理的工资价位。④重视培训，强调学习。该公司为加强员工学习，通过各种方式加强岗位培训。例如，新员工必须进行上岗前培训，以学习了解公司概况、企业文化、劳动合同、员工纪律、行为规范、安全生产、质量意识等；营销人员每季度进行有关营销策略、销售技巧和产品知识的专业培训；生产人员进行GMP的管理专项培训；管理人员每年集中培训两三次，请国际专业培训公司讲授管理知识和技巧，指导部属学习掌握有关洽谈及领导沟通技巧、部门冲突处理技巧以及时间管理、团队精神、企业形象、学习型组织等知识；技术和管理骨干，则要出国参加专业培训或在国内参加专业培训班等。⑤为员工创造发挥才干的条件，或造"贵宝人和"的融洽气氛。该公司通过培训，使员工提高技能和才干，并通过绩效评估肯定和发扬员工的工作成就，还通过各种方式和活动增进员工之间的感情。建立员工生日档案，当员工生日时公司向他们祝贺。在公司工作满五年的员工，公司领导要请这些员工家属到公司来做客，参观企业并共进午餐。

3. 管理方法上的创新

企业管理方法的创新，主要是实现管理科学化和管理现代化。上海施贵宝公司把现代科学技术的一些最新成果用到管理领域中来，如全面质量管理、统计分析、计算机网络计划技术、库存管理、决策技术、市场预测技术、生产资源计划（MRPⅡ）、预算管理、办公自动化等。如MRPⅡ系统，分公司采用了BPCS软件，使计算机网络管理完整地覆盖全公司各生产、经营部门，使市场预测、原料采购、生产作业、产品成本、库存状况、财务控制和质量控制等数据全部纳入一体化管理，从而有可能以最少投入、合理库存量和最高生产效率来编制生产计划，以更好地适应市场需求，在企业内部做到信息共享、决策科学和进行有效监督。另外，该公司还全面开展提高效率活动，制定节省成本、紧缩人员、提高效率的具体计划。这一活动的特点是面广，涉及到生产、销售、财务、技术各个方面。公司在生产上开展了缩短生产周期的活动，对主要产品成立缩短生产周期项目组，定期活动，设立专职效率经理，开展大幅度提高效率活动。车间人均效率提高50%，达到减人增产的效果。全面开展效率活动，包括销售效率、采购效率、新药上市周期缩短的工作效率和财务简化工作程序的活动。该公司在年度预算中把提高效率、减少成本作为实绩考核的一项指标。

4. 经营思路的创新

日本通产省曾对两个最大的优秀企业进行调查，得出四个结论：①企业把主要精力放在提高劳动生产率、降低成本方面，经济效益一般；②企业把主要精力放在开拓市场，经济效益较好；③企业把主要精力放在提高产品质量和开发新产品，经济效益很好；④企业一手抓新产品，一手抓市场的开拓，经济效益最好。由此得出了管理、技术、产品、市场、服务五大创新的关键是产品创新和市场创新。这一结论公布后在国际企业界和理论界引起了强烈的反响。上海施贵宝公司牢牢抓住了产品创新和市场创新，他们在新产品开发上有五年滚动计划，每年都要上市 2~3 种新产品；新产品上市又有详细的上市促销和扩大市场占有率的策略，具有强烈的超前意识和市场占有意识。为了更好地占有市场，上海施贵宝公司成立了仓储分发部，把仓库、分发、车队归并在一个部门，加强合作，强化管理，保证 GMP。在全国设立了 14 个分发库，售后服务质量明显提高，如 98% 以上的产品在接订单后 2 天内送到客户手里（除超出客户使用的额度外）。设立这一部门后，效率上升，费用下降，效果非常好。在国外设有专门的分发部门。面对国内应收账款较多和三角债严重的情况，上海施贵宝公司对客户实行了资信管理。其办法是通过建立客户资信控制与管理系统，对客户企业的创建情况、销售历史、还款率等资信情况都有完整记录，并根据客户资信状况的变化而调整销售政策。该公司还设立了专职的资信与收款小组，强化了收款工作，使公司应收账款处于良好的状态。

（资料来源：欧阳培. 管理学导论. 长沙：中南大学出版社，2003）

案例讨论：

1. 上海施贵宝公司的管理创新表现在哪些方面？
2. 为什么说以人为本是现代企业管理的重要创新？上海施贵宝公司是如何做到的？

参 考 文 献

1. 周三多,陈传明,鲁明泓.管理学——原理与方法.第五版.上海:复旦大学出版社,2009.
2. 陈传明,周小虎.管理学原理.北京:机械工业出版社,2010.
3. 娄成武.管理学基础.沈阳:东北大学出版社,2009.
4. 赵金先,张立新,姜吉坤.管理学原理.北京:经济科学出版社,2011.
5. 杨文士等.管理学.第三版.北京:中国人民大学出版社,2009.
6. 邢以群.管理学.北京:高等教育出版社,2007.
7. 罗宾斯,库尔特.管理学.第9版.北京:中国人民大学出版社,2008.
8. 李垣.管理学.北京:高等教育出版社,2007.
9. 杨俊青.管理学通论.北京:经济科学出版社,2008.
10. 孙元欣.管理学:原理·方法·案例.北京:科学出版社,2011.
11. 李军.管理学基础.北京:清华大学出版社,2010.
12. 德鲁克著.德鲁克管理思想精要.李维安等译.北京:机械工业出版社,2009.
13. 尤建新等.高级管理学.上海:同济大学出版社,2008.
14. 韦里克等著.管理学——全球化与创业视角.马春光译.北京:经济科学出版社,2011.
15. 芮明杰.管理实践与管理学创新.上海:上海人民出版社,2009.
16. 王利平.管理学原理.北京:中国人民大学出版社,2006.
17. 贝特曼等著.管理学:构建竞争优势.王雪莉等译.北京:北京大学出版社,2008.
18. 罗宾斯等著.管理学:原理与实践.毛蕴诗译.北京:机械工业出版社,2010.
19. 克瑞尼.管理学原理.第11版.北京:清华大学出版社,2010.
20. 赵丽芬.管理学教程.上海:立信会计出版社,2006.
21. 陈劲.管理学.北京:中国人民大学出版社,2010.
22. 刘军跃.管理学.上海:立信会计出版社,2009.
23. 戈麦斯—梅西亚等著.管理学——原理、案例与实践.第3版.詹正茂译.北京:人民邮电出版社,2009.
24. 刘汴生.管理学.北京:科学出版社,2006.
25. 林建煌.管理学.上海:复旦大学出版社,2010.
26. 韦里克,马春光,孔茨.管理学精要:国际化视角.北京:机械工业出版社,2009.
27. 邵冲.管理学概论.中山:中山大学出版社,2008.
28. 曹嘉晖,赵元凤.管理学.南京:南京大学出版社,2011.
29. 何清华.项目管理案例.北京:中国建筑工业出版社,2008.
30. 张立迎.管理学原理.北京:电子工业出版社,2010.
31. 丁士昭.建设工程管理概论.北京:中国建筑工业出版社,2010.
32. 罗珉.管理学原理.北京:科学出版社,2009.
33. 李海峰,张莹.管理学——原理与实务.北京:人民邮电出版社,2010.
34. 加里·戴斯勒(Gary Dessler)著.管理学精要.第二版.吕廷杰,赵欣艳译.北京:中国人民大学出版社,2004.
35. 卢昌崇.管理学.大连:东北财经大学出版社,2010.
36. 赵丽芬.高级管理学.北京:清华大学出版社,2009.
37. 张兆响,司千字.管理学.北京:清华大学出版社,2011.
38. 韩瑞.管理学原理——国际思考·本地行动·中国案例.北京:中国市场出版社,2013.
39. 谢勇,邹江.管理学.武汉:华中科技大学出版社,2008.

40. 李品媛. 管理学原理. 大连：东北财经大学出版社，2007.
41. 徐国华. 管理学. 北京：清华大学出版社，2002.
42. 芮明杰. 管理学. 第二版. 上海：上海人民出版社，2005.
43. 刘兴倍. 管理学原理教学案例库. 北京：清华大学出版社，2005.
44. 张昊民，李倩倩. 管理沟通. 第二版，上海：上海人民出版社，2015.
45. 康青. 管理沟通. 北京：中国人民大学出版社，2006.
46. 谢玉华. 管理沟通. 大连：东北财经大学出版社，2010.
47. 乐云. 项目管理概论. 北京：中国建筑工业出版社，2008.
48. Peter Ferdinand Drucker. Management challenges for the 21st century. Elsevier，2007.
49. Stephen P. Robbins，David A. De Cenzo，Mary Coulter. Fundamentals of Management. Pearson Education，Limited，2010.
50. 程灏，姜东民，张振森. 管理信息系统. 北京：经济科学出版社，2009.
51. 肯尼斯 C. 劳顿，简 P. 劳顿著. 管理信息系统. 薛华成编译. 北京：机械工业出版社，2007.